Der neue Literaturführer
Dichtung aus aller Welt

Klassische Kultur-Edition

Aus dieser Reihe ebenfalls lieferbar:

Der neue Opernführer

Operette und Musical – Der neue Führer

Der neue Konzertführer

Der neue Schauspielführer

Deutsche Dichtung – Vom Nibelungenlied bis zur Weimarer Klassik

Deutsche Dichtung – von der Romantik bis zur Moderne

Der neue Mythologieführer

Der neue Geschichtsführer

Otto Schumann · Franz Krezdorn

Der neue Literaturführer

Dichtung aus aller Welt

Seehamer Verlag

Genehmigte Sonderausgabe für:
Seehamer Verlag GmbH, Weyarn
Umschlaggestaltung: Bine Cordes, Weyarn
Umschlagabbildung: Archiv für Kunst und Geschichte, Berlin
Printed in Germany
Gesamtherstellung: Graphischer Großbetrieb Pößneck GmbH
ISBN 3-929626-75-6

INHALT

Bei dieser Gelegenheit ... 9

Licht aus dem Osten? – Asien 11
China 13
Japan 17
Indien 18

Eine Wiege der Dichtung – Vorderer Orient 25
Ägypten 25
Babylonier und Assyrer 27
Hebräer – Bibel 29
Perser und Araber 33

Geburt des Einzelmenschen – Griechische Klassik 37
Die Vers-Epen 38
Die Lyrik 45
Das Drama 47
Die Prosa 59
Die spätgriechische Zeit 61

Beherrscher der Welt und der Sprache – Das Rom des Altertums 63
Bühne 63
Satiren und Lehrgedichte 65
Versuch eines National-Epos – Vergil 68
Weltstadt-Lyrik 71
Prosa-Künstler 75

Auf dem Boden der Vergangenheit – Italien 78
Frühe Lyrik 78
Die großen Drei – Dante/Petrarca/Boccaccio 80
Die Renaissance 86
Freude am Bühnenspiel 92
Romantischer Aufschwung 94

Der neue Roman 97
Die erste Hälfte des 20. Jahrhunderts 99

Fern im Süd – Spanien/Portugal/Lateinamerika 102
Helden Epos – Cid 103
Lyrik 105
Novelle und Roman 106
Drama 110
Von Calderon zur Moderne 116
Portugal 119
Lateinamerika 122

Dichtung ist Stil – Frankreich.... 123
Liebeslied und Helden-Epos 124
Zwei Spötter – Rabelais/Villom 127
Die großen Klassiker 130
Jahrhundert der »Vernunft« 137
Romantik 143
Realismus, Naturalismus, Symbolismus 150
Die erste Hälfte des 20. Jahrhunderts 160

Inselsprache mit Weltgeltung – Großbritannien 172
Anfänge 173
Die elisabethanische Zeit 175
Barock und Rokoko 181
Das Heraufkommen des Romans 183
Die großen Romantiker 187
Die viktorianische Zeit 192
Die erste Hälfte des 20. Jahrhundert 199

Zwischen Fortschritt und Zweifel – Nordamerika 212
Die großen Romantiker 212
Das »goldene Zeitalter« 219
Der große Umschwung 226

Die kleineren nordeuropäischen Literatursprachen 242
Die Niederlande und Flandern 242

Dänemark 247
Schweden 252
Norwegen 260
Finnland 271

Ein anderer Klang – Rußland 275
Revolution von oben 275
Klingende Sprache 277
Die Sozialkritik beginnt 281
Realismus als Forderung 286
Die »Pessimisten« und ihre Gegner 295
Aufbruch 298

Verzeichnis der Dichter 301

Bei dieser Gelegenheit ...

... soll deutlich gesagt werden: Der moderne Aberglauben, es gebe keine wirklichen Nationaldichtungen, sondern nur eine internationale »Gesamtdichtung«, ist nicht überzeugend. Wer auch nur ein klein wenig Gefühl für die schöpferischen Eigenwerte der verschiedenen Sprachen hat, sollte wissen, daß jede Sprache ihren eigenen Geist und ihre eigene Dichtung hat. Ein Conrad Ferdinand Meyer, der zwei Sprachen meisterte, entschied sich als Erwachsener bewußt für die eine, die deutsche, weil er nur in ihr glaubte aussprechen zu können, was in ihm vorschwebte. Ein Thomas Mann, wahrlich ein Welt-Mann, gestand, daß er immer noch nur deutsch schreiben mag, weil es seinen Möglichkeiten am stärksten entspricht. Und eine Übersetzung bleibt eine Kopie, ihr fehlt das Unwägbare, Eigentliche.

Natürlich haben die Dichtungen der verschiedenen Völker einander beeinflußt. Doch nur, wenn ein Dichtwerk im heimischen Boden fest verwurzelt ist, vermag es – bisher wenigstens – hoch genug emporzuwachsen, daß es auch von anderen Völkern als groß erkannt und anerkannt wird. Unter Weltdichtung versteht man daher nicht ein Dichten aus einem nur begrifflichen, jedoch nicht lebenswahren »Weltgeist«, sondern Werke, die vermöge ihres inneren Gehalts und ihrer vollendeten Gestaltung in die Welt, ins wahrhaft Menschliche ragen.

Daß in jüngerer Zeit viele Schreiber sich bemühen, ihre Kräfte nicht aus der eigenen seelischen und sprachlichen Heimat zu ziehen, und statt dessen die Schreibweise ihrer Zunftgenossen von jenseits der Grenzen nachahmen, vermag diese Auffassung nicht zu beeinflussen. Mit Dichtung hat das vorerst nichts zu tun. Vielleicht schafft dieser Nachahmungstrieb eines Tages tatsächlich eine Weltdichtung aus einem allgemeinen Weltgeist. Das aber kann man gelassen abwarten.

Zunächst jedenfalls richten wir uns noch ein auf das in Jahrtausenden Gewordene. Das will sagen: Wir umreißen in diesem Führer durch die außerdeutsche Dichtung das Geschaffene – soweit es von außen in unsere eigene Welt hineinstrahlt und uns etwas zu sagen hat. Und wir stellen es in den Ablauf der jeweiligen nationalen Geschichte der Dichtung, wobei es an Hinweisen auf Wechselwirkungen keineswegs fehlt. Zuweilen geben wir nur Einzelwerke, zuweilen Zusammenhänge.

Manchmal sind diese bedeutungsvoller als jene. Werke und Zusammenhänge wollen wir besprechen, einige Linien aus der Literaturgeschichte der Weltvölker aufzeigen, nur so viel geben, daß sich jedermann ein zureichendes Bild zu machen vermag, ohne immer wieder im Dickicht des Allzuvielen hängenzubleiben.

Geschrieben ist auch dieser Literaturführer für die vielen, die sich – ohne großen Ballast – einen raschen und fundierten Überblick verschaffen wollen. Und er behandelt nur das Lebendige, das noch immer erregend Lebendige.

Licht aus dem Osten

Asien

Einst hieß es: »Ex oriente lux«, aus dem Osten kommt das Licht. Das Wort galt dem jungen, sich selbst gestaltenden Abendland. Und vielen ist der Spruch noch heute lebendige Wahrheit. Gemeint ist er ja nicht wörtlich, der lebenspendende Segen des Tagesgestirns, sondern sinnbildlich; er bezieht sich auf die Religion oder auf andere Erleuchtungen östlicher Erkenntnisse und Weisheiten. Nicht wenigen ist Asien die wahre Mutter des Menschengeschlechts, der Ursprung aller Kultur, und es bleibt für sie die geistige Heimat des Menschen.

Man kann die Dinge so sehen, man muß aber nicht. Ohne Zweifel sind von Osten her wesentliche schöpferische Kraftströme gekommen, sichtbare und unsichtbare; sie haben das Abendland und damit einen großen Teil der heute bestimmenden Geistesmächte, unsere Lebenswelt mitgeformt. Vor allem die großen Weltreligionen sind von dort ausgegangen oder haben zumindest entscheidende Gedanken, Vorstellungen und Anregungen von Asien empfangen. Ebensowenig aber ist zu leugnen, daß die westliche Welt bald schon ihr eigenes Gesicht be kam, daß sie neue Wege ging, selbständig wurde, sich dem Osten entfremdete. Etwas Neues entstand, ganz anders als der Osten, eben das Abendland. Mit einem gewissen Recht konnte man als bald sagen: »Asien schläft«. Freilich, auch das war nur von hier aus gesehen richtig. In Wirklichkeit beharrte der Osten eben in den ursprünglichen Formen, in einem wandellosen, in sich ruhenden und doch lebendigen Sein, während der Westen in gewaltigem Vorwärtsdrängen immer neue Bahnen und Lebensformen suchte und erschloß. Hier hatte das Ich, der Einzelne seine Möglichkeiten entdeckt. Das vor allem verlieh der westlichen Welt immer stärker ihr eigentümliches Gepräge. Im Osten verharrten und erstarrten schließlich die alten Gemeinschaftsformen, er blieb ein großes, stilles Meer, in dem der einzelne Tropfen nie viel galt.

Heute, da der Westen von Zerfall bedroht scheint (das Christentum, seine eigentliche Religion, verliert trotz äußerer Blüte und organisatorischem Bemühen die entscheidende Macht über die *Einzel*seele), da er zumindest neuen Verwandlungen entgegengeht und die Schar der Ratlosen zu einer Heerschar geworden ist – heute beobachtet man allenthalben, daß sich gerade erlesene Geister wieder heimlich oder offen dem Osten zuwenden, bald nur zögernd, tastend und forschend, bald wie in einem jubilierenden Aufbruch (Beispiele: Theosophie, Yoga, moderne Weisheitslehren). Die einen halten diese Sehnsucht für echtes Heimweh nach langer Entfremdung, wittern schon die Rückkehr ins gelobte Land, die andern sehen darin eine Gefahr, den wirklichen Beginn des Kulturzerfalls, die endgültige Zersetzung, die Auflösung in Urzustände gemäß dem Kreislauf aller Dinge. Dies alles zu einem Zeitpunkt, da der Osten wenigstens nach außen hin im Begriff ist, viele seiner uralten Überlieferungen irgendwelchen Errungenschaften westlicher Zivilisation zu opfern. Ist auch der Osten an einem Ende angelangt, ist er von innen her morsch geworden? Wer wird wessen Retter, wer wessen Opfer? Entschieden ist gar nichts. Nur Linien zeichnen sich vorläufig ab, Sehnsüchte sind geweckt, Kräfte und Gegenkräfte am Werk. Nach jahrhundertelanger Entfremdung sind die Dinge wieder in Fluß geraten, es zerbröckeln die Grenzsteine.

Zunächst freilich sind es in erster Linie die Weisheiten und Erkenntnisse des Ostens, die den westlichen Menschen in ihren Bann ziehen, religiöse und philosophische Erscheinungen also. Asien ist der große, geheimnisvolle Medizinmann geworden, der doch noch jene ersehnte Erlösung bringen soll, derer man bei uns verlustig gegangen zu sein glaubt. Wie fern sich die Welten in Wirklichkeit immer noch sind, das zeigt sich am besten in der Kunst, nicht zuletzt in Dichtung und Literatur. Dabei darf man eines nicht vergessen: Im Osten sind Philosophie und Dichtung längst nicht so getrennt wie bei uns, verweben sich stärker ineinander. Es hat wahrhaftig nicht an Versuchen gefehlt, die Gebilde reiner östlicher Dichtung dem Menschen unserer Lebenswelt nahezubringen. Manche sind gelungen, viele sind gescheitert. An Neugierde, Anteilnahme, ja Begeisterung hat es nicht gefehlt. Vieles blieb trotz manchen Augenblickserfolgen im Ansatz stecken. Schnell erlahmen die Begierden, mögen sie noch so edel sein, wenn der eigene Lebensnerv nicht angerührt wird. Zugegeben, vieles hat auch sonst den Weg zu uns gefunden, aber der Weg war ein Umweg. Eine Unzahl von Stoffen, Begebenheiten, Grundgedanken in unserer westlichen Dichtung sind östlichen Ursprungs. Aber sie haben eine andere Gestalt bei uns angenommen, sind verwandelt worden. Irgendein Künstler gab ihnen unser Gesicht. Und das war gut so. Unterirdisch also ist der Strom nie abgerissen, das mag manchem ein Trost sein. Und dann gibt es ja noch die großen Gipfelleistungen der Kunst, die alle Unterschiede überragen wie Bergspitzen ein Nebelmeer, die allen in gleicher Weise gehören. Es gibt sie überall. Sie sind die Brücken von Mensch zu Mensch, gleich welchen Ursprungs, welcher Nationalität, wessen Glaubens er sei. So zeigt sich letzthin doch die Gemeinsamkeit des menschlichen Geschlechts, mögen die einzelnen Völker noch so verschiedenartig sein.

Was ist von der östlichen Dichtung ureigener Prägung für den heutigen Menschen aus unserer westlichen Welt wirklich noch lebendig7

China

Es heißt von den Chinesen, sie seien in erster Linie »Rationalisten«, nüchterne Verstandesmenschen also, denen die Dinge des praktischen Alltags, die Anliegen des privaten Lebens am wichtigsten sind; der Höhenflug der Seele reiche nicht sehr weit bei ihnen. Betrachtet man die Literatur der Chinesen – und diese ist immer ein Gradmesser –, so neigt man dazu, diese Ansicht über sie zu teilen. Kein Mythos, keine Götter- und Heldenlieder zu Beginn. Die religiösen Vorstellungen selbst bestehen vor allem in wenig bildhaften, rein begrifflichen Formeln und Gleichnissen. Im *I-King* etwa, dem berühmten Buch der Wandlungen, wohl dem ältesten der kanonischen Bücher Chinas, sind solche religiösen Vorstellungen und Überlieferungen in orakelhafter Form festgehalten. Neuerdings hat dieses geheimnisvolle Buch für viele Europäer wieder an Anziehungskraft gewonnen; aber es vermag doch nur einem recht kleinen Kreis geschulter Denker etwas zu geben. Zwei andere wichtige Bücher aus ältester Zeit sind das *Schu-King* (historische und geographische Darstellungen, Urkunden, kaiserliche Erlässe, Gesetze, Staatswesen) und das *Li-King* (Riten, Gebräuche, Vorschriften für Anstand und gute Sitten). Gerade an diesen grundlegenden Büchern ist zu sehen, was für das Lebensgefühl der Chinesen so entscheidend ist: Gesetz und Überlieferung. Die Formel ist alles. Das Ende davon konnte nichts anderes sein als Erstarrung, leere Regel.

Und das ist auch das Verhängnis der eigentlichen chinesischen Dichtung. Am meisten leidet darunter natürlich die Lyrik; ist sie doch die ursprünglichste dichterische Kunstgattung überhaupt. Es sind Tausende von Liedern im Laufe der Jahrhunderte dem gewaltigen Strom chinesischer Überlieferung anvertraut worden.

Getreulich trug er sie durch die Zeiten. Was aber lebt davon wirklich? Schwer zu sagen. Für die gebildeten Chinesen selbst wohl viel, schon aus dem Grunde, weil es eben überliefert ist. Aber für uns, die Außenstehenden? Da ist das berühmte Buch »*Schi-King*«. Es enthält mehr als 300 der besten Lieder aus der ältesten Zeit. Zugeschrieben wird es, wie auch die obengenannten Bücher, dem Philosophen, Lehrer und Weisen KUNG-FU-TSE (Konfuzius, 551 bis 479 vor Christus). Er hat die Auswahl getroffen. Sie ist – gemessen an dem übrigen Wust chinesischer Lyrik – in gewisser Beziehung beispielhaft. Und doch beschleicht uns schon nach dem Lesen weniger Gedichte ein eigentümlich banges Gefühl, und nach einigen weiteren stellen wir fest: Das Gefühl ist Langeweile. Bei aller Verschiedenheit der Themen sind diese Lieder im Grunde einander so ähnlich wie ein Ei dem andern, mögen sie nun von alltäglichen Dingen handeln wie Liebe, Familie, Jagd, Fischfang, Arbeit, Gezeiten, mögen sie frivol oder neckisch, häuslich oder heroisch, ausschweifend oder naiv sein. Unserer Vorstellungswelt am nächsten stehen noch die Liebes- und Naturlieder. Hier klingt bisweilen ein volksliedartiger Ton auf, ein unverfälschtes Gefühl. Wie Blütenschimmer liegt es über manchen dieser zarten Gebilde. Aber auch da finden sich viel Formspielereien, Bildwiederholungen, Getändel mit Arabesken und Zierat.

Melonen reichte deine Hand mir hin;
vergelte dir dafür denn ein Rubin:
doch nicht vergelt er's, nein,
stets dein dafür soll meine Liebe sein.

Du reichtest Pfirsich mir aus deiner Hand
vergelte dir dafür ein Diamant;
doch nicht vergelt er's, nein
stets dein dafür soll meine Liebe sein.

Du reichtest mit der Hand die Pflaume mir;
vergelte dir dafür denn ein Saphir;
doch nicht vergelt er's, nein,
stets dein dafür soll meine Liebe sein.

(Übersetzt von VIKTOR VON STRAUSS)

Eine Übersetzung chinesischer Gedichte wird immer unvollkommen bleiben, weil der besondere Reiz, der ihnen anhaftet, oft genug auf der Eigenart des Schriftbildes beruht. Die Anordnung der verschiedenen Schriftzeichen im Chinesischen, ihr Verhältnis zueinander im Gesamtgefüge vermag bestimmte Gefühlsregungen zu wecken, die in unserer Schrift nicht wiederzugeben sind.

Sprache und Schrift verführen den chinesischen Dichter immerwieder zum Spiel mit den formalen Möglichkeiten, der Hang zu Regel und Überlieferung verleiten ihn zu leerem Singsang. Selbst der größte Lyriker LI-TAI-PO (TAN-PI) ist nicht frei davon. Er lebte im 8. Jahrhundert unter der berühmten Tang-Dynastie (die Zeit der höchsten Machtentfaltung Chinas). Vor ihm haben höchstens noch KIÜ-YÜAN mit seiner melancholischen Dichtung *Li-sao* und der feinsinnige Mondscheindichter MEI-SCHENG eine Bedeutung, die über den Durchschnitt der zahllosen anderen Lyriker hinausragt. LI-TAI-PO erinnert an unsere Fahrenden. Unstet zieht er von Ort zu Ort, buhlt um die Gnade der Großen, lebt in Überschwang und Verzweiflung, wird zum Tode verurteilt, flieht, wird verbannt, singt hinreißende Lieder von der Vergänglichkeit alles Irdischen, an dem sein Herz mit allen Fasern hängt. Er liebt den Wein und die Frauen, ist voll Übermut und tiefsinniger Melancholie. Er ist wohl der einzige chinesische Lyriker von Weltgeltung.

Auf dem Lager hab' ich gewacht,
sinnend und träumend die ganze Nacht
in der Schenke.

Warf der Mond den bleichen Schein
auf den Boden da herein
in die Schenke.

Zuerst, da ich's sah, war's mir leid,
denn ich glaubt', es habe geschneit
in die Schenke.

Hob zum hellen Mondenlicht
langsam auf mein Angesicht
in der Schenke.

Dachte der Länder weit und viel –
meiner Wand'rung fernem Ziel –
in der Schenke.

Dachte der Fremden mit Überdruß.
die in der Fremd' ich noch sehen muß
in der Schenke.

Drauf hat geneigt mein Haupt sich sacht,
hab' an mein Land und die Freunde gedacht –
in der Schenke. (BÖHM)

Neben ihm kann nur noch sein Freund und Schüler TU-FU bestehen. Er hat schöne Strophen voll schwermütiger Zartheit und idyllischer Anmut geschrieben. Die spätere Lyrik erschöpfte sich in Nachahmung und Formenglätte mit wenigen Ansätzen zu eigenständiger Leistung.

Sitte und Gesetz, Moral und Anstand, die Lehren vom menschlichen Zusammenleben haben von jeher eine besondere Rolle bei den Chinesen gespielt. Kein Wunder, daß ihre Literatur auf dem Gebiet der *Spruchweisheiten* eine geradezu klassische Bedeutung erlangt hat. Da ist zunächst einmal der bereits erwähnte KUNG-FU-TSE. Er ist im Laufe der Zeit regelrecht zu einem Heiligen des chinesischen Volkes geworden. Seine Lehre wurde zu einem eigenen Fach auf den Universitäten. Aber er ist noch mehr: ein großer Menschheitslehrer. Außer den in Büchern »Tschun-tsin« (»Frühling und Herbst«) und »Tso-tschuan« sind seine Gedanken hauptsächlich in dem Buch der Gespräche, dem *Lun-Yü,* wohl dem wichtigsten seiner Werke, enthalten. Sein ganzes Sinnen und Trachten ist darauf gerichtet, die Menschen zum Menschsein zu erziehen, ihnen jenes rechte Maß zu geben, nach dem sie ihr Leben bestehen können. Er ist der große, gütige, weise Schulmeister des Alltags. Viele seiner Sprüche wurden zahllosen Menschen zu Halt und Ansporn. Sein Denken gilt ganz dem Diesseits und seinen Notwendigkeiten. Für Abschweifungen in jenseitige Bezirke hat er keinen Sinn. Das »Hier und Jetzt« ist sein Anliegen. Seine Aussprüche wurden zu einem unverlierbaren Schatz der ganzen Menschheit: »Unsere Lehre ist Treue gegen sich selbst und Güte gegen andere: darin ist alles enthalten«.

Fast noch wichtiger – vor allem für die Welt außerhalb Chinas – wurde sein jüngerer Zeitgenosse LAO-TSE. Im Gegensatz zu dem Lebenspraktiker KUNG-FU-TSE ist er Mystiker, ein Einsamer, versunken in den Urgrund allen Lebens. Von seinem irdischen Lebenslauf weiß man so gut wie nichts, umso mehr Verbreitung haben seine Weisheiten gefunden. Sein Hauptwerk, das »Taote-king«, das »Buch vom rechten Weg«, ist für manche zu einem Ersatz für die Bibel geworden. Die mystische Lehre vom »Tao«, »aller Wesen Mutter«, »des Himmels und der Erde Urgrund«, in den alle wieder zurückkehren, hat viele gute suchende Geister angezogen. Er zählt wirklich zu den wenigen Großen, die der ganzen Menschheit angehören.

Der *chinesische Roman* hat uns Europäer wenig berührt. Über eine nationale Bedeutung ist er nicht hinausgelangt. Wer sich besonders damit beschäftigt, wird eine getreue Darstellung des Volkslebens, seiner Eigenarten und Besonderheiten vorfinden. Gleichzeitig wird er feststellen, daß uns vieles an diesem Volke fremd ist, ja sonderbar vorkommt. Es gibt Grenzen auch im Geistigen. Ruhm genießt u. a. einer der frühen Romane, »Yü kiao-li«, der die Liebe eines Dichters zu zwei Mädchen schildert. Bei uns haben »Eisherz und Edeljaspis« und der Sittenroman »King-ping-meh« (Hsi-Men und seine sechs Frauen) einen gewissen Erfolg gehabt.

Auch das *chinesische Drama* ist uns fremd geblieben. Meist sind es in Szene gesetzte Romane, Pantomimen, Schwänke mit vielen Tanzeinlagen und opernhaften Elementen. Durch VOLTAIRES Stück »L'orphelin de la Chine« (1754) brachte es das Drama »Die Waise aus dem Hause Tschao« zu Erfolg auf den Bühnen der westlichen Welt. Es ist eine Geschichte selbstloser Treue, in der ein Vater sein Kind opfert, um das des Freundes zu retten. Der deutsche Dichter KLABUND brachte das chinesische Stück »Hoei-lan-ki« von LI-HING-TAO (»Der Kreidekreis«) in diesem Jahrhundert mit viel Lärm und einigen Abweichungen auf die Bühne. Es handelt sich um den Streit zweier Frauen um ein Kind. Durch ein salomonisches Urteil stellt der Richter die wahre Mutter fest.

Japan

Gegenüber der chinesischen Literatur wird die japanische im allgemeinen Bewußtsein ziemlich stiefmütterlich behandelt. Gewiß ist nicht zu leugnen, daß China lange Zeit auch im Geistigen eine beherrschende Rolle für Japan spielte und die Japaner hinderte, eine eigenständige Dichtung zu entwickeln. Und doch haben gerade die Japaner einen großen Schatz an alten Göttersagen, Heldengedichten, Legenden, Fabeln und vor allem Märchen. Es ist ihnen bisher allerdings nicht gelungen, bei der Außenwelt die nötige Anteilnahme zu erwecken. Hier gibt es noch Schätze zu heben.

Auch die japanische Lyrik ist zunächst wenig über den Bereich des eigenen Volkes hinausgedrungen. Dabei hätte sie es eigentlich verdient. Zum Glück wird neuerdings manches übersetzt. Der Aufgeschlossene wird überrascht sein über die echten Töne, die er da hört. In den alten Sammlungen »Kwaifuso«, »Manyoshu« und »Kokinshu« findet sich manche Perle edler Liedkunst, liebenswürdig, heiter, naturverbunden. Man muß nur suchen.

Nicht ganz so verhält es sich mit dem *Roman*. Ein unverfälschtes Gemüt findet zwar sicherlich Freude an den epischen Berichten vom Kampf der Geschlechter im »Heike-Monogatari« oder den Geschichten um den Prinzen und Sänger Narihira, den Helden des »Ise-Monogatari«. Das meiste aber läßt uns kühl. SEI SHONAGON (ca. 1000), die Verfasserin des »Makurano Soshi«, der »Kopfkissenhefte«, hat es ausgerechnet heute zu großem internationalen Ruhm gebracht. Nur wegen ihrem Freimut in geschlechtlichen Dingen erfreuen sich auch japanische Sittenromane einer gewissen Beliebtheit in der westlichen Welt.

Das *Drama* ist ähnlich dem chinesischen auf Stoffe beschränkt, die eigentlich nur Menschen des eigenen Volkes und Lebensbereiches zu ergreifen und rühren vermögen. So scheinen uns etwa die japanischen Ehrbegriffe, auch die Gleichgültigkeit gegen das Recht des Einzelnen, unverständlich, zumindest unbehaglich. Bedeutende, äußerst fruchtbare Dramendichter waren CHIKAMATSU MONZAIMON (1653–1724, ca. 60 Stücke) und TAKEDA IZUMO (1688–1756). In ihren Dramen spiegelt sich vor allem die japanische Staatsgesinnung.

In der jüngeren Gegenwart zeigen sich die Japaner ziemlich stark von westlichem Denken beeinflußt. Wesentliches ist dabei nur in Einzelfällen entstanden.

Indien

Auch in den Bereichen des Geistes ist Indien ein Land tropischer Fülle, gewaltiger Fruchtbarkeit, wuchernder Üppigkeit. Ja, es ist noch mehr: Maßlosigkeit, Übersteigerung, Übertreibung. Im großen und ganzen müssen wir hier absehen von den machtvollen Strömen religiöser und metaphysischer, ethischer und philosophischer Art, die in diesem Land ihren Ursprung haben, die befruchtend oder zerstörend die ganze Welt berührten. Aber auch die Literatur und durch sie der übervolle Reichtum indischer Phantasie hat von jeher wesentlichen Einfluß auf die geistige und künstlerische Entwicklung der übrigen Welt geübt. Völlig trennen freilich lassen sich die Dinge ohnehin nicht. Zu sehr ist östliche Kunst von Anbeginn mit Religion verknüpft.

Beherrscht wurde Indien zunächst von den Priestern, den Brahmanen, die – zumindest bis zum Auftreten Buddhas um 500 vor Christus -- weit mehr Macht besaßen als etwa die Kaste der Krieger und Adligen. Die heiligen Bücher dieser Brahmanen sind die Veden (Einzahl: Veda). Geschrieben sind sie – wie fast alle indische Literatur von Rang – im sogenannten Sanskrit, der »geschmückten Sprache«. Sie ist im Gegensatz zu den vielerlei Volkssprachen im Grunde genommen eine künstliche, fast tote Sprache. Trotzdem beherrscht sie jeder gebildete Inder, er kann also die Werke lesen, die in ihr geschrieben sind. So wurde Sanskrit zur allgemeinverbindlichen »Gesamtsprache« des in viele Dialekte gespaltenen Riesenlandes. Die Veden enthalten die Erklärung der Welt, viele rituelle Anweisungen, Opfersprüche, Zauberformeln, Lebensregeln und – Gesänge, Lieder, Hymnen. Diese besitzen hohen künstlerischen Wert, sind Ausdruck eines naiven, unmittelbaren lyrischen Empfindens. Ein älterer Kommentar (MAX MÜLLER) sagt darüber: »Alles ist einfach, frisch und durch und durch wahr. Die Worte wiegen noch, sie sind schwer, voll, trächtig ...« Die meisten dieser Hymnen finden sich im sogenannten *Rigveda.* Es enthält über tausend Götterhymnen, die sich meist um den Herrn aller Götter, den Kriegs- und Sonnengott Indra, drehen. Sie schildern und feiern seine Kämpfe und Taten gegen andere Götter und Dämonen (Ahi, Vitra, Sushna). Er gilt auch als Schirmherr der Aryas (Arier) in ihrem Kampf gegen die Dravidas (die Ureinwohner Indiens).

»Auf steigt der Sonnengott, der Allbeschauer,
der Herrliche, gleich gnädig allen Menschen,
er, der das Auge Varunas und Mitras,
er rollt das Dunkel auf wie eine Decke.«

In den jüngeren Teilen der Veden ist der naive Götterglaube bereits durch philosophische Grübeleien ersetzt:

»Es war das Sein nicht einstens, noch das Nichtsein,
es war der Raum nicht, jenseits nicht der Himmel.
Was hat das alles so verhüllt? In wessen Macht stand
der Wasser unergründlich tiefer Abgrund?«

Solche Gedankengänge finden sich häufig in den Ergänzungen zu den Veden, den *»Brahmanas«*, vor allem in den berühmten *»Upanishaden«*. Diese sind eine Art philosophischen Kunstgesangs von hohem geistigem Gehalt. Gerade in Europa haben sie höchste Geltung erlangt. An die Stelle des Gottkönigs Indra ist das geheimnisvolle Brahman (auch Atman) getreten, jene mystisch wesenlose Allseele, die »ohne Ende, ohne Alter, ohne Ufer, nicht außerhalb und nicht innerhalb« ist. Sie ist »Schöpfung und Vergänglichkeit der Wesen«. Unser Leben selbst ist nur »Maya«, Lug und Trug also. Kein Wunder, daß SCHOPENHAUER von dem geistigen Tiefgang der Upanishaden hingerissen war: »Aus jeder Seite treten uns tiefe, ursprüngliche, erhabene Gedanken entgegen«.

Auch bedeutende Epen hat die indische Literatur aufzuweisen. Die beiden wichtigsten sind das *Mahabharata* und das *Ramayana*. Es sind Heldengedichte von riesigen Ausmaßen. Das Mahabharata umfaßt über 100 000 Slokas, Doppelverse, ist also siebenmal so lang wie Ilias und Odyssee zusammen, das Ramayana hat 24 000 Doppelverse. Die ganze indische Lebenswelt mit ihrem Überreichtum an phantastischen Einfällen und Gestalten tut sich vor uns auf. Es wimmelt von Göttern, Halbgöttern, Helden, Menschen und Tieren (Das Heer der Affen im Ramayana). Für uns werden die Erzählungen als bald zu einem undurchdringlichen Dschungel von Verworrenheit und entfesselter Willkür. Nur wenige bringen die übermenschliche Geduld auf, das unentwirrbare Dickicht zu durchdringen. Dabei enthalten die Epen Stellen von großer Schönheit, Einzelheiten von hinreißender Gewalt der Schilderung. Sie sind aber verdammt, im Wirrwarr des Ganzen unterzugehen.

Das »Mahabharata« schildert den wechselvollen, heldenhaften Kampf der fünf Pandavas (nach König Pandu) mit ihren Verwandten, den hundert Kauravas. Es gibt fast nichts Menschliches, Übermenschliches, Untermenschliches, das darin nicht vorkäme. Schlachtenschilderungen von erstaunlicher Realistik, Liebe, Haß, Grausamkeit, Treue, Betrug, kurz: Alle Tugenden und Laster werden bis zum Letzten ausgelebt. Vielfach geht es dabei über das abendländisch-menschliche Fassungsvermögen hinaus.

Im »Ramayana« ist der Kampf des großen strahlenden Helden Rama um die junge und schöne Sita in vielerlei Wechselfällen des Schicksals dargestellt. Es ist noch märchenhafter und phantasievoller, stellenweise auch anmutiger, ja liebenswürdiger als das andere Epos, obwohl es auch hier an unvorstellbar blutrünstigen Stellen nicht fehlt.

Bedeutung in der westlichen Welt haben einzelne Teile und Episoden aus dem Mahabharata erlangt, nicht zuletzt die bekannte und beliebte *Bhagavad-Gita,* das »Lied des Heiligen«, ein pantheistischer Gesang voll dunkler, märchenschöner Weisheit. (Eigentlich ist es ein Preislied auf Vishnu.) Für den deutschen Sprachraum gibt es – dank der Übersetzung durch FRIEDRICH RÜCKERT – zu »Nala und Damayanti« und »Savitri« eine besondere Beziehung. Diese beiden Erzählungen haben in unserem Volk wirklich Anklang gefunden. »Nala und Damayanti« ist die märchenhafte Geschichte eines jungen Königs, der sich auch durch schlimmste Ereignisse in seiner Liebe nicht beirren läßt, »Savitri« ist das Hohelied der weiblichen Treue, die selbst durch den Tod nicht zu schrecken ist.

Geradezu unerschöpflich ist der Schatz an indischen Fabeln, Tiergeschichten, Gleichnissen, Märchen. Es ist überflüssig, einzelne davon herauszugreifen. Viele sind ohnehin, meist über die Perser und Araber, zu uns gedrungen und haben die abendländische Märchenwelt wesentlich bereichert, ihr wichtige Stoffe und Ideen geliefert. In den neuen Formen gehören sie auch uns. Wer will, kann den Ursprüngen nachgehen. Eine bedeutende indische Sammlung ist das »Pantschatantra« (von Bidpai, 6. Jahrhundert). Ein Auszug daraus ist das berühmte »Hitopades«, die »Freundesunterweisung«. Das »Kathasaritsagara« des Somadeva (im 11. Jahrhundert) heißt soviel wie »Meer der Märchenströme«, wahrhaft ein schöner Name für ein solches Unterfangen. Es gibt noch einige kleinere Sammlungen, wie »Die 70 Erzählungen der Papageien« oder »Die 25 Geschichten des Dämons Vetala«.

Als die bedeutendste Einzelerscheinung unter den indischen Dichtern gilt auch den Europäern der ruhmreiche KALIDASA, der den Höhepunkt indischer Dichtkunst bezeichnet. Seine Lebensdaten sind nicht leicht festzulegen; viel hat die Vermutung für sich, daß er im 5. Jahrhundert am Hof des Königs Vikramaditya lebte und wirkte. Damals war eine Art höfischer Kunstpoesie neben die Brahmanenliteratur getreten. Sie gefiel sich in einer üppigen Formenschwelgerei, die oft genug in reinen Schwulst ausartete. Selbst die Lyrik war meist überladen mit einem Ballast von Bildern und klugen Redensarten. Sie finden sich häufig genug, allzu häufig auch bei KALIDASA. Das zeigt sich in seinen beiden Epen »Raguvamsa« (eine Art Chronik) und »Kumarasambhava« (die Geburt eines Gotteskindes). Selbst die Lyrik dieses Großen erscheint uns bisweilen gekünstelt und gedrechselt. Immerhin, ein gültiges Meisterwerk ist ihm gelungen: »Meghaduta« (»Der Wolkenbote«). Es ist eine Art Liebesromanze, in der die Stimmung der Sehnsucht mit all ihren Wandlungen bezaubernd und ergreifend ihren künstlerischen Ausdruck findet.

Dem Ganzen liegt eine kleine Fabel zugrunde: Der Gott Kuvera hat einen Halbgott Yaksa beauftragt, einen Lotosteich zu bewachen. Aus Sehnsucht nach seiner Geliebten vernachlässigt dieser die Aufgabe, Elefanten zertrampeln die Blumen. Yaksa wird auf ein Jahr verbannt. In seiner Einsamkeit nun trägt er den Wolken Grüße der Sehnsucht an die Frau auf.

»Dann wollen bei des Mondes Strahl
In Herbstesnacht wir selig kühlen
Die Sehnsucht, die durch Trennung wir
Nur mächtiger noch fühlen.« (E. MEIER)

Wie echtes Geschmeide reihen sich die Verse aneinander, erfüllt von glühender Sinnlichkeit und schillernder Farbenpracht, ein tropischer Reichtum an Bildern und Einfällen.

Dieses Werk KALIDASAS ist der Gipfelpunkt indischer Lyrik in all ihrer Eigenart, eine machtvolle, schöne Stimme im Chor der Völker. Hohen Ruhm erlangte nur noch die »Gitagovinda« des bengalischen Dichters JAYADEVA (12. Jahrhundert). Das Buch hat das idyllische Liebesabenteuer des Gottes Krishna mit der Hirtin Radha zum Gegenstand. Man hat es dem Gehalt und der Art nach mit dem »Hohen Lied« verglichen.

Ganz ungewöhnliche Anerkennung fand Indien durch sein Drama. Wieder ist es der Dichter KALIDASA, der den Namen seines Volkes um die Erde trug. Ja, die *Sakuntala,* sein großes Drama, ist eigentlich das Werk, das ihn unsterblich machte. Vor allem seinetwegen wird den Indern allgemein zugebilligt, sie seien das einzige Volk des Ostens, das ein echtes Drama besitze. Selbst GOETHE geriet in Begeisterung, als er das Stück kennenlernte: »Willst du den Himmel, die Erde mit einem Namen begreifen / Nenn ich, Sakuntala, dich, und so ist alles gesagt.« Der Stoff stammt aus der Mahabharata. König Duhshanta erblickt auf der Jagd Sakuntala, die Tochter eines Büßers, und entbrennt in Liebe zu ihr. Auch sie liebt ihn. Aber er muß sie wieder verlassen, läßt nur einen Ring bei ihr zurück. Das Mädchen erwartet ein Kind und es gelingt ihr nach einiger Zeit, zum König vorzudringen. Aber er weiß nichts mehr von ihr, schilt sie regelrecht eine Betrügerin. Wie ist das möglich? Sakuntala hat den Ring verloren, den er ihr gab. (Es war ein Zauber- und Schicksalsring, der die Liebe verbürgte.) So wurde das Mädchen ein Opfer des Schicksals. Ein Priester bestimmt, was mit ihr geschehen soll; da wird sie unversehens inmitten einer Flamme in den Himmel entrückt. Jetzt bringt ein Fischer den Ring, den er im Bauche eines Fisches fand. Sakuntala verlor ihn beim Baden. So kommt dem König die Erinnerung. Vor Reue, Schmerz und Sehnsucht droht er irrsinnig zu werden. Da hilft der Gott Indra selbst. Er führt den Verzweifelten zu Sakuntala, die mit ihrem Kind in den Gefilden der Seligen spielt. Die beiden versöhnen sich und finden sich in neuer, ewiger Liebe. – Es handelt sich also im Grunde genommen um ein reines Märchenstück. Und doch lebt das Drama, trotz der unwahrscheinlichen und phantastischen Begebenheiten, obwohl ein Gott kommen muß, um eine versöhnliche Lösung zu bringen. Das Tragische wird nicht einmal bis zum Letzten ausgespielt. Woher dann die mächtige Ausstrahlung? Vermutlich ist es der schimmernde Glanz der Sprache, die edle Einfalt der Gesinnung, die Geradlinigkeit in den Charakteren der Helden, das stille Gesetz der Erfüllung, das im Ganzen waltet. Kurz, es ist die beglückende lyrische Grundstimmung, von der alles wie von einem zauberhaften Atem durchwoben ist. Der König sagt von Sakuntala:

»Sie ist eine Blume, deren Duft noch niemand atmete,
eine zarte Knospe, die noch kein Finger entblätterte,
eine reine Perle, junger Honig, der noch niemanden gelabt hat.«

Und Sakuntala spricht bei ihrem Abschied von zuhause:

»Ich will nur noch Lebewohl sagen meiner Lianenschwester Waldmondschein. – (Der Liane nahend :) Waldmondschein! Freilich hast du dich mit dem Mangobaum ehelich verbunden:

doch wende nur noch einmal die Zweige deiner Arme hierher und umarme mich!«

Indien besitzt auch sonst noch eine reichhaltige Theaterliteratur, Zauberstücke, Possen, Schwänke, Dramen. Sie alle mißachten Wesensgesetze des Dramatischen, den Personen fehlt die individuelle Charakterisierung, es entwickelt sich nichts, es bildet sich kein dramatischer Nerv, schürzt sich kein Knoten. Deshalb lassen uns diese Dramen kühl, nur Einzelheiten vermögen anzurühren.

Natürlich hat dieses fruchtbare Land auch einen großen Schatz an *Spruchdichtung* aufzuweisen. Die Weisheiten sind vielfach verstreut in den Veden, in Gedichten, Epen, Fabeln, Legenden und Märchen. Die einmalige Erscheinung Buddhas hat ebenfalls zahlreiche Anregungen gegeben. Es gibt verschiedene Bücher, in denen Grundgedanken seiner Lehre enthalten sind. Manche haben auf die westliche Welt nachhaltig gewirkt. Der »Pali-Kanon« etwa, in dem zahlreiche seiner Gedanken und Einsichten ihren Niederschlag fanden. (Pali ist im Gegensatz zum Sanskrit eine Prakrit oder Volkssprache.) Auch die Sammlung »Dhammapada« enthält viele Sprüche des Heiligen und Weisen.

Seit dem Eindringen des Islams und der später folgenden Fremdherrschaft hat Indien seine große Rolle in der Literatur ausgespielt. Die ungeheure politische, auch die sprachliche Zwiespältigkeit begann im Geistigen ihre Wirkungen zu tun. Mit dem Schwinden des Sanskrit entwickelten sich einzelne Stammesliteraturen, die keine große Bedeutung mehr erlangten. Erst in diesem Jahrhundert brachte es ein indischer Dichter wieder zu Weltruhm: RABINTRANATH TAGORE. Er erhielt im Jahre 1913 den Nobelpreis. In seinem Werk (Gedichte, Romane, Dramen, meist in bengalischer Sprache geschrieben) ist der uralte Besitz Indiens an mystischen Weisheiten wie in einem Prisma gesammelt. TAGORE ist in erster Linie ein Bewahrer und Ordner. Er hat viel Anklang gefunden, war lange Zeit der ausgesprochene Liebling der westlichen Leser. So wurde er zum lebendigen dichterischen Rufer des heiligen, unvergänglichen Indien an die ganze Welt.

Eine Wiege der Dichtung

Vorderer Orient

Vielfach wird angenommen, daß in den Ländern des Nahen Ostens »die Wiege der Menschheit« gestanden habe. Auf jeden Fall haben die alten Kulturen im Nahen Osten einen wesentlichen Einfluß auf unser heutiges Abendland gehabt, sie wurden mitbestimmend für unsere Welt, sind in gewisser Beziehung heute noch in unserem eigenen kulturellen Streben lebendig und wirksam.

Von der Literatur dieser alten Völker ist nur wenig Bedeutendes erhalten. Katastrophen und kriegerische Ereignisse haben das meiste der Vernichtung überantwortet. Man braucht nur an den Brand der Bibliothek von Alexandria zur Zeit Julius Cäsars zu denken. Vermutlich enthielt sie große, vielleicht überragende Zeugnisse der frühen Zeit. Verloren – verweht.

Ägypten

Ohne Zweifel besaß Ägypten, »das Geschenk des Nils«, mit seiner Geschichte und Überlieferung von etwa 4000 Jahren auch eine hochstehende Literatur. Nichts Wesentliches davon ist auf uns gekommen. Sicherlich, die Wissenschaft hat in mühseliger, langwieriger Arbeit manches zutage gefördert. Aber dabei handelt es sich doch mehr oder weniger um Zufallstreffer und häufig noch um Bruchstücke. Immerhin, so viel ist aus ihnen zu schließen: die alten Ägypter hatten auch eine hohe literarische Kultur. Schon aus der Zeit vor den drei Reichen (altes, mittleres, neues Reich, Beginn des alten Reiches etwa 3300 v. Chr.) stammen die Hieroglyphen, eine Bilder-Schrift. Recht früh schon beschrieben die Ägypter auch die Blätter die aus der Papyrusstaude gewonnen waren, mit Tinte (es handelt sich hier um die früheste Form des heutigen Papiers).

Wohl das älteste, uns erhaltene Zeugnis Ägyptens und damit vielleicht auch das älteste Buch der Weltliteratur ist der berühmte »Papyrus Prisse« (von Prisse entdeckt und der Pariser Nationalbibliothek übergeben). Das Werk stammt etwa aus dem Jahre 3500 v. Chr. und enthält uralte Weisheitsregeln, Anweisungen für das menschliche Verhalten (Verfasser die Stadtvorsteher Kagemni und Ptah-hotep). Der Inhalt beweist, welch hohe sittliche Anschauungen die Menschen der damaligen Zeit besaßen. Da heißt es etwa:

> »Laß nicht übermütig werden deine Seele ob des Reichtums. Gott ist der Urheber der Fülle. *Nicht stehe hinten der andere.* Er sei dir gleich, es kann ihm werden ein gleiches Glück.«

Sind *wir* viel weitergekommen in der Lebensweisheit? Noch andere solcher Anleitungsbücher für das tägliche Leben wurden gefunden. Die »Lehre Amenemats für seinen Sohn« ist voller Skepsis und Mißtrauen gegen Leben und Glück, ja, seine Grundstimmung ist Weltverachtung und Trauer. Das »Lied des Harfners« enthält ebenfalls schmerzliche Töne über die Vergänglichkeit des Daseins, gleichzeitig aber die Aufforderung, das Leben zu genießen. Das »Gespräch eines Lebensmüden mit seiner Seele« hingegen mißtraut der jenseitigen Welt und ihren Verheißungen.

Der eigentümliche ägyptische Todeskult, die Furcht vor dem Jenseits, die gleichzeitig Anbetung des Lebens ist, fand vor allem in den »Totenbüchern« ihren Niederschlag. Es sind Papyrusrollen, die man den Verstorbenen mit ins Grab legte. Sie enthalten neben Schilderungen der jenseitigen Welt auch lyrische Götterhymnen. Oft sind es Anrufungen des Gottes Osiris, der ja Richter im Jenseits ist. Hoffnungsvolle, fast freudige Töne enthalt der Ra-Hymnus. Echten, hohen lyrischen Rang aber nimmt ein Fund aus der Zeit des neuen Reiches ein: der *Sonnenhymnus* des Königs Echnaton (14. Jahrhundert v. Chr.). Hier ist der Gedanke einer einzigen Gottheit, der lebenspendenden Sonne, der machtvolle und großartige innere Antrieb, der dem Ganzen einen hymnischen Schwung von großer Kraft verleiht.

In der erzählenden Literatur, von der aber nur wenig auf uns gekommen ist, scheinen Tierfabeln und Märchen beliebt gewesen zu sein. Aus dem Wenigen kann man ersehen, daß die Erzählungskunst sich bisweilen schon auf einer sehr hohen Ebene bewegte. Es wurde bewußt mit dem künstlerischen Mittel der Spannung und Dehnung gearbeitet. Aus dem mittleren Reich stammen die »Abenteuer des Sinuhe« und die bekannte »Geschichte von dem Schiffbrüchigen«, eine Art abwechslungsreicher, phantasievoller Unterhaltungsliteratur. Die merkwürdige »Erzählung von den zwei Brüdern« enthält im Kern bereits die biblische

Sage von Josef und der Frau des Potiphar (Verfasser Ennana im 14. Jahrhundert v. Chr.). Besonderen Erfolg hatte schon im Altertum eine Diebsgeschichte, die von dem griechischen Geschichts- und Geschichtenschreiber Herodot überliefert wurde: »Der Schatz des Rhampsinit«. (Ein Dieb raubt nicht nur Schätze des Pharao, sondern erlistet sogar dank kaltblütiger Schlauheit die Hand seiner Tochter.)

Babylonier und Assyrer

Ähnlich liegen die Dinge bei dem uralten Kulturland um Euphrat und Tigris, das – einst von den sagenhaften Sumerern und Akkadern bevölkert – unter den babylonischen und assyrischen Königen zu Macht, Reichtum und schöpferischer Fülle gelangte. Schon von den Ureinwohnern stammt die Keilschrift, die so viele Rätsel aufgab und ein Heer von Archäologen und anderen Gelehrten beschäftigte. Auch sie ist anfänglich eine Bilderschrift, die meist auf kleine Tontäfelchen eingeritzt wurde. Da das Ritzen in geraden Linien leichter war, wurde im Laufe der Zeit die stilisierte Form der Keile daraus. Die Tontäfelchen wurden nach der Beschriftung gebrannt oder getrocknet. So vermochten sie Jahrtausenden zu trotzen

Obwohl sie kein Kunstwerk darstellt, muß als erstes die Gesetzessammlung des babylonischen Königs Hammurabi (um 2000 v. Chr.) genannt werden. Es handelt sich dabei immerhin um den ältesten bekanntgewordenen Gesetzeskodex der Welt, geschrieben in einer klaren und eindrucksvollen Sprache auf eine fast drei Meter hohe Basaltsäule.

In der Nähe von Mossul wurde eine Unzahl von Tontafeln, eine ganze Bibliothek des assyrischen Königs Assurbanipal (7. Jahrhundert v. Chr.) gefunden. Sie ist sehr umfangreich und gibt Kunde von der politischen, zivilisatorischen und auch geistigen Höhe jener Tage. In erster Linie freilich ist auch sie eine Sache der Gelehrten.

Natürlich wurden hier und anderswo auch literarische Schätze ausgegraben oder entdeckt. Ohne Zweifel sind wertvolle Funde dabei, die meisten wiederum leider nur in Bruchstücken erhalten. Immerhin vermögen sie ein Bild von den literarischen Zuständen zu geben. Man fand zahlreiche Hymnen und Gebete, ferner Heldenepen und mythische Berichte. Die Hymnen geben nicht nur ein Bild vom Götterglauben und den religiösen Vorstellungen, in ihnen ist auch das allgemeine Lebensgefühl und die Grundstimmung der Menschen Lied und Gesang geworden. Meistens scheinen die Lieder unter dem Druck von Angst und Not entstanden zu sein. Sie stehen häufig in engstem Zusammenhang mit dem Walten außerirdischer Mächte, sind Beschwörung von Dämonen und Geistern, Anrufungen der Götter. Manchmal erinnern sie schon an den Ton biblischer Bußpsalmen.

»Dein Ohr horche auf meine Worte, voll Seufzens,
deine Seele tue sich auf meinem Klagelaut.
Sieh auf mich, Herrin, und wende dich zu mir,
daß das Herz deines Dieners erstarke.«

Auch die Berichte, Sagen und Deutungen von der Entstehung der Welt gemahnen bisweilen an den (viel jüngeren) biblischen Schöpfungsbericht. Von den Epen ist nur das riesige Heldenepos *»Gilgamesch«* von wirklicher Bedeutung für uns. Weitschweifig erzählt werden im »Gilgamesch« die ungeheuerlichen Schicksale des gleichnamigen Helden, der halb Mensch, halb Gott ist. Es wimmelt da in verwirrender Fülle und Vielfalt von sagenhaften Vorgängen, unbeschreiblichen Taten und Untaten, Göttern und Dämonen, Menschen und Untermenschen, Tieren und Fabelwesen. Gilgamesch wird nach unzähligen Abenteuern vom Aussatz befallen, weil er die Liebe der Göttin Istar verschmähte. Unter unendlichen Mühen gelangt er schließlich zu seinem Ahnherrn Utnapischti, dem einzigen, der einst der großen Flut, »die die Erde bedeckte«, entrann und Unsterblichkeit erlangte. Dieser Mann gibt ihm einen Bericht von dem sagenhaften Ereignis, der sehr deutlich an die Sintflutsage anklingt, wie wir sie aus der Bibel kennen. Ein Gott riet ihm, ein Schiff zu bauen und Lebewesen jeder Art unterzubringen. Er tat es, dann kam der angekündigte große Regen mit Blitz und Sturm. Erst am siebenten Tage legte sich das Unwetter. Sie landeten an einem Berggipfel. Eine Taube wurde ausgeschickt, eine Schwalbe, ein Rabe. Erst der Rabe blieb aus, weil er einen Platz zum Sitzen fand. Ein Altar wurde gebaut und ein Opfer dargebracht. Im Gilgamesch Epos sind eine Unzahl mythischer Vorgänge und Berichte ineinander verwoben. Uns berührt es vor allem als eine kraftvolle urtümliche und gewaltige Ursage, welche das Gepräge der ganzen Menschheit mitbestimmte.

Hebräer

Wohl kaum ein Buch der Welt hat einen so ungeheuren Strahlungsbereich wie die *Bibel,* für viele auch heute noch das »Buch der Bücher«. Seine nachhaltige Wirkung auf die ganze westliche Welt, insbesondere das christliche Abendland, ist schlechterdings unübersehbar. Die Bibel hat die Formen unseres ganzen Daseins mitgestaltet, hat unser Denken und Fühlen, unsere Lebensordnungen und Gewohnheiten, unsere seelischen und geistigen Bestrebungen mitbestimmt. Von vorne herein besaß sie damit auch einen wesentlichen Einfluß auf Kunst und Literatur. Ihre religiöse Bedeutung geht uns in diesem Zusammenhang wenig an. Wir brauchen sie auch gar nicht. Denn die Bibel enthält ja nicht nur die jüdische und christliche Weltschöpfungslehre, nicht nur die Lehre von dem einzigen und alleinigen Gott Jahwe, nicht nur die Gesetze und Vorschriften, mit denen dieser furchterregend sein auserwähltes Volk beherrscht, sie enthält auch die Geschichte und Geschicke des jüdischen Volkes und, mit ihnen verbunden, aus ihnen entstanden, den ganzen Schatz jüdischer Dichtung und Literatur, Epen, Legenden, Erzählungen, Gebete, Gesänge, Lieder, Heiliges und Unheiliges, Böses und Gutes. Dieser großartige dichterische Kern hat nicht zuletzt mitgeholfen, dem Buch seine einmalige Verbreitung auf der Welt zu sichern.

Als kleines Beispiel für die geistige Gewalt, die von der Bibel auch auf dem Gebiete der Literatur ausging, diene unser eigenes Land selbst. Erst seit LUTHERS Bibelübersetzung besitzen wir eine einheitliche deutsche Schriftsprache. Mit LUTHERS Werk ging – so eigenschöpferisch es war – eine Fülle von Vorstellungen, Bildern, Ausdrücken, Wortgebilden wie selbstverständlich in den deutschen Sprachschatz über. Jahrhunderte haben davon gezehrt. Und die Stoffe der Bibel haben eine Unzahl deutscher Dichter immer wieder beschäftigt und angeregt, man denke nur an GOETHE (der »Prolog im Himmel« ist wesentlich vom Buch Hiob beeinflußt) oder an GRILLPARZER, HEBBEL u. a., in neuerer Zeit THOMAS MANN. Nicht zuletzt ist es ein Verdienst HERDERS und GOETHES, daß viele Stücke der Bibel wieder in ihrem ursprünglichen, poetischen Sinne gesehen wurden, jenseits der religiös-symbolischen Deutungen, in die sie eingekleidet worden sind.

Die äußerst verschlungene Entstehungsgeschichte der Bibel ist Angelegenheit der Fachgelehrten. Jedenfalls wurde das Buch auch in seinem religiösen und mythologischen Gehalt deutlich von Nachbarvölkern und ihren Kulturen beeinflußt, vor allem den Babyloniern, Assyriern und Ägyptern, aber auch von manch anderen der vielen Völkerscharen, mit denen die Juden in Berührung kamen. Im Laufe des letzten Jahrtausends vor Christus gaben ihm die jüdischen Priester, Propheten und Schriftgelehrten allmählich die Form, in der es auf uns gekommen ist.

»Im Anfang schuf Gott Himmel und Erde.« Wer kennt nicht den Beginn des großartigen Schöpfungsberichtes? In einfachen, wuchtigen Sätzen wird die Entstehung der Welt erzählt, die Lehre von dem alleinigen Gott verkündet, die erste Zeit der Menschheit geschildert. In einer eindringlichen, gehobenen, oft von dichterischem Schwung getragenen Sprache, die gerade durch ihre Gleichförmigkeit, ja Eintönigkeit an die Gewalt und Schönheit des Meeres oder der Wüste erinnert, rollt das Ganze vor uns ab, die Geschichte von Adam und Eva im Paradies, vom Sündenfall, von der Sintflut, dem Turmbau zu Babel, den Erzvätern und Patriarchen, der ägyptischen Gefangenschaft, von Joseph und Moses, dem Durchgang durchs Rote Meer. Und so geht es weiter: eine Fülle von Gestalten und Begebenheiten, Erzählungen und Berichten. Das sind zunächst einmal Sagen und Legenden. An sie reihen sich geschichtliche Vorgänge, Schilderungen von Kämpfen, Siegen und Niederlagen, eine bunt bewegte Folge von Einzelschicksalen, ein in allen Farben schimmerndes Lebensbild eines ganzen Volkes. Dazwischen Gebete, Hymnen, Lyrik. Und immer wieder die Lehre, Gesetze, Vorschriften, Weissagungen. Ein paar Einzelheiten mögen zeigen, wieviel »Literatur« in der Bibel steckt.

Da ist etwa die abwechslungsreiche Legende von Joseph in Ägypten, die urtümliche, moritatenhafte Geschichte von Simson, der märchenhafte Bericht über das Königtum Sauls das abenteuerliche Leben Davids (die Episode mit Bathseba). Eine liebliche, feinsinnige »Kurzgeschichte« ist das Buch Ruth mit seiner treuen und sanften Heldin. Das Buch Esther ist ein abwechslungsreicher Roman mit allerhand Verstrikkungen und Abenteuern. Besonders bekannt wurde wegen seines heldischen Gehalts das Buch Judith (vermutlich erst im 1. Jahrhundert n. Chr. geschrieben). Die Abenteuergeschichte von Jonas, der aus dem Bauche eines Fisches geholt wird, hat es phantastischen Gemütern immer schon angetan. Einen Höhepunkt ohnegleichen aber bildet das

Buch »Hiob«. Es ist durchzittert von einer der letzten Fragen die Menschen immer wieder stellen werden, der Frage nach dem Sinn des Leidens. Waltet ein gerechter Gott über dieser Erde? So fragt sich der mit allem Unheil geschlagene Held immer wieder, und schwere Zweifel bedrängen ihn, denn er findet keine Schuld, die sein Leiden rechtfertigen könnte. So fordert er zuletzt sein Recht von Gott. Unvergänglich, unvergeßlich die Stelle, da Gott aus einem Gewittersturm zu ihm spricht.

»Gürte deine Lenden wie ein Mann; ich will dich fragen, lehre mich!
Wo warst du, da ich die Erde gründete? Sag an, bist du so klug?
Weißt du, wer ihr das Maß gesetzt hat? Oder wer über sie eine Richtschnur gezogen?
Worauf stehen ihre Füße versenket? Oder wer hat ihr einen Eckstein gelegt?
Da mich die Morgensterne miteinander lobeten und jauchzeten alle Kinder Gottes.
Wer hat das Meer mit Türen verschlossen, da es herausbrach wie aus Mutter Leibe?
Da ich's mit Wolken kleidete und in Dunkel einwickelte wie in Windeln.
Da ich ihm den Lauf brach mit meinem Damm und setzte ihm Riegel und Türen.
Und sprach: Bis hierher sollst du kommen und nicht weiter, hier sollen sich legen deine stolzen Wellen.
. . . .
Weißt du des Himmels Ordnungen, oder bestimmst du seine Herrschaft über die Erde?
Kannst du deine Stimme zu der Wolke erheben, daß dich die Menge des Wassers bedecke?
Kannst du die Blitze auslassen, daß sie hinfahren und sprechen zu dir: hier sind wir?«

Einen besonderen Hinweis verdienen auch die Gesänge der *Propheten,* insbesondere Jesaias, Jeremias und Ezechiel. Diese Männer waren die unablässigen Mahner des Volkes, richteten es auf, wenn es darniederlag, gaben ihm Kraft und Ausdauer in Knechtschaft und Niederlage, trösteten es durch Weissagungen, entfachten immer wieder die Flamme der Begeisterung. Es waren Heilige und Besessene der Gottes und Vaterlandsliebe, ihre Sprache war durchglüht vom Feuer einer hohen Sendung.

Sieges-, Schlacht- und Klagelieder aus allen Zeiten künden von der urtümlichen Kraft, die in diesem Volke lebte. Das berühmte Lied der Miriam nach dem Durchzug durch das Rote Meer strömt über von Jubel und Siegesfreude. Geradezu blutrünstig, ans Abstoßende grenzend, ist das Rachelied der Deborah nach ihrem Mord an Sisra: »So mögen alle deine Feinde, Jahwe, untergehen.« Wer aber kann sich der herzzerreißenden, in ihrer Echtheit großartigen Klage Davids um die erschlagenen Saul und Jonathan entziehen? »Die Zierde in Israel liegt erschlagen auf deinen Höhen.« Es ist ein Lied, das die ganze Welt bewegte. Auch den sogenannten *Psalmen* einer Art Gemeindegesänge, – viele stammen von David – entströmt hochgestimmte lyrische Kraft. Zahllosen sind sie heute noch Trost und Verheißung.

Reine Liebeslyrik edelster Prägung finden wir im *Hohen Lied* »als dem Zartesten und Unnachahmlichsten, was uns von Ausdruck leidenschaftlicher, anmutiger Liebe zugekommen« (GOETHE). Als Rahmen eine winzige Fabel: Sulamith, ein Hirtenmädchen, schlägt die Gunst Salomos aus und bleibt ihrem Geliebten treu. Meist im Zwiegesang wird die Liebe in all ihren Stimmungen und Wandlungen besungen. Da heißt es in GOETHES Übersetzung:

Setze mich wie ein Siegel auf Dein Herz,
Wie ein Siegel auf Deinen Arm.
Denn stark wie der Tod ist die Liebe,
Eifer gewaltig wie die Hölle,
Ihre Glut Feuerglut, eine fressende Flamme.
Viel Wasser können die Liebe nicht löschen,
Ströme sie nicht ersäufen.
Böt einer all sein Hab und Gut um Liebe,
Man spottete nur sein.

Die Bibel ist eines der unerschöpflichsten Bücher der Weltliteratur. Göttliches und Menschliches hat in ihr Platz gefunden, nicht zuletzt Allzumenschliches und – Unmenschliches. In ihr ist Grausamkeit und Zartheit, leidenschaftliche Liebe und abgrundtiefer Haß, Erhebendes und Bestürzendes, Heiliges und Gemeines, Hochmut und Demut, Schönes und Häßliches, kurz: das ganze Menschenleben mit all seinen Übertreibungen. Sie ist wahrhaftig auch in diesem Sinne »ein Buch des Lebens«.

Perser und Araber

Gerade die Deutschen haben immer wieder versucht, die orientalische Poesie heimisch zu machen (GOETHE, RÜCKERT, BODENSTEDT). Diese Versuche waren mit gewaltigen, achtenswerten Anstrengungen verbunden. Und doch ist das meiste – mit einigen großen Ausnahmen – wieder versunken.

Von den *Persern* wissen viele bei uns etwas über Zarathustra (Zoroaster) und seine dualistische Lehre vom Licht und der Finsternis. Lichtgott ist Ahuramazda (Ormudz), sein dunkler Widerpart Angramanjus (Ahriman). Der eine verkörpert das Gute, der andere das Böse. Das heilige Buch ist das »Zendavesta«, es enthält außer der Lehre auch Sprüche, Beschwörungen, Gebete, epische Berichte (z. B. eine Form der Sintflutsage) und Lieder. So vermag es unser Wissen um uralte mythische Vorstellungen zu vermehren.

Die eigentliche Blüte der persischen Dichtung freilich begann erst in späterer Zeit, nach der Eroberung durch den Islam, an den Höfen der Kalifen, die immer von einer Schar untertäniger und lob-bereiter Dichter umschwärmt waren (Sultan Mahmud von Ghazna). Was die Hofdichter hervorbrachten, war Wortgefunkel, Artistenarbeit, Spiel mit glitzernden und schillernden Formen, inhaltlich ziemlich schwach und unbedeutend. Höchsten Ruhm, auch bei uns in Europa, erlangte erst FIRDAUSI (»Der Paradiesische«, sein eigentlicher Name lautet ABUL KASIM MANSUR, 939–1020). Er ist der Schöpfer des persischen Nationalepos. Es wurde seine Lebensarbeit. Er gab ihm den Titel »Schahnameh« (Das Königsbuch). Darin verwob er altpersischen Sagenstoff, Volksschicksal und Herrschergeschichte zu einer mächtigen Einheit. Ohne Zweifel war er ein großer Dichter. Sein Werk enthält wuchtige und großartige Stellen, epische Prachtstücke, auch lyrische Kostbarkeiten. Es in seinem Inhalt kurz wiederzugeben ist unmöglich. Zu verschlungen sind die zahllosen Einzelschicksale, die geschichtlichen und legendären Berichte, die Schilderungen von Kämpfen, Taten und Missetaten. Außerdem ist sein Umfang so gewaltig (es umfaßt 120 000 Verse), daß jeder Leser heute davor zurückschrecken wird.

Auf FIRDAUSI folgen Dichter, deren Namen bei den Persern einen hohen Klang haben. Da ist etwa FACHREDDIN DSCHURDSCHANI (11. Jahrh.) mit seinem Liebesepos »Wis und Ramin«, oder NIZAMI (12. Jahrh.) mit einem Alexanderlied (»Iskender«).

Bei uns fand OMAR CHAJJAM, der Zeltmacher, sehr viel Anklang (12. Jahrhundert) mit seinem Hauptverk »Rubayjat«, einem Buch der Lebensweisheit, meist in Vierzeilern. Er predigt heiteren Sinnen- und Lebensgenuß und Gelassenheit, weil das Leben doch immer ein Rätsel bleibt, schnell vergeht und nie viel wert ist.

»Vom Himmel reißt der Tag das schwarze Tuch
Der Nacht, drum füll mit Zauberwein den Krug,
Schenke, und reib dir deine Augen wach,
Glaub mir, du schläfst dereinst noch lang genug.«

Dichter von Weltrang ist HAFIS (13. Jahrhundert, wirklicher Name MOHAMMED SCHEMSEDDIN). Seinen Ruhm bei uns verdankt er nicht zuletzt der Begeisterung GOETHES. Aber im Unterschied zu manch anderem morgenländischen Dichter blieb ihm der Ruhm erhalten, ja er wuchs. Mit einem Wort: seine Gedichte leben. Sie kommen aus einem ehrlichen, überquellenden Herzen, sind Ausdruck einer großen Ergriffenheit, eines gesteigerten, ganz echten Lebensgefühls, sind anmutig, witzig, übermütig. Da gibt es keine falschen Töne. Alles ist ursprünglich und ungekünstelt, deshalb auch in tiefem Sinne wahr. In Hafis verbindet sich der mystische Wesenszug seines Volkes mit der überschäumenden Daseinsfreude des Weltverächters, der die Welt doch liebt. Viele bei uns sehen in ihm zu einseitig nur den Vagabunden, Zecher und Liebenden. Dahinter verbirgt sich echte Nachdenklichkeit, Tiefsinn, ja Weisheit. »In die Geheimnisse der Gottheit von fern hineinblickend«, heißt es bei GOETHE über HAFIS. Mit Recht wird dieser echte Volksdichter nicht nur in seiner Heimat geliebt und verehrt.

Das sind die Kostbarkeiten dieser Erde: Ein Saitenspiel, ein Becher Wein, ein Tanz Schlankbeiniger Mädchen, einer Liebsten Gunst Und dann ein Schweigen – ja, ein tiefes Schweigen.

Preis der Freude. Freude ist göttlich! Schimpft nicht auf die Freude! Verknöchert ist und sinnlos, wer sie schilt. Der Pfaff bekämpft sie, laßt den blöden Pfaffen. Er hat den Sinn der Erde nicht erkannt. Die Freude hebt dich selig zu den Sternen, – Nicht Buße und Kasteiung, die dich ducken. Die Freude nur verschwistert dich der Erde, Nur durch die Freude wirst du eins mit Gott.«

Die *Araber* besaßen zunächst eine schlichte, anspruchslose, aber umfangreiche Volkspoesie, die dem einfachen Nomadenleben der verschiedenen Stämme entsprach. »Dargestellt sind: festeste Anhänglichkeit an Stammgenossen, Ehrbegierde, Tapferkeit, unversöhnbare Rachelust, gemildert durch Liebestrauer, Wohltätigkeit, Aufopferung, sämtlich grenzenlos.« Dieses Wort von GOETHE bezieht sich auf die Gedichtsammlung *»Moallakat«*, die bereits sieben erlauchte Dichternamen anführt. Eine von ABU TEMMAN (9. Jahrh.) veranstaltete Sammlung *»Hamasa«* nennt dagegen schon 500. Die Namen besagen uns heute kaum noch etwas, so gewiß es ist, daß sich einzelne Perlen unter ihren Gedichten finden. Auf die ganze Dichtung wirkte die Gestalt MOHAMMEDS ausgesprochen lähmend. Er war ein herrischer Feind aller Kunst und Poesie, die in seinen Augen nur Lüge war. Für ihn galt es, die »Zeit der Unwissenheit« zu beenden. Immerhin wurde mit dem *Koran* den arabischen Stämmen eine einheitliche Sprache geschenkt. Das Werk selbst – geschrieben nach MOHAMMEDS Tod von ABU BEKR und OMAR – enthält außer der mohammedanischen Lehre und den Vorschriften auch Legenden, Berichte, Erzählungen, Sprüche, Gebete. Stellenweise hat es dichterischen Schwung. Lesen werden es außer Mohammedanern heute nur noch Liebhaber und Gelehrte. Nach der siegreichen und schnellen Ausbreitung des Mohammedanismus bis auf die Iberische Halbinsel kam auch die Dichtung wieder zu Ehren vor allem am Hof der Omajaden und der Abbassiden (Harun al Raschid). Aber nun war sie nicht mehr Volks-Poesie, sondern ein reines Kunstgebilde, bei dem der Hauptwert auf äußeren Glanz, Prunk und sprachlichen Zierat gelegt wurde. Erst HARIRI (gestorben 1121) brachte es wieder zu internationalem Ruhm, vor allem durch seine »Makamen«. Diese Dichtform ist eine geistreiche Mischung aus Prosa (Anekdote, Dialog) und Versen. In ihrem Mittelpunkt steht bei HARIRI der Galgenstrick und Spaßvogel Abu Seid. RÜCKERT hat diese Makamen stilvoll ins Deutsche übersetzt. Man liest nicht lange darin. Die Sucht nach Wortspielen, Verdrehungen, Kunststückchen, Überraschungen um jeden Preis verleidet einem die Sache recht schnell.

Es zerbrach die Schlüssel und das Schlüsselbein
und wies uns von der Schüssel zum Schüsselein
es stieß um des Herdes Kessel –

es stürzte um der Herrschaft Sessel –
es zerbrach des Dienstes Fessel –
und warf die edle Rose unter die Nessel –
Es blies uns den Span aus –
und zog uns den Zahn aus –
Es fegte die Bahn aus –
und trieb uns den Wahn aus –
Es drängte und trieb –
es hetzte und hieb –
es raffte und rieb –
bis nichts uns blieb. (Aus der 11. Makame)

Wen soll man bei diesen Texten mehr bewundern, den Dichter oder den Übersetzer?

Ein großes Geschenk machten die Araber der ganzen Welt mit ihrer Märchensammlung *»Geschichten aus tausend und einer Nacht«* (Alf Leila wa Leila). Sie ist eine wahre Fundgrube aller möglichen Stoffe, ein Schatz unerschöpflicher Phantasie. In ihrer heutigen Form stammt sie vermutlich aus dem 16. Jahrhundert, entstanden sind die Märchen natürlich viel früher, machten auch im Laufe der Zeit beträchtliche Verwandlungen mit. Ihr Ursprung liegt in allen Ländern der östlichen Welt bis nach Indien und dem fernsten Orient. Eingekleidet ist das Ganze in die bekannte Rahmenerzählung von der klugen Schaharasade, die ihren Sultan und Gemahl mit ihren Geschichten so lange in Bann schlägt, bis er ihr das Leben schenkt. Macht sich einer daran, die Sammlung ganz zu lesen, so wird er rasch ermüden. Zu oft wiederholen sich die gleichen Motive, ähnliche Szenen, gleiche Lösungen. Zu üppig ist die Fülle überquellender Phantasie, um nicht zu sagen übersteigerter Phantastik, zu bunt die Welt unzähliger Gestalten. Vielleicht fanden die Araber selbst die Sache viel kurzweiliger, nicht zuletzt wegen der überhitzten Erotik, die leicht bis zur Frivolität und oft genug ein gut Stück darüber hinaus geht. Übertreibung in jedem Sinne ist überhaupt ein Kennzeichen dieser Märchen. Mitten in dem wilden Durcheinander freilich findet man echte Kostbarkeiten. Ein jeder kennt eine ganze Reihe: Ali Baba etwa, Abul Hassan, den Vogel Rock, Aladin und die Wunderlampe, Harun al Raschid und seine Geschichten.

Geburt des Einzelmenschen
Griechische Klassik

Mit den Griechen des Altertums kommen wir in unsere Welt, zum Abendland. Das Denken dieses zunächst kleinen Kulturkreises hat unsere ganze Lebenswelt entscheidend mitgestaltet. Das Menschenbild der Griechen ist in vielen Teilen auch das unsere geworden. Wir sind Geist von ihrem Geist. Sie haben die Macht und die Größe des Einzelmenschen entdeckt, haben die Kräfte geweckt, die insgeheim in diesem Wesen schlummmerten, haben seinen Geist (Logos) gegen die überirdischen Gewalten gestellt, verliehen dem Ich Würde und Mut. Kurz: der Mensch wurde für sie zum Maßstab der Dinge. Und so ging denn ihr ganzes Sinnen und Trachten darauf aus, ihn zum wahren, echten Menschsein zu erziehen. Dabei gerieten sie nicht über die entgegengesetzte Schranke hinaus: Es kam ihnen keineswegs in den Sinn, dieses Einzelwesen zu jenem selbstherrlichen Spuk zu machen, der nur sich selbst kennt und aus sich selbst leben will. Diese Übertreibung blieb späteren Geschlechtern vorbehalten. Zu deutlich sahen sie die Grenzen des Menschen. Für sie war er immer vermochten mit dem All, war nur Teil eines Ganzen. Und ständig waltete über ihm ein gewaltiges Schicksal. Auch blieb er eingebettet in die Gemeinschaft seiner Mitmenschen, aus der herauszutreten Frevel war. So erwuchs der Gedanke einer hohen Sittlichkeit, die das Ich den Gesetzen von Gemeinschaft und Natur unterordnete. Mit einem Wort: Die Griechen besaßen oder entwickelten einen geheimnisvollen Sinn für das rechte Maß. Sie befreiten wohl das Ich aus vielen Fesseln, errichteten jedoch Warnzeichen und Gesetze an den Grenzen, die ihm nun einmal gesetzt sind. Aus Freiheit durfte nicht Zügellosigkeit, Übermut (Hybris) und Selbstvergottung werden. Die Menschlichkeit, der Mensch im rechten Verhältnis zu Mitmensch und allen Dingen, dieses Ideal ist vielleicht die größte und schönste ihrer Entdeckungen. Sie wurde wertbestimmend und weltbestimmend.

Freilich, auch für die Griechen war es ein Ideal, ein Ziel, eine Sehnsucht. Das schöngefärbte Bild von der »edlen Einfalt und stillen Größe«, das man sich in der deutschen Klassik von Griechenland machte, stimmt nicht ganz. Gerade diesem Volke war das Allzumenschliche und das Unmenschliche nicht fremd. Das zeigen schon die religiösen Vorstellungen, der farben- und gestaltenreiche Götterhimmel, der nur ein ins Übermenschliche gesteigertes Spiegelbild des eigenen Lebens war. Das zeigt sich in Mythen und Sagen, in Philosophie und Lebenslehre, in Politik und Kunst. Aber immer wieder beschworen sie ihr Bild vom Menschen, machten es zur Richtschnur ihrer Handlungen, verteidigten es, verloren es, formten es neu in unablässigen Auseinandersetzungen mit sich selbst und mit dem herandrängenden benachbarten Asien, das sie oft genug zu überrennen drohte (Perser).

Das Menschliche ist auch der eigentliche und letzte Maßstab der griechischen Kunst, nicht zuletzt der Dichtkunst. Wie ein Leitmotiv zieht sich dieses Merkmal durch alle wesentlichen Werke. Ziel ist ständig: Ein Abbild und Inbild menschlichen Lebens in all seinen Formen, in Verstrickungen und Verwandlungen, Bedrohungen und Lösungen, Geschehnissen und Taten zu geben. Offen oder versteckt ist Mittelpunkt immer wieder der Mensch. So wurde die griechische Dichtung zum Ausgangspunkt der abendländischen Dichtung, wurde zum unerschöpflichen Born der Befruchtung, zum lebenspendenden Quell, aus dem die Literatur aller westlichen Völker immer wieder schöpfte. Seit den Zeiten von Renaissance und Humanismus, bei uns zumindest seit den Tagen WINKELMANNS und *Goethes* wurde der Strom kaum mehr unterbrochen. Man braucht nur an eine Dichtergestalt wie HÖLDERLIN zu denken. Und die griechische Philosophie (PLATON, ARISTOTELES) spielte schon seit der Christianisierung eine wesentliche, ja entscheidende Rolle. Noch die Gegenwart zehrt von der klassischen Zeit. Gerade heute werden die alten Stoffe immer wieder behandelt, wenn auch oft zu ihrem Schaden. Ihre Anziehungskraft jedenfalls haben sie noch nicht eingebüßt. Das Wichtigste für uns aber ist dies: die alte griechische Dichtung selbst ist in ihren Hauptwerken noch heute so gültig und wirksam wie eh und je.

Die Vers-Epen

Am Anfang der griechischen Dichtung steht ein Name, den die ganze Welt verehrt und liebt: HOMER. Seine Werke, die Epen *»Ilias«* und *»Odyssee«,* sind unvergängliche Menschheitsgedichte. Wir brauchen uns nicht in den Streit einzumischen, ob der sagenhafte Mann wirklich gelebt hat oder ob er nur eine Legende ist, nur ein Name, der für viele steht. Acht Städte streiten sich um die Ehre seiner Geburt. Um 850 v. Chr. soll er geboren sein (vielleicht in der äolischen Stadt Smyrna). Es geht uns auch wenig an, wie viele Sagen, Heldengedichte, Göttermythen der Dichter vorgefunden und verwendet hat, ob er nur Sammler und Ordner war, wieviel vom äolischen und wieviel vom jonischen Dialekt sich in seinem Werke findet und was dergleichen Gelehrtenfragen mehr sind. Eines ist sicher: Seine beiden Epen sind großartige, in sich geschlossene Einheiten, sind Kunstwerke höchsten Ranges, wie sie in jedem Falle nur ein Großer unter den Dichtern schaffen konnte. Beide haben einen starken Grundgedanken, der das Vielerlei der Einzelheiten zu einem klaren Gebilde fügt und es umspannt, sie sind planvoll durchgeführt, sind zu einem runden Ganzen gestaltet. So können wir uns ruhig an die Vorstellungen halten, die schon die Alten von Homer hatten: ein blinder Sänger und Dichter, Seher und Künder, der alte Heldenlieder anstimmt und in ihnen der Menschheit Leben und Schicksal deutet.

Beide Lieder (in flüssig dahineilenden Hexametern geschrieben) sind gültige Gestaltung des griechischen Heldenzeitalters. Eine überreiche Fülle sagenhafter Ereignisse und Gestalten aus der Vorzeit ist in ihnen zu einem bunten Reigen versammelt. Und die ganze Welt der Götter ist mit hineinverwoben, so eng und fest sogar, daß sie nicht wegzudenken ist. Man empfindet sie keineswegs als fremd oder störend. Denn diese Götter sind Mitspielende, Mithandelnde, Mitleidende. Das ist das Eigenartige an ihnen: Sie sind so voll echten Menschentums in all seinen Höhen und Tiefen, daß man sie wie größere Brüder empfindet, die man zum Freund oder Feind haben kann. Ein großartiges Kunstmittel des Dichters: Er macht den Himmel einfach zur Erde. Zu gut weiß er, daß alle Poesie den Menschen meint, den Menschen will.

Die *Ilias* ist das Hohe Lied der sagenhaften Kämpfe um Troja (Ilion). Sie sind der großartige Rahmen des Geschehens.

Darin freilich vollzieht sich ein bedeutendes Einzelschicksal, das gleichzeitig wieder zum Spiegel des Ganzen wird: die Wandlung des strahlenden Helden Achilles von eitlem Groll zu edlem Menschentum. Nur 51 Tage des zehnjährigen Kampfes werden geschildert, und doch wird das Lied zum großen Sinnbild des wilden Geschehens, enthält im Grunde genommen alles. Gleich der erste Satz schlägt das Thema an:

»Singe, o Göttin, den Zorn des Peliden Achilles«. Im Lager der Griechen, die Troja belagern, ist ein verhängnisvoller Streit ausgebrochen: ihr Anführer Agamemnon muß, um den Zorn des Gottes Apollo zu besänftigen, die geraubte Chryseis an ihren Vater zurückgeben. Er tut es auch, läßt aber als Ersatz für sie Briseis, die Geliebte des Achilles, sein Ehrengeschenk, entführen. Dies faßt Achilles als schreckliche Schmähung auf. Im letzten Augenblick hält ihn die Göttin Athene vom Äußersten zurück. In finsterem Zorn entschließt er sich jedoch, dem Kampf von nun an fernzubleiben, bis Sühne geleistet ist. Ohne Achilles aber, den strahlenden Helden, können die Griechen den Kampf nie gewinnen. Der Knoten ist geknüpft. Die Spannung, wie er gelöst werden soll, gibt den nun folgenden, wechselvollen Ereignissen ihren heimlichen Atem. Wir erleben auch die Götter in vielerlei Szenen unter sich, sehen sie bald auf dieser, bald auf jener Seite in die Kämpfe eingreifen, werden die ganze Grausamkeit, Hinterlist und Bosheit gewahr, mit der Menschen und Götter widereinanderstehen. Es gibt auch Gestalten voll Edelmut, Tapferkeit und Herzensgüte. Wahrhaft, nichts Menschliches, das da nicht ausgespielt würde. Wir lernen den klugen, tapferen Odysseus kennen, den sieghaften Diomedes, Thersites, den aufwieglerischen, häßlichen Worte-Macher, Paris, den jünglinghaften, blendenden Verführer, Helena, die unschuldig-schuldige Schönheit, die den Krieg verursachte, den vornehmen Priamos, den edlen Hektor, seine liebliche Frau Andromache, viele, viele andere noch, ein jeder einzigartig und deutlich. Dazwischen tummeln sich die verschiedensten Götter und Göttinnen, auch hier immer ausgeprägte Persönlichkeiten, Zeus selbst etwa, der mächtige Herr des Olymp, seine zänkische Gemahlin Hera, die Meeresgöttin Thetis, Apollo, Aphrodite, Hephäst und viele andere. Wir erleben zahlreiche Schlachten und Einzelkämpfe, immer wieder unterbrochen von Szenen ganz privater Prägung. Es gibt Familienidyll und Liebesrausch, Erhabenes und Lächerliches, Großes und Gemeines, Stellen, die fast unauslöschlich im Gedächtnis des Lesers haften. Genannt sei nur der Abschied Hektors von Frau und Kind:

> »Also der Held, und hin nach dem Knäblein streckt' er die Arme; Aber zurück an den Busen der schön gegürteten Amme
> Schmiegte sich weinend das Kind, erschreckt von dem lieben-
> [den Vater

Scheuend die glänzende Rüstung, die flatternde Mähne des Bu-
[sches,
Welchen es schreckend ersah von der Spitze des Helmes
[herabwehn.
Lächelnd schaute der Vater das Kind und die zärtliche Mutter,
Schleunig nahm vom Haupte den Helm der strahlende Hektor
Legte dann hin auf die Erde den schimmernden; aber er selber
Küßte sein liebes Kind und schaukelt es sanft in den Armen
Dann erbob er die Stimme zu Zeus und den anderen Göttern.«

Da es den Griechen im Lauf der Kämpfe immer schlechter geht, ist Agamemnon schließlich bereit, seine Schuld einzugestehen und den zürnenden Achill zu versöhnen. Dieser aber weist die Abgesandten Odysseus, Aias und seinen alten Lehrer Phoenix schroff zurück. So gelingt es dem Trojaner Hektor mit seinen Leuten, bis zu den griechischen Schiffen vorzudringen und Feuer auf sie zu werfen. Da erlaubt Achill dem Freund Patroklus (er ist eine der edelsten und reinsten Gestalten der llias), am Kampf teilzunehmen. In Achills Rüstung vermag Patroklus die Trojaner zu vertreiben und selbst bis zur Stadtmauer vorzudringen. Dort ereilt ihn aber sein Schicksal durch eine Hinterlist Apolls. Er fällt durch die Hand Hektors, der damit Achills Rüstung erbeutet. Erst dies bringt Achill dazu, dem Gesinnungswandel, der sich vorher schon in ihm vollzog, die Tat folgen zu lassen. Hephäst selbst schmiedet ihm neue Waffen. Und dann kommt die Stunde der Rache für den gefallenen Freund. Dreimal jagt er Hektor, den Entsetzen packt, um die Stadtmauer. Dann trifft den Fliehenden Achills Speer. In grausigem Ingrimm schleift Achill die Leiche zu den Schiffen und zwölf Tage lang um das Grab des Freundes, zuletzt will er sie den Vögeln und Hunden zum Fraß überlassen. Selbst die Götter sind über ihn empört. Erst jetzt ist sein Zorn gestillt, und er kommt langsam zu sich. Da erscheint Priamus, Hektors Vater, in Achills Zelt, umschlingt die Knie des Feindes, bittet ihn in herzergreifenden Worten um die Leiche des Sohnes:

»Duld ich doch, was keiner der sterblichen Erdenbewohner
Ach zu küssen die Hand, die meine Kinder getötet.«

Dieser erschütternde Vorgang bringt all das in Achill zum Durchbruch, was allmählich in ihm heranwuchs, die Kraft zur Selbstüberwindung, zu männlich reifer Menschlichkeit. Mit Priamus zusammen beweint er das Schicksal. Er läßt Hektors Leichnam mit Öl salben, in die besten Gewänder hüllen, legt sie selbst auf die Bahre, auf der sie zur Bestattung zurückgetragen wird. Gesiegt hat der Mensch.

Von der *»Odysee«* heißt es, sie sei nicht so wuchtig und gewaltig wie die »Ilias«. Das mag stimmen. Dafür ist sie kunstvoller und abwechslungsreicher, die Mittel der Darstellung sind verfeinert, Einzelheiten sind bewußt besser ausgearbeitet, bereits ist Seelenkunst im Spiel. In gewisser Beziehung also ein Fortschritt. Denn an Großartigem, ja Erschreckendem fehlt es auch diesem Epos keineswegs. Auch die Odyssee hat einen bedeutenden Helden als Mittelpunkt, um den sich alle Ereignisse und Figuren drehen: den listenreichen, wortgewandten Odysseus. Grundgefühl ist seine unablässige, durch nichts zerstörbare Sehnsucht nach der Heimat, nach Frau und Kind. Dieser Sehnsucht entspricht die unwandelbare Treue seiner Frau, die zuhause trotz allen Anfechtungen mit dem gleichen brennenden Verlangen auf ihn wartet. Zwei Pole also, von denen aus sich der straffe Spannungsbogen wölbt. Gleichzeitig ist das Werk der große Abenteurer- und Seefahrerroman der Antike, für unsere Welt also der erste seiner Gattung und als solcher gleich Vollendung.

Eine Versammlung der Götter beschließt, den Dulder Odysseus – dieser sitzt voll Sehnsucht am Strande einer Insel, wo ihn die Nymphe Kalypso gefangen hält – endlich nach jahrelangen Irrfahrten in die Heimat zurückkehren zu lassen. Bei ihm zu Hause, auf der Insel Ithaka, stehen die Dinge nicht zum besten. Zwar wartet seine Frau Penelope immer noch inbrünstig auf seine Heimkehr, kann sich aber kaum der zahlreichen Freier erwehren, die ihr Haus bevölkern, ihr Hab und Gut verprassen. Selbst der Sohn Telemach, inzwischen herangewachsen, vermag nichts gegen sie. Auf Athenes Rat begibt er sich zwar nach Sparta, um von Menelaus und Nestor Kunde über den Vater zu erhalten. Aber er erfährt nicht sehr viel. Nun muß sich Kalypso dem Wunsch der Götter fügen, sie läßt Odysseus ziehen. Aber sein selbstgebautes Floß zerbricht, und nur Leukothea, eine Meergöttin, rettet ihn mit ihrem Schleier, der ihm als Schwimmgürtel dient. Mit Müh und Not erreicht er das Land der Phäaken. Die Königstochter Nausikaa selbst findet am Strand den Schiffbrüchigen. Gerade er entspricht den heimlichen Träumen ihres Herzens. Sie führt ihn zu ihren Eltern, wo er gastlich aufgenommen wird (die Episode mit Nausikaa ist eine der liebenswürdigsten und bezauberndsten Stellen des ganzen Buches.) Erst am märchenhaften Hofe des Phäakenkönigs Alkinoos erfährt man die früheren Schicksale des Helden, die nun – von ihm erzählt – wie ein schillernder Kranz von Perlen vor uns ausgebreitet werden, phantastische Abenteuer in bunter Folge. Da ist das sagenhafte Land der Lotophagen, von denen sich keiner trennen kann, der je ihre süßen Früchte kostete. Schreckliches widerfuhr Odysseus bei dem menschenfressenden Riesen Polyphem; doch es gelang ihm, dem Unhold mit einer glühenden Mastspitze sein einziges Auge auszubrennen und dann zu fliehen. Grausig war es auch bei den wilden Lästrigonen. Auf einer anderen Insel verwandelte die Zauberin Kirke die Gefährten in Schweine. Nur Odysseus selbst wurde mit Hilfe des Hermes vor ihrer Tücke bewahrt. Vor dem betörenden Gesang der Sirenen konnte er sich nur dadurch retten, daß er sich fesseln ließ. Er durchfuhr die Meerenge zwischen den grauenerregenden Ungeheuern Skylla und Charybdis. Selbst in die Unterwelt stieg er hinab und traf dort den Seher Teiresias, die eigene Mutter, die Helden Achilles, Patroklus, Agamemnon und andere. Alle seine Leute kamen bei einem Schiffbruch um, weil sie Rinder des Sonnengottes Helios schlachteten, er selbst konnte sich nach neun Tagen auf die Insel der schönen Kalypso retten, wo er sieben Jahre bleiben mußte. Jetzt aber ist die Not vorüber. Auf einem Schiff der Phäaken fährt er in die Heimat. Als Bettler verkleidet betritt er sein Haus, niemand erkennt ihn:

»Aber ein Hund erhob auf dem Lager sein Haupt und die Ohren:
Argos, welchen vordem der leidengeübte Odysseus
Selber erzog. Allein er schiffte zur heiligen Troja,
Eh' er seiner genoß. Ihn führten die Jünglinge vormals
Immer auf wilde Ziegen und flüchtige Hasen und Rehe.
Aber jetzt, da sein Herr entfernt war, lag er verachtet
Auf dem großen Haufen vom Miste der Mäuler und Rinder ...
Hier lag Argos, der Hund, vom Ungeziefer zerfressen.
Dieser, da er nun endlich den nahen Odysseus erkannte
Wedelte zwar mit dem Schwanz und senkte die Ohren herunter,
Aber er war zu schwach, sich seinem Herren zu nähern
Und Odysseus sah es und trocknete heimlich die Träne ...«

Selbst Penelope hält ihn für einen Fremdling. Nur die alte Amme Eurykleia erkennt ihn an einer Narbe am Fuß. Die Freier verspotten ihn. Nachdem er schreckliche Rache an ihnen genommen hat, gibt er sich zu erkennen. Die zehnjährige Irrfahrt schließt in Frieden und Harmonie.

Es ist unmöglich, HOMER auf ein paar Seiten zu behandeln. Man kann nur auf ihn verweisen, auf seine schöpferische Fülle, seine Gestaltungskraft, seine Sprachgewalt, den Reichtum an Gedanken, Bildern und Weisheit. Beim Lesen wird man immer wieder Neues finden. Und immer wieder wird man von seiner Erzählungskunst und ursprünglichen Dichtergabe mit fortgerissen werden. Das ist ein Strom, der einen nicht mehr losläßt. Alles ist voller Leben. Und alles ist geschaut, Nichts erdacht. Deshalb ist es so ursprünglich, so unmittelbar anrührend. Sosehr der Dichter bisweilen in die Breite geht, langweilig wird er nicht. Auch im Kleinen und Nebensächlichen wahrt er das Gesetz der Spannung. Noch aus Zuständen vermag er den Funken der Handlung herauszuholen. Auch sie sind bei ihm Bewegung und Flug. Er schildert die Dinge nicht, er läßt sie leibhaftig vor uns erstehen. Die kleinsten Einzelheiten werden sinnlich wahrgenommen. Die Rüstung Achills etwa wird nicht Stück um Stück nach gezeichnet, sie entsteht vor unseren Augen unter den Händen Hephästs, so prägt sie sich wie ein Geschehen ein. Ähnlich ist es mit den berühmten Bildern und Gleichnissen HOMERS. Ein jedes ist gewissermaßen eine winzige Erzählung für sich. Immer geschieht etwas:

> »Jetzt ergriff ihn dreifach gewalt'gerer Mut, wie den Löwen.
> Welchen der Hirt im Felde, die wolligen Schafe bewachend,
> Streifte, doch nicht erschoß, als über den Zaun er hereinsprang;
> Jener erglühte im Zorn, und hinfort kann keiner ihm wehren,
> Sondern er dringt in die Hürden hinein, die Verlassenen schrekkend. Und nun liegen zuhauf die Blutenden übereinander,
> Aber in Wut entspringt er dem hochumschränkten Gehege –
> Also drang in die Troer der wütende Held Diomedes.«

Das ganze Werk HOMERS aber ist durchwoben von einer tiefen, oft erschreckend tiefen Einsicht in das Wesen des Menschen, und ein jeder, der sich Mensch nennt, wird immer wieder sich selbst erkennen, sei es in Übermut oder in Trauer.

> »Gleich den Blättern im Wald so sind der Menschen Geschlechter; Blätter zerstreuet der Wind zu der Erde, andere treibet wieder der grünende Wald, wenn neu auflebet der Frühling. So auch der Menschen Geschlecht: dies wächst und jenes verschwindet.«

Neben dem Riesen HOMER kann im Zeitalter der Mythen nur noch der Bauernsohn HESIOD einigermaßen bestehen (geboren etwa um 800 im äolischen Askra am Helikon). Die Werke der sogenannten HOMERIDEN, Nachfahren oder Zeitgenossen Homers, sind nichts Überragendes, ebensowenig die »Batrachomyomachie«, der »Froschmäusekrieg« des PIGRES VON HALIKARNASS, eine betont witzige Parodie und Verbalhornung der Ilias, die lange Zeit viel zuviel Staub (Gelehrtenstaub) auf wirbelte. Bei HESIOD hingegen spüren wir ein echtes Ringen um die geistige Gestaltung der Welt, vor allem auch um eine sittliche Ordnung, die dem Chaos der Urmächte entgegengestellt wird. In der *Theogonie* gibt er eine Art Weltdeutung: aus einer ursprünglich chaotischen Leere wird die Erde geboren, die ganze Götterwelt gezeugt, am Schluß bringt Zeus Ordnung und Gerechtigkeit in die Welt; es ist eine sehr mystisch gigantische Geschichte. »Werk und Tage«, eine Art Lehrgedicht, schildert das Absinken des Menschengeschlechtes vom goldenen zum silbernen, ehernen und eisernen Zeitalter. Letzteres ist die Gegenwart, eine Zeit voll Bosheit, Gewalt, Selbstsucht und – Arbeit. Nur ehrbare Arbeit aber kann wieder zu Gerechtigkeit und Ordnung führen. Dafür gibt der Dichter zahllose Ratschläge und Hinweise in Fabeln, Legenden und Weisheiten. Ein Lehrbuch der Lebensordnung, in dem erstaunlicherweise manch modern anmutendes Gedankengut enthalten ist.

Die Lyrik

Gerade im Zusammenhang mit HESIOD kann die Weisheit der vorsokratischen Naturphilosophen nicht völlig übergangen werden, obwohl es sich dabei nicht um reine Dichtung handelt. Immerhin haben diese Männer ihre Nachdenklichkeit und ihren Tiefsinn oft genug in metrische Formen gebracht. Sie hatten guten Grund dazu, waren doch ihre Erkenntnisse manchmal mehr dichterische Weltschau als logisch philosophische Welterfassung. Da ist etwa THALES VON MILET (etwa 624–546) mit seinem Lobgesang auf das Wasser als dem Urgrund der Dinge. Da sind mit Gedichten »über die Natur« XENOPHANES (im 6. Jahrhundert), PARMENIDES (um 500), PYTHAGORAS (etwa 580–490). Weltwirkung hatte vor allem der tiefe, weise, manchmal dunkle HERAKLIT (um 500), der mit dem Spiel der Gegensätze die Welt erklärte. Nicht zu vergessen EMPEDOKLES aus Agrigent (etwa 490–430) mit seiner ekstatischen Naturanbetung (HÖLDERLIN).

In Literaturgeschichten ist manchem lyrischen Dichter Griechenlands ein feierliches Denkmal gesetzt, obwohl meist nur wenige Gedichte, ja oft nur Bruchstücke und einzelne Strophen erhalten sind. Wer aber – außer Fachleuten – liest sie heute noch wirklich wem bedeuten sie etwas, wer liebt sie wie GOETHE oder HÖLDERLIN? Ihren Ruhm verdanken sie in erster Linie den Lobpreisungen, die ihnen in spätantiker Zeit (vor allem von den Römern) gespendet wurden. Überlieferung aber bedeutet noch lange nicht Leben.

Griechische Lyrik, die uns wirklich noch im Kern berührt, stammt von einer Frau, der Lesbierin SAPPHO (um 600). Lange Zeit galt sie als die größte Dichterin der Weltliteratur. Vielleicht war sie es tatsächlich. Aber es sind nur zwei vollständige Gedichte von ihr erhalten, sonst nur Bruchstücke. Dieses wenige aber ist so ursprüngliches Erleben, ist so ausgesprochen von einem urtümlichen Geist des Eros erfüllt, ist so echt und wahrhaftig, daß ein jeder von der Glut der Empfindung ergriffen wird. Eine einmalige, starke, überragende Persönlichkeit bannt ewige Gefühle der Frau ins Wort.

»Die du thronst auf Blumen, o Schaumgeborene,
Tochter Zeus', listsinnende, hör mich rufen.
Nicht in Schmerz und bitterer Qual, o Göttin,
Laß mich erliegen!

Sondern huldvoll neige dich mir, wenn jemals
Du mein Flehn willfährigen Ohrs vernommen,
Wenn du je, zur Hilfe bereit, des Vaters
Halle verlassen.

Raschen Flugs auf goldenem Wagen zog dich
Durch die Luft dein Taubengespann, und abwärts
Floß von ihm der Fittiche Schatten dunkelnd
Über den Erdgrund.

So dem Blitz gleich stiegst du herab und fragtest,
Sel'ge, mit unsterblichem Antlitz lächelnd:
»Welch ein Gram verzehrt dir das Herz, warum doch
Riefst du mich, Sappho?

Was beklemmt mit sehnlicher Pein so stürmisch
Dir die Brust? Wen soll ich ins Netz dir schmeicheln?

Welchem Liebling schmelzen den Sinn? Wer wagt es,
 Deiner zu spotten?

Flieht er – wohl, so soll er dich bald verfolgen.
Wehrt er stolz der Gabe, so soll er geben,
Liebt er nicht – bald soll er für dich entbrennen.
 Selbst ein Verschmähter.«

Komm denn, komm auch heute, den Gram zu lösen.
Was so heiß mein Busen ersehnt, o laß es
Mich empfahn. Holdselige, sei du selbst mir
 Bundesgenossin! (GEIBEL)

ANAKREON (etwa 572–488) verdankt seinen Ruhm vor allem zahlreichen Nachdichtern, die den Namen als Firmenstempel für ihre leichten, nicht viel sagenden Lieder um Liebe und Wein, also regelrecht als eine Art Wirtshausschild benutzten. Er selbst berührt uns heute mit seinen wenigen erhaltenen Gedichten kaum.

Höchster Ruhm wurde PINDAROS aus Theben zuteil (etwa 518–556). Er ist der Sänger der großen nationalen Weltkämpfe (olympische, pythische, isthmische, nemeische Spiele), schuf zahllose Gesänge (vor allem Oden) auf die Sieger, denen er mit seinen Liedern zu einer gewissen Unsterblichkeit verhalf. Uns sind die Gesänge zu hochtönend, klingen unserem Ohr hohl und leer. Eines der bekannten Loblieder PINDARS gilt dem Tyrannen Hieron aus Syrakus, dem Sieger im Pferderennen, mit dem berühmten Beginn: »Am besten ist das Wasser.« Immerhin versuchte Pindar ehrlich, den Anschluß an die alten Heldenmythen zu gewinnen.

Das Drama

Athen wurde im 5. Jahrhundert v. Chr. die eigentliche Zierde von Hellas. Vor allem nach den Siegen über die Perser ging die Stadt einer großartigen Blüte entgegen (PERIKLES), wurde zum politischen und geistigen Mittelpunkt der Zeit. Alle menschlichen Kräfte drängten zur Entfaltung. Der Einzelne lebte seinen Fähigkeiten und Neigungen, ohne dabei die natürlichen Bindungen an das Gemeinwesen und die damit gegebene Sittlichkeit zu verlieren. Der Stadtstaat (die Polis) von Athen schenkte der Welt eine Zeitlang das bewunderswerte Beispiel einer Freiheit, die sich immer ihrer Grenzen bewußt bleibt.

In dieser Zeit wurde das Drama zum Höhepunkt der griechischen Dichtung, ja zum geistigen Brennpunkt der Nation. Es war in Athen eine Sache des ganzen Volkes, an der jeder leidenschaftlich Anteil nahm. Es war lebendige Kunst, geboren aus dem Wesen des Volkes, geschrieben und gespielt für das Volk. Der Kern des griechischen Theaters war die Tragödie. Drei große Namen kennzeichnen sie: ÄSCHYLOS, SOPHOKLES, EURIPIDES. Ihnen folgt wie das Satyrspiel auf die Tragödie als vierter Dramatiker der Komödienschreiber ARISTOPHANES.

Fast aus dem Nichts schuf der gewaltige ÄSCHYLOS die Grundlagen der griechischen Tragödie. Wohl gab es vor ihm schon eine Art Theater, es waren die überlieferten kultischen Spiele zu Ehren des Gottes Dionysos mit dem singenden oder sprechenden Chor. Thespis soll es gewesen sein, der 543 v. Chr. diesem Chor einen Einzelsänger gegenüberstellte. Damit war die Voraussetzung für Rede und Gegenrede gegeben, der Keim zum Drama gelegt. Erst ÄSCHYLOS aber fügte der Szene einen weiteren Sprecher oder Schauspieler hinzu und wurde damit zum eigentlichen Schöpfer des Dramas. Denn Drama heißt ja Handlung. Erst durch eine Mehrzahl von Personen wird sie auf der Bühne möglich.

ÄSCHYLOS wurde 525 v. Chr. im kleinasiatischen Eleusis geboren, kann aber als Athener gelten, nicht nur weil er dort lebte, sondern weil er ein treuer Bürger und Soldat dieser Stadt war, der für ihren Sieg in den Kriegen Blut und Leben einsetzte. Er nahm an den Schlachten von Marathon, Salamis und Platää als Fußkämpfer teil. Mit seinen Tragödien erntete er hohen Ruhm, im Wettstreit der Dramatiker errang er 28mal den ersten Preis. So wurde er auch mehrere Male nach Sizilien eingeladen, wo er einige seiner Tragödien aufführte. Auf einer dieser Reisen starb er 456 in Gela. Er soll über 90 Tragödien geschrieben haben, nur sieben sind uns erhalten, von 79 kennt man nicht mehr als den Titel.

ÄSCHYLOS ist im Grunde genommen eine religiöse Natur, seine Weltanschauung ist in den überkommenen mythischen Vorstellungen verankert. Die Werke sind von hohem sittlichem Ernst getragen, von dem Glauben an die Götter und ihre Gerechtigkeit, an die »allwollende Moira« (das Schicksal), welche das Los der Einzelnen ordnet. Aber schon versteht es der Dichter, aus den Verstrickungen von Schuld und Schicksal, aus den Gegensätzen von Einzelrecht und überragender gottgegebener Ordnung echte Konflikte zu gestalten und auch sichtbar zu machen. Trotzdem ist die eigentliche Handlung bei ihm noch recht geringfügig, ja fast dürftig. Das Hauptgewicht liegt immer noch beim Chor, der das Geschehen deutet. Das Wesentliche ist die seelische Grundstimmung, die dichterische Aussage. Sie ist in ihrer ganzen Tiefe und Schönheit die eigentliche Größe des Dichters ÄSCHYLOS. Seine Worte sind vom Feuer edler Begeisterung durchglüht, man kann sich ihrer hymnischen Gewalt und ihrem beseelten Schwung nicht entziehen.

In banger Furcht harr' ich stets,
zu hören, was die Nacht verhüllt.
Denn vorm Aug' der Götter flieht
nimmerdar, wer Blut vergoß.
Wer durch Frevel glücklich ward,
den stürzt zuletzt der Eumeniden
schwarze Schar in Nacht hinab,
sein Glück zertrümmernd; ohne Macht
wohnt er im Dunkel bei den Toten.
In des Ruhmes Übermaß droht
die Gefahr; das Auge trifft,
schmetternd von Zeus, der Blitzstrahl.«

»Die Schutzflehenden« sind ein Stück aus einer Trilogie, in der die bekannte Danaidensage behandelt wird: Die fünfzig Töchter des Königs Danaos flohen mit ihrem Vater aus Ägypten, wo sie den fünfzig Söhnen des dortigen Königs vermählt werden sollten. Sie bitten den König von Argos um seinen Schutz. Eine Zeitlang ist dieser im Zwiespalt, dann gewährt er den Bittenden seine Gastfreundschaft. »Die Perser« (473 aufgeführt) sind das Mittelstück einer Trilogie. Ihr Thema ist der frevlerische Übermut des gottlosen Perserkönigs Xerxes, der die Griechen unterjochen will, aber von der Gerechtigkeit ereilt wird. »Die Sieben gegen Theben« (467 aufgeführt) entstammen dem Sagenkreis um König Ödipus von Theben. Dieser hat schuldlos-schuldig seinen Vater erschlagen und die eigene Mutter geheiratet. Dieser blutschänderischen Verbindung entsprossen die Söhne Eteokles und Polyneikes, die Töchter Antigone und Ismene. Eteokles ist nun Herrscher in Theben, aber sein Bruder zieht gegen die Stadt, um ihn zu stürzen. Beide fallen im Zweikampf. Auch »Der Gefesselte Prometheus« gehörte zu einer Trilogie über den gleichnamigen Götterhelden. Prometheus, einst Bundesgenosse und Helfer des Zeus in seinem Kampf gegen die Titanen, holte für das

Menschengeschlecht das Feuer auf die Erde. Zur Strafe dafür wird er von Hephäst an einen Felsen geschmiedet.

Die sogenannte *Orestie* (aufgeführt 458) ist das gewaltigste Werk des Dichters, so urtümlich und erregend zugleich, daß es seinesgleichen in der Weltliteratur nicht viel gibt. In ihr hat sich die ganze schöpferische Kraft des Dichters zu einer einmaligen Leistung zusammengeballt. In dem Dreigestirn »Agamemnon«, »Die Choëphoren«, »Die Eumeniden« ist so viel dichterische Höhe, gedankliche Tiefe, gestaltetes Leben, letzte Wahrheit und echte Weisheit, daß es zum bleibenden Besitz der ganzen Menschheit wurde. Das Bemerkenswerte ist, daß Äschylos hier die Menschen und ihre Charaktere nicht mehr bloß in Umrissen zeichnet, sondern sie deutlich vor uns hinstellt, allerdings immer noch in ihrer tiefen Bindung an Geschehen und Schicksal. Ob es Schauder oder Ergriffenheit ist, was sie in uns erwecken, jedenfalls stehen wir gebannt vor der Größe dieser Erscheinungen. Wohl veranlaßt durch das Beispiel seines jüngeren Zeitgenossen Sophokles, hat Äschylos jetzt noch einen weiteren Schauspieler eingeführt. Damit hat er den Spielraum der Handlung wesentlich erweitert. »Agamemnon«, das erste Stück, schildert zunächst das bange Warten auf die Heimkehr Agamemnons. Klytämnestra nämlich, die Frau Agamemnons, lebt in ehebrecherischem Verhältnis mit Ägisthos. Und nun kehrt Agamemnon, der einst sein eigenes Kind für den Sieg opferte, wieder heim. Mit ihm seine Geliebte, die weissagende Kassandra. Klytämnestra empfängt ihren Mann zunächst mit scheinheiliger Freude, gleich darauf aber erschlägt sie ihn eigenhändig im Bad mit einem Beil. Auch Kassandra wird vom Tod ereilt. »Die Choëphoren« spielen Jahre später. Orest, Agamemnons und Klytämnestras Sohn, steht mit dem Freund Pylades vor dem Grab des Vaters. Noch schreckt er vor dem rächenden Muttermord zurück. Den Ägisthos aber will er töten. Die Schwester Elektra bestärkt ihn in seinem Vorhaben. Unerkannt geht er zur Mutter, berichtet ihr von seinem eigenen angeblichen Tod. Ägisthos wird herbeigeholt und von Orests Leuten erschlagen. Dann vollzieht Orest die blutige Rache auch an der Mutter, wohl wissend, daß er damit die Rachegöttinnen gegen sich herausfordert. »Die Eumeniden« schildern Orests Gewissensqualen. Er kann keine Ruhe mehr finden. So bittet er Apollo um Hilfe. Dieser schickt ihn vor ein Gericht in Athen, das den Spruch über ihn fällen soll. Er leugnet dort seine Tat nicht, zeigt aber keine Reue. Das

Urteil über ihn bringt Stimmengleichheit. Zuletzt entscheidet Athene selbst sich für ihn.

Der Name SOPHOKLES bezeichnet den Höhepunkt und Wendepunkt der griechischen Tragödie. Noch lebt in ihm die Ehrfurcht und Frömmigkeit des antiken Götterglaubens, doch schon wirkt in ihm ein sanfter Zweifel an der Vernunft der Welten-Lenkung. Denn der Verstand hat inzwischen an Macht gewonnen und nicht immer ist er mit dem Willen der Götter in Einklang zu bringen. Voll Stolz beginnt der sich selbst verantwortliche Mensch, sein Haupt zu heben. Gleichzeitig freilich ist er machtlos gegen den Ablauf außermenschlicher Gesetze. Der unabänderliche Gang des Schicksals bleibt bei SOPHOKLES im letzten rätselhaft und unverständlich. Das beste ist noch immer, sich ihm unterzuordnen, seine Macht anzuerkennen.

SOPHOKLES, der so düstere und grauenhafte Vorgänge in seinen Dramen gestaltete, hatte nach außen hin einen schönen und erfolgreichen Lebensweg. Er wurde 496 v. Chr. in Kolonos Hippios bei Athen geboren. Schon 468 trug er im Wettkampf seinen ersten Sieg über ÄSCHYLOS davon. Er lebte in der Blütezeit seiner Heimatstadt und hatte an dem Glanz damaligen Lebens, des wunderbaren Auflebens eines Gemeinwesens, vollen Anteil. Er schrieb etwa 125 Stücke, nur sieben sind uns ganz erhalten. Der Dichter starb 406 v. Chr.

Weil Handlung und Charaktere ihm das Wesentliche waren, konnte der Dichter auf die überlieferte Form der Trilogie meist verzichten. Auch die Rolle des Chors wurde zurückgedrängt. Er schrieb Einzeldramen, in denen Geschehen und Gehalt zu einer geschlossenen Einheit verdichtet waren. Diese gedrängte Fassung führte zu einer Steigerung der Wirkung. Mehr Wert wurde jetzt auf die Charaktere gelegt, auf ihre Entwicklung, ihre Schwankungen, ihre Wandlungen. Ihre Haltung ist nicht mehr von vornherein gegeben. Sie sind nicht nur Puppen und Masken des Schicksals, sie selbst bestimmen nun das Schicksal und damit erfüllen sie es. Das verlangt gebieterisch auch die Erweiterung der theatralischen Technik. Endgültig wird die dritte Person auf der Bühne eingeführt, eine vierte kommt hinzu; damit tritt die Handlung mit ihren Verwicklungen wesentlich stärker in den Vordergrund.

Schon die weniger bedeutenden Stücke des Dichters zeigen, daß er in erster Linie Charakterdramen schrieb. Weniger bedeutend heißt in diesem Zusammenhang, daß sie uns Heutige nicht mehr so stark berühren wie vielleicht die damaligen Griechen. Sie behandeln beachtliche Stoffe aus der griechischen Sagenwelt, ihr allgemein-menschlicher Gehalt ist aber nicht stark genug, um uns noch ehrlich zu ergreifen. Im »Aias«, wohl dem ältesten der überlieferten Stücke, wird der tragische Untergang des tapferen Trojakämpfers geschildert. Auch »Philoklet« entstammt dem Sagenkreis um Troja. Im Mittelpunkt der »Trachinierinnen« steht die liebende Gattin des Herakles, die um ihrer Liebe willen allerlei erduldet und schließlich doch zugrunde geht.

Eine Gipfelleistung ist der »König Ödipus«. Behandelt wird die bekannte Sage von dem thebanischen König Ödipus, der seine Heimat von der Pest befreien will und das Orakel um Rat und Hilfe bittet. In der Antwort heißt es, erst dann werde Theben vom Unheil frei, wenn der Mörder des vorigen Königs Laios bestraft sei. Schritt für Schritt entdeckt Ödipus nun das Entsetzliche: Er selbst erschlug ahnungslos den Vater Laios und heiratete die eigene Mutter Jokaste. Diese tötet sich. Ödipus, ihr Sohn und Mann, sticht sich die Augen aus, tritt die Herrschaft an Kreon ab und geht in die Verbannung. – Scheinbar ist diese gewaltige Tragödie, die heute noch Unzählige erschüttert, ein Schicksalsdrama. Unaufhaltsam, Zug um Zug, nehmen die Dinge ihren Lauf. Das ist aber in Wahrheit nur der notwendige, festgefügte, auch durch die Sage schon festgelegte äußere Rahmen. In ihm aber vollzieht sich das Entscheidende, das diesem Drama seine Größe verleiht: Es sind die Vorgänge in den Seelen und Herzen der Helden, vor allem des edlen, seinem Vaterland ergebenen Königs Ödipus selbst. »Ödipus in Kolonos«, beträchtlich später entstanden, schließt sich stofflich an das vorhergehende Drama an. Ödipus lebt jetzt mit seiner Tochter in Kolonos bei Athen. In Theben selbst ist Streit um seine Nachfolge ausgebrochen. Seine Söhne Eteokles und Polyneikes bekriegen sich. Auch sein Schwager Kreon will die Herrschaft. Sie ist laut Orakelspruch dem zugesagt, der Ödipus in seiner Hand hat. So wollen sie sich alle seiner annehmen. Er aber verflucht sie, weil sie es nicht aus Liebe, sondern aus Machtgier tun. Er bittet Theseus, den edlen Herrscher von Athen um Schutz. In Verbitterung und Einsamkeit stirbt er. Antigone und Ismene, seine Töchter, gehen zurück nach Theben. »Antigone« ist wohl die berühmteste Tragödie von SOPHOKLES. Wegen ihres menschlichen Gehaltes, ihrer Sprachschönheiten, ihrer inneren und äuBeren Geschlossenheit, ihres dichterischen Reichtums hat sie immer wieder die Menschen in ihren

Bann gezogen, hat auch häufig zu Nachdichtungen Anreiz gegeben. In ihr wird der Mensch immer wieder sich selbst erkennen. Sich? Manchmal nur seine Sehnsucht, wie sie aus Antigones Worten an Kreon spricht: »Nicht mitzuhassen, mitzulieben bin ich da!« Fast ein jeder kennt den Inhalt des Werkes. Nur soll man nicht vergessen, daß die äußere Handlung nicht das Wesentliche wiedergibt, sie ist nur Niederschlag innerer Vorgänge. Man muß das Drama sehen, hören oder lesen. Nachdem Eteokles und Polyneikes sich im Kampf um die Herrschaft getötet haben, übernimmt ihr Onkel Kreon die Herrschaft über Theben. Er läßt Eteokles in allen Ehren begraben, Polyneikes aber versagt er das Begräbnis. Dadurch kann der Tote in der Unterwelt keine Ruhe finden. Antigone, die Schwester, ist bereit, sich über alle Gesetze des Staates hinwegzusetzen, dem Gesetz der Natur und ihres Herzens zu folgen. Es gelingt ihr, den Leichnam mit Erde zu bestreuen. Sie wird entdeckt. In maßlosem Zorn beschließt Kreon ihren Tod. Ismene, Antigones Schwester, zuvor schwankend und weiblich zart, stellt sich jetzt auf ihre Seite. Selbst Hämon, Kreons Sohn und Antigones Verlobter, vermag den Sinn des Herrschers nicht zu ändern, weder durch Bitten noch durch Drohungen. So wird Antigone lebendig eingemauert. Erst nach der Tat zweifelt Kreon an der Richtigkeit seines Entschlusses, erkennt den eigenen Starrsinn, die Übersteigerung seiner Haltung. Reumütig eilt er zu Antigones Richtstätte. Aber es ist zu spät. Sie hat sich selbst getötet. Hämon nimmt sich nach einem Streit mit dem Vater das Leben. Kreon ist völlig gebrochen.

»Elektra« hat etwa die gleiche Handlung wie die »Choëphoren« bei ÄSCHYLOS: Orests Rache an seiner Mutter für den Mord am Vater. Bei SOPHOKLES aber liegt das Hauptgewicht auf Orests Schwester Elektra, die in furienhaftem Haß nach Rache lechzt und schreit, im Laufe des Geschehens sich zu einem dämonischen, ja bösen Weib entwickelt. Auch Klytämnestras Wesen ist deutlicher gezeichnet, sie ist noch schamloser, lüsterner und zynischer als bei ÄSCHYLOS. Wie bei den anderen Trogödien des SOPHOKLES also auch hier: Die Menschen schaffen sich ihr Schicksal selbst.

ÄSCHYLOS wurzelte noch ganz im Mythos. Seine Tragödien sind durchpulst vom gewaltigen Atem göttergewollten Schicksals. Seine Figuren ragen wie übermenschliche Statuen starr und einsam in den Himmel hinein. SOPHOKLES hingegen gab seinen Gestalten Leben und Bewegung. Die Erde war ihr Reich. So wurde er zum eigentlichen Schöpfer der Charaktertragödie. Schon steht der Mensch im Mittelpunkt allen Geschehens. Aber immer noch ist er in enger Verbindung mit den Göttern und dem Schicksal. EURIPIDES nun ging einen Schritt weiter: Er schrieb die Tragödie des Einzelmenschen. Das Ich hat sich losgelöst von den überirdischen Mächten. Es ist ganz auf sich selbst gestellt. Seine Eigenart, sein Wesen – auch wenn es abseitig ist – bestimmen die Ereignisse. Von uns aus gesehen ist EURIPIDES also »der modernste« der großen griechischen Dramatiker. Der Mensch in seinem ganzen Selbstbewußtsein, auch in der Überheblichkeit seines Verstandes hat nun die Herrschaft angetreten. Nicht mehr überirdische Mächte regieren die Welt, sondern Menschengeist in allen Graden. Nicht umsonst war der Philosoph und Redner SOKRATES ein enger Freund von EURIPIDES.

ARISTOTELES nannte EURIPIDES den »tragischsten aller tragischen Dichter« . Nicht deshalb, weil er häufig an die Rührseligkeit der Zuhörer appelliert, sondern weil er die tiefe Einsamkeit des götterlosen Einzelmenschen gestaltete. So wurde er notwendig zum »Naturalisten«. Ein Wort von SOPHOKLES ist überliefert: Er selbst stelle die Menschen so dar, wie sie *sein könnten,* EURIPIDES hingegen zeichne sie genau so, wie sie *seien.* EURIPIDES geht so weit, daß er am Beispiel des Außenseiters, sogar des krampfhaft übersteigerten Einzelfalles, dem Menschen einen Spiegel seines Wesens vorhält. Die überreizten Frauengestalten bei ihm zeigen das besonders deutlich. Und die Götter sind ihm nicht mehr mythische Wirklichkeit, sondern lediglich noch ein künstlerisches Mittel, um Lösungen herbeizuführen.

Der Dichter soll 485 als Sohn einfacher Leute auf der Insel Salamis geboren sein. Er lebte in Athen, fand mit seinen Stücken nicht so viel Anklang wie seine Vorgänger, errang »nur« fünfmal den großen Preis, hatte viele erbitterte Gegner. So zog er sich nach Mazedonien zurück. Dort starb er 406, angeblich von Hunden zerrissen. Er schrieb 92 Dramen. Sechzehn Tragödien und zwei Satyrspiele sind erhalten.

Wirklich lebendig sind nur noch wenige Dramen von EURIPIDES. Bedeutend wichtiger ist er als Anreger (französische Klassik, auch deutsche Klassik, nicht zu vergessen musikalische Dramen, GLUCK etwa und RICHARD STRAUSS). Zu sehr gestaltet der Dichter das Merkwürdige, zu überspitzt sind seine seelenkundlichen Deutungen, zu unverbindlich sind die Einzelfälle. Ein absonderliches Ehe- und Familiendrama ist

»Jon«. In »Alkestis« rettet eine Frau in übertriebenem Pflichtgefühl das Leben ihres schwächlichen Mannes durch Hingabe ihres eigenen. »Andromache« ist eine regelrecht blutrünstige Ehebruchsgeschichte, moderner »Hintertreppe« verdächtig nahe. »Helena« ist eine Art Gegenstück dazu. Hier ist die Treue das Thema. In Troja befindet sich nur ein Trugbild der Helena, die echte weilt während des Krieges in Ägypten und weist die Annäherungsversuche des dortigen Königs von sich. Ihr Gatte Menelaos kommt nach dem Krieg mit der falschen Helena zufällig nach Ägypten; zum Glück wird die mitgebrachte Helena in den Himmel entrückt, die beiden richtigen Gatten können sich also finden. »Die Phönizierinnen« haben eine ähnliche Handlung wie »Die Sieben gegen Theben« von Äschylos, nur sind die Charaktere schärfer gezeichnet. In der »Elektra ist die Schwester Orests am Muttermord beteiligt, die Geschwister bereuen nachher ihre Tat. An solchen Dingen wird der Wandel der Gesinnung offenbar: Das sind Menschen, die nur in sich selbst, durch Reue und Einkehr, Sühne finden.

»Medea« ist die übermenschliche, ans Unwahrscheinliche grenzende Tragödie einer Mutter. Trotzdem ist dem Dichter damit eine großartige, überwältigende Frauengestalt gelungen. Dieses Werk hat die Jahrhunderte überdauert, immer wieder auch zu Nachdichtungen angeregt (Grillparzer). Jason, der Held der Argonautensage, gewann mit Hilfe Medeas das goldene Vlies. Seinetwegen muß die Geliebte die Heimat verlassen. Jason aber bemüht sich in Korinth um die Tochter des dortigen Königs. Frau und Kinder sind vergessen. Medea kann diese Kränkung nicht überwinden. Überdies wird sie von Jason verhöhnt. Da rächt sie sich, indem sie Jasons neue Frau, deren Vater und ihre eigenen Kinder tötet. Zu spät erkennt Jason, daß er unrecht an ihr gehandelt hat.

»Hippolytos« war der Vorwurf für Racine's »Phädra«. In schroffem Gegensatz sind zwei zwingende Charaktere einander gegenübergestellt: Hippolytos, der stolze Jüngling, nur der keuschen Göttin Artemis untertan, und Phädra, besessen, fast brünstig, ganz Weib und Liebende. Beide sind in ihrer Eigenart bis ins Krankhafte übersteigert, ja verzerrt. So muß es zum bösen Schluß kommen.

»Iphigenie in Aulis« wurde zwar bedeutend später geschrieben, liegt aber vom Geschehen aus zeitlich früher als die »Iphigenie in Tauris«. Beide Dramen gehören in gleicher Weise zu den wesentlichen Werken der Weltliteratur. Ihre Wirkung auf andere Dichter ist bekannt.

»Iphigenie in Aulis« schildert das Opfer, das der Anführer der Griechen, Agamemnon, vor der Fahrt nach Troja bringen muß, um die Götter milde zu stimmen: Er muß seine eigene Tochter Iphigenie töten. »Iphigenie in Tauris« zeigt das spätere Schicksal des Mädchens. Sie wurde bei dem Opfer nicht getötet, sondern von der Göttin Artemis nach Tauris entrückt. Dort wirkt sie jetzt als Priesterin eines blutrünstigen Opferkultes. Als neue Opfer werden ihr zwei Fremde übergeben: Es sind Orest und sein Freund Pylades. Aber sie weiß es nicht. Von den beiden – sie wollen das Bild der Göttin Artemis entführen – erfährt sie, daß Orest noch am Leben sei. Da entschließt sie sich, einen von ihnen zu retten und als Boten zu Orest zu schicken. In einem Wettstreit des Edelmutes will keiner von beiden der Auserwählte sein. Schließlich siegt Orest und überzeugt den Freund, daß es besser sei, wenn er – ohnehin ein Verlorener – sterbe. Da aber wird offenbar, daß die fremde Priesterin Orests Schwester Iphigenie ist. Zu dritt vereinbaren sie nun einen Fluchtplan. Er mißlingt. Zu guter Letzt muß die Göttin Athene selbst eingreifen und die drei glücklich Vereinten retten.

Euripides schrieb die Tragödie des bewußten Menschen, des selbstbewußten Ich. Er erreichte bereits jene Grenze, wo die Dinge nur mehr »interessant« sind, streifte jene Wegscheide, wo das allgemein Menschliche und das rein Persönliche sich trennen. Oft genug hat er die Grenze überschritten. Einige Male aber gelang ihm Großes, Ewiges.

»Vielgestaltig sind die Wünsche
Wie die Menschen; manche führen
Zum ersehnten Ziel, doch andre
Bleiben unerfüllt.
Aber wem der Dämon gönnte,
Stets des Heute sich zu freuen,
Der bedarf kein andres Glück.«

Aus übermütigen Maskenumzügen, die man – vermutlich zuerst in Sizilien – zu Ehren von Dionysos, dem Gott der Fruchtbarkeit und Zeugungskraft, veranstaltete, entwickelte sich im Lauf der Zeit die griechische Komödie. Zunächst bestand sie nur in lustigen, ausgelassenen Einzelszenen, die der natürlichen Spottlust des Volkes, der urtümlichen Freude am Gelächter entgegenkamen. Vor allem in Attika, der mittelgriechischen Landschaft um Athen, erlangte diese Kunstgattung besondere Beliebtheit. Dort bildete sie sich zum regelrechten Bühnenstück aus. Daher der Name: attische Komödie. Unsterblicher Meister der Komödie war ARISTOPHANES. Über sein Leben weiß man kaum etwas. Um 447 ist er vermutlich in Ägina geboren, er lebte in Athen. 44 Komödien hat er geschrieben, elf sind erhalten geblieben. Etwa 385 ist er gestorben.

Aristophanes gehört zu den wenigen genialen Spaßvögeln der Weltliteratur. Hinter seinem Spott, dem Ulk und Übermut verbergen sich echte Weisheit und tiefe Lebenseinsicht. Er kannte seine Mitmenschen wie selten einer, hat ihnen bis auf den Grund der Seele geblickt. Nur zog er es vor, ihnen die Wahrheit nicht mit tragischem Pathos, sondern im laut klingelnden Schellengewand der Narrheit zu sagen. Im Tosen des Gelächters hielt er seinen Mitbrüdern den Spiegel ihres Wesens vor. Er war der Hofnarr des freiheitswütigen athenischen Volkes. Man ließ sich von ihm die größten Unverschämtheiten sagen, weil er die Menschen unbändig zum Lachen brachte. Lachen aber ist Freiheit. Die »Tatsache Aristophanes« ist ein Ruhmesblatt für Athen.

Daß er seine Spottlust so ungehemmt auf der Bühne entfalten und ausleben konnte, verdankt er ein wenig auch seinem älteren Zeitgenossen EURIPIDES, den er so oft zur Zielscheibe seines Spottes machte. Die »naturalistische« Menschengestaltung des Tragikers hat seinen Absichten vorgearbeitet. Mit einem Mal standen nicht mehr Götter und Helden, sondern Menschen dieser kleinen Welt mit all ihren Absonderlichkeiten vor den Zuschauern. So konnte ARISTOPHANES es sich denn leisten, den ganz gewöhnlichen Alltag seiner eigenen Zeit mit allen Schwächen, Übertreibungen, Unterlassungen, Sünden und Fehlern auf die Bühne zu zerren. Sein Stoffgebiet war die ganze Vielfalt des öffentlichen Lebens in Athen, von der Philosophie bis zu den kleinlichen Streitfragen der Stadtpolitik, kurz all das, was den Bürger berührte. In diesem Sinne war ARISTOPHANES ein politischer Dichter, wenn unter Politik das verstanden wird, was alle angeht. Das ist aber auch der Grund, warum ARISTOPHANES bei allem Glanz der Sprache, bei aller Treffsicherheit in Witz und Ironie, bei fast unerschöpflichem Erfindergeist heute nur noch bedingt seine Wirkung ausübt. Zu oft sind seine feinsinnigen Anspielungen, seine Nadelstiche und Seitenhiebe an die Zeit gebunden. Nur die Athener selbst konnten die letzten Feinheiten seiner Kunst voll verstehen. Immerhin findet sich in seinem Werk genug an zeitloser, allgemeingültiger Menschengestaltung, daß er immer noch mit Recht unter die Großen eingereiht werden kann. Zwar unterließ er es, Moral zu predigen. Sein Anliegen war, Gelächter zu erzeugen. Hinter dem Brausen aber steht doch eine unablässige Mahnung: sei halt Mensch! Mehr nicht. Das ist es, was ihn bis heute lebendig erhielt.

Held der Komödie »Die Acharner« ist ein pfiffiger Gemüsebauer, der des ewigen Kriegführens überdrüssig, einfach für seinen Bezirk einen Sonderfrieden mit den Spartanern schließt. »Die Ritter« verspotten den Gerber Kleon, damals der mächtigste Mann in Athen. An seiner Stelle wird ein Wursthändler zum Herrscher bestellt, weil er noch eher dazu befähigt ist: »Bist ein Lump von Haus aus, Krämer, kurzum ein ganzer Staatsmann.« – »Der Friede« zeigt den Weinbauern Trygaios, der auf einem Mistkäfer in den Olymp fliegt, um den Frieden herbeizuschaffen. Den aber hat der Kriegsgott in einer Höhle eingesperrt. Trygaios nun gelingt es, den Frieden zu befreien. »Lysistrate« wurde in ihrem Grundgedanken bis heute oft nachgeahmt. Weil die Männer immer Krieg führen, beschließen die Frauen eine Art Ehestreik. Sie versagen sich ihren Männern. Auf beiden Seiten gibt eine Liebestollheit höchsten Grades. »Die Thesmophoriazusen« sind eine Parodie auf EURIPIDES und seine angebliche Weiberfeindschaft. Gleichzeitig eine Verspottung des weiblichen Geschlechts. In den »Ekklesiazusen« hingegen reißen Frauen, als Männer getarnt die Herrschaft an sich. »Die Wolken« sind eine Satire auf SOKRATES und die Sophisten. Strepsiades, über seinen Schulden brütend, schickt seinen Sohn Pheidippides in die Weisheitsschule zu Sokrates, damit er lerne, mit Hilfe der beliebten Wort und Sinnverdrehung die Gläubiger abzufertigen. Der Sohn lernt allzu gründlich. So offenbart er nicht nur den Gläubigern, daß sie kein Anrecht auf Geld haben, sondern beweist auch sein Recht, den Vater zu schlagen. Zu guter Letzt kann sich der Alte nur damit helfen, daß er gewaltsam die Weisheitsschule zerstört. In den »Wespen« wird in Form einer Posse die Prozeßsucht der Athener an den Pranger gestellt. »Die Frösche« sind eine literarische Parodie. In der Unterwelt streiten vor dem Gott Dionysos die Dichter ÄSCHYLOS und EURIPIDES um den Lorbeer. EURIPIDES, erst der Liebling von Dionysos, wird arg in die Zange genommen. Zum Schluß siegt ÄSCHYLOS. »Die Vögel« sind eine Märchenkomödie. Zwei Athener Bürger fliehen in das Reich der Vögel, wo Wiedehopf regiert. Sie bringen die Vögel so weit, gegen Menschen und Götter vorzugehen, ein eigenes Reich der Luft zu gründen, das »Wolkenkuckucksheim«. Sie zwingen die Menschen und zuletzt auch die Götter, sich zu unterwerfen. Das Ganze ist ein echtes Zauberstück voll Tiefsinn und Phantasie, wohl das reifste und schönste Werk des Dichters. Inhaltsangaben allein vermögen keinen Begriff von ARISTOPHANES zu geben. Sein Witz, seine Weisheit, seine Menschlichkeit, sein Wesen liegt zwischen den Zeilen. Man muß ihn lesen, noch besser: ihn sehen.

Nach ARISTOPHANES kennt die Literaturgeschichte noch die sogenannte »mittlere Komödie« und die »neuere Komödie«, die bereits dem hellenistischen Zeitalter angehört. Nichts davon ist heute noch wirklich lebendig. Nur MENANDER aus Athen ist zu nennen (342–290). Er hat wohl Beachtliches geschaffen. Leider kennen wir nur Bruchstükke, ferner Nachdichtungen von PLAUTUS und TERENZ. So viel weiß man von ihm: Er ist der Schöpfer bedeutender menschlicher Typen im Gegensatz zu den zeitgebundenen Charakteren seiner Vorgänger und Mitdichter. So hat er die Nachwelt immer wieder angeregt. Aus seiner Quelle schöpften viele europäische Komödienschreiber späterer Zeiten.

Die Prosa

Die klassische Prosa brachte zwar keine Dichtungen im eigentlichen Sinne des Wortes hervor, doch ist sie rein sprachlich so kunstvoll, so dichterisch durchsättigt, daß ihre wichtigsten Vertreter auch in einem Literaturführer genannt werden müssen.

Da sind zunächst die großen Geschichtsschreiber, allen voran der unsterbliche HERODOTOS aus Halikarnassos (etwa 490–424). Er war eine ausgesprochen erzählerische Begabung. Seine Berichte über die weltweite Auseinandersetzung zwischen Persern und Griechen lesen sich wie spannende Epen. Sie sind durchdrungen von echter ursprünglicber Vaterlandsliebe. Stellenweise sind sie ausgesprochen schön, ja erhaben. THUKYDIDES (etwa 460 bis 395), selbst als Feldherr an den Peloponnesischen Kriegen beteiligt. schrieb die Geschichte dieser Kampfzeit. Er bemühte sich in hohem Maße um eine sachgerechte, unvoreingenommene Darstellung. Auch er besaß mitreißende Sprachgewalt. Unvergeßlich bleibt seine Rede des Perikles zu Ehren der gefallenen Athener. »Erde und Meer können unserem Mute keine Schranken setzen, und überall errichten wir uns unvergängliche Denkmale im Bösen wie im

Guten.« XENOPHON (etwa 430–355) wurde vor allem durch seine »Anabasis« berühmt, den »Rückzug der Zehntausend«. Auch in ihm offenbart sich echte Erzählungskunst. Wichtig ist er ferner durch seine Erinnerungen an Sokrates.

Eine besondere Rolle spielte bei den Griechen von jeher die Kunst der *Rede,* das unmittelbar gesprochene Wort. Sie hängt aufs engste mit dem staatspolitischen Denken und der Erziehung zur Gemeinschaft zusammen. Ein hinreißender Redner muß der Anwalt LYSIAS (etwa 445–380) gewesen sein. (»Rede für den Krüppel.«) Um reine Politik ging es ISOKRATES (etwa 436–338) mit seinem Kampfruf gegen die Perser (»Panegyrikos«), auch dem leidenschaftlichen DEMOSTHENES (384–322) mit seinen berühmten Reden gegen den Mazedonierkönig Philipp. Sein großer Gegner war des Mazedoniers Freund und Gefolgsmann AISCHINES.

Auch für die Philosophen des klassischen Zeitalters war es eine Selbstverständlichkeit, daß sie ihre Werke in einer Sprache schrieben, die vom Feuer der Schönheit beseelt und durchglüht war. SOKRATES selbst, der große Weise, hinterließ keine Schriften. Umso eifriger war sein Schüler PLATON (427–347) bemüht, das Bild des großen Lehrers vor der Nachwelt erstehen zu lassen. Alle seine Schriften sind auch künstlerisch wegen ihrer Sprachschönheiten zu bedeutenden Denkmälern griechischen Geistes geworden. Er bevorzugte die ans Dramatische anklingende Form des Dialogs – einer der wenigen Fälle, wo auch Philosophie von menschlicher Spannung erfüllt ist. PLATON hat eine Art Geheimnis: Seine Philosophie besitzt gleich jeder Dichtung einen Helden. Wohl sein größtes Vermächtnis ist die unvergeßliche »Apologie«, die Verteidigung des SOKRATES, in der ein Philosoph in seiner ganzen menschlichen Größe wie der Held eines Dramas vor dem Leser ersteht. »Phaidon«, »Kriton«, »Gorgias« sind weitere wichtige Dialoge. Die weltbewegende Fülle seiner Gedanken ist im weltberühmten »Gastmahl« niedergelegt, seine Staatsideen in der »Politeia«, seine Menschheitsträume im »Timaios«, »Kritias«, »Phaidros«. ARISTOTELES (384–322) hat eher fachlich Bedeutung. Ein großer Teil der europäischen Philosophie geht auf ihn zurück. Aber auch die Dichtkunst hat in ihm einen bedeutenden Lehrer. In seiner »Poetik« legte er die lange genug tyrannisch gewahrten Grundsätze über die Einheit von Zeit, Ort und Handlung im Drama nieder.

Die spätgriechische Zeit

Es ist eigentümlich in der Geschichte: Mit dem Ende der politischen Selbständigkeit beginnen auch die geistigen Kräfte in einem Volk oft die ursprüngliche Schöpfergewalt zu verlieren. So war es auch bei den Hellenen. Mit der Eroberung Griechenlands durch Alexander den Großen (Chaironeia, 388 v. Chr.), ist die große, wirklich schöpferische Epoche griechischen Schrifttums zu Ende. Es folgt zunächst die sogenannte *hellenistische Zeit.* Eine Scheinblüte größten Ausmaßes begann: Die Zeit des klugen, gewandten, geistreichen Schriftstellers war angebrochen. Hellas mit seiner Überlieferung wurde der gewaltige Anreger allen geistigen Schaffens. Eine Ironie des Schicksals hat es gewollt, daß gerade Alexander zum größten Förderer griechischen Geistes wurde. Aber die ursprünglich-schöpferische Eigenständigkeit konnte auch er nicht mehr herbeizaubern. Der griechische Geist trat also gerade dann seine weltweite Herrschaft an, als er innerlich ein Ende erreicht hatte.

Mit der politischen Vormachtstellung verlagerte sich der geistige Brennpunkt von Athen nach *Alexandrien.* So rege auch die geistige Tätigkeit war, so viel auch geschrieben wurde, nichts kann darüber hinwegtäuschen, daß man eigentlich nur von der Vergangenheit lebte. Wenigstens im Bereich der Dichtkunst war es so. (Andere Zweige geistigen Schaffens, vor allem die Geschichtsschreibung und verschiedene Wissenschaften können wesentlich mehr aufweisen.) Später, mit der politischen Machtentfaltung des westlichen Nachbarn im Mittelmeer, entstand unter dem Einfluß Roms eine Art griechisch-römischer Mischkultur. Sie erreichte ihren Höhepunkt zur Zeit des Kaisers Augustus. Ihr fügte das aufblühende *Christentum* in der folgenden Zeit eine neue Färbung und Note hinzu. Schließlich mündete die griechische Überlieferung um das Jahr 300 n. Chr. in das gewaltige Sammelbecken der *byzantinischen* Kultur, die überreich an Nachahmung und Mischung, völlig arm an eigenschöpferischer Leistung war. Die strengen Maßstäbe, die wir bei unserer Betrachtung anlegen müssen, zwingen uns zu der Feststellung: Die Jahrhunderte nach der klassischen Zeit haben recht wenig eigenständige Leistungen aufzuweisen. Es ist zwar äußerst anregend, ja bisweilen erregend, den verschlungenen Kanälen zu folgen, in die der Strom griechischen Geistes allbefruchtend sich verzweigte. Uns aber geht es um das Lebendige, heute noch unmittelbar Wirkende. Es ist nicht viel.

MEANDER, der Lustspieldichter, wurde schon genannt. Auch die Tragödie kennt viele Namen. Keiner davon hat heute noch Bedeutung. Ein wirklicher Lyriker von echter Empfindung und anmutiger Formenfreude war THEOKRITOS von Syrakus (um 300 v. Chr.). Er ist sozusagen der Begründer der Hirtenlyrik. KALLIMACHOS, Bibliothekar in Alexandrien (3. Jahrhundert), schuf neben Prosa vor allem Epigramme. Die Römer haben ihn hochgeschätzt. Eine berühmte Sammlung von Kurzgedichten und Epigrammen (im Mittelalter sehr beliebt) war die »Anthologie« aus dem 1. Jahrhundert v. Chr., eine Art Blütenlese aus mehr als dreihundert Dichtern. Sie vermag einen Begriff damaliger Lyrik zu geben.

All die zahlreichen Geschichtsschreiber und andere Prosaschriftsteller überragt der Grieche PLUTARCHOS aus Chaironeia (46 bis 127 n. Chr.). Vor allem in den »Vergleichenden Lebensbeschreibungen« zeigt er sich als Sprachmeister ersten Ranges. Bei den unzähligen Philosophen – Philosophie scheint in allen Zeiten des Niedergangs eine Art Modekrankheit zu sein – gebührt noch vor dem Stoiker EPIKTETOS (80–138 n. Chr.) mit seinem beliebten »Handbüchlein der Moral« einem Außenseiter der Lorbeer, dem Kaiser MARK AUREL (121–180). Seine »Selbstbetrachtungen« sind auch vom künstlerischen Standpunkt aus eine unvergeßliche Lektüre.

Meister der Satire, einer besonders beliebten Gattung, war der Syrier LUKIANOS (etwa 120–185 n. Chr.). Seine zahlreichen Schriften, vor allem die »Hetärengespräche«, die »Göttergespräche« und die viel nachgeahmten »Totengespräche« sprühen von »Scherz, Satire, Ironie und tieferer Bedeutung«. Einen Begeisterungstaumel ohnegleichen löste in Europa zur Zeit der Schäferdichtung (18. Jahrh.) der Hirtenroman »Daphnis und Chloe« von LONGUS aus (um 200 n. Chr). In gewisser Beziehung verdient das kleine Werk sogar seinen Ruhm: Es ist voll frischer unverfälschter Natürlichkeit. Fabulierfreude mischt sich mit heidnisch-unbefangener Naturseligkeit. Mit einer fast heroisch anmutenden Geste versuchte der Kaiser Julianos (Apostata, »der Abtrünnige«, 332–363) auch in seinen Schriften noch einmal die Zeit der heidnischen Antike lebendig zu machen. Der Versuch mißlang. Das Altertum war zu Ende.

Beherrscher der Welt und der Sprache

Das Rom des Altertums

Die Dichtung der Römer ist fast ausschließlich Dichtung aus zweiter Hand. Bald deutlich, bald kaum noch spürbar schwebt über der Poesie Roms der Geist von Hellas. Die große Kunst eines politisch unterlegenen Volkes wurde Vorbild und Befruchter für die geistigen Bemühungen der Sieger. Hellas blieb also auch nach seinem politischen Untergang eine wesentliche schöpferische Kraft in der abendländischen Kultur. Die Römer waren aufnahmefähige, kluge und großartige Schüler. Aber sie waren Schüler, die selbst dann, wenn sie in seltenen Fällen den Meistergrad erlangten, immer noch dem großen Vorbild verpflichtet blieben. Darüber kann auch die jahrhundertelange Vorherrschaft der lateinischen Sprache nicht hinwegtäuschen, nicht die ungeheure Verehrung, die sie genoß, nicht der gewaltige Einfluß, den sie auf die Bildung und Erziehung der europäischen Völker hatte. Wohl erlangte diese Sprache im Laufe der Zeit eine bewundernswerte Geschmeidigkeit, Reinheit und Klarheit im Ausdruck. Das berechtigte Entzücken aber, das sie immer wieder hervorruft, ist in erster Linie ein Vergnügen des Verstandes. Was immer wieder gefangennimmt, ist die wohltuende Macht eines klaren Denkens der Geist einer harmonischen Ordnung, der allenthalben in ihr waltet. Man braucht nur an die Gestaltung des Römischen Rechtes zu denken, in dem diese Sprache einen bezeichnenden und großartigen Niederschlag fand. Für eigenständige große Dichtung aber waren die Römer nicht geschaffen. Sie waren ein nüchtern und sachlich denkendes Staatsvolk. Es ist ihr bleibendes, in gewisser Hinsicht einmaliges Verdienst, in ihrem Imperium ein unvergängliches Beispiel politischer Ordnung gegeben zu haben.

Bühne

Die Anfänge der römischen Dichtung standen ganz im Zeichen der Nachahmung. Alle Versuche, eine wesensechte lateinische Literatur hervorzubringen, blieben im Keime stecken (Naevius, Ennius). Es ist bezeichnend, daß sich die Römer zuerst mit der griechischen Komödie vertraut machten, und zwar in erster Linie mit der spätgriechisch-hellenistischen (MENANDER, PHILEMON, DIPHILIUS). Diese leichten, witzigen Unterhaltungsstücke, die beileibe keine Dichtung waren, kamen ihrem politisch-satirischen Sinn am meisten entgegen. Da waren gut gebaute Szenen, elegante Sprach- und Wortkünste, wirkungsvolle Situationen. MENANDER vor allem wurde viel nachgeahmt und bearbeitet, ja er verdankt seinen Nachruhm in erster Linie den Römern. (Bisweilen wurden mehrere seiner Stücke zu einem einzigen zurechtgezimmert.) Die beiden wichtigsten Vertreter römischer Nachahmungskunst sind PLAUTUS und TERENZ.

TITUS MACCIUS PLAUTUS (um 250 bis 184 v. Chr.) war sehr fruchtbar. Er soll etwa 130 Stücke geschrieben haben. Zwanzig sind erhalten. Wohl die wichtigste seiner Komödien ist »Amphitryo«. (Sie war das Vorbild für den »Amphitryon« MOLIÈRES und KLEISTS.) Es ist eine lüstern-frivole Verwechslungskomödie. Zeus, der oberste der Götter, verliebt sich in Alkmene, die Frau des Königs Amphitryo. Er nähert sich der Ahnungslosen in der Gestalt ihres Gatten. Am andern Tag aber kehrt der richtige Amphitryo heim. Es kommt zu einer Fülle von Verwicklungen und Verwechslungen. Der richtige Ehegatte Alkmenes ist erzürnt über den Götterstreich. Eine Versöhnung kommt erst dadurch zustande, daß Zeus die Geburt des stärksten Helden (Herakles) voraussagt. Das Stück lebt vom Witz der Einzelszenen, zu dem eine Reihe von Nebenfiguren (der Götterbote Merkur, der Diener Sosias) Beträchtliches beisteuern. »Menaechmi« ist ebenfalls eine Verwechslungskomödie (sie regte SHAKESPEARE zu seiner »Komödie der Irrungen« an). Die Zwillingsbrüder Menaechmus werden in früher Jugend voneinander getrennt. Herangewachsen macht sich der eine auf, den Verlorenen zu suchen. Er findet ihn auch. Aber es gibt die tollsten Verwechslungen mit der Frau des Bruders, seiner Hetäre, seinem Schwiegervater, dem Arzt, den Dienern und anderen. »Aulularia« (Der Goldtopf) ist die Komödie eines Geizigen (MOLIÈRE). Der »Miles gloriosus« wurde zum Urbild aller bramarbasierenden Soldaten. Sehr häufig spielen die Stücke in der Welt von Hetären und Buhlerinnen. Bisweilen (in »Casina« etwa) ließ PLAUTUS einzelne Stellen singen. So wurde er auch zum Vorläufer des Singspiels.

PUBLIUS TERENTIUS AFER (etwa 195 bis 159 v. Chr.), ein Sklave aus Karthago, dem sein Herr die Freiheit schenkte, benutzt für seine Komödien ebenfalls die hellenistischen Vorbilder. Ja, er ist noch »griechischer« als PLAUTUS, vor allem seine Sprache ist noch gepflegter, ganz dem Geschmack der vornehmen oberen Schichten angepaßt. Dafür wirken seine Stücke nicht so unmittelbar wie die des PLAUTUS, sind nicht so kräftig und farbenreich. Auffallend bei ihm ist, daß er die Handlung noch verwickelter, um nicht zu sagen unübersichtlicher, gestaltet. Oft genug wirkt sie widersinnig und unglaubhaft, die Zufälle sind an den Haaren herbeigezogen. So kam es, daß man im Humanismus jede seiner Personen durch eine eigene Tür auf die Bühne kommen und wieder abtreten ließ. Über der Tür stand dann jeweils der Name der betreffenden Person. So konnte sich wenigstens der Zuschauer durch die zahllosen Verwechslungen hindurchfinden (»Terenz-Bühne«). Sechs Komödien des TERENZ sind erhalten. Seine »Andria« (»Das Mädchen aus Andros«) benutzte THORNTON WILDER als Vorlage für sein gleichnamiges Werk. Wie schwierig es ist, sich bei TERENZ zurechtzufinden, zeigt besonders der »Eunuchus« (Der Eunuch). Das Ganze ist ein kunterbuntes Durcheinander, das aber wegen der Frivolität der Vorgänge den Römern viel Spaß bereitete. Ähnlich verworren geht es in den übrigen Stücken des TERENZ zu.

Die Werke der beiden Lustspieldichter werden nur noch gelegentlich von Liebhaberbühnen aufgeführt, sind also im eigentlichen Sinne des Wortes nicht mehr lebendig. Trotzdem haben die beiden als Anreger beträchtliche Wirkung auf die Weltliteratur ausgeübt. Ihre Werke sind für viele späteren Dichter aller Länder zu einer Fundgrube von Stoffen geworden. Außerdem haben sie die Technik der Verwechslung um eine Fülle von Einfällen und Möglichkeiten bereichert. Nicht zuletzt schufen sie eine Reihe feststehender Typen der Komödie, so den vertrottelten Alten, den gefräßigen Koch, den Schmarotzer, den schlauen, hinterlistigen Diener, die aufgetakelte Buhlerin, den Prahlhans und manche andere.

Satiren und Lehrgedichte

In der Tragödie versuchte sich QUINTUS ENNIUS (239–169 v. Chr.). Die meisten seiner Werke sind verlorengegangen. Wichtiger ist ENNIUS als Schöpfer der »Annalen«. Sie sind der Ansatz zu einem nationalen Epos.

Der Versuch ist nicht gelungen, es wurde nicht viel mehr daraus als eine Chronik in Versen. ENNIUS ersetzte das Versmaß des alten Saturniers (zwei Vers-Hälften mit je drei Hebungen) durch den Hexameter. Außerdem führte er den Namen »satura« (Satire) in die Dichtkunst ein. (»satura« heißt volle Schüssel, übertragen bedeutet es eine Sammlung von Gedichten verschiedenen Inhalts.) Als Vater der eigentlichen Satire gilt GAIUS LUCILIUS (180–102). Er gab der Satire den kritisch-spottenden Wesenszug. Er schrieb 30 Bücher Gedichte. Aber nur verhältnismäßig wenig ist erhalten. HORAZ und seine Zeitgenossen haben ihn hochgeschätzt. Uns bedeuten seine Verse kaum noch etwas.

Schon zur Zeit der Republik gab es in Rom eine ganze Menge wortgewandter Literaten und Schriftsteller. Sie halfen mit, einen lebhaften Kultur- und Zivilisationsbetrieb in Gang zu halten. Echte Dichter aber waren in dieser Stadt von Anfang an selten. Erst TITUS LUCRETIUS CARUS (96 bis 55 v. Chr.) ist ein Name von echtem Klang. Sein großes Lehrgedicht »De rerum natura« (Über die Natur der Dinge) ist zwar seinem Gehalt nach in erster Linie philisophisch, aber es enthält eine Fülle von Einzelschönheiten, denen man den dichterischen Rang nicht absprechen kann. Lukrez will mit diesem Werk über den Kreislauf aller Dinge den naturphilosophischen Ansichten seines verehrten Meisters EPIKUR Geltung verschaffen, möchte ihnen eine künstlerisch vollendete Gestaltung geben. Außerdem hat er ein hohes und eches moralisches Ziel: Er will die Menschen von ihrer Furcht vor dem Tod und dem Jenseits befreien. Wo er lehrt, belehrt und berichtet, da ist sein Gedicht eine Abhandlung in Versen; wo er die Schönheit der Natur preist und ihr innerstes Wesen sichtbar zu machen versucht, da ist es hohe Kunst, bisweilen großartig und überwältigend. GOETHE sagt von LUKREZ, ihm stehe »eine lebendige Einbildungskraft zu Gebote, um das Angeschaute bis in die unschaubaren Tiefen der Natur auch über die Sinne hinaus in alle geheimsten Schlupfwinkel zu verfolgen«. Jedenfalls gehört dieses schwermütige und tiefsinnige Werk voll dunkler Schönheiten zu den wenigen echten Zeugnissen römischer Poesie. Allerdings hat auch hier ein großer Hellene den Funken geweckt. Eine Stelle aus dem Loblied auf Aphrodite:

»So erweckst du im Meer und Gebirg und im
reißenden Flusse
Wie in der Vögel belaubtem Revier und auf
grünenden Feldern

Zärtlichen Liebestrieb in dem Herzblut aller
Geschöpfe
Daß sie begierig Geschlecht um Geschlecht sich
mehren und mehren.
Also lenkst du, o Göttin, allein das Steuer
des Weltalls.
Ohne dich dringt kein sterblich Geschöpf zu des
Lichtes Gefilden,
Ohne dich kann nichts Frohes der Welt, nichts
Liebes entstehen.« (DIEHLS)

GAJUS VALERIUS CATULLUS (etwa 87 bis 54 v. Chr.), der Zeitgenosse des LUKREZ, ist viel unbeschwerter, beschwingter, auch naiver. Er singt und dichtet einfach aus einem übervollen Herzen. Auch er ahmt – vor allem in der Form – griechische Vorbilder nach. Er verkehrte in einem Kreis von Literaten, in dem der alexandrinische Geist gepflegt wurde. Er besaß eine so unmittelbar lyrische Begabung, daß sich ihm alles wie von selbst zum Gedicht formte. Er schrieb so, wie das eigene Erleben es ihm eingab. Das zeichnet ihn vor allen anderen römischen Dichtern aus, macht seine Gedichte so frisch und lebendig. Gewiß, auch er übte sich in einer ganzen Menge mehr oder weniger gelehrter und angelernter Verskünste, so wie es damals nun einmal Gepflogenheit war. Die Zeugnisse dieser Bemühungen sind ohne Bedeutung. Wichtig sind seine »Gelegenheitsgedichte«. Und die gibt es in großer Zahl. Sein großes Erlebnis waren Liebe und Freundschaft. Immer wieder besang er sie in all ihren Formen und Möglichkeiten. Seine Liebeslieder auf Lesbia – sie war eine vornehme, zehn Jahre ältere Römerin, die einen recht fragwürdigen Lebenswandel führte – zeigen das Liebeserlebnis in all seinen Wandlungen und Möglichkeiten, angefangen von dem ersten Aufkeimen einer Zuneigung über die große Leidenschaft bis zu Eifersucht und letzter Enttäuschung.

»Einstmals, Lesbia, nanntest du mich dein Ein und Alles,
Schwurest, Jupiter selbst gälte dir minder denn ich
Und ich liebte dich, Lesbia, nicht wie der Pöbel die Dirne,
Nicht mit den Sinnen allein, nein, wie der Vater das Kind.
Jetzo kenn ich dich wohl! Doch, ob ich auch nimmer dich achte.
Nimmer zu schätzen vermag, bin ich nur heißer entbrannt
Wird ein liebendes Herz betrogen, wie meines, so flackert
Wilder die Leidenschaft auf, aber die Liebe verlischt.« (AMELUNG)

Weil er aus allen möglichen Anlässen Gedichte schrieb, wurde CATULL mit seinem Werk ganz unversehens zum getreuen Spiegel des römischen Lebens seiner Zeit. Es war die Zeit eines überfeinerten Lebensgefühls, in dem bereits der Wurm der Verderbnis steckte. Dem Dichter selber freilich war alles eine Selbstverständlichkeit. Er kam gar nicht auf den Gedanken, daß man die Dinge ändern müßte. Er nahm sie hin, wie er sie antraf. Und so gab er sie wieder.

Versuch eines National-Epos

Mit dem Beginn des römischen Kaiserreiches, in erster Linie im Zeitalter des Augustus, erreichte die römische Dichtung ihren Höhepunkt und ihre eigentliche Blütezeit. In diesen Jahren, da aus dem römischen Stadtstaat ein übernationales Weltreich geworden war, wurden die besten Kräfte durch den Kaiser und seine Leute gefördert. Im kulturellen Bereich galt es, dem neuen Staatengebilde eine sittliche und geistige Grundlage zu geben. Sie nahm Gestalt an in der endgültigen Verschmelzung griechisch-hellenistischen Kulturwollens mit römischem Staatsdenken. Die großen Namen der Literatur sind VERGIL, HORAZ und OVID.

PUBLIUS VERGILIUS MARO wurde 70 v. Chr. in Andes bei Mantua geboren. Er war ein einfacher Bauernsohn, sein Vater ermöglichte ihm aber ein Studium. Die ersten Gedichte machten hohe Gönner auf den jungen Dichter aufmerksam, vor allem POLLIO und MAECENAS. So kam VERGIL nach Rom und errang bald die höchste Gunst des Kaisers. Meist lebte er freilich im Süden des Landes, in Neapel und auf Sizilien. Er besuchte auch den Orient. Auf einer Reise nach Italien wurde er krank und starb 19 v. Chr. in Brundisium. VERGILS erstes größeres Werk, die »Bucolica«, sind Hirtengedichte nach dem Muster THEOKRITS. Diese »Eklogen« sind schwärmerische Idyllen, in denen der Reiz eines einfachen Lebens gepriesen wird. Die »Georgica« (das Lied vom Landbau) verfolgten den Zweck, die Freude am bäuerlichen Tun zu wecken, um der zunehmenden Verstädterung Einhalt zu gebieten. Das Werk gliedert sich in die Lieder vom Ackerbau, der Baumzucht, der Viehzucht und schließlich der Bienenzucht. Trotz des lehrhaften Charakters ist es sprachlich so ausgefeilt und schön geschrieben, daß seine Bildkraft stellenweise auch heute noch bezaubern kann.

»Aber im Lenz schmückt alles sich neu, der Wald sich mit Laube
Schwillet die Erde neu und lechzt nach befruchtendem Samen.
Siehe da steiget herab in Gottesliebe der Äther,
Schüttet unendlichen Tau in den Schoß der beseligten Erde.
Tausendfältiger Keim entsprießt aus der großen Umarmung.«
(NORDENFLYCHT)

Das Epos »Aeneis« hat VERGIL den Ruhm des größten römischen Dichters eingetragen. Seit diesem Werk wurde sein Name nur noch mit scheuer Ehrfurcht genannt. Dieser Ruhm dauerte bis zurn Ende des Mittelalters, solange eben die lateinische Sprache ihre weltweite Wirkung ausübte. Ja, VERGIL wurde zum Dichter schlechthin, zum »Vater des Abendlandes«. Das hat allerdings noch einen anderen Grund. Immer wieder beschwor der Dichter die Vorstellung eines goldenen Zeitalters in Frieden und Schönheit, eines einigen Menschengeschlechtes, das von allen Übeln erlöst ist. Dieser Gedanke kam den Absichten des römischen Kaisertums entgegen. Es war ein weltlicher, diesseitiger Gedanke. Das Christentum aber legte ihn in seinem Sinne aus und machte VERGIL zum Propheten und Künder des Gottesreiches auf Erden. Es war nicht allzu schwer, einen Anlaß zu finden. In der vierten Ekloge der Bucolica heißt es:

»Nun ist gekommen die letzte Zeit nach dem Spruch der Sibylle;
Neu entspringt jetzt frischer Geschlechter erhabene Ordnung.
Schon kehrt wieder die Jungfrau.
Saturn hat wieder die Herrschaft;
Schon steigt neu ein Erbe herab aus himmlischen Höhen.
Sei nur dem nahenden Knaben, mit dem die eisernen Menschen
Enden und allen Welten ein goldenes Alter erblühet –
Gnädig sei ihm, du Helferin, Reine!
Schon herrscht dein Apollo.
Jener empfängt das Leben der Gottheit,
Schauet die Götter
An und Heroen vereint, wird selber von ihnen geschauet.
Friedlichen Erdkreis regiert er mit Kraft, vom Vater ererbet.«
(HAECKER)

Die Aeneis nun ist der Versuch, den Römern das zu schenken, was ihnen von Anbeginn fehlte: einen Mythos. Der Versuch ist mißlungen. In Wahrheit ist die Aeneis ein künstliches Gebilde. Gewiß, ein Werk voll Pracht und Schönheit, erfüllt von unvergleichlichem Sprachglanz, ein schimmerndes Geschmeide, in dem sich Perle an Perle reiht. Die

Perlen aber sind nicht echt. Es sind Nachahmungen von täuschender Ähnlichkeit. Vorbild war der griechische Mythos, wie er in dem Sänger HOMER Gestalt gewonnen hatte. Nach seinem Muster schuf VERGIL sein Werk. Es ist ohne Zweifel eine einzigartige Leistung. Aber es ist kein Nationalepos. Nicht die Sehnsucht des Volkes ist in einem Dichter zu Wort und Stimme geworden, sondern ein Dichter hat dem Volk seine Sehnsucht vorgetragen. Er tat es auf großartige Weise, mit allen Mitteln eines wachen Kunstverstandes. Sein Werk ist nicht Mythos, sondern Wille zum Mythos. Inhaltlich fußt die Aeneis auf der alten Sage, nach der der trojanische Held Äneas Ahnherr der Römer sein soll. Seine Schicksale bis zur Gründung Roms sind der Gegenstand des Gedichts:

»Den Helden sing ich, der von Trojas Strand
Nach Latiums italischem Gestade
zuerst als Flüchtling durch das Schicksal kam,
Weit trieben ihn zu Lande, weit im Meere
Die Himmlischen durch Juno's Zorn umher.
Viel mußt im Krieg er leiden, bis er endlich
Die Stadt gegründet, seiner Götter Wohnsitz.
Aus der Latiner und Albaner stammen
Die Ahnherrn der erhabnen, ew'gen Roma.« (DRAHEIM)

Unendlich viele Abenteuer muß Äneas auf seinen Fahrten bestehen, ehe er dem Orakel gemäß den Boden Italiens betritt. Da ist etwa die hinreißende und tragische Liebesgeschichte mit der karthagischen Königin Dido (ihr berichtet er die Geschehnisse in Troja und die späteren Irrfahrten), da ist der erzwungene Aufenthalt auf Sizilien, die grauenvoll-großartige Fahrt unter Führung der Sibylle in die Unterwelt mit den gewaltigen Zukunftsvisionen, kurz, eine Überfülle von Geschehnissen bis zur Ankunft im verheißenen Land. Auch dort gibt es Kämpfe und Heldentaten, bis schließlich Trojaner und Latiner, erst erbitterte Feinde, durch Äneas zu einem Volk vereinigt werden. – Die Aeneis ist nicht vollendet. Kurz vor seinem Tod ordnete VERGIL an, daß das Werk verbrannt werde. Kaiser Augustus wußte es zu verhindern. Er brauchte für sein Reich ein solches Epos. In seinem Sinne hat es durch Jahrhunderte hindurch seine Wirkung getan. SCHILLER hat versucht, einen Begriff vom Wesensgehalt des Gedichtes zu geben, indem er sich bewußt frei machte vom lateinischen Vorbild und es mit deutschem Sprachgeist zu verschmelzen trachtete. Eine Probe aus der Auseinandersetzung der Dido mit Äneas vor seinem Abschied:

»Du willst dich heimlich aus Karthago stehlen?
Dich hält die Liebe nicht, Barbar.
Die Treue nicht, die du mir einst geschworen?
Die Unschuld nicht, die ich durch dich verloren?
Dich hält mein Tod – dich hält der Sterbeblick
Des Opfers, das du würgtest, nicht zurück!
. . . .
Ja! läge nur, wenn dich die Flucht von dannen bringt
Ein Sohn von dir an meinen Mutterbrüsten
Säh ich dein Bild, in einem Sohn verjüngt,
In einem teuren Julus mich umspielen,
Getröstet würd' ich sein, nicht ganz getäuscht mich fühlen!«

VERGIL ist nicht der einmalige, überragende Dichter, für den die Römer und das Mittelalter ihn hielten. Aber er ist ein mächtiger Sprachkünstler und als solcher eine große Erscheinung der Weltliteratur.

Weltstadt-Lyrik

QUINTUS HORATIUS FLACCUS gilt als der bedeutendste römische Lyriker. Er wurde 65 v. Chr. in Apulien geboren. Sein Vater hatte dort ein kleines Gut, wurde aber später Steuereintreiber in Rom. Er ermöglichte dem Sohn ein Studium in Athen. Der junge Mann beteiligte sich am Aufstand des Brutus gegen Cäsar und war sogar in der Schlacht bei Philippi dabei. (Er selbst gesteht allerdings, daß er die Flucht ergriff.) Später wurde er durch Oktavian (Augustus) begnadigt und lebte als kleiner Beamter in Rom. Nach seinen ersten Gedichten wurde er dem reichen Gönner Maecenas vorgestellt. Der schenkte ihm ein großes Landgut im Sabinerland. So konnte er sorgenfrei leben. Er starb 9 v. Chr. Zunächst schrieb HORAZ die sogenannten »Epoden«. Es sind kleinere Gedichte satirischen Inhalts. Ihnen folgten die »Satiren«. Das sollten richtige Spottgedichte sein nach dem Beispiel des LUCILIUS. Aber die ätzende Schärfe richtigen Spottes blieb ihm versagt. Dazu war er viel zu behäbig und leidenschaftslos. So wurden mehr oder weniger launige, manchmal auch recht humorvolle und anmutige Verse daraus, die sich gegen die allgemein menschlichen Schwächen und Untugenden wandten. Die »Episteln« sind poetische Briefe voll gelehrter Philosophie die Lebensweisheit predigen wollen. Seinen eigentlichen Ruhm verdankt HORAZ den »Oden«. Es sind Gedichte verschiedenen Inhalts. Meist sind es

Lob- und Preislieder auf die Natur, das Landleben, auf Mitmenschen, Freundschaft, Liebe, Lebensfreude, Bescheidenheit, Maß in allen Dingen, auf all die Tugenden, denen man damals in Rom nach außen hin einen gewissen Wert beilegte.

Was diesen Gedichten fehlt, ist eine ehrliche Ergriffenheit. Es sind sozusagen Züchtungen aus dem Treibhaus, ja bisweilen scheinen sie sogar aus einer Fabrik für künstliche Blumen zu kommen. Echte Naturgewächse sind sie nicht. Wer die lateinische Sprache vollkommen beherrscht, der wird immer wieder sein sprachliches Entzücken an ihnen finden. Denn die Form war alles. Der Inhalt konnte ruhig nichtssagend sein und war es auch meistens. In der Kunst des Ausdrucks allerdings war HORAZ ein Meister. Er feilte und feilte, bis er jene geschliffene und letztmögliche Form fand, die seine Zeitgenossen haben wollten. Denn das allein nötigte ihnen Begeisterung und Bewunderung ab. Stimmung und Gehalt wurden gewöhnlich von den griechischen oder anderen Vorbildern übernommen. Das eigene Erleben bedeutete nichts. Man lieh und plünderte. Jedermann fand das in Ordnung. So konnte HORAZ damals mit einem gewissen Recht von sich sagen:

»Dauerhafter als Erz führt' ich ein Denkmal auf,
Höher, herrlicher noch als Pyramidenbau,
Das kein Regen zernagt, keines Orkans Gewalt
Je zu stürzen vermag, noch der unendliche Strom der
Jahre zerstört oder der Zeiten Flucht.« (MENGE)

Das galt für ihn und seine Zeitgenossen. Ferner für all die späteren, die ihnen geglaubt haben. Seinen heutigen Ruhm verdankt der Dichter den Sprachwissenschaftlern und Sprachfreunden, die sich in seine wirklich einmaligen Formenkünste verliebt haben. Wer aber außer ihnen liest noch wirklich Oden von HORAZ? Die Römer besaßen ein hohes Maß an Vernunft und Einsicht. Das wird ihnen immer zur Ehre gereichen. Aber was Dichtung ist, das wußten sie nicht, konnten es gar nicht wissen. GOETHE, der es wußte, sagte von HORAZ, er sei »ohne alle eigentliche Poesie«.

Wenn ein echter Dichter wie NOVALIS HORAZ übersetzte, dann lieh er ihm einen Hauch seiner eigenen Schöpferkraft. Man spürt es sofort:

»Wohin ziehst du mich.
Fülle meines Herzens.
Gott des Rausches?

Welche Wälder, welche Klüfte
Durchstreif ich mit fremdem Mut?
Oh, welche Höhlen
Hören in den Sternenkranz
Casars ewigen Glanz mich flechten?
Unerhörte, gewaltige
Keinen sterblichen Lippen entfallene
Dinge will ich sagen.
Wie die glühende Nachtwandlerin,
Die bacchische Jungfrau
Am Hebrus staunt
Und im thrazischen Schnee
Und in Rhodope, im Lande der Wilden,
So dünkt mir seltsam und fremd
Der Flüsse Gewässer
Der einsame Wald.«

ALBIUS TIBULLUS (etwa 55–19 v. Chr.) und SEXTUS PROPERTIUS (etwa 50–15 v. Chr.) gelten als die Schöpfer der römischen Elegie (Liebesklage). Auch sie hatten bei ihren Versen das griechische, vor allem das alexandrinische Vorbild vor Augen. TIBULL war ein wenig weich und oft fast rührselig in den Ausführungen seines Liebesschmerzes, PROPERZ hingegen liebte das leidenschaftliche, inbrünstig glühende, hochtönende Wort. Trotzdem spürt man bei ihm eigenes Erleben. Seine Gedichte sind nicht nur Spiel der Formen, bisweilen bebt dahinter ein bitterer Ernst.

Der anerkannte Meister der Elegie war PUBLIUS OVIDIUS NASO. Der Dichter wurde 43 v. Chr. als Sohn einer vornehmen Familie geboren. Schon früh begann er zu dichten und zeichnete sich durch hohe Formbegabung aus. So wurde er schnell berühmt und kam zu hohen Ehren. Im Jahre 8 n. Chr. überwarf er sich mit dem Kaiser und wurde nach Tomi am Schwarzen Meer verbannt. Dort starb er 18 n. Chr., ohne daß seine flehentlichen Bitten um Begnadigung erhört worden wären. OVIDS Verse werfen vielleicht das deutlichste Schlaglicht auf den damaligen Zustand der römischen Gesellschaft. Es war eine brüchig gewordene Zivilisation, die ihrem Ende entgegen ging. Man lebte nur dem Genuß und raffinierten Lebensfreuden. Innerlich aber war alles hohl und leer. Wirkliche Werte hatten keine Geltung mehr. OVID war das echte Kind dieser Zeit. Immerhin war er ehrlich genug, die Dinge beim wahren Namen zu nennen, war gleichzeitig so frivol, sie noch in allen Tonarten zu besingen. Seine Offenheit war schwerlich die Schamlosigkeit der Unschuld, es war die Unverfrorenheit des Übersättigten. Seine »Amores« (Liebeslieder), noch mehr die »Ars amandi« (Kunst zu lieben) sind ein unentwegtes Lob der körperlichen Liebesfreuden.

»Siehe! Corinna, sie kam in entgürtetem Untergewande.
Frei das gescheitelte Haar wallend am Nacken herab
Schön wie Semiramis wohl hintrat zu dem purpurnen Brautbett,
Oder wie Lais, dem Wunsch wechselnder Buhlen gesellt.
Zwar nicht viel mißgönnte das dünne Gewand der Begierde.
Sittsam wehrte sie doch, als ich es heftig entriß.
Nun so kämpfend wie eine, die selbst nicht wünschte zu siegen,
Ward durch eignen Verrat leicht sie, die Schlaue, besiegt,
Als sie dem lüsternen Blick nun frei von Umhüllungen dastand
Nirgend ein Fehl zu erspähn war an der ganzen Gestalt:
Was für Schultern und Arme zu sehn, zu befühlen gelang mir
Für die umspannende Hand schienen die Brüste gewölbt,
Glatt der geebnete Bauch, abwärts von dem strebenden Busen
Schlank und erhaben der Wuchs; Hüften wie jugendlich voll!
Doch, was zähl ich es auf? Untadelig alles erblickt ich,
Drückte die Nackte mir fest gegen den brünstigen Leib.
Wißt ihr das übrige nicht? Wir ruhten ermattet vom Spiel aus.
Mittagstunden wie die – würden sie oft mir gewährt.«

In den »Metamorphosen« versuchte Ovid, die mythologische Überlieferung (vor allem die griechische) seinem Großstadtpublikum schmackhaft zu machen. Er begann mit dem Urzustand des Chaos und endete mit einem Lobeshymnus auf Cäsar. Dazwischen liegt eine ganze Fülle von Sagen, Legenden und Erzahlungen, die er in höchst eleganten, flüssigen Versen zum besten gibt. Dabei hat er seine Geschichten ihrem Inhalt nach ziemlich verwässert, ihnen aber jene reizvolle Form gegeben, die dem verwöhnten Geschmack seiner Leser angepaßt war. Ähnlich ist es mit den »Fasti«. Es sind Gedichte anläßlich der verschiedenen Feste und Jubiläumsdaten im Kalender. Sehr deutlich spürt man die Absicht, dem Kaiser zu gefallen. Eines ist Ovid nicht abzusprechen: All seine Verse sind von einer Formenglätte, die einfach bestechend ist. Ohne Zweifel war er ein großes Talent, hätte das Zeug in sich gehabt, Bedeutendes zu schaffen. Was ihm fehlte, war der große, einer echten Dichtung würdige Gegenstand. Woher sollte er ihn auch haben? So steht er am Ende seiner Zeit als ihr deutliches Wahrzeichen. Nach außen hin war alles vollendet, innen aber herrschte die Eintönigkeit des Seelenlosen. Ovid war ein Wortkünstler ersten Ranges, das Wort aber verschwendete er an ein Nichts.

Auf Ovid folgten in der reinen Dichtkunst nur noch Gestalten zweiten Ranges. Zunächst einmal waren die Herrscher nach Augustus aller Kunst abhold. Sie verlangten Schmeicheleien. Kunst aber braucht Freiheit. Außerdem nahm der Zerfall immer deutlicher seinen Fortgang. Nur noch die Satire, die Kunst des spottenden Zorns, erlebte eine Nachblüte. Ein deutlicheres Zeichen geistig-seelischen Niedergangs könnte es kaum geben. Beißenden Spott goß der Spanier Marcus Valerius Martialis (etwa 40 bis 103 n. Chr.) über seine Umwelt aus. Wie spitze Pfeile schoß er seine Epigramme gegen die Lasterhaftigkeit der Mitmenschen ab. Bei aller Bosheit besaß er noch einen gewissen Witz, konnte stellenweise sogar geistreich sein. Decimus Junius Juvenalis (etwa 58 bis 138 n. Chr.) hingegen war so zornentbrannt, daß er des spielerischen Spottes nicht mehr fähig war. Seine Satiren sind von bitterbösem Ernst getragen. Von ihm stammt das berühmte Wort: »difficile est, satiram non scribere« (»Es ist schwer, nicht eine Satire zu schreiben«). Den Anlaß für seine Verse nennt er selbst: »Facit indignatio versum« (Die Empörung schafft den Vers).

Prosa-Künstler

Ein Sittenroman aus der Zeit des Kaisers Nero ist das »Satyricon« des Titus Petronius Arbiter (gest. 66 n. Chr.). Er war Erzieher am Hof des Kaisers, gleichzeitig der Lehrer, um nicht zu sagen der Diktator des sogenannten guten Geschmacks (»arbiter elegantiarum«). Trotzdem ereilte auch ihn das Schicksal derer, die Nero nicht genehm waren. Nur Selbstmord rettete ihn vor dem Henker. Sein Werk ist lediglich in Bruchstücken erhalten. Das bedeutendste davon ist das berühmte »Gastmahl des Trimalchio«. Was hier an Sittenlosigkeit, Verderbnis und innerer Verlorenheit geschildert wird, das ist beinahe schon erschütternd. Bewundernswert aber ist die überlegene Gelassenheit, mit der Petronius dieses ganze Lasterleben darstellt, anschaulich, bildhaft, unmittelbar. Er ist gewissermaßen der große Realist unter den Römern, ein geborener Erzähler, der mit leichter Hand eine ganze Welt bunter Gestalten vor uns erstehen läßt.

Ein Roman der Spätzeit, verworren und gestaltlos, ist »Der goldene Esel« (auch »Metamorphosen« genannt) des Karthagers APULEJUS (2. Jahrh. n. Chr.). Der Roman enthält das bekannte Märchen von »Amor und Psyche«.

Zu gedenken ist auch jener großen Redner, Geschichtsschreiber und Lehrer der Lebenskunst, die mitgeholfen haben, der lateinischen Sprache Glanz zu geben.

Das alte rechtschaffene Rom in seiner ganzen Sittenstrenge verkörpert MARCUS PORCIUS CATO (234 bis 149 v. Chr.). Mit der ganzen Kraft seiner Beredsamkeit wandte er sich gegen die »graeculi«, die Nachahmer der Griechen, stellte in geschichtlichen und lehrhaften Schriften (»Origines«, Ursprünge, »De re rustica«, über den Ackerbau) die Ideale einer eigenständigen, einfachen römischen Lebensweise auf. GAJUS JULIUS CAESAR (100 bis 44 v. Chr.) war nicht nur Feldherr und Politiker, sondern auch ein hochbegabter Schriftsteller. Das beweist die knappe eindringliche Darstellungsweise seines »Bellum Gallicum« (Gallischer Krieg). Sein Verehrer, GAJUS SALLUSTIUS CRISPUS (etwa 86 bis 35 v. Chr.) ist ein bedeutender Geschichtsschreiber, einseitig zwar, als Schilderer und Erzähler aber äußerst lebendig. Seine Hauptthemen waren die Verschwörung CATILINAS und der Jugurthinische Krieg. Einer der berühmtesten römischen Redner und ein Prosaschreiber ersten Ranges war MARCUS TULLIUS CICERO (106 bis 43 v. Chr.), glühender Anhänger der Freiheit und begeisterter Patriot. Besonders bekannt wurde er durch seine Senatsreden gegen CATILINA. Er beherrschte die Sprache wie ein Virtuose. Für viele bedeutet es einen wahren Genuß, den verschlungenen Perioden seines prunkvollen Satzbaues zu folgen. TITUS LIVIUS (59 v. Chr. bis 17 n. Chr.) war der große Geschichtsschreiber Roms im Zeitalter des Augustus. Er wurde der höchsten Ehren teilhaftig. Tatsächlich ist seine Geschichte Roms, vor allem die Darstellung der Punischen Kriege, eine bewundernswerte Leistung. Der Spanier LUCIUS AENNEUS SENECA (etwa 4 v. Chr. bis 65 n. Chr.) verkörpert geradezu sinnbildhaft den Geist einer echt philosophischen Haltung in einer Zeit der Unterdrückung und Gewaltherrschaft. Erst der Erzieher Neros, wurde er später das Opfer des Tyrannen. Er konnte sich nur durch Selbstmord der Rache des Wüterichs entziehen. Er verfaßte eine Menge lehrhafter moralischer, philosophischer und naturwissenschaftlicher Schriften. Das Auffallende an seinem Stil ist die knappe Eindringlichkeit. Er verlieh der lateinischen Sprache eine Kürze und Genauigkeit, wie man sie vorher kaum gekannt hatte. Besonders eindrucksvoll sind seine Briefe, in denen die ganze Größe seines stoischen Lebensideals zum Ausdruck kommt. Seine Tragödien sind ohne Bedeutung. GAIUS PLINIUS SECUNDUS (Plinius der Ältere, 23–79 n. Chr.) hat als Geschichtsschreiber und Naturforscher beachtliche Schriften verfaßt. Sein Neffe GAIUS PLINIUS CAECILIUS SECUNDUS (Plini us der Jüngere, 61–113 n. Chr.) führte sein Werk fort. Er trat als politischer Redner, Geschichtsschreiber und Briefeschreiber hervor. Sein Stil ist etwas gekünstelt. Sein Lehrer war der bedeutende Redner MARCUS FABIUS QUINTILIANUS (35–95 n. Chr.) (»Anleitung zur Beredsamkeit«).

Dieser beeinflußte auch den überragenden Geschichtsschreiber PUBLIUS CORNELIUS TACITUS (etwa 55 bis 120 n. Chr.). Der Stil dieses Prosaschriftstellers ist wuchtig, knapp, farbig, an vielen Stellen großartig und von dichterischer Einfachheit. Tacitus trauerte den vergangenen Zeiten echter Römertugend nach und versäumte selten die Gelegenheit, sie den Zuständen seines eigenen Zeitalters gegenüberzustellen. Die Darstellung der Kaiserzeit, die »Historien« und »Annalen« sind auch sprachlich von einmaligem Wert. »Agricola«, eine Lebensgeschichte des Eroberers von Britannien, wurde zu einer Kritik am eigenen Land. In der »Germania«, die vor allem uns Deutsche angeht, ging er sogar so weit, dem Gegner (eben den Germanen) die höchsten Tugenden zuzusprechen und diese der Verderbnis seiner Landsleute entgegenzuhalten. GAIUS SUETONIUS TRANQUILLUS (etwa 75 bis 150 n. Chr.) machte aus der Geschichtsschreibung eine Geschichtenschreibung. Er erzählte mit Vorliebe einzelne Ereignisse und Anekdoten. Dadurch gewinnt seine Darstellung an Farbigkeit, verliert aber an rein wissenschaftlich-historischem Wert. Der letzte römische Prosaschreiber von Rang ist ANICIUS MANLIUS SEVERINUS BOETHIUS (480 bis 524 n. Chr.). Sein kleines Buch »Trost der Philosophie«, im Gefängnis geschrieben, zeigt noch einmal deutlich, wie tiefgehend der Geist von Hellas das Denken der Römer beeinflußte und lenkte. Uns Späteren aber ist es ein schönes und wertvolles Zeugnis antiker Wesensart.

Auf dem Boden der Vergangenheit
Italien

Nach dem Niedergang Roms wurde die Apenninen-Halbinsel für Jahrhunderte eine wechselnde Beute von Fremden, Eindringlingen oder Emporkömmlingen. Wesentliche Dichtung gedieh nicht. Von der kirchlich-geistlichen Literatur (Neues Testament, Kirchenväter, spätlateinische Prosa) können wir in unserem Zusammenhang absehen. Erst vom 13. Jahrhundert an, mit dem Beginn des Humanismus, läßt sich von einer italienischen Literatur sprechen. Sie begann mit Lyrik, teils noch dem Lateinischen verhaftet, teils schon in der Volkssprache wurzelnd.

Frühe Lyrik

Heute noch anziehend, ja bestrickend ist die Persönlichkeit des Heiligen Franziskus von Assisi (1182–1226). In mystisch-verzückter Gottesliebe dichtet er seinen weltbewegenden »Cantico del sole«, den »Sonnengesang«, Zeugnis einer umfassenden, ekstatisch gesteigerten Allverbundenheit. Seine Liebe gilt nicht Gott allein, sondern der ganzen Schöpfung, dem Leben wie dem Tod, dem Wind wie dem Baum, dem Lamm wie dem Wolf, dem Frommen wie dem Bösewicht.

»Lob sei dir, mein Herr
Durch Schwester Mond und die Gestirne.
Am Himmel hast du sie gebildet,
Hell leuchtend, prächtig und schön!«

Jacopone da Todi (1228–1306) schrieb seine Gesänge ebenfalls aus religiöser Ergriffenheit. Sein Lebenslauf ist in gewisser Beziehung typisch für jene Zeit voll widerspruchsvoller geistiger und religiöser Gefühlssteigerungen. Er stammte aus adliger Familie und wurde in seiner Vaterstadt Todi ein angesehener Anwalt. Kurz nach seinem vierzigsten Lebensjahr kam die große Wende seines Lebens. Seine leidenschaftlich geliebte Vanna kam beim Hochzeitsfest durch einen Sturz ums Leben. Dieser Vorfall verwandelte den reichen und gelehrten Mann. Er trat in den jungen Orden der Franziskaner ein. 1297 unterzeichnete er das berühmte Manifest von Lunghezza; es war die Kriegserklärung der Colonna-Partei an Papst Bonifaz VIII. Der Papst siegte und ließ den Franziskaner ins Gefängnis werfen, aus dem er erst durch Benedikt XI. befreit wurde. Dieses Schicksal ist in seine Dichtung eingegangen. Er war eine glühende Natur, ein Charakter, wesensverwandt mit DANTE. Sein großes Thema war die Liebe. Aber es war keine irdische Liebe, zu Frauen oder zur Natur, es war reine Liebe zu Gott. Mit dem Tode Vannas sank die Schönheit der Welt für ihn ins Nichts, und nur noch Gott zog sein Herz in Bann. Er war ein großer Hasser, bekämpfte das Gemeine in sich und den Mitmenschen mit bitteren Satiren. In die große Literatur ist JACOPONE freilich nicht nur durch seine Lauden – so heißen diese frühen Liedformen – eingegangen, sondern durch ein lateinisches Gedicht, das weltbekannte »Stabat Mater«. In dem berühmten Lied auf die Armut heißt es:

»Armut du allerärmste
Demütigung ist Deine Schwester.
Ein bloßer Pfennig muß Dir reichen
Zum Essen und zum Trinken.«

Im Gegensatz zu ihm ist GUIDO CAVALCANTI (1250–1300) ein höfischer Sänger. Seine dichterische Kraft entzündete sich an weltlicher Liebe. Er war ein echter Minnesänger in Leben und Abenteuern, hat sich stets in der großen Welt vergnügt. Mit DANTE schloß er 1283 enge Freundschaft. Als »cavaliere« hatte er ähnliche Themen wie die provenzalischen oder sizilianischen Troubadours. Aber ähnlich wie WALTHER VON DER VOGELWEIDE übertraf er sie an Frische und Natürlichkeit. Er besingt den Frühling den grünenden Busch, das Lockenhaar eines Mädchens, blitzende Augen und zwitschernde Vögel. Zartheit der Empfindung und Anmut der Formensprache zeichnen ihn aus. Daneben finden sich Töne fast schmerzlicher Trauer, eines geheimen Wissens um die Schalheit aller Freuden. Hier ist er Vorläufer PETRARCAS. Er hat nicht die Glaubenskraft eines JACOPONE, bleibt der Frau Welt untertan.

»In einem Buschwald fand ich eine Hirtin,
Sie schien mir schöner als die Sterne.

Sie hatte Haare blond und voller Locken,
Die Augen glänzten voller Liebe, ihr Gesicht war rosig,
Sie weidete mit ihrem Stab die Lämmer.
In rotes Schuhwerk war sie eingekleidet
Und sang als wie in Liebeswonnen,
Aufs schönste war sie rings geschmückt.«

FRANCESCO ANGIOLIERI (»CECCO«, 1258–1320) ist neben den beiden das satirische und zynische Element in der Lyrik, der freche Spaßmacher und Spötter in Versen. FRANCESCO oder CECCO, wie die Kurzform seines Namens lautet, stammt aus Siena. Dort war sein Vater ein mächtiger Mann im Großrat und ein Geizhals dazu. Beide Eltern waren bigott. Wenig Glück hatte CECCO in der Liebe zu Becchina, der Tochter eines Fellgerbers, die ein leichtes Mädchen war. So versuchte er es mit dem Spiel, raufte mit Zechgenossen, kam oft vor den Richter, ein paarmal ins Gefängnis.

Das ist der Boden, auf dem diese dritte Art der frühen italienischen Lyrik wuchs: die Burleske. CECCOS Gedichte sind nicht schmachtend oder empfindsam wie die höfischen, nicht feurigglühend wie die religiösen. Sie sind frisch, frei, keck, frech, aufrichtig und voller Hohn. DANTE erkannte sofort, daß dieser Strolch ein unsprüngliches und naturhaftes Talent war. CECCO begegnete der Anerkennung mit sehr ironischen Gegenversen. Der Dichter hat hundertfünfzig Sonette geschrieben. Überall spürt man die urwüchsige Anlage, oft genug die Bitterkeit des Heruntergekommenen:

»Wär' Feuer ich, würd' ich die Welt verbrennen
Und wär' ich Wind, so würd' ich sie verwüsten
Und wär' ich Wasser, würd' ich sie ersäufen
Und wär' ich Gott, so würd' ich sie zum Teufel schicken.«

Die großen Drei

DANTE, wie die Kurzform des vollen Namens DURANTE lautet, führte die italienische Dichtung bereits im Anfang des Trecento, des 14. Jahrhunderts, auf ihre größte Höhe. Unter dem Einfluß seiner »Göttlichen Komödie« ist die Sprache der Toscana die Schrift- und Bildungssprache Italiens geworden. DANTE ALIGHIERI wurde 1265 in Florenz geboren, machte die ritterlichen und galanten Übungen eines jungen Adeligen mit, erwarb sich gründliche Kenntnisse in Rechtsprechung und Philosophie, stand mit den bedeutendsten Köpfen seiner Zeit in regem geistigem Austausch. Sogar als Politiker hatte er zunächst Erfolg. Der Sieg des Papstes Bonifaz VIII. allerdings brachte ihm Unglück. Im Januar 1302 wurde er verbannt und, weil er sich den Richtern nicht stellte, nachträglich zum Tode verurteilt. Von seinem 37. Lebensjahr an führte er das unstete Leben eines Verbannten, war in Verona, in Bologna, in Paris, schließlich in Ravenna. Er starb am 14. September 1321. In der Verbannung ist die »Göttliche Komödie« entstanden. Komödie bedeutete nach damaligem Sprachgebrauch nicht mehr, als daß die Geschichte ein glückliches Ende fand. Die Bezeichnung »Göttliche« stammt von BOCCACCIO und ist später allgemein üblich geworden.

Die »Göttliche Komödie« ist inhaltlich ein Bericht, eine »Reportage« über eine Reise. Sie spielt sich freilich nicht auf dieser Welt ab, sondern geht durch die drei Reiche der anderen Welt durch Hölle, Fegefeuer und Himmel. Sie dauert sieben Tage, vom 8. bis 15. April des Jahres 1300 und wird uns mitgeteilt in 14 233 Versen, die in 100 Gesängen zusammengefaßt sind. Strophenform ist die Terzine. so benannt, weil sie aus je drei Zeilen besteht, wobei sich jeweils die erste und die dritte Zeile reimen. Beispiel (aus dem 16. Gesang der »Hölle«):

»Schon war ich da, wo man vernahm das Lärmen
Des Wassers, das sich stürzt zum zweiten Kreise
Vergleichbar dem Gesumm von Bienenschwärmen.«

DANTE ist kein »naiver« Lyriker, sondern ein ausgesprochen »sentimentalischer«, ein Gedankendichter also. (Man denke an SCHILLERS »Das Ideal und das Leben«.) Diese Art von Ideendichtung ist in der italienischen Literatur nicht selten. Sie hat in PETRARCA einen glänzenden Vertreter gefunden. Die »Göttliche Komödie« also ist »symbolisch« zu nehmen wie etwa GOETHES Faust 2. Teil. Das, was gesagt wird, ist nur ein Gleichnis, ein Spiegelbild des Unausgesprochenen. Man erinnere sich an die alten Wirtshaus- und Apothekenschilder bei uns. Da gibt es oft das »Paradies«, den »Engel«, den »Adler«, den »Löwen«, den »Greifen«. In diesen Namen steckt noch »symbolisches Denken«. Die Pflanzen, Tiere, Steine, Menschen hatten nicht nur ihre persönlichen Eigenschaften, sondern sie bedeuteten etwas. Alle Gegenstände waren zugleich Sinnbilder. Die Wirtshäuser, die an der Straße stehen, waren Zeichen des menschlichen Wanderlebens, ihre Namen standen für außerirdische Mächte und Kräfte.

Ähnlich ist es mit dem, was uns in DANTES Commedia begegnet. Sie beginnt etwa damit, daß der Dichter im Waldesdickicht plötzlich von drei wilden Tieren umstellt ist, einem Leoparden, einem Löwen und einer Wölfin. Die Landschaft veranschaulicht die Seelenlage des Helden, diese wiederum gilt für jedermann. Die drei Tiere bezeichnen drei menschliche Ur-Leidenschaften: Fleischeslust, Herrschsucht und Habgier. Sie stellen unsere eigene tiergleiche Wildheit dar, die das Leben des Geistes bedroht. Dazu kommt noch eine weitere Eigenart. Es ist philosophisch ausgedrückt die »analogia entis«, die Entsprechung, in der alle Dinge zueinander stehen. Diese Betrachtungsweise war dem gelehrten mittelalterlichen Dichter selbstverständlich. Am deutlichsten zeigt sie sich in Äußerlichkeiten wie in der Verszahl. Manchmal mußte der Dichter, obwohl eine Ausdehnung des Gesanges notwendig gewesen wäre, vorzeitig abbrechen: der Gewollte Aufbau der Commedia erlaubte es nicht anders, mußte er doch dem gedachten Plan des Weltalls entsprechen. So heißt es im »Purgatorio« (33, 139):

»Doch weil die Blätter alle vollgeschrieben,
Die für den zweiten Sang bereitet waren,
Laßt mich das Kunstgesetz nicht weitergehen.«

(VOSSLER)

Rein äußerlich durchwandert der Dichter als eine Art Besucher die drei Reiche des Jenseits, staunend, erschüttert, sehend. VERGIL, der Verfasser der Aeneis dient ihm als Führer durch das »Inferno« (Hölle) und »Purgatorio« (Fegefeuer), die Geliebte, Beatrice, geleitet ihn durch das »Paradiso«. Eine gewaltige, einmalige Fülle von Szenen, Bildern und Gestalten tritt vor unsere Augen. Eine dichterische Phantasie ohnegleichen offenbart sich. Kein Zweifel: DANTE war einer der größten Dichter aller Zeiten. Freilich, auch daran ist schwerlich zu rütteln: nur noch eine schwindende Anzahl einzelner Gebildeter oder besonders eifriger Christen wird – außerhalb Italiens – sein Werk ganz in sich aufnehmen. Alle übrigen werden sich mit Teilen begnügen. Diese Teile aber sind mächtig genug, um den Dichter der größten Ehrfurcht teilhaftig werden zu lassen. Was er wollte, war wohl dies: auch im Geistigen ein Inbild der Schöpfung zu geben, das Weltall aus christlicher Sicht heraus zu deuten. So entstand ein riesiges Epos voll einmaliger Sprachkraft, durchglüht vom Feuer wahrer Begeisterung. Wer sich Christ nennt, wird all das finden, was ihn ein Leben lang bewegt. Gewiß, DANTE hat versucht, die ganze damalige Gelehrsamkeit, darüber hinaus noch viele höchst persönliche Erfahrungen in seinem Werk unterzubringen. Das erschwert außer dem Hang zum Sinnbild das Verständnis seiner Dichtung. Aber es vernichtet nicht die dichterische Kraft und Schönheit der Commedia, es ist ein Hindernis nur für den, der nicht die Zeit oder den Willen hat, sich all das anzueignen. Man muß ehrlich bekennen: Die »Göttliche Komödie« steht uns trotz der zeitlichen Nähe viel ferner als etwa die Odyssee. Und doch, welche Fülle an Schönheit ist über dieses christliche Epos der Heilsgeschichte ausgestreut! Morgenfrühe, Abendstille, Frühling und Sommer, glitzernder Schnee und wogendes Meer. Und welch knappe, gedrungene Kraft, welch unerhörte Kürze und Wucht der Darstellung:

»Stillschweigend, einsam nun und unbegleitet,
So schritten wir, der eine hinterm andern,
Wie seines Wegs ein Minorite schreitet.
Es kam mir bei dem gegenwärtgen Sträußchen
Die Fabel des Äsopus ins Gedächtnis,
Die von dem Frosche handelt und dem Mäuschen.«
(ZOOZMANN)

Es gibt neben der Commedia noch eine wichtige Dichtung DANTES: Das »Neue Leben« (Vita Nuova). Es ist die Geschichte seiner Liebe zu Beatrice, die er als Knabe von neun Jahren zum erstenmal sah. Sie trug damals ein Kleid von blutroter Farbe und war etwa acht Jahre alt. Erst neun Jahre später begegnete er ihr wieder und wurde von ihr gegrüßt. Schon mit vierundzwanzig Jahren starb sie. Das ist die ganze Handlung. Aber die Schilderung, zusammengesetzt aus Prosa und Gedichten, ist rührend, oft voll echter Verzückung.

Mit FRANCESCO PETRARCA beginnt in Italien der eigentliche Humanismus. Christentum und Heidentum sind nicht mehr Gegensätze, sondern bilden eine Einheit, sind die Summe aller Bildung. Der Dichter wurde 1304 in Arezzo geboren, studierte Rechtswissenschaft in

Montepellier und Bologna, wurde 1326 Geistlicher und trat vier Jahre später in den Dienst des Kardinals Colonna. 1341 erhielt er auf dem Kapitol in Rom den Dichterkranz. Sein Hauptaufenthalt war aber nicht Italien, sondern das französische Avignon und der Oberlauf der Rhone. Acht Jahre lebte er bei den Visconti in Mailand. 1356 besuchte er als ihr Gesandter den Kaiser Karl IV. in Prag. 1374 starb er in Arqua. Fast kann man sagen: PETRARCA war der erste italienische Romantiker. Äußerlich hatte er zwar eine glänzende Laufbahn: Der unbekannte Sohn eines Notars wurde in wenigen Jahren Erzdiakon, Botschafter, Kaplan einer Königin, Pfalzgraf des Kaisers, Poeta laureatus und der berühmteste Dichter seiner Zeit. Dabei aber war er eigentlich weltabgewandt. Sein Reich war nicht von dieser Welt. Viele Seelen wohnten in seiner Brust. Schmerzliche Zerrissenheit und unruhige Sehnsucht waren die Grundstimmung. Er grub die Vergangenheit aus, weil er an der Gegenwart kein Genügen fand. Wie die Brüder GRIMM oder UHLAND das deutsche Mittelalter suchten, so entdeckte er das klassische Altertum. Noch einen weiteren Grundzug teilte er mit der Romantik: Die Empfänglichkeit und Aufnahmefähigkeit war größer als die schöpferische Begabung. Er ließ sich anregen. Seine Dichtung ist großartiges Wetteifern mit Vorbildern: DANTE mit den »Trionfi«, VERGIL mit der »Africa«. CICERO mit den »Epistulae metricae«, LIVIUS mit »de viris illustribus«, SENECA mit »de vita solitaria«, die höfische Lyrik mit den »Rime sparse«, der heilige AUGUSTINUS mit »Secretum« –alle diese haben ihn bei seinem Schaffen angeregt. Er war anschmiegsam, oft widerstandslos bis zur Weichlichkeit, immer sanft und träumerisch, bisweilen fast weinerlich.

Am bekanntesten sind die »Laura-Canzonen«. Wer Laura war, ist nicht genau zu sagen, jedenfalls war sie eine Frau in Avignon, die sein Herz in Aufruhr versetzte. Aber sie blieb spröde und erfüllte seine Wünsche nicht, starb schon 1348. So besang er an Stelle eines wirklichen lebendigen Wesens das Zauberbild einer unerfüllten Sehnsucht. Diese Verse sind von einem Wohllaut, einer Anmut und Flüssigkeit, die alle frühere Lyrik weit hinter sich läßt. Denkt man bei DANTE an glühendes Erz und Feuer, so bei PETRARCA an Quellen, Flüsse oder Meer. Zum Wasser hatte er eine besonders innige Beziehung. Die Rhone besingt er folgendermaßen:

»Schnelleilender Fluß, der Du Dich innen
Aus dem Felsgestein der Alpen nagst, wovon Dein Name,

Tag und Nacht steigst Du mit mir plaudernd nieder
Wohin mich die Liebe, Dich die Natur führt.«

Der dritte der drei Großen des Trecento ist GIOVANNI BOCCACCIO. Er wurde 1313 in Paris geboren als uneheliches Kind einer Französin und eines florentinischen Kaufmanns. Nach dem Tod der Mutter nahm ihn der Vater zu sich nach Certaldo bei Florenz. Er studierte die Rechte und alte Sprachen. 1336 begegnete er in der Kirche San Lorenzo einer Dame, Maria del conti d'Aquino, einer natürlichen Tochter König Roberts von Neapel. Sie wurde seine Geliebte: er verherrlichte sie unter dem berühmt gewordenen Namen Fiametta (»Flämmchen«). Die Stadt Florenz erteilte ihm 1337 einen Lehrauftrag zur Erklärung der »Göttlichen Komödie«. Er starb 1375. Mit ihm tritt eine neue Literaturgattung auf den Plan: die Novelle. BOCCACCIO ist weder Epiker wie DANTE noch Lyriker wie PETRARCA, sondern Geschichtenerzähler, ein Meister des Fabulierens. Die Anekdote, die Geschichte fordert keinen Höhenschwung der Seele mehr, sie dient vor allem der Unterhaltung. Man will Spannung, Klarheit, Behaglichkeit, Witz, Lebensfreude, Spottlust. Diese Eigenschaften hat das »Dekamerone«, BOCCACCIOS Hauptwerk. Es ist ein italienisches Seitenstück zum altfranzösischen Fabliau, wohl das gelesenste Werk der italienischen Literatur, zunächst nicht mehr als eine Sammlung von hundert Novellen, zusammengehalten durch eine Rahmenerzählung. Zehn Personen, sieben weibliche und drei männliche, fliehen auf ein Landgut, weil in Florenz die Pest ausbricht. Um die Angst vor dem schwarzen Tod zu vertreiben, singen, tanzen und musizieren sie und erzählen sich Geschichten. Diese Geschichten sind die Novellen des Dekamerone. Was darin geschildert wird, ist sozusagen eine »Skandalchronik« des menschlichen Lebens. Liebe ist immer wieder das Hauptthema, Liebe in einer höchst irdischen Gestalt. Sie ist Ausgangspunkt und Anlaß all der vielen komischen, heiteren, rührenden, immer anregenden Vorkommnisse. Größe und Schwäche, Tapferkeit und Standhaftigkeit, Unzulänglichkeit und Hinterlist, kurz, Menschliches und Allzumenschliches sind in dem Buch wie in einem schillernden Spiegel des alltäglichen Lebens vereint. Man tut BOCCACIO unrecht, wenn man ihn für eine Art Vorläufer von CASANOVA hält. Er ist einfach die irdische Seele seiner Zeit, die sich hier kundtut, voll echter urtümlicher Lebensgläubigkeit und Lebensnähe. Die große Anziehungskraft all dieser Geschichten geht vom Stoff aus. Sie sind voll Spannung, sind in erster Linie Vorkommnisse aus der bittersüßen Wirklichkeit. Der Dichter war in der Auswahl sehr großzügig. Er nahm bedenkenlos, was er vorfand, scheute sich nicht, Vorhandenes weiterzuerzählen. Aber er tat es auf seine Art, gab den gefundenen Stoffen eine glänzende Form, verlieh ihnen dank einer ursprünglichen Prägekraft und Erzählergabe jene Gestalt, in der sie die Jahrhunderte überdauerten. Das ist seine einmalige, bewundernswerte Tat.

Dank der Leistung Boccaccios wurde die Novelle zu einer der beliebtesten literarischen Gattungen in Italien. Das zeigen zahlreiche spätere Sammlungen. Schon Franco Sacchetti (etwa 1335–1400), Kaufmann und Politiker, schrieb »Trecento Novelle« (300 Novellen). Erhalten sind 223. Im Unterschied zu Boccaccio sind seine Geschichten weniger kunstvoll, mehr anekdotenhaft und dem Schwank nahestehend. Er schrieb auch Kanzonen, Sonette, Madrigale, Balladen und Jagd-Gedichte. Gentile Sermini hat 40 Novellen in der einfacheren Sprache des Volkes verfaßt. Masuccio del Guardati bekennt sich für sein Novellenbuch (Novellino) ganz offen als ein Nachahmer Boccaccios. Auch die 200 Erzählungen des Mönches Matteo Bandello (16. Jahrhundert) fanden große Verbreitung. (»Romeo und Julia«.) Hohen Ruhm erlangte im 17. Jahrhundert die Sammlung »Pentamerone« des Giovanni Battista Basile. Seine phantastischen Geschichten sind freilich eher Märchen als Novellen. Der Einfluß des Ostens wird fühlbar.

Die Renaissance

Die Renaissance ist die Zeit der größten und fruchtbarsten Entfaltung des italienischen Geistes. Sie ist Lebensfülle in jedem Sinne, ist eine Vermählung des Geistes mit der Natur, wie sie großartiger nie mehr Gestalt wurde. Grundgefühl ist der Mensch in seiner ganzen Selbständigkeit und Selbstherrlichkeit. Die Entfaltung seiner Anlagen, die Entfesselung seiner Leidenschaften, die Wagnisse seines Geistes schaffen eine einmalige Lage. Die Herrscher, die Denker, die Künstler, selbst die Schurken sind ungewöhnlich bedeutend. Grundlage war der Reichtum der Städte: In einer städtischen Kultur waren einst schon die Griechen zur geistigen Freiheit erwachsen. Die unbekümmerte Weltzugewandtheit der Kirche war die zweite Wurzel. In diesem Zeitalter, dem Quattrocento und Cinquecento, dem 15. und 16. Jahrhundert also, hat die Literatur all ihre Gattungen reicher entwickelt, vor allem das Epos.

Kurz zuerst die Lyrik: Da steht gleich ein klangvoller Name: LORENZO IL MAGNIFICO, Lorenzo der Prächtige (1408 bis 1492), Enkel des großen Cosimo de' Medici und Bruder von Giuliano de' Medici, seit 1478 Alleinherrscher in Florenz. Besonders beliebt waren seine »Liebeswälder« (Selve d'amore) und »Liebeseklogen« (»Corinto«). Weltbekannt sind die Eingangsverse aus dem »Triumph des Bacchus und der Ariadne«:

»Wie schön ist die Jugendzeit!
Doch wie flieht sie dahin
Wer froh sein will, sei's,
Was morgen ist, weiß keiner.«

Am Hofe LORENZOS lebte noch ein anderer bedeutender Lyriker: ANGIOLO POLIZIANO (1454–1494). Er hatte den florentinischen Lehrstuhl für griechische und römische Literatur inne, war Erzieher von Lorenzos Söhnen, übersetzte das 2. bis 5. Buch der Ilias. Ferner dichtete er »Stanzen für das Turnier« (Stanze per la giostra) und ein Schauspiel »Orpheus« (Orfeo). Seine Gedichte haben einen ähnlichen weltfreudigen Klang wie die Verse LORENZOS.

MICHELANGELO (1475–1564), der große bildende Künstler, war eine Zeitlang ebenfalls am Hofe LORENZOS. Er schrieb Sonette von herbem und feierlich-schmerzlichem Klang.

An Vittoria Colonna

Geglückter Geist, in dem gespiegelt steht,
In deiner Glieder köstlichem Gelingen,
Was Himmel und Natur bei uns vollbringen,
Wenn nicht ihr Werk durch fremde Hände geht:
Lieblicher Geist, in dem man innen glaubt,
Weil es die Züge offen glaubhaft machen,
Lohn, Mitleid, Liebe, seltenere Sachen,
Als je im Schönen waren überhaupt:
Die Liebe packt mich. Schönheit hat nicht Ruh,
Bis sie mich bindet. Doch mit süßen Blicken
Legt Gnade, Hoffnung mir ins Herz, die reift.

Welche Weltherrschaft aber gibt es zu.
Welches Geschick aus allen Weltgeschicken,
Daß sich der Tod an solchem Werk vergreift? (R. M. RILKE)

Wie in Florenz hatte auch in Neapel unter Alfonso I. von Aragon und seinem Nachfolger, Ferdinand I. (1458–1494), die Literatur große Gönner. GIOVANNI PONTANO (1426–1503), der Leiter der Gelehrtenakademie, schrieb seine Liebesgedichte und Elegien zwar nur lateinisch, sein Schüler und Freund, JACOPO SANNAZARO (1458–1530) aber verfaßte neben 3 Büchern lateinischer Elegien und den Fischereklogen (Eclogae piscatoriae) auch einen italienischen Hirtenroman »Arcadia«, ferner italienische Gedichte. Ein Nachahmer PETRARCAS war CARITEO (1450–1515). Seine Gedichte gerieten schon ins Schwülstige.

Die Epik beginnt mit MATTEO MARIA BOJARDO, Graf von Scandiano (1434–1494). Er wurde in Ferrara am Hof der d'Este erzogen und war in ihrem Dienst Statthalter von Reggio. Die Gedichte »Sonetti e Canzoni« sind an seine Geliebte Antonia Caprara gerichtet. Sein Hauptwerk ist der »Verliebte Roland« (Orlando innamorato). Es entstand in den Jahren 1472–1494. Das Epos blieb unvollendet, es hat 69 Gesänge in 3 Büchern. Es handelt sich um die Aufnahme eines Stoffes, den schon die altfranzösischen Helden-Epen gestaltet haben: Karl der Große und seine zwölf Helden (»Paladine«) im Kampf gegen die Sarazenen und Mauren. Natürlich sind die Auffassungen der italienischen Renaissance andere als die der Entstehungszeit der altfranzösischen Karlssage oder der späteren hochmittelalterlichen Epik. So ist etwa aus dem Helden Roland inzwischen ein verliebter und irrender Ritter geworden. Hauptgestalt des »Verliebten Roland« ist Angelica, die Tochter des Königs Galfrone von Cataio. Sie ist im Besitz eines Zauberrings. Auch ihr Bruder hat überirdische Macht, seine Rüstung ist unverletzlich, seine Lanze voller Zauberkraft. Beide kommen zu einem Gelage Karls mit seinen Paladinen. Der Bruder fordert die Helden zum Kampf um Angelica heraus. Aber er wird besiegt und getötet. Die beiden mächtigsten Getreuen Karls, Roland und Ranaldo, streiten nun um Angelica. Diese aber bemächtigt sich Ranaldos und bringt ihn auf eine einsame Insel. Roland eilt herbei, und die beiden Freunde wenden sich im Zweikampf gegeneinander. Später wird auch Roland in fremde Lande entführt. Die Handlung verliert sich in Streit, Zauberei und Zwietracht. Dieser »Verliebte Roland« ist die Vorstufe zu dem »Rasenden Roland« ARIOSTS.

Lodovico Ariosto (1474–1533) hat seinen Namen von dem Orte Riosto, woher die Familie stammt. Er wurde am Hof in Ferrara bei Ercole d'Este erzogen. 1502 wurde er im Dienst des Herzogs Alfonso d'Este Kommandant der Burg Canossa. Einige lateinische Gedichte lenkten die Aufmerksamkeit des Kardinals Ippolito d'Este auf ihn. Er trat in den Dienst des Kardinals, der ihn aber mit unangenehmen und schwierigen Aufgaben betraute, sodaß er sich schließlich mit ihm überwarf und wieder in den Dienst Alfonsos zurückkehrte. Sein »Rasender Roland« ist in Stanzen geschrieben, hatte zuerst 40, später 46 Gesänge. Ippolito d' Este nahm die Dichtung kühl auf und wollte nichts zahlen. Kaiser Karl der V. jedoch belohnte den Dichter mit dem Lorbeer. Die verschlungene Handlung hat folgenden Rahmen: König Agramante von Afrika belagert den Kaiser Karl in Paris.

»Die Frauen, Ritter, Waffen, Liebesbande,
Die Zartheit ging ich, den verwegnen Mut
Der Zeiten, da der Mohr von Libyens Strande
Zog übers Meer und Frankreich setzt in Glut,
Dem Zorne folgend und dem Jugendbrande
Des Königs Agramant, des rasches Blut
Zu rächen schwur mit grimmigem Erboßen
Den Tod Trojans an Kaiser Karl dem Großen.« (J. D. Gries)

Da eilen die Paladine herbei, und es gelingt Rinaldo, den Eindringling zu vertreiben. Dieser fällt schließlich auf der Insel Lipadusa von der Hand Rolands. Wichtiger als die Rahmenhandlung sind die vielen Einzelszenen, die das Epos enthält, vor allem der Zorn Rolands. Der Held wird wahnsinnig, weil er erfährt, daß Angelica sich mit Medoro eingelassen hat. Mit seinem Schwert Duridande vernichtet der Irrsinnige alles um sich herum. Von da an nimmt ein anderer Held, Astolf aus England, die führende Stelle in der Erzählung ein. Dieser fährt sogar im Wagen des Elias zum Mond hinauf, um dem unglücklichen Roland Heilung zu bringen. Er erlebt noch manch andere, ebenso märchenhafte Abenteuer. Dazwischen finden sich immer wieder die Geschichten einzelner Helden und Frauengestalten, unwahrscheinliche Taten und Untaten, lauter Zeugnisse phantastischer Ritterromantik.

Torquato Tasso (1544–1595) ist der nächste Epiker des Zeitalters. Er stammt aus Sorrent, sein Vater Bernardo hatte schon den

Amadis-Stoff (siehe Spanien) bearbeitet. TORQUATO studierte in Padua und Bologna, mit neunzehn Jahren veröffentlichte er sein romantisches Epos »Rinaldo«. 1565 wurde er Hofdichter bei Luigi d'Este. Sein Hauptwerk »Das befreite Jerusalem« (La Gerusalemme liberata) mußte sich allerlei Nachprüfungen von Untersuchungsrichtern und Inquisitoren gefallen lassen. Man hielt damals, in der zweiten Hälfte des 16. Jahrhunderts, zur Zeit der Gegenreformation, viel auf Rechtgläubigkeit (GALILEI). TASSOS Rechtgläubigkeit wurde zwar bestätigt, aber in seiner Überreiztheit geriet er immer wieder außer sich, sodaß er mehrmals eingesperrt werden mußte. Doch konnte er außer seinem Epos und dem Hirtendrama »Aminta« auch die glänzenden »Dialoge« (I dialoghi) vollenden. In Mantua vertaßte er das Trauerspiel »König Torrismondo« (Il re torrismondo) und in Neapel ein religiöses Epos »Die geschaffene Welt« (Il mondo creato). Später arbeitete er sein Hauptwerk noch einmal um und gab es unter dem Titel »Das eroberte Jerusalem« (La Gerusalemme conquistata) neu heraus. Papst Clemens VIII. war sein letzter Gönner. Der Dichter starb 1595 in Rom.

Thema des »Befreiten Jerusalem« ist der erste Kreuzzug unter Gottfried von Bouillon. Deshalb sollte das Epos zunächst auch »Goffredo« heißen. Es beginnt damit, daß der Erzengel Gabriel im Lager von Tortosa erscheint und die Kämpfer aufmuntert. Die Handlung selbst hat mit den geschichtlichen Vorgängen nichts zu tun. Sie besteht in einer Unzahl von Episoden, die sich um die Helden Rinaldo, Tancred, das Sarazenenmädchen Clorinda und die Zauberin Armida ranken. Das Werk ist ein farbenprächtiges, schillerndes, märchenhaftes Gebilde voll großartiger Einzelschönheiten. Als Ganzes werden es nur noch wenige lesen. Zweites bedeutendes Werk TASSOS ist das Hirtenidyll »Aminta«, ein liebenswürdiges, heiteres Stück in Versen, heute fast lebendiger als das Epos. Die Fabel ist einfach: Aminta, Enkel des Pan, verliebt sich in die Nymphe Silvia. Diese aber versagt sich ihm trotz seinem redlichen Werben. Eines Tages findet man ihren blutigen Schleier und hält sie für tot. Aminta stürzt sich von einem Felsen, wird aber durch Zufall gerettet. Das rührt Silvia, die in Wirklichkeit noch lebt, so sehr, daß sie ihn endlich erhört. Die schlichten Vorgänge sind sehr kunstvoll und anschaulich in Szene gesetzt.

Die ritterlich-romantischen Epen wurden als bald, und später sogar recht oft, parodiert. Das Italienische Volk besitzt ohnehin viel Sinn für

Witz, Satire und alle Formen von Ulk. So entstand regelrecht eine eigene literarische Gattung: das komische Epos. Sein Hauptvertreter ist TEOFILO FOLENGO (1496–1544). Unter dem Namen COCCAIO gab er das burleske Epos »Baldus« heraus. Der Held, unter Bauern aufgewachsen, wird durch das Lesen von Ritterromanen zu einem abenteuerlichen Leben verlockt und erlebt nun die unmöglichsten Dinge. Sogar in die Unterwelt steigt er hinab. Äußerst wirkungsvoll ist allein schon der sprachliche Ausdruck. Der Baldus ist im sogenannten »Nudellatein« geschrieben, einer satirischen Mischung aus alten Sprachformen mit neuitalienischen und Mundarten. Ein weiteres Epos von FOLENGO ist der »Orlandino«. Im »Geraubten Eimer« (La secchia rapita) des ALLESSANDRO TASSONI (1565–1635) wird berichtet, wie zwischen den Städten Modena und Bologna ein gewaltiger Streit um einen Eimer ausbricht. Auch die Lyrik fand ihre Spötter. FRANCESCO BERNI (1497–1535) war besonders fruchtbar. Er liebte die Form des »geschwänzten Sonetts«. Statt der schönen besang er die häßlichen Frauen.

Die Renaissance und auch noch die spätere Zeit hat eine Fülle von Talenten hervorgebracht. Es hat kaum Sinn, sie hier alle aufzuzählen. Sie waren Triebe, Blüten, Zweige an einem von Fruchtbarkeit strotzenden Baum. Sie halfen mit, das Bild ihrer Zeit zu formen. Mit ihrer Zeit versanken sie aber wieder. Für die italienische Literatur selbst haben einzelne von ihnen Bedeutung. Für uns aber verschwimmen ihre Namen hinter dem Gesamtbild. Nur einige von ihnen müssen kurz hervorgehoben werden, weil ihr Ruhm über die Grenzen ihres Landes hinaus drang oder weil sie tatsächlich eine mächtige Wirkung hatten.

Eine Gestalt eigener Art ist PIETRO ARETINO (1492–1556, nach seinem Geburtsort Arezzo). Bekannt ist er für seine römische Tragödie »Orazia«. Berühmt, ja berüchtigt ist er aber vor allem als Schmähdichter und Spötter. Vor nichts scheute er zurück, alles übergoß er mit Hohn, vor allem in Briefen und Dialogen. Auch eine Anzahl gängiger Komödien hat er geschaffen. Sie hatten damals große Wirkung, sind heute aber kaum noch von Bedeutung. Er besaß ohne Zweifel eine hohe Begabung, verschleuderte sie aber um Gold und Reichtum, er war kein Dichter, sondern ein bezahlter, um nicht zu sagen bestechlicher Schriftsteller.

NICCOLO MACCHIAVELLI (1496–1527) aus Florenz wird hier weniger wegen seiner Dramen (vor allem »Mandragora«) oder anderer dichterischer Arbeiten genannt. Er ist einer der größten Prosaschriftsteller seiner Zeit. Mit seinem Hauptwerk »Der Fürst« (Il principe) hatte er weltweite Wirkung. Er sucht darin die Fähigkeiten aufzuspüren, die ein Regierender haben muß, um an der Macht zu bleiben. Das Werk gehört zum bedeutenden Gedankengut des Abendlandes. BENVENUTO CELLINI (1500–1571), ein florentinischer Goldschmied, ist bei uns durch GOETHES Übersetzung seiner Selbstbiographie recht bekannt geworden.

Auch GIORDANO BRUNO (1548–1600) kann man zunächst nicht als eigentlichen Dichter bezeichnen. Er hat zwar eine Anzahl von Sonetten und ein Drama (»Candelaio«) geschrieben. Wichtiger aber sind seine philosophischen Prosastücke. In ihnen erweist er sich als Sprachmeister ersten Ranges. Er ist ungestüm und leidenschaftlich, ein Seher und Deuter der Welt. Das Gefühl unendlicher Allseligkeit fand in ihm einen begeisterten Verkünder voll stürmischer Wildheit und echtem Feuer. Insofern ist er dichterischer als viele seiner dichtenden Zeitgenossen. GIAMBATTISTA MARINO (auch Marini genannt, 1569–1625) ist der eigentliche Vertreter eines barocken Stils und Lebensgefühls. Im Grunde muß er nur deshalb genannt werden, weil er der Urheber einer Literaturbewegung ist, die fast ganz Europa erfaßte. Sie hat von ihm ihren Namen: »Marinismus«. Man versteht darunter den bombastischen Schwulst, der damals in Mode kam und wie eine Seuche um sich griff. Heute liest kein Mensch mehr die üppigen, gekünstelten, weichlichen, prunksüchtigen Werke jener Tage. Selbst MARINOS Hauptwerk, der »Adone, kümmert nur noch Fachleute.

Freude am Bühnenspiel

Eine eigentümliche Bewandtnis hat es mit dem italienischen Drama. Selten wird es ein Volk geben, daß so theaterfreudig, ja theaterbesessen ist wie die Italiener. Trotzdem war es ihnen nicht vergönnt, eine große Dramen-Dichtung zu schaffen. Zu sehr lieben sie das Spiel an sich, die große Schau, die Bühne, die Gesten, die Mimik, das Äußere, die Begleitumstände, kurz, das Theatralische. Das Werk selbst ist für sie immer nur Hintergrund. Es ist nicht ganz Zufall, daß auf italienischem Boden die einst viel beliebte sogenannte Stegreifkomödie (Commedia dell' Arte) erwuchs. Sie gibt vor allem dem Schauspieler die Möglichkeit, sich auszuleben, alle seine Fähigkeiten auszuspielen. Die Handlung selbst ist nur notdürftig in großen Zügen festgelegt. Sie kann willkürlich geändert werden. Alles andere wird bei der Aufführung selbst »improvisiert«. Feststehend sind lediglich einige Typen, die als Figuren immer wiederkehren. Der bekannteste komische Typ ist der Harlekin (Arlecchino). Aus diesem Hang zum Theatralischen, verbunden mit einer natürlichen Musikalität, ist es zu erklären, daß die Italiener im Musikdrama wesentlich Beachtlicheres schufen, vor allem in Oper und Singspiel. Hier ist ja die Betonung des Szenischen, auch die sprachliche Übertreibung und Stilisierung oft geradezu notwendig. Es ist bezeichnend, daß schon von früh an fast jeder italienische Dichter oder Schriftsteller sich auf dem Gebiet des Dramas versuchte. Eine Unzahl von Namen und Stücken ließe sich anführen. Nichts davon hat jenseits der eigenen Grenzen die Zeiten überdauert.

Erst CARLO GOLDONI (1707–1793) brachte es zu internationaler Bedeutung. Inzwischen aber ist sein Ruhm wieder verblaßt. Heute wird er nur noch selten gespielt. Er stammte aus Venedig, schrieb schon in der Jugend Theaterstücke, gab den Beruf als Anwalt auf und zog mit Schauspieltruppen umher. Eine Zeitlang arbeitete er an einem Theater in Venedig, mußte sich aber wegen seiner Fehde mit GOZZI zurückziehen. Er starb in Paris. GOLDONI hat etwa zweihundert Stücke geschrieben, meist Lustspiele, aber auch Tragödien. Liest oder sieht man sie heute, so ist man meist wenig davon angetan. Zu unbedeutend, ja niedlich ist der Inhalt, zu verspielt, ja nichtssagend die Gestaltung. Meist sind es Ausschnitte aus kleinen, begrenzten Lebensbezirken, anschaulich und witzig geschildert, aber in keiner Weise erregend. Alles ist sehr locker und leicht, gut gezimmert, hübsch zu gerichtet, ohne sonderliche Tiefenwirkung in Handlung oder Charakteren. Das bekannte Stück »Die neugierigen Frauen« zum Beispiel ist reichlich harmlos. Da sind einige Frauen dahintergekommen, daß die Männer geheimnisvolle Zusammenkünfte haben. Die Neugier bringt sie fast um, sie werden aber bis zuletzt daran gehindert, sie zu befriedigen. Am Schluß stellt sich dann heraus, daß die Männer nichts Weltbewegendes tun, sondern nur – essen. Sie wollten nicht mehr, als allein sein. »Mirandolina« ist eine Eifersuchtskomödie, in der »Schalkhaften Witwe« macht eine Frau den rechten Ehepartner durch eine List ausfindig, der »Diener zweier Herren« ist ein ganz lustiges Durcheinander um einen Diener, der sich an zwei Liebende verdingt. Sie suchen sich, aber der Diener verhindert eine Zeitlang, daß sie sich finden. So schafft er viel Verwirrung.

GOLDONIS großer Gegenspieler und Feind war Graf CARLO GOZZI (1720–1806), ebenfalls ein äußerst fruchtbarer Dramen-Schreiber. Er hielt es mehr mit der alten Form der Stegreifkomödie, schrieb eine Unmenge Zauberpossen und Märchenstücke, die sich meist um die Figur des Harlekins drehten. VITTORIO ALFIERI (1749–1803) gilt als der bedeutendste Tragödiendichter in Italien. In Wahrheit hat keine einzige seiner zweiundzwanzig Tragödien die Zeit überdauert. Die Handlung ist viel zu spärlich, die großen erhabenen Worte sind viel zu überladen mit Pathos und Schwulst. Er gilt den Italienern als Wegbereiter ihrer nationalen Wiedergeburt. So ist es verständlich, daß sie ihn sehr verehren. Für uns jedoch, die wir nur den Dichter sehen, hat er wesentlich geringere Bedeutung.

Romantischer Aufschwung

Um die Wende zum 19. Jahrhundert gewann eine geistige und politische Bewegung in Italien immer mehr an Boden, die sich die Freiheit und Selbständigkeit des Vaterlandes zum Ziel setzte. Man nennt diesen allgemeinen seelischen Aufschwung das »risorgimento«. Es war nicht zuletzt die Aufklärung und das Gedankengut der französischen Revolution mit den Schlagworten von Freiheit, Gleichheit und Brüderlichkeit, die dieser Bewegung entscheidenden Auftrieb verliehen. Auch in der Literatur machte sie sich bemerkbar, schon bei GIUSEPPE PARINI etwa (1729–1799) mit seinem Hauptwerk »Der Tag« (Il giorno) oder seinen Oden. Ungeheuren Widerhall fand auch der Erlebnisbericht von SILVIO PELLICO »Meine Gefängnisse« (Le mie prigioni). Der Verfasser verbrachte zehn Jahre in österreichischer Haft.

Daneben kam noch eine romantische Bewegung in der Literatur auf, der »romanticismo«. Auch hier ging es oft genug um die Sache des Vaterlandes. Neben katholischen Tendenzen schwelgte man häufig in geschichtlichen Erinnerungen von den großen, mit Vorliebe aber von den schweren Tagen der Heimat. Gerade das Thema der Fremdherrschaft wurde oft angeschlagen. Es ist auch der Hintergrund für das bedeutendste Werk jener Zeit, den großen historischen Roman »I promessi sposi« (Die Verlobten) von Graf ALLESSANDRO MANZONI. Der Dichter wurde 1785 in Mailand geboren, ging 1805 nach Paris, stand zunächst ganz im Banne der Aufklärung, kehrte aber durch den Einfluß seiner späteren Frau zur katholischen Kirche zurück. Er starb 1873 in Mailand. Er begann mit lyrischen Dichtungen, Hymnen und Oden auf die christlichen Festtage: Weihnachten, Ostern, Pfingsten. Bei uns entsprechen sie etwa dem Zyklus der DROSTE »Das geistliche Jahr«. Wohl sein berühmtestes Gedicht wurde die Ode auf den Tod Napoleons: »Il cinque maggio« (Der fünfte Mai). GOETHE, der MANZONI schätzte, war so begeistert, daß er sie verdeutschte. Auch MANZONIS großer Roman »Die Verlobten« fand seine Anerkennung. Er rühmte dem Dichter Humanität und innere Bildung nach. Das Werk ist zunächst ein Sittengemälde aus Mailand und der Po-Ebene, der Lombardei also, im 17. Jahrhundert (zur Zeit der Fremdherrschaft). Höhepunkt der Darstellung ist die Schilderung der Pest von 1630. Die Handlung selbst ist wohl romantisch, im Grunde aber ganz einfach. Ein Liebespaar, der Seidenspinner Rienzo und seine Braut Lucia, werden durch die Machenschaften eines Nebenbuhlers getrennt. Der Bösewicht verschanzt sich hinter der spanischen Gewaltherrschaft und bringt es so weit, daß Lucia ins Kloster geht. Aber schließlich siegt die Gerechtigkeit. Am Schluß wird Lucia sogar ihres Klostergelübdes entbunden. Die Liebenden finden in Ehren zueinander. Trotz vielen Verwicklungen ist die Schilderung nicht dramatisch. Wer kein Gefühl für die reife und stille Kunst MANZONIS besitzt, wird das Werk langweilig finden. Das eigentliche Geschehen ist in viele Betrachtungen über Schicksal, Menschen und Dinge verwoben.

Der andere bedeutende Romantiker der italienischen Dichtung ist GIACOMO LEOPARDI, einer der wirklich großen Lyriker seines Volkes. Er wurde 1789 in Recanati in der Provinz Ancona als Sohn einer verarmten Adelsfamilie geboren. Mit seinen Eltern verstand er sich wenig. Umso eifriger gab sich der Frühreife mit Kunst und Literatur ab. Mit wilder Begeisterung hing er dem freiheitlichen Gedanken der Zeit an. Aber er blieb von Jugend an kränklich und war bucklig, sein Nervensystem war überreizt. So wurde das Leiden zum Hauptproblem seines Lebens. Schon mit 39 Jahren starb er. Sein Dasein war Inbrunst und Wollust des Schmerzes. Immerhin vermochte er es, die düstere Grübelei seines schwergeprüften Herzens zum großen Gedicht zu läutern. Keiner sah so deutlich wie er die Verlassenheit und Einsamkeit des Menschen inmitten seiner Welt. Selbst die Sehnsucht wurde ihm zum Anlaß des Schmerzes, das Mitleid mit den Geschöpfen wurde der Grundzug seiner Dichtung. In dieser Anschauung traf er sich mit seinem deutschen Zeitgenossen SCHOPENHAUER. Unerbittlich ist der Lauf der Dinge, der Mensch ist ein Opfer des sinnlosen Leerlaufs in der Natur, er muß leiden und sterben, wo immer es ihn trifft. Angesichts des Leidens aber erhob sich das Herz des Dichters zu wahrer Größe. Sein Gefühl strömte über in die frei schwingenden Rhythmen seiner Gedichte. Die wichtigsten Sammlungen sind die »Canzoni« und die »Canti«. Einige der ergreifendsten Gedichte seien genannt: »Feiertagsabend«, »An den Mond«, »Sapphos letztes Lied«, »Aspasia«, »Der Ginstera«, »Nachtlied eines Wanderhirten«. Die Eigenart dieses Dichters wird aus einem seiner bekanntesten Lieder sichtbar:

Unendlichkeit

Lieb war mir immer dieser stille Hügel
Und die Hecke, die ein gutes Teil
Des fernen Horizonts dem Blick verschließt.
Jedoch im Ruhn und Stauen unermeßliche
Räume jenseits von mir und übermenschliche
Orte des Schweigens, allertiefste Ruh'
Er sinn' ich mir im Geist; und wenig fehlt.
Daß nicht mein Herz erschrickt. Und wie den Wind
Ich durch die Bäume rauschen höre, muß
Ich jenes große Schweigen seinem Ton
Vergleichen: Vor mir steht die Ewigkeit,
Die toten Tage auf, und Gegenwart
Und Leben und sein Ton. Inmitten dieser
Unendlichkeit versinkt mein Geist:
Und Untergang ist süß in diesem Meere. (GMELIN)

Neben LEOPARDI kann als Lyriker im 19. Jahrhundert nur noch GIOSUÈ CARDUCCI (1835–1907) bestehen. Er gehört eigentlich schon zum Realismus. Seine wichtigsten Werke sind: »Rime« (Reime), »Inno a satano« (Hymnus an den Satan), »Odi Barbare« (Barbarische Oden), »Rime e Ritmi« (Reime und Rhythmen). Er hat HEINE, UHLAND, GOETHE, KLOPSTOCK, PLATEN ins Italienische übersetzt. Außerdem führte er ein neues Versmaß ein, die »ode barbara«, die barbarische Ode. Sie heißt so, weil hier die Maße der griechisch-römischen Lyrik auf »barbarische« Weise ins Italienische übernommen sind. Aber der Versuch gelang und wirkte fort. CARDUCCI war eine starke, in sich gefestigte, mannhafte Persönlichkeit. Dieser Charakter spiegelt sich in seiner Dichtung.

An der vaterländischen Einigung nahm der Dichter leidenschaftlich Anteil. Er hatte eine tiefe Verehrung für die Größe des alten Imperium Romanum. Eines seiner eindrucksvollsten Gedichte, »An den Quellen des Clitumnus«, kündet davon. Zuerst kommt eine Schilderung des umbrischen Bauernlebens, dann heißt es:

Heil grünes Umbrien, Heil, aus reinem Quell,
Clitumnus Geist! Das alte Vaterland
Fühlt hier mein Herz, die heiße Stirne fächeln Italiens Götter.
Wer trug der Trauerweide Schatten her
Zum heiligen Ufer? Dich möge von den Bergen
Der Sturm ausreißen, weiche Pflanze, teuer demütigen Zeiten!
Hier soll, dem Winter trotzend und im Mai
Geheim erbebend, stehn die schwarze Eiche,
Um deren Stamm in froher Jugend sich der Efeu schlingt.
Hier sollen um der Gottheit Aufstieg stehn
Als riesenhafte Wächter die Zypressen.
Und in den Schatten sollst du Schicksalslieder singen, Clitumnus.
(GMELIN)

CARDUCCI hat nicht den melodischen Fluß der freien Rhythmen LEOPARDIS. In seinem Schaffen ist mehr bewußtes Können. Auch macht sich die neue Sehweise des Realismus bemerkbar. Die Dinge, auch die zartesten und feinsten, werden fest und scharf ins Auge gefaßt. Immerhin haben seine Verse etwas Volles und Mächtiges. Bisweilen freilich spürt man die Übertreibung, die in allem Gewollten liegt.

Der neue Roman

Mit der zweiten Hälfte des 19. Jahrhunderts beginnt das eigentliche Zeitalter der Technik und Naturwissenschaften. Schon gewinnen sie wesentlichen Einfluß auf die Gestaltung des Menschenbildes. So wird denn in allen europäischen Ländern der Realismus die tonangebende literarische Strömung. Eines der beliebtesten Darstellungsmittel wird der Prosaroman, kommt er doch den Forderungen nach Wirklichkeitsnähe am meisten entgegen. Er trägt dazu bei, den geistigen Austausch unter den Völkern zu fördern. Auch Italien hat eine große Reihe von Namen aufzuweisen, die alle einmal gewisse Bedeutung hatten. Wir können nur die wichtigsten erwähnen, deren Schaffen noch bis in die jüngste Gegenwart ausstrahlt.

Da ist etwa ANTONIO FOGAZZARO (1842–1911), dessen psychologische Romane einst viel gelesen wurden. Am bekanntesten wurde die Trilogie »Kleine alte Welt«, »Kleine neue Welt« und »Der Heilige«. Vor allem das letzte Werk erregte viel Aufsehen. Es spielt in den Kreisen des katholischen Klerus, wurde aber von der Kirche abgelehnt. FOGAZZAROS Lyrik weist bereits expressionistische Töne auf, ist unwirklich und schemenhaft. Er versuchte, musikalische Eindrücke ins Dichterische zu übersetzen.

Zu den beliebtesten Schriftstellern seiner Zeit zählte EDMONDO DE AMICIS (1846–1908), obwohl er keine schöpferische Natur war. Aber er konnte prachtvoll erzählen. In der großen Vorliebe für seine zahlreichen Reiseberichte ist die allgemeine realistische Geschmacksrichtung der europäischen Leserwelt spürbar. Am besten offenbart sich seine liebenswürdige Natur in den Jugendbüchern, allen voran »Das Herz«. GIOVANNI VERGA (1840–1922) schildert auf höchst naturalistische Weise das sizilianische Bauernleben. Er ist derb und deutlich. In ihm kündigt sich bereits der »verismo« an, der bis heute wirkt, eine Art übertriebener Wiklichkeitskunst. Am besten gelungen sind ihm wohl die »Bauernnovellen«. Von ihnen hat der Komponist MASCAGNI seinen Stoff für die Oper »Cavalleria rusticana«. Land und Leute von Sardinien schildert GRAZIA DELEDDA (1875–1936), eine echte Erzählerin und Gestalterin. Sie schuf aus der Stille, machte wenig Lärm. Aber ihre Gestalten leben, sind voll und rund, stehen fest auf dem Boden ihrer Welt. Wohl ihr wichtigstes Werk ist »Elias Portolu«. Auch andere Romane wurden recht bekannt und beliebt. »Marianne Sirca« etwa, »Die Mutter«, »Schilf im Winde«, »Schiffbrüchige im Hafen«.

Ihren Ruhm überstrahlte lange Zeit bei weitem der theatralische GABRIELE D'ANNUNZIO (1863–1938), der Befreier der Stadt Fiume 1919. Inzwischen freilich ist sein Stern verblaßt. An echter Wirkung wird ihn die DELEDDA noch lange überdauern. Zu sehr liebte er die Pose, zu unwahr und verlogen ist sein ganzes Gehabe. Er war mit allen Wassern gewaschen, fand sich in allen Sätteln zurecht. Bewundernswert freilich sind sein Fleiß und seine Fruchtbarkeit. Von Ruhmsucht getrieben schleuderte er seine Werke nur so aus sich heraus, seien es Romane, Dramen, Lyrik. Es ist überflüssig, sie aufzuzählen. Im Grunde genommen sind sie alle von dem gleichen übertriebenen Wahn beseelt, dem Hang zu Wollust, Rausch, Blut, Sinnenhaftigkeit. Die Sprache ist schwülstig, bombastisch, anmaßend. Wie ein Artist beherrschte er sein Handwerk. Ein wirklich bedeutendes, bleibendes Werk ist ihm nicht gelungen. Der große stille Atem des echten Dichters fehlte ihm. Wahrscheinlich war es ihm wichtiger, von sich reden zu machen. Das ist ihm zu Lebzeiten gelungen Aber heute lesen ihn nur noch wenige. Ein paar seiner berühmtesten Werke seien genannt: die Romane »Il piacere«, »Il Fuoco« (er enthält die Beziehungen der ELEONORA DUSE zu dem Dichter), die Dramen »Gioconda«, »Francesca da Rimini«, »Fedra«, die Lyrikbände »Canto novo, »Laudi«.

LUIGI PIRANDELLO (1867–1936) schrieb ebenfalls Romane Novellen und Dramen. Auch er war längere Zeit eine europäische Berühmtheit, eine ausgesprochene Modeerscheinung sogar. Seine Begabung ist wesentlich echter und ursprünglicher als die von D'ANNUNZIO. Vor allem als Dramatiker hat er unleugbare Bedeutung. Seine Technik ist ausgesprochen romantisch, ganz modern romantisch freilich, um nicht zu sagen surrealistisch«. Er hat eine ausgesprochene Neigung zum »gespaltenen Ich« und erzielt damit bisweilen beachtliche Wirkungen, die manchmal ans Gespenstische grenzen. In dem epochemachenden Stück »Sechs Personen suchen einen Autor« etwa treten unvollendete Rollen auf die Bühne, sind Handelnde; Trug und Schein heben sich selber auf. Eine Art Gipfelpunkt romantischer Ironie also, verwegenes Spiel mit dem Unwahrscheinlichen. In dem Roman »Wandlungen des Mattia Pascal« geht es ebenfalls reichlich phantastisch zu.Ein Mann wird totgesagt und verliert so seinen Namen, damit auch sein wahres Leben. PIRANDELLO verfügt über einen gepflegten, geschliffenen Sprachstil, ist witzig und geistreich, versteht sich auf echte Wirkung. Sie muß den Mangel an Gemüt, eine gewisse Gefühlskälte, ersetzen. Viel Hirn und Geist, wenig Herz und Seele.

Die erste Hälfte des 20. Jahrhunderts

Bis in die 50er jahre des 20. Jahrhunderts ist das italienische Schriftum stark in das Blickfeld der allgemeinen Anteilnahme gerückt. Vor allem in Amerika genießen die italienischen Autoren dieser Zeit ein verhältnismäßig hohes Ansehen. Im Vordergrund steht der Roman, weniger freilich wegen der Erzählungskunst, als wegen der plastischen Schilderungen der eindrucksvollen Darstellungsweise. Der sogenannte »verismo« sucht noch mehr als der Naturalismus die unverfälschte Wahrheit des Lebens zu vermitteln. Er tut es rücksichtslos, hart, oft genug auch zynisch und grausam. Dabei herrscht eine ausgesprochene Vorliebe für das Soziale, für die echte Darstellung von Elend, Mißständen, Ungerechtigkeit, für das Dasein des kleinen Mannes in jeder Form. Die Kritik äußert sich nicht in Vorwürfen und Anklagen wie einst. Sie wird lebendig, oft erschütternd durch die nackte Wahrheit der Tatsachen. (Bisweilen liefern sogar rein politische Fragen den Stoff oder die Problemstellung.)

Viele klangvolle Namen gibt es. Sie alle künden von bedeutenden Talenten. Ohne Zweifel ist die italienische Literatur im Begriff, sich in der Weltgeltung einen Platz zu sichern. Aber die Dinge sind ständig in Bewegung. Ein abschließendes Urteil läßt sich nicht bilden. Einige der bekanntesten Namen seien angeführt.

Am wenigsten »Verist« ist ALBERTO MORAVIA (1907–1991), rein erzählerisch ohne Zweifel eine der stärksten Begabungen der unmittelbaren Vergangenheit. Er ist mehr ein Vertreter der alten Schule, schreibt einen ausgezeichneten Stil, versteht sich großartig auf das Handwerk kunstvollen Erzählens. Wohl am bekanntesten wurde sein Roman »La Romana« (oder »Adriana, ein römisches Mädchen«), die Lebensgeschichte eines käuflichen Mädchens. Wie nahe er aber sein Ohr am Puls der Zeit hat, erweist sich in seinen folgenden Werken, wie »Il conformista«, in dem die Gefahr der Vermassung, der Untergang der Einzelseele auf erschreckende Weise zum Ausdruck kommt.

IGNAZIO SILONE hingegen, bekannt auch als Wortführer der Sozialisten, ist mehr der äußeren, leiblichen Not der Mitmenschen zugewandt, weil sie in erster Linie die Seelen zerstöre und die Herzen vergifte. Wirklich erschütternd ist sein Hauptwerk »Fontamara«, eine Schilderung der Bauernnot in Süditalien. Viel gelesen wurde auch das Buch »Brot und Wein«. Vielleicht noch unerbittlicher ist der Bericht des Arztes CARLO LEVI, »Christus kam nur bis Eboli«, eine Art Tagebuch aus den Elendsgebieten des Südens. ELIO VITTORINI hat mit der Erzählung »Im Schatten des Elefanten« und dem Roman »Die rote Nelke« großen Erfolg gehabt. GIUSEPPE BERTO zeichnete in dem Buch »Der Himmel ist rot« einige Kinderschicksale im Krieg. VITALIANO BRANCATI (1910–1954) schildert, oft humorvoll und sehr drastisch Land, Leute und Sitten in Sizilien (»Der Alte mit den Stiefeln«). Nicht zu vergessen Riccardo Bacchelli mit seinem berühmten geschichtlichen Roman »Die Mühle am Po«, oder Vasco Pratolini (geb. 1913), dessen »Chronik armer Liebesleute« zahllose Leser fand. Ein Welterfolg wurde Giovanni Guareschis (1908–1968) »Don Camillo und Peppone«. Curzio Malaparte (1898–1957), ein Journalist und Wortkünstler ersten Ranges, hat mit seinen Kriegs- und Nachkriegsberichten, allen voran »Die Haut«, zahllose Verehrer gefunden und ebenso viele andere vor den Kopf gestoßen.

Fern im Süd ...

Spanien – Portugal – Lateinamerika

Die Lage eines Landes bestimmt oft seine Geschicke, seine politischen und seine geistigen. Die iberische Halbinsel ist ein Beispiel dafür. Zunächst waren es das Meer und die Pyrenäen, die zum Schicksal wurden. Sie bedeuteten Abgeschlossenheit. Für den Menschen hieß das: auf sich selbst gestellt zu sein, nur sich zu kennen. Das waren Segen und Gefahr zugleich. Am südlichen Ende des Landes aber lag die Meerenge zwischen Europa und Afrika. Sie wurde zum Verhängnis, war Brücke für Fremde und Eindringlinge. Erst die Eroberer von Süden her machten das frühere Völker- und Rassengemisch auf der Halbinsel zu einem einheitlichen Volk. Da waren zuvor einmal die Iberer selbst, unbekannt in ihren Ursprüngen, dann kamen die Kelten, später die Römer, schließlich die Germanen (Vandalen und später West-Goten). Diese Völker, inzwischen christlich geworden, schlossen sich zusammen, als die Sarazenen und Mauren von Afrika her das Land eroberten. 711 hißte Tarik die Flagge Mohammeds auf dem Felsen von Gibraltar. Von da an herrschte Kampf auf der Halbinsel. Er dauerte fast acht Jahrhunderte. Erst 1492 wurde Granada den »Ungläubigen« wieder entrissen. Es folgte unter den Habsburgern die gewaltige, einmalige Machtentfaltung Spaniens, das die halbe Welt beherrschte (Karl V., Philipp II.). Auch der spanische Geist erlebte eine einmalige Blüte. Schon 1588 freilich, mit dem Sieg der Engländer über die Armada, sank die äußere Macht in Nichts zusammen. Spanien wurde wieder ein abgeschlossenes, sich selbst genügendes Land, voll Ablehnung, ja Mißtrauen gegen die anderen – Außenstehenden immer fremd und rätselhaft.

Auch im Geistigen sind diese Dinge spürbar. Die Abgeschlossenheit und der jahrhundertelange Kampf gegen die Mohammedaner haben ihre Wirkung getan. Es entstand eine eigene Ordnung der Werte, die nur für die Spanier selbst Gültigkeit hat. Christentum und Spaniertum verschmolzen miteinander. Jeder wahre Spanier ist Christ (später Katholik). Diese beiden Eigenschaften sind geradezu wesensgleich (sodaß jeder Katholik von Wert eigentlich auch Spanier sein müßte). Alle anderen Menschen sind Menschen zweiten Grades. Bewegende Kräfte sind la fé, der Glaube, und el honor, die Ehre. Ihnen wird alles geopfert. Jeder Spanier ist auch von vornherein, mag er noch so arm und klein sein, ein Edelmann, ein »Hidalgo«. Er zeichnet sich vor allem durch eine unnachahmliche Lässigkeit aus, eine bisweilen geradezu herausfordernde Gleichgültigkeit gegen Mitmensch und Schicksal. Es ist der sprichwörtliche »Stolz« der Spanier. Er war die natürliche Folge ihres Schicksals. Sie mußten hochmütig und selbstgenügsam werden. So ist es kein Wunder, daß die spanische Literatur nur für kurze Zeit wirkliche Weltgeltung besaß. Hernach sank sie wieder zurück in die starren Formen der Eigenart, behielt nur für spanische Seelen Gültigkeit, blieb eine Kunst des eigenen, in sich geschlossenen Lebensbereiches. Sie ließ sich nicht befruchten und befruchtete nicht. Zur Zeit ihrer Hochblüte allerdings schenkte sie der Welt unverlierbare Werte von einmaligem Rang.

Helden-Epos

Das große spanische Heldenlied ist das »Poema del Cid« (Lied vom Cid) aus dem 12. Jahrhundert. Es heißt auch *Cantar de Mio Cid* (Gesang von meinem Cid). Vermutlich steht der Cid am Ende einer ganzen Entwicklung. Nach ihm geriet dann das Heldenlied unter französischen Einfluß, versank in Übertreibungen und Unwahrscheinlichkeiten.

Ähnlich dem Rolandslied behandelt der »Cid« den Kampf gegen die Sarazenen und fremden Eindringlinge. Er gibt ein lebendiges, prunkvolles Bild vom spanischen Heldenzeitalter. Im Mittelpunkt steht ein kastilischer Edelmann namens Diaz Ruiz aus Bivar in der Nähe von Burgos. Er ist der »Cid«. Dieser sagenumwobene Kämpfer lebte im 11. Jahrhundert. Ihm werden nun eine Fülle von Heldentaten und Abenteuern zugeschrieben. Das Lied beginnt mit seiner Verbannung. Durch Verleumdung fällt er bei seinem Herrn, dem König Alfons VI., in Ungnade. Nun muß er die Heimat verlassen. In Burgos vertraut er seine Frau Ximena (die Nichte des Königs) und die beiden Töchter der Obhut eines Abtes an. Nur wenige Getreue begleiten den Geächteten weiter in ein Leben voll wilder Kämpfe. Trotz der Acht ficht er tapfer weiter für König, Heimat und Christentum. Er besiegt die Mauren bei Alcocer und erobert Valencia. Das söhnt den König wieder aus. Er unterstützt jetzt den Helden mit Truppen. Schließlich dringt dieser bis zum Hafen Alicante vor, besiegt sogar den gefürchteten Grafen von Barcelona und nimmt ihn gefangen. In feierlichem Zug holt er Frau und Töchter nach Valencia. Sein Ruhm dringt in alle Lande. Gegen seinen Willen, aber auf Wunsch des Königs heiraten seine Töchter die Grafen Diego und Fernando von Carrion. Die Hochzeit wird gefeiert, bald aber zeigt sich, daß die beiden jungen Männer unbrauchbare Feiglinge sind. Aus Rache für den Spott, den sie hören müssen, schlagen sie ihre Frauen halb tot. Der Cid verlangt Rechenschaft vor dem König und erhält sie. In einem anbefohlenen Zweikampf erliegen die beiden Grafen schmählich ihren Gegnern. Nun sind die Töchter des Cid gerächt, sie heiraten die Prinzen von Aragon und Navarra. Nach dem »Poema del Cid« entstand später noch die »Cronica rimada del Cid«, eine Reimchronik, die vor allem die Liebe des jungen Cid und seine Kämpfe um Ximena zum Gegenstand hat. Hier ist bereits das Einströmen französischer Wesensart spürbar.

Eine Sammlung von Romanzen, die im Lauf der Jahrhunderte über das Leben des Cid entstanden sind, ist der »romancero del Cid«. Dieser Kranz von Liedern ist bei uns vor allem durch Herder bekanntgeworden, er hat sie teilweise mit großer Einfühlungsgabe nachgedichtet. Als Beispiel diene der Reinigungseid des Königs vor Cid:

Fürchterlich war dieser Eidschwur,
Schrecklich war's ihn anzuhören,
Grausenvoll dem, der ihn tat.
»Feig ermordet müß' ich werden
Von den niedrigsten der Menschen,
Wie Don Sancho von Bellido.
Mein Gedächtnis sei entehrt
Ausgerissen aus der linken
Seite soll das Herz mir werden
Und verschlucken müß' ich es,
Wenn ich nicht die Wahrheit sage,
Daß am Morde meines Bruders
Ich durch vollen Rat und Wissen
Habe nicht den kleinsten Teil.«

Auf Grund einer französischen Fassung hat Herder 1805 einen ganzen »Cid« heraus gebracht.

Lyrik

Über die spanischen Liederdichter der frühen Zeit ist in unserem Zusammenhang so gut wie nichts zu vermelden. Neben der volkstümlichen, eigenständigen Form der Romanze gab es noch – der internationalen Mode entsprechend – die höfische Lyrik. Sie hat zahllose Sänger von süßlichen Kanzonen hervorgebracht, keinen aber, der die große Schar kraft einer starken Persönlichkeit (wie etwa WALTHER VON DER VOGELWEIDE bei uns) überragt hätte. Erst zur Zeit der Habsburger, als Spanien eine Weltmacht war und auch eine kulturelle Blüte erlebte, hat das spanische Lied ein paar Namen aufzuweisen. Klangvoll freilich sind sie nur deshalb, weil sie nicht von größeren überragt werden.

Da ist etwa JUAN BOSCAN ALMOGAVER (1493–1542), ein vornehmer Beamter am Hofe Karls V. Er lernte von den Italienern, führte italienische Formen in die spanische Poesie ein (z. B. in den »cos as hechas al modo italiano«); besonders liebte er das Sonett, die Terzine, die Stanze (Oktave). LUIS DE LEON (1527–1591), Mönch und Professor der Theologie, ist vielleicht die stärkste Begabung jener Zeit. Er liebt die Idylle, dichtet vor allem Oden im Geiste des HORAZ. Wegen einer Übersetzung des »Hohen Liedes« wurde er ein Opfer der Inquisition. Berühmt wegen der vaterländischen Gesinnung ist sein Gedicht »Prophezeiung des Tajo« (Eroberung Spaniens durch die Sarazenen). CHRISTOBAL DE CASTILLEJO (1490–1556) war ein aufrechter Gegner der italienischen Überfremdung. Seine Verse sind anspruchslos, witzig und form gewandt. Der Aufmerksame hört den ursprünglichen Volkston heraus.

»Dereinst, dereinst
Gedenke mein,
Wirst ruhig sein.

Dort ohne Liebe
Und ohne Pein
Wirst ruhig sein.
Was du im Leben
Nicht hast gefunden.
Läßt Liebesglut
Dich still nicht werden,
In kühler Erden
Da schläfst du gut.
Wenn es entschwunden.
Wird dir's gegeben.
Dann ohne Wunden
Und ohne Pein
Wirst ruhig sein

Schon im 17. Jahrhundert verstieg sich die spanische Lyrik in Schwulst, Bombast, Prunk, Schnörkel und aufgeputzte, übertriebene

Redensarten. Wie in Italien der Marinismus, entstand in Spanien der »Gongorismus«. Diese Bewegung (die literarische Form des Barock) hat ihren Namen von LUIS DE GONGORAV ARGOTE (1561–1627), dem Wortführer dieser Sucht nach Aufmachung und Pose. Es ist schade, daß dieser Dichter so sehr ein Opfer der Manier wurde. Seine frühen Gedichte beweisen, daß er eine hohe Begabung war. Nicht umsonst hat CALDERON ihn hochgeschätzt, ja bei ihm gelernt.

Novelle und Roman

Die Kunst der Erzählung bildet einen Höhepunkt in der spanischen Literatur. Gewissermaßen ein Zwischenglied zwischen Heldenepos und Roman, eine Art Vorstufe der erzählenden Prosa ist das bekannte Buch »libro de buen amor« (Buch der guten Liebe) des Erzpriesters JUAN RUIZ aus Hita (14. Jahrhundert). Es ist ein Erlebnis- und Lebensbericht, dazwischen stehen Novellen, Gleichnisse, Fabeln, Sprichwörter, Gedichte, Lieder. Mit bewundernswertem Freimut und naiver Unvoreingenommenheit ist die ganze Zeit geschildert, ein schönes, farbenreiches Gemälde. Hier spürt man durch die Belehrung hindurch schon eine echte, unverfälschte Erzählerfreude.

Dem in allen Landen Europas so beliebten Ritterroman schenkte die iberische Halbinsel einen Stoff von unverwüstlicher Lebenskraft: den *Amadis de Gaula*. Dieses Werk hat lange Zeit hindurch alle andern an Wirkung und Beliebtheit bei weitem überstrahlt. (Es wurde selbst ins Hebräische übersetzt.) Die älteste Fassung ist portugiesisch, sie stammt von VASCO DE LOBEIRA. Seinen weltbewegenden Ruhm aber verdankt der Roman der Niederschrift des Spaniers GARCIA ORDONEZDE MONTALVO aus dem Jahr 1508. Auf ihr fußen alle späteren Bearbeitungen. Kurz der Inhalt: Der Held Amadis entstammt einer heimlichen Liebe zwischen König Perion von Gaula (Wales) und der bretonischen Prinzessin Elisena. Ein Ritter findet ihn und bringt ihn an den Hof von Schottland. Dort wird er erzogen, später verliebt er sich in die Königstochter Orania von England. Durch seine Abenteuersucht jedoch geht er ihrer Liebe verlustig. Auf seinen Fahrten gelangt er in die ursprüngliche Heimat. Der Vater erkennt ihn. Das Abenteuerleben aber geht erst recht weiter, es wimmelt nur so von Riesen, Zwergen, Zauberern,

Schlössern, Kämpfen und Heldentaten. Schließlich beginnt Amadis das Leben eines Büßers und Einsiedlers auf einsamer Insel. Zuletzt findet er wieder Gnade vor den Augen Oranias. Wieder kommt in aller Heimlichkeit ein Sohn zur Welt. Und noch einmal zieht Amadis in die Fremde, durchwandert kämpfend und siegend den Orient. Erst ganz am Schluß ist es so weit, daß Oranias Vater, König Lisuarte von England, in eine Heirat einwilligt, weil Amadis ihm gegen seine Feinde half. – Dieses Werk, ein vielschichtiges Gebilde ritterlich-romantischer Phantastik, hat ungezählte Nachahmungen und Bearbeitungen gefunden. Es rief eine wahre Sturzflut ähnlicher Stoffe hervor. Jahrhundertelang wurde es von den Lesehungrigen verschlungen. Im Jahre 1510 bestand es noch aus fünf Bänden, 1566 schon waren es zwölf. Und so ging es weiter.

Der *Schelmenroman*, die »no Vela picaresca« (picaro = Schelm) ist das natürliche Widerspiel des Ritterromans. Er ist spanischen Ursprungs. Von hier aus trat er seinen Siegeszug durch die damalige Welt an. Bei uns entspricht ihm der »Simplizissimus«, in Frankreich der »Gil Blas«. Der Schelmenroman ist ein Ruhmesblatt für Spanien. Dieses Volk sah zuerst die Lächerlichkeit, die in dem übertriebenen Gehabe der ritterlichen Helden steckte. Mit einem natürlichen Sinn für Komik wurde all das falsche Getue, der Hang zur Phantastik, der Mangel an Wirklichkeitssinn an den Pranger gestellt. Noch mehr, der Mensch überhaupt in seinem ewigen Zwiespalt von Sehnsucht und Wirklichkeit wurde zum Gegenstand des Lachens. Erst dieses Lachen über sich selbst hat ihn frei gemacht von den Vorstellungen der Vergangenheit.

Der erste spanische Schelmenroman ist der *Lazarillo de Tormes«* (16. Jahrhundert). Der Dichter ist unbekannt. Genannt wird DIEGO HURTADO DE MENDOZA. Wahrscheinlich aber ist er nicht der wirkliche Verfasser. In diesem Werk ist zum ersten mal der »kleine Mann« zum Helden aufgerückt. Freilich, er ist nur Mittel zum Zweck. In seiner Gestalt wird das Tun und Treiben »der Großen« zum Unsinn. Nur als komische Figur hat er sein Daseinsrecht in der Dichtung. Geschildert wird sein Aufstieg vom armen Wicht, Diener, Blindenführer über mancherlei Stationen zum Ausrufer und königlichen Beamten. Wesentlich ist das Zeitbild, das hier großartig durch die Brille des Narren gesehen ist. Sei es nun die Welt der Herren, des Kaisers und der Edelleute oder die der Kleinen, des Bettlers, des verarmten Geistlichen, des Ablaßkrämers, alles ist klar und deutlich, mit unbestechlichem Spott gezeichnet.

Ein ähnliches Thema gestaltet MATEO ALEMÁN (1547–1615) in seinem »Vida de Guzman de Alfarache«. Hier versucht ein armer Kerl mit allen denkbaren Mitteln sein Glück, um zu den höheren Schichten »aufzusteigen«. Immer aber wieder scheitert er. Dafür erlebt er die tollsten Abenteuer. Ein wenig lehrhaft und weitschweifig ist das alles, – und trotzdem bleibt es eine abwechslungsreiche Geschichte. – QUEVEDO Y VILLEGAS (1580–1645), ein verkanntes Genie, das selbst ein recht abwechslungsreiches, geradezu romanhaftes Leben führte, schrieb den spöttischen, recht vertrackten »Gran Tacaño«. Von ihm stammen auch komische Sonette und Romanzen. Er war ein hervorragender Stilist, reichte aber an Wirkung kaum über die Grenzen des eigenen Landes hinaus.

Erst MIGUEL DE CERVANTES Y SAAVEDRA vermochte wieder die übrige Welt mit seinem Werk in atemloses Staunen zu versetzen. Er gehört zu den Großen der Weltliteratur, ist für viele zum Inbegriff spanischen Geistes geworden.

Der Dichter wurde 1547 in Alcala de Henares geboren. Sein Vater war Arzt, wanderte viel in der Welt umher. Ein ähnliches Schicksal war auch dem Sohn beschieden. Schon 1569 war er in Italien. Später wurde er Soldat, kämpfte bei Lepanto gegen die Türken. Dabei wurde er schwer verwundet, sein linker Arm blieb verstümmelt. Trotzdem kämpfte er weiter (Levante, Sizilien, Tunis). Auf der Heimfahrt wurde sein Schiff von einer algerischen Galeere gekapert. Zusammen mit seinem Bruder wurde er Sklave. Alle Befreiungsversuche schlugen fehl, auch ein geplanter Aufstand der christlichen Sklaven wurde verraten. Erst nach fünf Jahren wurde er durch seine Mutter losgekauft (1580). Wieder wurde er Soldat, versuchte sich als Steuereintreiber, begann zu schreiben (Theaterstücke), hatte auch in der Liebe kein Glück, verheiratete sich schließlich und hatte noch mehr Sorgen. Auch als Rechnungsführer und Proviantkämmerer der Flotte erlebte er Enttäuschungen, er kam sogar ins Gefängnis. Er schrieb und schrieb. 1609 erschien der erste Teil des »Don Quichotte«, 1615 der zweite Teil. Weder dieser Roman noch die anderen Erzeugnisse seines Geistes brachten ihm geldlichen Erfolg. Zu guter Letzt wurde er Laienbruder der Franziskaner. Er starb 1616.

Wie es oft geht in der Geschichte der Dichtung: Ausgerechnet der »Don Quichotte«, beinahe absichtslos hin geschrieben, wurde das große unvergängliche Werk des Dichters, das ihm die Unsterblichkeit sicherte. Er selbst hat es durchaus nicht so hochgeschätzt wie seine späteren Leser. Erst andere entdeckten die Genialität dieses Romans, den ewigen menschlichen Gehalt. Ursprünglich ist es nicht mehr als eine übermütige Verspottung der gängigen Ritterromane, wie ihn etwa der »Amatis« verkörpert. Die angeborene Dichtergabe von CERVANTES aber hat unwillkürlich mehr daraus gemacht, nicht nur ein Zeitbild, sondern ein Abbild und Inbild der ganzen Welt.

Held ist Don Quichotte de la Mancha, ein langes, dürres Gestell mit schweifenden Vorstellungen, die Spottfigur eines Ritters. Kraft seiner Phantasie erlebt er die tollsten Abenteuer (es sind mehr als fünfhundert). Jedes dieser Abenteuer aber ist für ihn ein Hereinfall, denn in Wahrheit entpuppt es sich jedesmal als eine ganz platte Alltäglichkeit. Seine maßlose Vorstellungskraft wird ihm zum Verhängnis. Auf diesem Gegensatz beruht stets die Komik der einzelnen Begebenheiten. Aber Don Quichotte ist nicht nur ein Ritter, er ist die unsterbliche Verkörperung des Menschen überhaupt, der immer wieder ein Opfer seiner eigenen Einbildungen wird. Es war ein großartiger Einfall des Dichters, diesem ewigen Schwärmer und Idealisten sein lebendiges Gegenteil beizugesellen in Gestalt des nüchternen, bäuerlich-schlauen Knappen Sancho Pansa. Dieses unzertrennliche Paar wird schlechterdings zum Bild des Menschen, denn beide sind in jedem einzelnen von uns lebendig, der Schwärmer und Phantast so gut wie der rechnende, kluge Alltagsmensch, der sich in Gottes Namen seiner Haut wehren muß. Schon im Äußeren zeigt sich der Gegensatz: Don Quichotte ist lang und dürr, bleibt der Welt gegenüber immer ein Fremdling, Sancho Pansa dagegen dick, behäbig und schlau, findet sich immer wieder in ihr zurecht. So nimmt ein unsterbliches Menschheitsproblem Gestalt an: das Scheitern des phantastischen Träumers und seiner erdachten Welt an der unverrückbaren Wirklichkeit.

Das eigentliche Geschehen ist immer wieder das gleiche. Immer wieder reitet dieser Ritter von der traurigen Gestalt auf seinem Pferd Rosinante aus, um seine Sehnsucht endlich zu stillen. Immer wieder aber spielt ihm die rauhe Wirklichkeit einen Streich. Ein gewöhnliches Wirtshaus hält er für eine Burg, den Wirt für den Kastellan, der ihm den Ritterschlag gibt, Windmühlen hält er für Riesen, gegen die er mit eingelegter Lanze an sprengt, er kämpft gegen Zauberer und Ungeheuer, die es gar nicht gibt, eine Schafherde erscheint ihm als feindliches Heer – kurz, er erlebt eine Kette äußerst verdrehter und derber Vorkommnisse. Jedes einzelne von ihnen ist eine komische Geschichte für sich. Viel Weisheit und Menschenkenntnis verbirgt sich dahinter. Entscheident bleibt die Einsicht, daß der wesentliche Mensch im letzten keine Heimat auf dieser Erde findet. Es ist eine tragische Erkenntnis. Das Tragische aber war von jeher der Urgrund des wahren, echten Lachens. Zum guten Schluß, auf dem Totenbett, bekennt Don Quichotte: »Ich war ein Narr, jetzt bin ich vernünftig«. Dieser Narr aber bleibt allen, die ihn kennenlernen, ewig liebenswert. Don Quichotte ist eine der wirklich unvergänglichen Gestalten der Weltliteratur.

CERVANTES schrieb noch vieles andere, eine ganze Anzahl von Komödien etwa und sogenannte »Zwischenspiele«, kleinere dramatische Arbeiten. In seinen »Novelas ejemplares« (beispielhafte Geschichten) findet sich manches Bemerkenswerte, so die Gestalt des Zigeunermädchens Preciosa oder die beiden Halunken aus »Riconete und Cortadillo«, das geistreiche Gespräch der zwei Hunde Berganza und Scipio, die berühmte Geschichte von der »Englischen Spanierin« oder der phantastisch-skurrile »Gläserne Lizentiat«. Für die Welt aber bleibt der Dichter groß und einmalig durch den »Don Quichotte«.

Drama

Wie der Roman erlebte auch das spanische Drama seine Hochblüte zur Zeit der allgemeinen politischen Machtentfaltung. Natürlich gab es auch hier eine Menge von Vorläufern. Sie haben aber nur für das Land selbst eine gewisse Bedeutung. Die zahlreichen mittelalterlichen Mysterienspiele (Dreikönigspiele) sind im günstigsten Falle Nährboden des Kommenden. Nur das berühmte weltliche Stück »Celestina« (eigentlich: »tragicomedia de Calisto y Melibea«) von FERNANDO DE ROJAS (15. Jahrhundert) hat die ganze damalige Welt in echte Schauer versetzt. Grundlage ist eine ältere Novelle. Das Stück selbst hatte 16, später sogar 21 Akte. Die Fabel ist ziemlich blutrünstig. Die Kupplerin Celestina verschafft dem verliebten Calisto eine Nacht mit seiner angebeteten Melibea, wird aber in derselben Nacht von Zuhältern ermordet. In dem Durcheinander stürzt Calisto von einer Leiter und ist tot. Darauf springt

Melibea in ihrer Scham von einem Turm. Nur ihr Vater überlebt unter vielen Tränen das Entsetzliche.

Ein Dramatiker von bleibender Wirkung wurde erst FELIX LOPE DE VEGA CAPRIO (1562–1635). Das Hauptmerkmal LOPE DES VEGAS ist eine Fruchtbarkeit, die geradezu ans Unwahrscheinliche grenzt. Dieser springlebendige, unerschöpfliche Geist schuf allein über 1500 Bühnenstücke, meist Komödien, dazu noch über 400 »autos sacramentales«, eine Art religiöser Festspiele voller Pomp und Farbenpracht. Er selbst berichtet in der »Egloga a Claudio«:

»Doch wenn ich jetzt die Riesenmasse dir
der Bühnenspiele noch berichten soll,
so sagst du, das ist toll,
so viel auf Schreibpapier
in blühender Erfindung aufgemacht,
mit rednerischem Farbenglanz bedacht.
Sind fünfzehnhundert Stück, wenn's dich nicht schreckt;
das stärkste Stück dabei ist diese Zahl,
in Wahrheit, die fatal
nach Lüge schmeckt.
Und mehr als hundert hab' ich über Nacht
Vom Schreibtisch auf die Bretter gleich gebracht.« (VOSSLER)

Er hat sich auch auf jedem anderen Gebiet der Dichtkunst versucht, schrieb sogar Epen, ahmte ARIOST und TASSO nach, vertagte einen umfangreichen Reiseroman »Der Fremdling in seinem Vaterland«, beherrschte überlegen alle üblichen Formen der Lyrik, schrieb weltliche und geistliche Romanzen, kunstvolle Sonette, Schmäh- und Spottgedichte. Am lebendigsten von diesen Arbeiten ist das burleske Epos »Catomacui'a«, das den Kampf zweier Kater um eine Katze schildert.

So farbenprächtig und vielgestaltig die Dramen LOPE DE VEGAS auch zu sein scheinen, im Grunde genommen handelt es sich doch immer wieder um dieselben Dinge: Liebe und nochmals Liebe, Eifersucht natürlich, Ehre und Rache. Diese einfachen seelischen Vorgänge stattet der Dichter mit viel Prunk aus, sodaß sie dem Leser oder Zuschauer immer wieder neu erscheinen. Die natürliche Schaulust der Menschen, die in Spanien besonders ausgeprägt ist, findet hier ausgiebig ihre Befriedigung. Da wimmelt es nur so von Verkleidungen und Vermummungen, Verwechslungen und Zweikämpfen, nächtlichen

Ständchen und Mordtaten, Hocheiten, Umzügen, Jagden, Stierkämpfen, Tänzen Gesellschaftsspielen, all dem Drum und Dran, das die Bühne zur Augenweide macht. Die Stoffe entstammen meist alten italienischen oder antiken Quellen, gewinnen aber durch das unverwüstliche, lebensprühende Temperament des Dichters stets eine eigene Färbung. Überragende Einzelleistungen hat LOPE DE VEGA nicht aufzuweisen. Er war, was er sein wollte: Ein glänzender, mit allen technischen Mitteln vertrauter Handwerker, der nur für den Tag schuf, der nicht im geringsten nach Ewigkeitsleistungen schielte, dem die augenblickliche Zufriedenheit der Zuschauer und ihre unbändige Lust nach Neuem über alles ging. Er war trotz aller äußeren Bildung im Innern ganz naiv und unbefangen wie das Volk selbst, für das er schrieb. Spaniertum und Christentum gingen ihm über alles. Waren diese Lebensbedingungen erfüllt, dann brauchte man es im übrigen nicht mehr so genau zu nehmen. Denn die Spanier waren ohne Zweifel die erklärten Lieblinge der Schöpfung:

»So kühn und stolz ist dieses Spaniervolk!
Mich wundert's nur, daß Alexander
Aus Mazedonien, nicht aus Spanien stammt.
Denn das ist so die echte Spanier-Art,
Daß ihnen eng die ganze Welt erscheint.« (VOSSLER)

LOPE DE VEGA hat seinem Land kein einziges großes Drama geschenkt. Dafür überschüttete er es mit einer Fülle durchaus gängiger, prächtig gezimmerter, immer unterhaltsamer Stücke, von denen einzelne auch bei uns zuweilen eine kurze Auferstehung feiern.

TIRSO DE MOLINA (1571–1648) ist ein anderer erfolgreicher Dramatiker jener Zeit. Dieser Mönch und Abt war zwar nicht ganz so fruchtbar wie LOPE DE VEGA, schrieb aber immerhin etwa 400 Stücke. Berühmt bleibt er deshalb, weil er als Schöpfer des Don-Juan-Stoffes gilt (»Der Spötter von Sevilla und der stumme Gast«). Er ist in gewisser Hinsicht sogar noch witziger als LOPE. Seine eigentlichen Helden sind die lebenshungrigen, ihren scheuen Männern oder Liebhabern meist überlegenen Frauengestalten (»Der Frauen Klugheit«). »Don Gil mit den grünen Hosen«, eine Verkleidungs- und Verwechslungskomödie, bereitet heute selbst noch außerhalb Spaniens ein anspruchsloses Vergnügen.

Tiefer und bedeutender ist JUAN RUIZ DE ALARCON (1581–1639). Er gab seinen Dramen (etwa 30 an der Zahl) immerhin eine sittliche Grundidee, war straffer in der Durchführung, bemühte sich um echte Charakterisierung. Aber er hatte kaum Erfolg. CORNEILLE hat bei ihm gelernt (»Menteur«). Durchgesetzt hat sich das Helden- und Räuberstück »Der Weber von Segovia«, eine Art Moritat, die das einfache Publikum immer wieder fesselt.

PEDRO CALDERON DE LA BARCA (1600–1681) ist der machtvollste Vertreter des spanischen Theaters, neben CERVANTES der bedeutendste Dichter Spaniens. Vielen gilt er als Gipfelpunkt und Vollendung der spanischen Literatur. Gleichzeitig freilich bedeutet er auch das Ende ihrer großen Zeit. Er schrieb eine große Anzahl von Stücken und »Autos sacramentales«, etwa 200 an der Zahl, dazu noch viele Zwischenspiele, Vorspiele und kurze Lustspiele.

Selten wird man in einer Persönlichkeit die eigentümlich spanische Geistigkeit so verdichtet und deutlich ausgeprägt finden wie gerade in CALDERON. Er verkörpert fast sinnbildhaft die spanische Wesensart, ihre Größe und ihre Grenzen. Das äußere Gehabe und das »Kostüm«, in dem er auftritt, mag noch so abwechslungsreich, bunt, schillernd, prunkvoll und farbenprächtig sein, im Grunde genommen bleibt er im Innern ein paar einfachen Dingen und Kräften verhaftet, die seine Seele unablässig in Spannung halten, in Bewegung versetzen. Es sind Christentum, Königtum und Ehre. CALDERON wurde deshalb zum großen Dichter dieses Volkes, weil keiner so wie er diesen Dingen auf der Bühne zum Leben verhalf. Die Spanier sind zudem ein theaterbesessenes Volk und im Zeitalter des Barock hat ihr Theater seinen Höhepunkt erreicht. CALDERON hat ihnen schlechterdings all das geschenkt, was sie vom Theater erwarteten. Ihre Leidenschaft hängt aufs engste mit ihrem Christentum zusammen. Die Wirklichkeit, in der sie lebten, erschien ihnen ja von Anbeginn nur als Schauspiel. Dieses Leben, diese Welt war für sie nur etwas ganz Flüchtiges, Vorübergehendes, von kurzer Dauer und unwesentlich, wenn man es an der Ewigkeit mißt. Kurz, es war nicht mehr als eben – Theater. Ganz von selbst wurde die Bühne für sie zum leidenschaftlich geliebten Sinnbild ihres Daseins. Alles wurde zu Maske, zu Verkleidung, zur Rolle, die man zu spielen hatte. Wenn aber dieses Leben selbst nur ein Schaustück ist, dann ergibt sich ganz von selbst die klare Folgerung: die Bühne weitet sich zur Welt. Sie muß all das in sich einschließen, was auf Erden möglich ist, ja sogar noch überirdische Geschehnisse. Auf diese Weise erklärt sich die ungeheure Entfaltung aller technischen Möglichkeiten, über die die spanische Barockbühne verfügte. Selbst die ungewöhnlichsten Erscheinungen in Natur und Leben mußten auf der Bühne dargestellt werden. Inmitten all dieser Pracht schuf CALDERON seine Bühnenstücke. Oft genug konnte er sie selbst in Szene setzen. So erreichte er das, was nach dem Herzen dieses Volkes war: die vollkommene Illusion. Das gibt seinen Stücken ihren besonderen Reiz. Nicht umsonst haben gerade die deutschen Romantiker diesen Dichter in den Himmel gehoben, ihn über SHAKESPEARE und alle anderen gestellt. Selbst GOETHE war hingerissen. Das aber mag vielleicht daran liegen, daß CALDERON auch ein wahrer Dichter war. Echte, bleibende Dramen sind die meisten seiner Stücke nicht. Nur wenige haben jenen dramatischen Atem, jenen unvergänglichen Wirklichkeitsgehalt, den ein Bühnenwerk nun einmal braucht. Aber der Dichter war ein Meister der Sprache, er wußte um die Geheimnisse der menschlichen Seele und oft genug gab er diesen Geheimnissen beredten Ausdruck. So finden sich denn inmitten des schimmernden Prunkgeschmeides seiner Werke viele Edelsteine von unvergänglicher Schönheit, angefangen von erhabenen Weisheiten bis zu den kleinen fast kunstgewerblich liebenswürdigen Gebilden lyrischen Ausdrucks:

Frühe Wieg am Himmelsrande,
Wann die junge Sonn' erwachend
Tränen trocknet, heiter labend
Im Karmin- und Schneegewande;
Grüner Merkur, dessen Bande
Sprengt die Rose, wenn der Flur
Sie enthüllt des Maien Spur.
Und bei kühlem Hauch, der hehren
Morgengöttin Himmelszähren
Lächeln sind für die Natur:
Wiesenbächlein, das nicht fließt
Und nicht darf zu murmeln wähnen.
Selbst nicht zwischen seinen Zähnen.
Weil der Frost sie ihm verschließt.

(GRIES) Aus dem Drama »Der wundertätige Magus«

Es ist bei CALDERON ähnlich wie bei einigen anderen Großen der romanischen Literaturen: Mit fast scheuer Bewunderung zollt man Bewunderung, aber aus der Ferne. Nur wenige seiner Werke werden ausserhalb Spaniens gespielt. Zu fremd ist uns seine Wesensart. Der Lesende freilich wird immer wieder ergriffen werden von der dichterischen Weltschau dieses Menschen aus einer großartigen Vergangenheit.

Wohl das wirkungsvollste Stück ist »Der Richter von Zalamea« (schon LOPE hat das Thema behandelt). Auch hier geht es um das Problem der Ehre. Es bleibt aber in einem allen faßbaren Rahmen, ja man kann sogar sagen, daß es hier um menschliche Dinge geht, die viele angehen. Außerdem sind die Charaktere, die sonst bei CALDERON ziemlich verschwommen und unklar bleiben, klar und deutlich herausgehoben, sie bestimmen aus ihrem Wesen heraus die Handlung. Überragende Gestalt ist der Bauer Crespo, großartig und rührend zugleich in seiner einfachen Redlichkeit, bescheidenen Ehrenhaftigkeit, seinem Zorn und dem starren Festhalten am Recht. In sein Haus kommt Einquartierung von durchziehenden Soldaten. Nach vielerlei Hin und Her gelingt es einem Hauptmann, ihn gefangen wegzuschleppen und seine Tochter Isabel zu entführen. Inzwischen aber ist Crespo zum Dorfrichter ernannt worden. So wird es seine Aufgabe, den Hauptmann, der seine Tochter schändete, abzuurteilen. Er verlangt von dem Verführer, daß er Isabel heirate. Doch er erntet nur Spott. Auch der General Don Lope kann nicht vermitteln. Crespo hat sein Urteil schon gefällt. Der König selbst kommt (durch Zufalll), schlichtet scheinbar den Streit, indem er Crespo recht gibt, aber die Auslieferung des Hauptmanns verlangt. Die Tür des Gefängnisses wird geöffnet: Der Hauptmann sitzt erdrosselt auf seinem Stuhl. Die verletzte Ehre ist gerächt, die Gerechtigkeit nahm ihren unabänderlichen Lauf. Der König sieht es ein und ernennt Crespo zum Richter auf Lebenszeit.

Wenigstens vom Problem her ein Gegenstück dazu, gleichzeitig ein Beispiel für die meisten Dramen CALDERONS ist »Der Arzt seiner Ehre«. Auch hier geht es um verletzte Ehre. Aber alles ist so übertrieben, so unwahrscheinlich, daß zu guter Letzt kein Mensch mehr weiß, um wessen Ehre es eigentlich geht.

»Das Leben ein Traum« ist eine großartige Dichtung voll von Sprachglanz und tiefen, bisweilen erschreckend tiefen Einsichten. Ein

Drama ist es nicht. Wegen seines dichterischen Gehaltes aber zählt es zu den bleibenden Werken. König Basilius von Polen hat seinen Sohn Sigismund in einem Turm festgesetzt, weil der Junge nach einer Weissagung durch sein wildes, ungestümes Wesen Unheil bringen soll. Der Vater stellt ihn auf die Probe, läßt ihn schlafend ins Schloß bringen. Tatsächlich wird Sigismund ein Opfer seines ungebärdigen Zornes und muß wieder in den Turm zurück. Das Leben im Schloß war nur »Traum«. Gerade durch dieses Erlebnis jedoch kommt der Junge zur Einsicht, er wandelt sich, wird reif und edel. Meuternde Soldaten befreien ihn. Er aber, der Geläuterte, beugt sich in Demut vor dem Vater. »Der wundertätige Magus« ist ein echtes Phantasiestück voll bohrender Gedankentiefe, Scharfsinn und Überschwang. Cyprianus, ein Heide, ist echter Gottsucher. Der Teufel selbst kommt zu ihm und macht ihn auf die schöne Christin Justina aufmerksam. Er bringt Cyprianus dahin, ihm seine Seele zu verschreiben. Alle Versuche Satans aber, Justina schwankend zu machen, scheitern. Zuletzt gaukelt er Cyprianus ein Trugbild des Mädchens vor, der Enttäuschte aber hält nur ein Gerippe in den Armen. Da bekennt er sich zu dem stärkeren Gott Justinas. Beide sterben unter Gewittern und Erdbeben als christliche Märtyrer. Im »Standhaften Prinzen« opfert ein christlicher Held sein äußeres Leben, um die Seele zu retten. Ganz unwahrscheinlich geht es in Stücken zu wie »Die Andacht zum Kreuze«, »Der Rächer seiner Schmach«. Liebenswürdig, heiter, unbeschwert sind einige Verwechslungskomödien oder leicht geschürzte Lustspiele wie »Dame Kobold«, »Das laute Geheimnis«.

Von Calderon zur Moderne

So großartig der Aufstieg und die Blüte der spanischen Dichtkunst im Zeitalter der Habsburger war, so steil war der Abstieg in der folgenden Zeit. So wie das Land selbst immer mehr zu Steppe und Stein wurde, so erstarrte auch seine Literatur in den Formen der Überlieferung, blieb unbedeutend und unfruchtbar. Gewiß auch Spanien machte – vor allem im 19. Jahrhundert – die üblichen Wandlungen der europäischen Literaturbewegung mit, die Romantik, den Realismus, sogar den Naturalismus, nahm auch um die Wende zum 20. Jahrhundert verschiedene soziale, äußerst weltliche Gesinnungsänderungen in seinem Geistesleben vor. An Belebungsversuchen also hat es nicht gefehlt. Sie alle aber blieben im Ansatz stecken, waren fruchtlos, die Flugsamen von draußen vermochten keine Wurzel zu schlagen. Die Anteilnahme der übrigen Welt wäre vorhanden gewesen. Es wurde sogar ausgesprochen viel in fremde Sprachen übersetzt. Trotzdem blieb die spanische Literatur eine rein spanische Angelegenheit. Darüber kann auch manch plötzlich aufflackernder Ruhm nicht hinwegtäuschen. Er war immer nur vorübergehend, kurzlebig, spricht mehr für die Umwelt als für das Land selbst. Zur Weltgeltung hat es nie mehr ganz gereicht. Wieder wurde die iberische Halbinsel auch im Geiste ein in sich abgeschlossenes und weltabgewandtes Land. Es scheint sein Schicksal zu sein, immer ein wenig abseits zu stehen. So brauchen wir nur einige Entwicklungslinien aufzuzeigen, ein paar Namen zu nennen, die gewissen Ruhm besitzen.

Während im 18. Jahrhundert mit seiner harmlosen Lyrik und mit bombastischen Nachahmungen CALDERONS im Drama nichts Wesentliches geschieht, verursacht im 19. Jahrhundert die Romantik immerhin einige Bewegung. Bedeutendster Vertreter ist JOSE DE ZORILLA (1817–1893), der bis heute noch eine gewisse Wirkung ausübt. Er schrieb eine größere Anzahl von Dramen. Die bekanntesten sind »Don Juan als reumütig Bekehrter« und »Schuster und König«. Diese Stücke werden in Spanien heute noch aufgeführt. Auch als Lyriker hat ZORILLA Bedeutung. Besonderen Erfolg hatten romantisch verbrämte, gefühlvoll-edle Vers-Legenden, die den seligen Ritterzeiten nachsinnen. Zahlreiche Bühnenstücke mit Augenblickserfolg schrieb auch MANUEL BRETON DE LOS HERREROS (1796–1873). Vor allem sein Drama »Marcela« (drei Freier um eine junge Witwe) wurde oft gespielt. Das realistische Drama wird von JOSÉ ECHEGARAY (1832–1916) angeführt. Ursprünglich war er Ingenieur und Mathematiker, brachte es schließlich zum Minister. Nebenher schrieb er etwa sechzig Dramen, meist Gesellschaftsstücke mit blendenden Dialogen. Bei uns war »Der große Galeoto« am erfolgreichsten, ein Stück mit viel Abwechslung und bunter Handlung.

Im realistischen Roman hatte die geborene Deutsche CÉCILIA BÖHL VON FABER unter dem Decknamen FERNAN CABALLERO (1796–1877) ziemliche Erfolge (»Arme Dolores«, »Die Möwe«). Tonangebend wurde jedoch JUAN VALERA (1824–1905). Er war eigentlich Gelehrter, Kritiker und Übersetzer, brachte es auch in der Diplomatie zu höchsten Stellen (Außenminister, Botschafter). Fast Weltruhm erlangte sein Roman

»Pepita Jimenez«. Ein junger Theologe erliegt den verführerischen Reizen eines Mädchens. Auch in dem Roman »Illusionen des Doktors Faustino« wird der Gegensatz von Glaube und Weltlichkeit zum Problem. BENITO PEREZ GALDOS (1843–1920), von den Kanarischen Inseln stammend, hatte den Ehrgeiz, im Rahmen seiner »Episodios nacionales« ein umfassendes nationales Romanwerk zu schaffen (die politische und soziale Geschichte Spaniens im 19. Jahrhundert). Einen rauschenden Bühnenerfolg errang er 1901 mit seinem gegen die Macht der Kirche gerichteten Tendenzstück »Electra«. Eine starke soziale Note haben die Romane von VINCENTE BLASCO IBANEZ (1867–1928). Bei ihm hört man plötzlich neue Töne von der Not der kleinen Leute, vernimmt erstaunt den Unwillen der Unterdrückten. (»Arena«, »Sumpffieber«, »Amphitrite«). Seit Anfang des 20. Jahrhunderts hat der Philosoph MIGUEL DE UNAMUNO (1864–1936) auch als Romanschreiber und Lyriker eine wachsende Gemeinde gerade im Ausland gefunden. Er ist tiefsinnig und schwerblütig, ganz versponnen in die Gegensätze und Widersprüche des Daseins, hingegeben den schweren Fragen, die der Tod dem Leben stellt.

In jüngerer Zeit hat der Dramatiker und Lyriker FEDERICO GARCIA LORCA (1899–1936) vor allem in Deutschland an Ansehen gewonnen. Sein surrealistisch-romantisches Stück »Bluthochzeit« hatte beachtliche Erfolge. Die Nachdenklichen begeisterten sich für »Dona Rosita« (»Die Sprache der Blumen«). LORCAS Dichtung ist eine eigentümliche Mischung von echtem Tiefsinn, Spielfreude, Sentimentalität jeder Ordnung, großartiger Sprachkraft, überladenem Schwulst, Einfachheit, Überschwang, Weisheit und Unsinn. Auch seine Lyrik hat viele Verehrer gefunden:

Aus »Somnambule Romanze«:

»Auf dem Antlitz der Zisterne
wiegt sich die Zigeunerin.
Grüne Haut und grünes Haar.
Augen ganz aus kaltem Silber.
Und ein Mondeseiszapf hält sie
über'm Wasser. Traulich wurde,
wie ein kleiner Platz, die Nacht.
Trunkene Zivilgardisten
schlugen polternd an die Tür.

Grün, wie ich dich liebe, Grün.
Grüner Wind. Und grüne Zweige.
Barke auf des Meeres Wasser.
Und das Pferd in hohen Bergen.«

(ENRIQUE BECK)

Es ist bezeichnend, daß die neuere spanische Literatur von einem Manne verkörpert wird, der sich zwar mit allen Fasern seiner Seele der Kunst und Literatur verschrieben hat, ihr aber nur als Betrachter und Kritiker Wesentliches zu geben vermochte. Das allerdings ist ein großartiges Zeugnis spanischen Geistes. Gemeint ist der Essayist, Kritiker und Kulturphilosoph JOSÉ ORTEGA Y GASSET (1883–1955). Seine Beobachtungen und Deutungen des spanischen und abendländischen Geisteslebens sind erfüllt von einem echt humanistischen Geist, der sich seiner Zeit und der Vergangenheit in gleicher Weise verpflichtet weiß.

Portugal

Portugal, der westliche Nachbar Spaniens, hat schon auf Grund der gemeinsamen Herkunft, der Lage des Landes und der Sprachverwandtschaft in seiner Literatur vieles mit der spanischen gemein. Im Grunde genommen ist sie nicht viel mehr als Widerspiel und Spiegelung. Vor allem in der frühen Zeit ist eine Trennung fast nicht möglich. Die höfische Lyrik und die frühen Dramen etwa haben oft denselben Ursprung, die gleichen Formen, dieselben Themen. So stammt z. B. der Amadis-Stoff aus Portugal. GIL VICENTE (etwa 1475–1538) schrieb seine Dramen in einem spanisch-portugiesischen Sprachgemisch. Dichter, die aus der Masse des Üblichen herausragen, hat Portugal freilich wohl nur einen aufzuweisen.

Denn dieses kleine Land nennt ein großartiges, überwältigendes Nationalepos sein eigen: die *Lusiaden* des Dichters LUIS DE CAMOES (1525–1579). Dieser einzige Name ist der strahlende Stern, der für die übrige Welt den Inbegriff portugiesischer Dichtkunst darstellt. Auf seinem Gedenkstein heißt es: »Hier liegt Luis de Camoes, Fürst der Dichter seiner Zeit. Er lebte arm und elend und starb auch so.«

Ähnlich wie VERGIL in seiner »Äneis« den Werdegang Roms besingt, so verherrlicht CAMOES in seinem großangelegten Epos die Geschichte und die Ruhmestaten der Portugiesen. Sie heißen bei ihm »Lusiaden«

nach dem sagenhaften Herrscher und Stammvater Lusus, der einst zusammen mit Bacchus nach Portugal kam. Auch bei ihm spielen die alten Götter eine wesentliche Rolle. Geschildert werden aber in erster Linie nicht Helden der Vorzeit, sondern die großartigen und bewundernswerten Taten der jüngeren Vergangenheit. Mittelpunkt ist VASCO DA GAMA, den Rahmen gibt seine Indienfahrt. Als Schmuck dienen vielerlei Abenteuer dieser verwegenen Seefahrer, »die Waffen und die hochberühmten Helden, die her von Lusitaniens westlichem Gestad durch früher nie durchkreuzte Meere hinzogen«.

»Urteile, König, nun, ob auf der Welt
Es Völker gibt, die solche Wege wagten.«

In einem phantastischen Widerspiel voll dramatischer Gegensätzlichkeit steht die Welt der Götter den irdischen Schicksalen der Entdecker auf Meer und Land gegenüber. Bacchus ist eifersüchtig auf die Indienfahrt der Portugiesen, weil sie seinen eigenen Ruhm beeinträchtigen könnten. So versucht er, mit allen Mitteln seiner Macht und Überredungskunst ihre Pläne zu durchkreuzen. Auf der Seite der kühnen Seefahrer aber steht Venus, auch Merkur und Jupiter sind für sie. Immerhin gelingt es Bacchus, seinen Gegnern beachtliche Widerwärtigkeiten in den Weg zu legen, durch Wind und Sturm ihre Flotte zu bedrohen, ihnen im fremden Land Feinde zu schaffen. Nur beim König von Melinda finden sie freundliche Aufnahme. Ihm erzählt VASCO DA GAMA ausführlich die Geschicke seiner Heimat, berichtet von Land und Leuten, erzählt all die Fährnisse, die ihnen widerfuhren. Großartig ist die Schilderung von der Abfahrt, glänzend der Bericht von der Umsegelung des Kaps der guten Hoffnung. Nachdem die Portugiesen Melinda verlassen haben, landen sie nach schweren Stürmen in Kalikut. Zunächst geht alles gut, dann aber schlägt die Stimmung um. Da entschließt sich VASCO DA GAMA zur Heimkehr. Auf einer Märcheninsel finden die Helden dann noch dank der Gunst von Venus eine Art Paradies. Dort erholen sie sich ausgiebig im holden Spiel mit Nymphen und Meerjungfrauen. Das Gedicht schließt ziemlich plötzlich mit der Heimkehr und einer fast düsteren Mahnung vor falscher Eitelkeit und Habgier. – Überwältigend die Fülle an Einzelschönheiten in dem Epos. In jedem Gesang findet man Perlen edler, vollendet geprägter Dichtkunst. FRIEDRICH SCHLEGEL stellte das Werk weit über ARIOST und TASSO. Wir wollen darüber nicht rechten. Eines aber ist sicher: CAMOES gehört zu den großen Dichtern der Weltliteratur. Dieser Ärmste, Geschlagene schenkte seinem Lande ein unvergängliches Werk, das den Ruhm seines Volkes über alle Zeiten hinweg verkündet. Eines seiner Sonette mag die Sprachgewalt bezeugen, die in ihm wohnte. Es ist auf den »König Don Sebastian« geschrieben: (Er verschwand spurlos in einer Schlacht.)

Im ernsten Blick Hochsinn und Kampfesglut
Bedeckt mit Staub und Blute Stirn und Wangen
So kam Sebastians Schattenbild gegangen
Zu Charons Kahn entlang der stys'schen Flut;
Der König tritt herzu mit kühnem Mut,
Da wehrt der grause Ferge dem Verlangen
Und spricht: »Das Boot hat keinen noch empfangen,
Des Leib zuvor im Grabe nicht geruht.« –

Der Fürst und Held ergrimmt in Zorn und frägt:
Warst, falscher Greis, du nicht in frühren Tagen
Für schnöden Geldgewinn den Seelen frönig?
In Mohrenblut gebadet kommt ein König,
Und nach Bestattung wagst du noch zu fragen?
So frage den, der wen'ger Wunden trägt. (STORCK)

Natürlich fand CAMOES in seiner Heimat viele Nachfolger. Keiner hat ihn je erreicht. Nach ihm versinkt die portugiesische Dichtung wieder in die Kunstfertigkeit des allgemeinen Literaturbetriebes. Bald kamen die Einflüsse von Spanien, bald von Frankreich. Viele Talente, nichts Weltbewegendes. Höchstens noch der Romantiker VISCONDE DE ALMEIDA-GARRET (1799–1854) hat eine Zeitlang die Aufmerksamkeit der Welt erregt. Er schrieb Epen, Lyrik, Dramen (»Auto de Gil Vicente«). Aber auch ihm war es nicht beschieden, außerhalb der Grenzen längere Zeit Wirkung auszuüben. Im Lande selbst fand natürlich die europäische Literatur immer ihren Widerhall, löste auch manchmal einige Bewegung aus (der Symbolismus etwa). Die Leistungen waren teilweise beachtlich. Vor allem in der Lyrik erstanden oft neue Talente. Keinem dieser Dichter aber gelang es, das Tor zur Welt noch einmal aufzustoßen.

Lateinamerika

Ähnlich liegen die Dinge in den *lateinamerikanischen Ländern.* Im Grunde genommen blieben sie auch geistig immer nur Ableger der ursprünglichen Heimat. Ihre eigenständige Literatur – sofern man überhaupt von einer sprechen kann – ist noch sehr jung. Sie begann zumeist erst in der zweiten Hälfte des 19. Jahrhunderts.

Forscht man nach neuartigen Motiven, so findet man nicht sehr viel. Zu beobachten ist das langsame Erwachen eines nationalen Eigengefühls, ein Drang zur Selbständigkeit. Für uns besitzt die Fremdartigkeit der Schilderungen einen gewissen Reiz. Vor allem die Themen vom Kampf gegen Indianer und Wildnis haben Anziehungskraft. In Argentinien hat die Gestalt des »Gaucho« sozusagen eine Art literarischen Ranges erlangt. Er soll wohl das ersetzen, was für die Europäer der Held der Vorzeit ist. Es gibt sogar ein regelrechtes »Heldengedicht« darüber. Es ist von RAFAEL OBLIGADO (1851–1920). Darin wird der Sängerwettkampf des Gauchos Vega mit dem Europäer Juan sin ropa (eigentlich Ohnekleid) lebhaft und anmutig geschildert. Den Sieg erringt er staunlicherweise der Europäer, weil Europa in den Wissenschaften führend ist.

Roman und Lyrik sind die Literaturgattungen, in denen man sich in Südamerika bemüht. Ohne Zweifel gibt es Talente. Den Urwald in seiner bizarren Unheimlichkeit schildert der Brasilianer COHELHO NETTO. AMADO FONTES beschreibt in packenden Szenen den Untergang eines Pflanzers und seiner Leute in dem Roman »Corumba«. Die Urlandschaft um den Amazonas ist Schauplatz bei dem Kolumbianer JOSÉ EUSTASIO RIVERA (1887–1928) in seinem Roman »La voragine«. In der Lyrik schuf RUBEN DARIO (Nicaragua) formschöne Gebilde von fremdartigem Reiz. Durch die Verleihung des Nobelpreises 1945 wurde die Chilenin GABRIELA MISTRAL (1889–1957) mit ihren schwermütigen, reinen und tiefsinnigen Versen für kurze Zeit in den Blickpunkt der Weltöffentlichkeit gerückt. Aber gerade ihr Beispiel zeigt, daß die Zeit für Lateinamerika noch nicht gekommen ist. Es ist inzwischen wieder still um die Dichterin geworden. Vorerst wird vielerlei übersetzt. Große Werke, die sozusagen das Gesicht Lateinamerikas zeigen könnten, stehen noch aus.

Dichtung ist Stil
Frankreich

Man rühmt den Franzosen nach, sie hätten ein ganz ursprüngliches, unmittelbares Verhältnis zur Sprache, sie lebten in ihrer Sprache wie kaum ein anderes westeuropäisches Volk in der seinen. Dabei ist der Werdegang des Französischen verwirrend genug. Um die Hauptstufen wenigstens anzudeuten: Das ursprüngliche Keltisch unserer westlichen Nachbarn wurde schon vor zwei Jahrtausenden auf einen Platz minderen Ranges verwiesen, als die Römer (Cäsar) das Land unterwarfen und das Lateinische als Sprache der Gebildeten und der hohen Verwaltung einführten. Zur gleichen Zeit drang durch die das Land überschwemmenden Soldaten, Sklaven und Händler – ein buntgemischter Haufe aus aller Herren Ländern – die Allerweltssprache Vulgärlatein in das Keltische ein. Neue Spracheinflüsse folgten um die Mitte des ersten Jahrtausends, als die germanischen Franken (von ihnen stammt der spätere Name Frankreich) das Land zum großen Teil von Osten her eroberten. Einige Jahrhunderte später setzten sich im Norden die kriegerischen Normannen fest und hinterließen deutliche sprachliche Spuren in dem kaum gefestigten Durcheinander der Mundarten. Daneben führten auch andere Rinnsale ständig neue Wörter heran: Römisch-Italienisches kam über die Alpen, Spanisch-Sarazenisches über die Pyrenäen, Griechisch-Phönizisches über den Hafen Marseille. Um das Jahr 1000 gab es eine Unzahl von Mundarten, die man – etwas gewaltsam – einteilt in das Provenzalische (Süden) und das Französische (Norden). Mit der Zeit setzte sich das Französische als Sprache des Königshofes immer mehr durch, und mit dem Erstarken der Königsgewalt und einer zentralistischen Verwaltung wurde das Französische schließlich alleinherrschend. Diese Entwicklung ist um 1500 im wesentlichen abgeschlossen; doch auch in den folgenden Jahrhunderten haben sich die Franzosen – nun jedoch meist die schreibenden und öffentlich redenden – leidenschaftlich bemüht, ihre in anderthalb Jahrtausenden gewordene Sprache als Geisteswaffe blank und scharf zu halten. Diese Bemühungen sind auch im 19. und 20. Jahrhundert weiter gegangen. Was Wunder, daß selbst der einfachste Franzose von solchem Streben berührt wurde und sich mühte, seine Sprache nach besten Kräften zu handhaben. Was Wunder aber auch, daß die Nachbarvölker die Geschmeidigkeit der in einem so langen Einschmelzungsprozeß gewonnenen Sprache bewunderten, das Französische zeitweise zur Welt-Gesellschaftssprache erhoben, es im Diplomatenverkehr benutzten und selbst in ihrer eigenen Dichtung der Stilkunst der französischen Dichter nacheiferten, ja Inhalt und Form französischen Dichtens nachahmten oder mindestens umzugestalten versuchten.

Liebeslied und Helden-Epos

Geben und vor allem Nehmen in der Sprache entspricht schon im französischen Mittelalter das Geben und Nehmen der Stoffe für die Dichtung. Aus dem hohen Norden, aus Britannien, aus Deutschland, aus Spanien, aus Italien, aus dem Orient – überallher nahmen die französischen Dichter den Gegenstand ihrer Erzählungen und Gedichte, wie denn umgekehrt beispielsweise deutsche Dichter mancherlei aus dem Französischen übersetzten oder für ihre Landsleute umbildeten. Den deutschen Leser von heute berührt die mittelalterliche französische Dichtung wenig; nur der literarisch Geschulte ist in der Lage, ihre Besonderheiten und Köstlichkeiten zu werten und zu genießen. Einige Andeutungen über diese Zeit mögen daher für unsere Zwecke genügen.

Dem Namen nach bekannt sind auch bei uns die, *troubadours,* höfische Sänger aus dem niederen Adel, vielfach Provenzalen, also Südfranzosen. Sie machten das lyrische Gedicht ganz bewußt zu einer Kunstform. Gegenstand ihrer Gedichte waren zumeist verheiratete Frauen, denen sie sich als »Dienstleute« weihten. Solcher Liebesdienst konnte rein geistiger Art sein, scheute aber bei der Leichtfertigkeit, mit der damals besonders in südlichen Ländern die Ehe betrachtet wurde, auch nicht vor sinnenhaftem Genuß zurück. Das Thema »geistige Liebe« hat die deutschen Dichter der Zeit nicht minder angerührt als die kunstreiche, vielfach allerdings gekünstelte Sprache und die geschliffene Form der Gedichte: Unser mittelalterlicher Minnesang ist eine bewußte Anlehnung an die Dichtart der französischen »troubadours« (der Name bedeutet wörtlich Finder, kennzeichnet also Männer, die eine besondere Dichtform entdeckten oder fanden). Von den zahllosen Namen der Troubadours ist bei uns vor allem der von Bertrand de Born lebendig geblieben, und zwar durch UHLANDS gleichnamige Ballade. BERTRAND DE BORN lebte etwa von 1140 bis 1215, ist also ein älterer Zeitgenosse WALTHERS VON DER VOGELWEIDE; beachtlich und das Europa von damals kennzeichnend, daß er nicht nur Liebes-, sondern auch politische Lyrik schrieb – genau wie WALTHER VON DER VOGELWEIDE.

Geht die Troubadour-Lyrik vor allem auf südliche Einwirkungen zurück, so sind die *Helden-Epen* (Chansons de geste) stärker beeinflußt von östlich-deutscher, insbesondere fränkischer Art. Sie sind der Bewunderung voll für die Macht der Götter, für die Tapferkeit und den inneren Adel großer Helden, staunend künden sie vom Wirken unbegreiflicher Mächte, sie er schauern vor Sinnbildern und Wundern. Im Mittelpunkt steht meist ein sagenumwobener Held der Geschichte oder ein Heldengeschlecht oder ein altbekanntes Ereignis. Späterhin griff man recht geschickt zu dem Kunstmittel, neue Dichtungen in äußere und innere Verwandtschaft zu früher behandelten Persönlichkeiten oder Ereignissen zu bringen. Damit war die Aufmerksamkeit der Zuhörer bereits geweckt. Der Zuhörer – denn diese Epen wurden ursprünglich nicht schriftlich verbreitet und gelesen, sondern durch (meist adelige) Dichter verfaßt und dann von Spielleuten vorgetragen. Bedeutendstes dieser Helden-Epen ist das auch in Deutschland durch zahlreiche Nach- und Umdichtungen bekannte *Rolands-Lied.* Entstanden ist es Ende des 11. Iahrhunderts. Das Geschehen spielt 778 im nördlichen Spanien. Karl der Große ist mit seinen zwölf Paladinen auf der Heimkehr nach Frankreich. Sarazenen (in Wirklichkeit Basken) greifen das Ende des fränkischen Heereszuges an; es gelingt ihnen, bei Ronceval die Nachhut zu vernichten und sämtliche Paladine zu erschlagen, als letzter fällt Karls Neffe Roland. Doch den letzten Ruf seines Wunderhorns Olifant hat Karl der Große noch vernommen; er kehrt um, kann zwar den Neffen nicht mehr retten, doch sein Heer erschlägt die sarazenischen Haufen, Karl selbst bestraft rächend Ganelon, dessen heimtückischer Verrat all das Unheil herauf beschworen hat. – Das Rolands-Lied ist voller dramatischer Gegensätze (Christentum – Heidentum, Roland der Treue – Ganelon der Verräter), reich an menschlich ergreifenden Zügen (Rolands Tod!), läßt Mensch und Natur gewissermaßen aus einer einzigen Wurzel hervorwachsen, läßt Zartes still aufglühen und schildert Grausiges mit erschreckender Wirklichkeitskunst. Ganz mit Recht wird es oft dem deutschen Nibelungenlied zur Seite gestellt. Formal besteht es aus lauter zehnsilbigen Zeilen mit sogenannten Assonanz-Reimen, das sind Endsilben mit gleichen Selbstlautern, aber verschiedenen Mitlautern, also »unreine Reime«. Für unseren Geschmack wirkt bei dieser Reimart eigentlich nur die Häufung gleicher Reime: sechs, acht und zehn Reime mit gleichem Selbstlauter hintereinander sind keineswegs selten. – Karl der Große oder die Karolingerkönige stehen immer wieder im Mittelpunkt derartiger Helden-Epen. Andere Epen handeln von anderen Personengruppen (etwa den »Verrätern«, nämlich den adeligen Rebellen gegen das Königtum) oder Ereignissen (Kreuzzugs-Epen mit Gottfried von Bouillon).

Auf der Suche nach immer neuen Stoffen, mit denen man die Zuhörer zu fesseln gedachte, geriet man auch an Dichtungen und Sagen des klassischen Altertums. Vielfach wurden sie gar nicht erst um gedichtet, sondern einfach übertragen. Von diesen *Übertragungen* ist eine bedeutsam geworden: nämlich das »Alexander-Lied«. Inhaltlich geht es uns heute kaum noch etwas an, wohl aber formal. In ihm wurde an Stelle des zehnsilbigen der zwölfsilbige Vers verwendet. Dieser trägt noch heute den Namen »Alexandriner« und ist wichtig als Versfuß der französischen Dramen-Klassik.

Daneben entstant eine dritte Gruppe, die der *bretonischen Lais und Roman-Epen.* Ihre zahlreichen Dichter bemächtigten sich der uralten keltischen Sagen mit ihren versponnenen Wunderlichkeiten, Zauberkünsten, Geschichten und Leidenschaften. Liebesleidenschaft spricht vor allem aus den Lais, knappen Erzählungen, die von rührenden und erregenden Liebesgeschehnissen berichten. Einzelzüge dieser Art finden sich dann auch in den Roman-Epen des 12. Jahrhunderts, so in den verschiedenen Umdichtungen der Sage von *Tristan und Isolde* und den Erzählungen von *König Artus und seiner Tafelrunde.* Beide Stoffkreise sind im Keltischen beheimatet (König Artus ist wahrscheinlich eine geschichtliche Gestalt aus Britannien, um 500), doch beeinflußt durch manche Troubadour-Züge und Helden-Epen; auch Spuren orientalischer Vorstellungen finden sich in ihnen (Kreuzzüge). Die Sagen vom König Artus, der kühne Ritter um sich versammelt und sie auf Heldenfahrten in die Welt sendet, hat vor allem CHRESTIENTE TROYES in seinen zwischen 1155 und 1185 geschriebenen Romanen dichterisch geformt und stofflich auf eine breitere Grundlage gestellt. Er schrieb unter anderem »Erec et Enide«, »Cliges«, »Lancelot oder der Ritter vom Karren«, »Iwein oder der Löwenritter«, »Perceval oder die Geschichte vom Gral«; auch eine Tristan-Dichtung, »König Marke und die blonde Isolde«, stammt von ihm. Das alles sind Namen, die wir aus der deutschen Literatur kennen. Vor allem WOLFRAM VON ESCHENBACH hat die Geschichte vom Gral in seinem »Parzifal« nachgedichtet und im Sinne deutscher Vorstellungen umgeformt.

In den folgenden Jahrhunderten wurden die von höfischen oder ritterlichen Dichtern vertaßten Helden-Epen und -Romane immer mehr verwässert. Als bekanntestes Beispiel dafür sei genannt der einst berühmte *Roman der Rose* (entstanden etwa in der zweiten Hälfte des 13. Jahrhunderts, jahrhundertelang das Entzücken der französischen Leser). Für den Leser von heute haben diese zahllosen verworrenen und verschnörkelten Schreibereien des ausgehenden Mittelalters keinerlei Bedeutung mehr. Ebensowenig die Lyrik jener Zeit. Wohl aber haben alle Werke jener Jahrhunderte dazu beigetragen, die französische Sprache zu einer Kunstsprache werden zu lassen, weil in ihnen als Ersatz für echten, kraftvollen Gehalt vielfach die formale Ausdrucksweise gepflegt wurde. Gerade dieses Formale, mag es auch meist Wortklingelei gewesen sein, hat die großen Zeiten dichterischer Hochblüte in Frankreich vorbereitet.

Zwei Spötter

Erst im 16. Jahrhundert ersteht den Franzosen wieder ein Dichter, der seinen Namen unverlierbar in die Geschichte der gesamteuropäischen Dichtung eingräbt und der auch heute noch den deutschen Leser unmittelbar anspricht: FRANÇOIS RABELAIS. Er lebte 1494–1553, war also ein Zeitgenosse LUTHERS, war auch wie dieser ursprünglich Mönch. Später stutierte er Medizin, wurde Arzt, hielt sich mehrfach in Rom auf, lernte dort die Antike, den Humanismus und die Renaissance kennen und war in seinen letzten Lebensjahren Pfarrer in Meudon. Sein –mehrfach ins Deutsche übersetztes – Hauptwerk ist der *Gargantua und Pantagruel* (1533 bis 1564 in verschiedenen Ausgaben erschienen). Das erste Buch handelt von dem Riesen Gargantua, die vier weiteren von dessen Sohn Pantagruel. Ein echter, klarer Handlungszusammenhang ist nur schwer herauszufinden; aber das ist auch nicht entscheidend.

Rabelais, diesem Verfechter einer gegen alle Erstarrung kirchlicher, wissenschaftlicher und politischer Einrichtungen gerichteten Natur- und Vernunftanschauung, kommt es darauf an, die Menschen über alles Aufgeblähte, über alle Wichtigtuerei und Aufgeblasenheit lachen zu lassen. Das große, laute, brüllende Gelächter soll den Menschen reinigen von allem Unnatürlichen, Widernatürlichen, Verkalkten, von allem bloßen Schein, soll ihn hinführen zu vernunftgemäßem, selbst verantwortlichem Denken und Handeln (»Tu, was du willst«), zur ewig blühenden, fruchttragenden und vergehenden Natur – Natur hier verstanden als Einheit von Leib und Seele, als herrliche Diesseitigkeit. Da Rabelais naturhafte Buntheit geben will, verzichtet er auf alle Bemühungen um die sogenannte »künstlerische Form« und legt dafür um so mehr Nachdruck auf eine Überfülle des Wortreichtums. Dieser Reichtum beginnt mit gelehrten (heute nicht immer leicht verständlichen) Angaben aus der klassischen Bildungswelt, führt über zahllose zeitgenössische Anspielungen und endet in einem Aufgebot von schweinischen Schimpfwörtern, deren Fülle, Derbheit und Saftigkeit in der gesamten Literatur ihresgleichen suchen. Und doch wird niemand auf den Gedanken kommen, Bildungswissen, Unanständigkeiten oder Schimpfworte seien um ihrer selbst willen hin geschrieben. Rabelais schildert die Menschen, wie sie sind, und da braucht er zur rechten Zeit die geeigneten Farben. Wie Luther hat er »dem gemeinen Mann aufs Maul geschaut; was sich aber bei jenem in packende Rede und flammende Schrift umsetzte, das wurde bei Rabelais zu deftiger Schilderung und unverblümtem Spott. Unglaublich, was da gefressen und gesoffen und verdaut und gehurt wird, wie geheiligte Einrichtungen und ehrwürdige Berufsstände mit jeder Art von Dreck beworfen werden. Und doch spürt man überall, daß Rabelais nicht boshaft ist, sondern durch Lächerlichmachen reformieren will. Luther ein Reformator durch Zorn, Rabelais ein Reformator durch Lachen. Von seinen verdrehten Einfällen und Wortverrenkungen, von der verschrobenen Überfülle an Einzelheiten und Redereien haben noch jahrhundertelang die Dichter Europas gezehrt (Voltaire, Jean Paul u. a.). Zum eigentlichen Dichter wurde er freilich nicht durch seine viel bewunderte Gelehrsamkeit und seinen saftigen Witz, sondern durch ein Zart- und Taktgefühl, das man nicht übersehen sollte. Bei aller bewußten Spötterei und angeborenen schweifenden Fabulierlust vergreift er sich niemals am innersten, feinsten Kern der Dinge; stets verlustiert er sich nur an der brüchig gewordenen Schale. Wenn er beispielsweise den Stammbaum Pantagruels aufzeichnet, so geschieht das spöttelnd in der Art der Stammbäume der Bibel. Etwa so:

> »Sarabroth zeugte Faribroth. Faribroth zeugte Hurtaly. Der war ein starker Suppenesser und regierte in den Zeiten der Sintflut ... Polyphemus zeugte Cacus. Cacus zeugte Aethion welcher zuerst venerisch wurde, da er im Sommer kein kühlend Getränk hatte ... Ferragu zeugte Muckenschnapp. welcher als erster die Kunst erfand, Rinder Zungen zu räuchern; denn vor ihm salzte man sie ein wie Schinken ... Schluchsenwind zeugte Sausenbraus. der die Flaschen erfand ...

Doch solches Spötteln am Stil der Bibel vergreift sie nie am religiösen Glauben selbst. Natürlich haben die Bespöttelten das damals nicht erfaßt. Zwar lachte ganz Frankreich über diese tollen Bücher, aber die in ihrer Würde und ihrem Amt Angegriffenen spien Gift und Galle, suchten des Verfassers habhaftig zu werden, ihn wegen Gotteslästerung zu verurteilen und zu verbrennen. Daß es ihnen nicht gelang, ist die zweite Meisterleistung des großen Rabelais. Er verstand es, Haken zu schlagen wie ein Hase, zu fintieren wie ein Fechter, zu rabulisieren wie ein schlauer Advokat, sich totzustellen wie ein Käfer. Einmal gelang es ihm sogar, vom Papst die Absolution für alle bisher veröffentlichten Schriften zu erlangen. Kurzum, dem ihm zugedachten Scheiterhaufen wußte er wendig und geschickt zu entgehen. Getreu seinem Wahlspruch, »tat er, was er wollte«, und schenkte damit der Welt den lachenden Kämpfer für natürliche Menschlichkeit.

Eine ähnliche Natur war François Villon (nur das Geburtsjahr 1431 ist bekannt). Schon die Titelwahl für seine größeren Werke ist bezeichnend: »Das große Testament« und »Das kleine Testament«. Es sind Sammlungen verschiedenartiger Gedichte und Balladen, bald scherzhaft und bald innig. Besonders bekannt wurde die Ballade auf die »Damen der guten alten Zeit«. Ein unerhört kecker Bursche muß dieser Villon gewesen sein. Mit sechsundzwanzig Jahren wurde er wegen Räubereien zum Tode verurteilt, dichtete aber kurz vor der angesetzten Hinrichtung schleunigst noch einen unverschämten Vierzeiler. Wegen seiner witzigen Unerschrockenheit wurde er vom König Ludwig XI. begnadigt. Wegen seiner sprachlich scheinbar verspielten. inhaltlich scharfen und sicher treffenden Gedichtlein. in denen er aller Welt den Mantel stelzender Würde vom Leib reißt, gilt er vielen als der Stammvater des literarischen Kabaretts und wird auch heute noch gern vorgetragen.

Die großen Klassiker

Zu Beginn des 16. Jahrhunderts war die französische Sprache in ihrer heutigen Grundgestalt voll ausgebildet. Reichtum und Fülle spiegeln sich im Werk von RABELAIS, Schärfe und Behendigkeit in den Gedichten von VILLON. Die dann folgenden Jahrzehnte sind damit beschäftigt, den dichterischen Ausdruck immer mehr zu erforschen und zu bereichern. Glanzvolle Namen tauchen auf, den Franzosen teuer, für den deutschen Literaturfreund dagegen (sofern er nicht Fachmann oder genießerischer Kenner ist) meist vergessen. Nicht nur Dichter arbeiten in jener Zeit am Ausbau der französischen Literatur wie der Formkünstler und vortreffliche Lyriker RONSARD und viele andere, sondern auch Denker wie der hervorragende Moralphilosoph MONTAIGNE, nicht zu vergessen die zahlreichen politischen und Kanzelredner, derer die Zeit zur Auseinandersetzung mit den geistigen Aufgaben der Renaissance und des Humanismus ebenso bedurfte wie zur Klärung der religiösen Streitigkeiten (es ist die Zeit der Hugenotten und Hugenottenverfolgungen mit der blutigen Bartholomäus-Nacht von 1572). So wichtig alle diese Männer sind – aus deutscher Sicht erscheinen jene Jahre lediglich als Vorbereitung der großen französischen Klassik des 17. Jahrhunderts.

Französische Klassik – das bedeutet in erster Linie Herrschaft des wägenden Verstandes und des durch gebildeten Formgefühls auf der hingenommenen Grundlage eines monarchischen Königtums (Ludwig XIV.: »Der Staat bin ich«), einer geordneten festgefügten Religion, einer zur Schau getragenen (freilich nicht befolgten) moralphilosophischen Wohlanständigkeit und der durchdachten Einordnung des Einzelnen in ein streng gestuftes Gesellschaftsgefüge. Daß es unter diesem Formgerüst brodelte und gärte – vor allem aus wirtschaftlichen Gründen –, darf dabei nicht übersehen werden.

Es ist eine Blütezeit der westeuropäischen Dichtung überhaupt. Die Lebensjahre von LOPE DE VEGA und CALDERON in Spanien von SHAKE-

SPEARE in England, von CORNEILLE, MOLIÈRE und RACINE überschneiden sich. Damit sind die Namen der drei bedeutendsten französischen Klassiker – sie sind wie die genannten anderen Dichter durchaus der Bühne verhaftet – bereits gefallen. In Deutschland schrieb zu jener Zeit nur ein einziger überragender Schriftsteller ein bedeutendes Werk: GRIMMELSHAUSEN.

PIERRE CORNEILLE (1606–1684) ist der eigentliche Zuchtmeister des klassischen französischen Dramas. Seine formenstrenge und straffe Führung des Wortes als des eigentlichen Trägers des Dramas wirken bis in die französische Dramenliteratur und den französischen Aufführungsstil unserer Tage weiter, obwohl seine Werke selbst in Frankreich kaum noch aufgeführt werden. Für CORNEILLES Themenstellung war der damals alles beherrschende Staatsgedanke maßgebend; immer wieder stellt er die sittlichen Ideale des Staates und des Einzelnen gegeneinander, immer wieder erscheint dabei die Staatsidee als die höhere. Besonders deutlich wird das in dem Drama »Cid« (1636). Im dritten Akt beweist Don Rodrigo (der Cid) seiner Geliebten er habe trotz allen Bedenken ihren Vater im Zweikampf töten müssen, weil dieser seinen Vater geohrfeigt hatte: Er mußte die Familienehre retten und wollte auch vor der Geliebten nicht als Ehrloser dastehen. Darauf beweist ihm die Geliebte, daß nunmehr sie ihre Familienehre retten müsse; die stehe ihr höher als ihre Liebe. Aber am Schluß des Stückes beugt sie sich der Staatsnotwendigkeit, dem Entscheid des Königs, der ihr gebietet, den besten Krieger des Landes um des Staates willen zu heiraten. Solche »Beweisführungen« in wohlgesetzten Worten, in schwer niederfallenden zwölfsilbigen Alexandrinern, bildeten das Entzücken der damaligen Welt. CORNEILLE fand den rechten Klang:

»Du weißt es, welch ein Schimpf dem Mann ein Backenstreich –
Auch ich hab ihn gefühlt und suchte drum sogleich
Den, der den Streich geführt. und rächte meine Ehre,
Was, hätt' ich's nicht getan, zu tun mir jetzt noch wäre.«

Noch eine andere Eigentümlichkeit von CORNEILLE zeigt sich besonders deutlich im »Cid«: das starre Festhalten an der von ARISTOTELES aufgestellten Regel, das Drama müsse einheitlich sein nach Handlung, Ort und Zeit, das Geschehen müsse sich innerhalb eines Tages und an einem Ort abspielen. Bei CORNEILLE geht das so weit, daß der Cid innerhalb von vierundzwanzig Stunden das Heer der Mauren vernichtet, den Vater seiner Geliebten im Duell tötet, sich in große Auseinandersetzungen mit der Geliebten einläßt, zu einem weiteren Zweikampf geht, Befehle des Königs entgegennimmt – von allem, was dazwischenliegt, noch ganz abgesehen. Derartiges erscheint uns heute dramaturgisch ebenso unmöglich wie die ewigen langen Reden, die das eigentliche dramatische Geschehen ersetzen. Aber in jener Zeit empfand man durchaus anders: der einheitliche Stilwille des französischen Barocks forderte sogar solche Einheit von Ort, Zeit und Handlung (er forderte auch das Auftreten altrömischer Helden in barocker Kleidung), verlangte das Zusammendrängen von Handlungen, Gedanken und Empfindungen in meisterlich gesetzte Reden. Wie bei CORNEILLE alles um einen Mittelpunkt kreist, wie dieser Mittelpunkt durch rednerische und sprachliche Formung immer wieder neu an gestrahlt wird, das lese man vor allem in »Cinna« nach (1640): alles kreist um den Staat, um die Stellung des Einzelnen in der politischen Gemeinschaft, um Macht und Recht, um Willkür und Herrschaft. Und endlich übersehe man nicht: Die Handlungsarmut der CORNEILLEschen Dramen ist zwar dramaturgisch, bühnenmäßig eine Schwäche, wurde damals aber nicht so empfunden. Nicht auf das Geschehen kam es an, sondern auf das Denken, auf das innere Erleben, auf den seelischen Zwiespalt zwischen Leidenschaft und Einsicht, das heißt aber: auf das Inner- Menschliche. CORNEILLE schrieb das erste große Seelen-Drama der französischen Literaturgeschichte. Ihn aufzuführen, dürfte heute kaum möglich sein; ihn zu lesen, bedeutet Gewinn für den künstlerisch empfinden den und politisch denkenden Menschen.

Während bei CORNEILLE stets Einsicht, Vernunft und Wille die Oberhand behalten, überwiegen bei dem anderen großen Dramatiker des 17. Jahrhunderts, bei RACINE, die naturhaften menschlichen Gefühle. Man hat JEAN BAPTISTE RACINE (1639–1699) als den weiblichen, CORNEILLE als den männlichen Vertreter der französischen Klassik bezeichnet, weil RACINE so gefühlsbetont wirkt und vor allem auch alles in so tugendhaft edler Weise darzustellen weiß. Sein Sinn für gemessene Wohlanständigkeit und aristokratische Formen gebot ihm, seine Dichtungen, bevor er sie veröffentlichte, zunächst Angehörigen des hohen französischen Adels vorzulegen, um zu erfahren, ob sie dem Schicklichkeitsgefühl des Hofes entsprachen. Sein Meisterwerk, die »Phädra« von 1677, läßt RACINES Empfindungsweise besonders gut erkennen. Der Stoff des EURIPIDES wurde nämlich von RACINE wesentlich geändert. Daß die zweite Frau des Königs Theseus sich rasend in ihren Stiefsohn verliebt, erschien ihm unschicklich. Daher läßt RACINE die Stiefmutter glauben, ihr Gemahl sei in der Fremde umgekommen; dann erst offenbart sie dem Stiefsohn ihre Liebe. Solche Milderungen finden sich auch in der »Iphigenie« (1674). Schildert RACINE aber wirklich einmal unerlaubte Leidenschaften wie in der »Andromache« (1667), so läßt er die Schuldigen untergehen; die Schuldigen sind – echt RACINE – Männer, während die Frauen als edle Wesen erscheinen. Solche Gefühlsbetontheit unterscheidet RACINE von CORNEILLE, dessen erhabene Strenge bei ihm zwar im Rahmen, nicht jedoch im Inhalt beibehalten wird. Seine Helden und vor allem Heldinnen sind samt und sonders gefühlsbestimmt und damit lebensnäher als die Gestalten CORNEILLES. Das rhythmische Schreiten der Verse und die edel verhaltene Sprache schmiegen sich der Denk- und Empfindungsweise des Dichters so eng an, daß Gehalt und Gestalt nicht voneinander zu trennen sind. Freilich gilt das nur für die ursprüngliche französische Fassung. Immerhin mag eine Stelle aus SCHILLERS dichterischer Übertragung der »Phädra« einen wenn auch nur unzureichenden Abglanz von RACINES Ausdruck vermitteln. Es handelt sich um jenen Auftritt im zweiten Akt, wo Phädra ihrem Stiefsohn ihre Liebe gestanden hat:

Hippolyt: Verzeihung. Königin! Schamrot gesteh ich,
Daß ich unschuldge Worte falsch gedeutet.
Nicht länger halt ich deinen Anblick aus.
Phädra: Grausamer, du verstandst mich nur zu gut.
Genug sagt ich, die Augen dir zu öffnen.
So sei es denn! So lerne Phädra kennen
Und ihre ganze Raserei! Ich liebe.
Und denke ja nicht, daß ich dies Gefühl
Vor mir entschuldge und mir selbst vergebe,
Daß ich mit feiger Schonung gegen mich
das Gift genährt, das mich wahnsinnig macht.
Dem ganzen Zorn der Himmlischen ein Ziel,
Hass' ich mich selbst noch mehr, als du mich hassest.
Zu Zeugen des ruf ich die Götter an,
Sie, die das Feuer in meiner Brust entzündet,

Das all den Meinen so verderblich war,
Die sich ein grausam Spiel damit gemacht,
Das schwache Herz der Sterblichen zu verführen.

Soviel dürfte immerhin aus dieser Stelle deutlich werden: Hier wie auch sonst bei RACINE wühlen Leidenschaften, die durch eine dichte, reiche und zugleich gemessene Sprache eben noch im Zaum gehalten werden – durch die Sprache, nicht (wie bei CORNEILLE) durch Wille und Verstand.

Näher freilich als die beiden Großen – CORNEILLE und RACINE – steht uns MOLIÈRE (eigentlicher Name JEAN-BAPTISTE POQUELINE, 1622–1673), einer der bedeutendsten Komödiendichter der Welt. Als junger Mensch hatte er eine ausgezeichnete Bildung genossen, ging jedoch mit dreiundzwanzig Jahren zur Bühne und reiste mit einer Schauspielertruppe anderthalb Jahrzehnte lang durch die französische Provinz. Dort erwarb er jene echte Kenntnis des wirklichen Menschen, die er sich im Paris des königlichen Hofes niemals hätte verschaffen können und die ihn später befähigte, seine Komödien mit lebenswahren Gestalten und wirklichkeitsnaher Sprache auszustatten. Seit 1658 leitete er eine Bühne in Paris; er starb kurz nach einer Vorstellung, in der er den »eingebildeten Kranken« dargestellt hatte. Kenntnis des wirklichen Menschen – das ist das entscheidende Merkmal von MOLIÈRES Komödien. Fast stets stellt er einen bestimmten Charakter auf die Bühne, mit dem sich die übrigen Personen auseinanderzusetzen haben, und er gibt ihn der Lächerlichkeit preis. Dieser Charakter wird jedoch nicht bis in die letzte Einzelheit »psychologisch« ausgefeilt, sondern nach Umriß und Aufriß nur so weit ausgeführt, daß er für alle Zeiten als Beispiel der im Grunde unveränderlichen Menschennatur gelten kann. Daher die nachhaltige Wirkung der MOLIÈRE-Komödien noch in unserer Zeit, daher auch der klaffende Unterschied seiner Werke von seinen römischen und italienischen Vorbildern und Vorgängern. Der so dargestellte Charakter verkörpert gleichzeitig eine bestimmte menschliche Schwäche oder Lasterhaftigkeit: in den »Lächerlichen Preziösen« ist es das gezierte Getue der damaligen »feinen Gesellschaft«, im »Bürger als Edelmann« ist es die Dummdreistigkeit des über Nacht reich gewordenen Spießers, im »Tartuffe« die heuchlerische Scheinheiligkeit, im »Eingebildeten Kranken« die Unwissenheit der aufgeblasenen Ärzte, im »Geizigen« der seelen-zerfressende Geiz und so fort. Im Grunde seines Wesens war MOLIÈRE ein feinempfindender Moralist, der mit dichterischen Mitteln den Unsitten der Zeit und des Menschen zu Leibe gehen und sie durch Lächerlichkeit töten wollte. So sind seine Komödien im Grunde eigentlich Tragikomödien; denn sosehr sie zum Lachen verlocken sollen – im letzten geht es um sehr ernste Dinge. Wie genau der Dichter ins Schwarze getroffen hat, geht daraus hervor, daß viele seiner Hauptgestalten in aller Welt zu Inbegriffen geworden sind: Harpagon ist der Geizige, Jourdain der Neureiche, Tartuffe der gemeine Heuchler schlechthin. Nun kann man um eine menschliche Eigenschaft keine wirkliche Bühnenhandlung schreiben. MOLIÈRE war also genötigt, immer neue Situationen zu erfinden, ständig zu zeigen, wie diese eine Haupteigenschaft den »Helden« zerfrißt, wie sie auf andere Menschen wirkt. Das ist ihm meisterhaft gelungen. Die Einfälle jagen sich, alles sprüht von unverfälschtem Leben, ohne immer »logisch« verbunden zu sein. Zugleich aber war MOLIÈRE ein Meister der Sprache in dem Sinne, daß er für jeden Charakter und für jeden Stand die ihm von Natur aus entsprechende Ausdrucksweise fand. Und doch ist das mehr als Naturalismus; es zielt nämli~ nicht allein auf den äußeren Stand, sondern mindestens ebenso auf die innere Verfassung. Zwei Beispiele. Der »Bürger als Edelmann« ist in Prosa (!) geschrieben, nicht nur, weil die reichgewordenen Bürger keine Verse reden, sondern weil dieser Herr Jourdain eine höchst prosaische Natur ist. Als Jourdain sich von einem Philosophen Bildung beibringen lassen will, heißt es im Gespräch:

Philosoph: Wollen Sie in Versen an die Dame schreiben?
Jourdain: Nein, nein; keine Verse.
Philosoph: Sie wollen es also nur in Prosa tun?
Jourdain: Nein; ich verlange weder Prosa noch Verse.
Philosoph: Es muß aber notwendig eines von beiden sein.
Jourdain: Ja, warum denn?
Philosoph: Weil man sich auf keine andere Art ausdrücken kann als entweder in Versen oder in Prosa ... Was nicht Prosa ist, das ist Vers, und was nicht Vers ist, das ist Prosa.
Jourdain: Und was ist nun das, was wir jetzt mit einander reden?

Philosoph: Prosa.
Jourdain: Wie, wenn ich sage: Nikoline, hole mir meine Pantoffeln und meine Schlafmütze, so ist das Prosa?
Philosoph: Allerdings, mein Herr.
Jourdain: Meiner Treu! Da habe ich also schon länger als vierzig Jahre Prosa geredet und nicht das geringste davon gewußt!

Anders im »Tartuffe«. Natürlich müßte dieser kleinbürgerliche Scheinheilige, dieser lüsterne und gierige Heuchler eigentlich Prosa reden. MOLIÈRE aber schrieb das Stück in den hochtrabenden Alexandrinern CORNEILLES, um die innere Unwahrheit Tartuffes umso deutlicher hervortreten zu lassen:

Tartuffe (erblickt Dorine; sofort ruft er mit lauter Stimme seinem Bedienten zu):
»Mein härenes Hemd und meine Kutte lege
An ihren Ort und bet, daß Gott dein Herz bewege.
Ich bin, sofern man fragt, in dem Gefangnenhaus
Und teil den Armen dort mein bißchen Armut aus.«
Dorine (für sich):
»Welch gleisnerisch Getu!«
Tartuffe: „Was wünscht Sie?«
Dorine: »Ihnen sagen ...«
Tartuffe (zieht ein Tuch aus der Tasche):
»Mein Gott und Heiland, ach! Das ist nicht zu ertragen –
So nehme Sie, bevor Sie spricht, hier dieses Tuch.«
Dorine: »Wozu?«
Tartuffe: »Bedecket rasch damit – o Sinnenfluch! –
Des Busens sündenhafte Blöße. Erkranken
Könnt die Seele leicht durch sündliche Gedanken.«

Gewiß gibt die Übersetzung nicht alles wieder; aber der Leser wird spüren, wie stark durch den Vers das Schleicherische, Gleisnerische spürbar wird, doch auch, wie unmittelbar wirklich diese Wortwechsel das Ohr ansprechen. Übrigens zeigt gerade der »Tartuffe«, daß MOLIÈRE, so locker er zuweilen reiht, das dramaturgische Handwerk versteht. Hier ist alles dicht verwoben. Berühmt geworden ist der Kunstgriff, die Wirkung der Titelfigur in jedem Augenblick lebendig werden zu lassen, obwohl Tartuffe selbst erst im dritten Akt auftritt.

Ist auch die französische Klassik des 17. Jahrhunderts vorwiegend durch ihre Bühnendichter groß geworden, so müssen doch aus der Unzahl von Dichtern und Schriftstellern noch zwei hervorgehoben werden, deren nicht-dramatische Werke immer noch Geltung haben. Da ist zunächst JEAN DE LAFONTAINE (1621–1695) mit seinen Hunderten von Fabeln. Er war durchaus nicht das, was man sich sonst wohl gern unter einem Fabeldichter vorstellt, sondern – man verzeihe die Bezeichnung, aber sie paßt genau – ein leichtsinniges Huhn in jeder Beziehung. Seine sinnenharte, neugierige, rasch zupackende Art spiegelt sich trefflich in der lebhaften, geistig beweglichen, sicher zeichnenden Sprache seiner Fabeldichtungen wider. Da sitzt jede Silbe, da spricht jeder Satz, da prägt sich jedes Bild ein (nicht zufällig lernt man in der Schule von allen Gedichten am leichtesten die Fabeln von LAFONTAINE). Ihm kommt es weniger darauf an, eine »Moral« handfest auszusprechen, als darauf, kleine Szenen bildhaft aufzubauen, sie witzig und ironisch auszuzieren, menschliche Schwächen tändelnd zu verspotten – und sie doch anzuerkennen. Der zweite zu erwähnende Schriftsteller ist FRANÇOIS DE SALIGNAC DE LA MOTTE FÉNELON (1651–1715). Sein 1699 erschienener Roman »Abenteuer des Telemach« hält sich zwar ziemlich an HOMERS Odyssee, doch wurde er jahrhundertelang gelesen und hat nicht unwesentlich dazu beigetragen, die spätere HOMER-Renaissance vorzubereiten. Lesbar ist dieser Roman des Erzbischofs von Cambrai heute allerdings nur noch im Urtext mit seinen feinen, zierlichen Wendungen; in der Übersetzung wirkt er vergilbt und vielfach langweilig.

Das Jahrhundert der »Vernunft«

Europa hat im 18. Jahrhundert viele bedeutende Dichter hervorgebracht, deren Werke in die Weltliteratur eingegangen sind: in Deutschland etwa KLOPSTOCK, LESSING, GOETHE, SCHILLER; in England u. a. SWIFT, DEFOE, STERNE, FIELDING, BURNS; in Italien neben anderen GOLDONI und GOZZI; in Rußland KANTEMIR und LOMONOSOW. In Frankreich dagegen finden wir im gleichen Jahrhundert zwar viele glänzende Namen, doch nicht einen einzigen Dichter, den man unter die wirklich Großen einreihen könnte. Die Franzosen hatten zu jener Zeit eine andere Aufgabe im Rahmen der europäischen Kultur- und Zivilisationsentwicklung zu lösen, eine Aufgabe, die zumeist unter der Bezeichnung »Aufklärung« zusammengefaßt wird. Die Menschen sollten darüber »aufgeklärt« werden, daß die alten Werte Glaube, Religion, Kirche, Monarchie, Vaterland – also alle überlieferten Gemeinschaften und Autoritäten – nichts seien, der frei verantwortliche Verstand, die Vernunft alles. Man ging so weit, selbst die auf Erfahrung beruhende Wirklichkeit geringzuschätzen und nichts anderes gelten zu lassen als die »Forderungen der Vernunft«. Derartiges scharfsinnig oder scheinbar zu begründen, erforderte alle Kräfte des Verstandes und ließ für echte Dichtung wenig oder gar nichts übrig. Politisch begann das 18. Jahrhundert in Frankreich mit der wahnwitzig-verschwenderischen Regentschaft Philipps von Orleans für den minderjährigen König Ludwig XV.; dieser selbst verwirrte durch angemaßte Gottähnlichkeit und eine üble Verwaltung (Mätressenwirtschaft) die Verhältnisse vollkommen, und am Ende des Jahrhunderts steht die blutige Französische Revolution, die zwar die Menschenrechte verkündete und damit auf alle Welt wirkte, die aber in Wirklichkeit nichts anderes bedeutet als den Sieg des geldraffenden Bürgertums über Adel und Geistlichkeit. An dieser Entwicklung haben die französischen Denker und Schreiber wesentlich teilgehabt, nur eben nicht so sehr durch dichterisch-künstlerisches als durch denkend-kritisches Wirken, ein Wirken, das nachmals auf ganz Europa übergriff und heute noch spürbar ist. Da wir es hier nur mit der Dichtung zu tun haben, können selbst die wichtigsten französischen Schriftsteller des 18. Jahrhunderts nur gestreift werden, so umwälzend ihre Schriften für viele Gebiete auch gewesen sein mögen.

Bekanntester dieser Schriftsteller war François Marie Arouet genannt Voltaire (1694–1778), ein Meister des Stils und der Bosheit, Verteidiger der Freiheit und persönlich ein Feigling, zeitweiliger Freund Friedrichs des Großen und Feind der Monarchie, heftiger Gegner christlicher Dogmatik und im Alter ein Bejaher des Katholizismus. Lesenswert sind immer noch seine zu Tausenden vorliegenden Briefe, seine »Geschichte Karls XII.« und sein »Zeitalter Ludwigs XIV.«. Sobald er sich aber Formen der Dichtung bedient, spürt man, daß es ihm an gestalterischer Kraft fehlt: Seine Dramen sind keine Dramen, seine Romane keine Romane, sondern nur leichte Verhüllungen für seine satirisch-philosophischen Gedanken und Gedankenspielereien. Völlig vergessen ist seine »Henriade«, mit der sein eitler Geist den Franzosen ein National-Epos schaffen wollte. Wer den »Dichter« VOLTAIRE kennenlernen will, der lese von den zahlreichen Bühnenwerken die »Pucelle« (1755), eine mit Unanständigkeiten gewürzte Verspottung der französischen Nationalheldin Johanna von Orleans, der katholischen Kirche und des französischen Königtums; ferner von den Romanen »Candide oder Der Optimismus« (1758), die geist voll und amüsant geschriebene Geschichte eines jungen Mannes, der aus einer Patsche in die andere gerät und doch von seiner Überzeugung nicht abgebracht werden kann, er lebe in der besten aller Welten.

DENIS DIDEROT (1713–1784) hat als Aufklärungsphilosoph und als Herausgeber der französischen Enzyklopädie (Lexikon über sämtliche Wissensgebiete) seine großen Verdienste, als »Dichter« sagt er uns wenig. Unter den wenig selbständigen, von den Engländern beeinflußten Dramen kennt man eigentlich nur noch den »Natürlichen Sohn« (1757) und auch dieses Rührstück nur durch LESSINGS Urteil in der »Hamburgischen Dramaturgie« (LESSING hat es auch übersetzt). Ausgesprochen schlüpfrig ist der Roman »Die indiskreten Juwele« (1748); der Roman »Die Nonne« (1760) behandelt höchst realistisch Mißstände aus dem Klosterleben; endlich zu erwähnen der zuerst deutsch erschienene (Übersetzung von GOETHE) Roman »Rameaus Neffe«, Darstellung eines von Genüssen übersättigten Mannes, der eben diese Genüsse als allein erstrebenswert zu rechtfertigen sucht. Immerhin gelingt es DIDEROT, diesen Mann nicht als Zufallserscheinung, sondern als in gewissem Sinne allgemeingültig wirken zu lassen.

Ähnliches war Jahrzehnte zuvor bereits dem ABBÉ PRÉVOST (1697–1763) gelungen mit seinem Roman »Geschichte des Chevalier de Grieux und der Manon Lescaut« (1733). Diese abstoßende und dennoch zuweilen rührende Geschichte einer Liebe zwischen einem jungen Edelmann, der zum Falschspieler wird, und einem jungen Mädchen, das seinen Körper verkauft, ist als Sittenroman immerhin bemerkenswert, wurde mehrfach als Oper vertont und wird auch heute noch gelesen. In diesem Zusammenhang sei wenigstens erwähnt der jüngere CLAUDE DE CRÉBILLON (1707–1777), ein Romanschriftsteller mit unbestechlicher Beobachtungsgabe und glänzendem Darstellungsvermögen. Wer es fertigbringt, sich durch die Verkommenheiten und Widerwärtigkeiten seiner Romane hindurchzulesen, wird sich vielleicht vor Abscheu schütteln, zugleich aber begreifen, daß die gemeine Lüsternheit unter Ludwig

XV. eines Tages vor die Schranken der Geschichte gefordert werden mußte. Insofern zählt auch CRÉBILLON mit seinen unappetitlichen Romanen zu den literarischen Vorbereitern der französischen Revolution (CRÉBILLONS Vater war ein seinerzeit sehr geschätzter Bühnendichter).

In auffallendem Gegensatz zu den bisher genannten Schriftstellern steht der in der Schweiz geborene JEAN JACQUES ROUSSEAU (1712–1778). Ein unstetes, unglückliches, ungeordnetes Leben hinderte ihn daran, jene verfeinerte, überfeinerte Geistesbildung zu erwerben, die die meisten Größen des damaligen Frankreichs auszeichnete. Gleichwohl gewann er ein Preisausschreiben der Akademie und war lange Zeit Mitarbeiter an DIDEROTS Enzyklopädie. Doch immer wieder verfeindete er sich mit allen Einrichtungen und Persönlichkeiten, führte das Leben eines unerfreulichen Sonderlings, wurde verfolgt, wechselte mehrfach seine Religionszugehörigkeit, machte sich bald die aufklärerischen Atheisten und bald die dogmatische Kirche zum Feinde, starb einsam – doch seine Gebeine wurden vierzehn Jahre nach seinem Tode im Pantheon, der Begräbnisstätte der französischen Großen, beigesetzt. ROUSSEAU ist – das wird vielfach übersehen – durchaus seiner aufklärerischen Zeit und ihren platten Lehren verhaftet (der Staat als Gesellschaftsvertrag!); doch in einem wichtigen Punkt unterscheidet er sich von den meisten seiner Zeitgenossen: nicht Wissen und Haß treiben ihn, sondern Empfindung und Begeisterung. Edel, hilfreich und gut sei der Mensch seiner ganzen Anlage nach, meint er; erst die gesellschaftlichen Verhältnisse aller Art (Ausgangspunkt das Privateigentum) hätten sein echtes Wesen verbogen. Daher ROUSSEAUS bekannter Ruf »Zurück zur Natur« und zu ihrer reinen, zwecklosen Schönheit (DIDEROT erkannte der Natur überhaupt keine Schönheit zu). Von schriftstellerischen Arbeiten dieses »Bürgers von Genf«, dieses leidenschaftlichen Propheten, können in unserem Zusammenhang nur zwei genannt werden. Einmal der »Emile« (1762), eine in loser Romanform vorgetragene Lehre der Erziehung; die rein erzieherischen Gedanken haben sehr stark in die Breite gewirkt und sind auch heute noch lesenswert, während das Buch als dichterische Leistung bedeutungslos ist. Zum andern »Die neue Heloise« (1761), jener Roman in Briefform, ohne den GOETHES »Werther« kaum geschrieben worden wäre. Während der zweite Teil des Romans durch allerlei Lehrhaftigkeit schließlich langweilig und unwirklich wird, liegt über dem ersten Teil immer noch der Hauch jugendlicher, unvergänglicher Frische. Die Liebe Julies zu ihrem Lehrer, das innige, unverderbte Verhältnis beider zueinander, das Einbetten dieser Liebe in den Naturablauf hat ROUSSEAU mit unübertrefflicher Zartheit und Zärtlichkeit dargestellt. Man kann begreifen, daß eine empfindsame Gesellschaft sich seinerzeit mächtig angerührt fühlte durch diesen Roman.

ROUSSEAUS Anschauungen von der Heilkraft der Natur hat insbesondere BERNARDIN DE SAINT-PIERRE (1737–1814) dichterisch weiter gesponnen mit seiner Idylle »Paul und Virginie« (1788, also ein Jahr vor dem Ausbruch der Französischen Revolution). Er schildert die Liebe zweier halberwachter Menschen in einer unberührten ruhevollen Landschaft in Übersee. Stärker freilich als der reichlich rührselige Inhalt ist die Kraft der Sprache – nicht umsonst wurde er noch im 20. Jahrhundert zu Unterrichtszwecken an deutschen Schulen benutzt.

Den bedeutendsten französischen Roman des 18. Jahrhunderts schrieb ALAIN RENE LESAGE (1668–1747) mit der »Geschichte des Gil Blas von Santillana«. Sie spielt in Spanien, ist zweifellos auch beeinflußt von den spanischen Schelmenromanen, aber als künstlerisches Werk durchaus das Eigentum des hervorragend erzählenden und gestaltenden LESAGE. Dieser Gil Blas ist ein scheinbar einfacher, im Grunde jedoch vielschichtiger Bursche. Als Diener arbeitet er bei verschiedenen Herren, eignet sich von diesen allerlei Listen und Schliche an, bleibt aber innerlich ein braver Kerl und bringt es eigentlich weiter als seine sittlich morschen Brotgeber. Das Buch entfaltet seinen ganzen Zauber freilich erst, wenn man den französischen Text liest. Witzig gemacht auch der »Hinkende Teufel«, ebenfalls ein Gesellschafts- und Sittenroman, ebenfalls in Spanien spielend; fesselnd die Technik: Mit dem Teufel blicken wir von einem Turm auf Madrid; die Dächer der Häuser werden abgehoben, sodaß man Zeuge der Vorgänge in der Gesellschaft wird. Von LESAGES Bühnenwerken sei erwähnt der »Turcaret«: Der Name des Helden ist in Frankreich geflügeltes Wort für Finanzschwindler geworden.

Hatte LESAGE durch seine Werke fast unbewußt dazu beigetragen, den Groll gegen die Verderbnis der Herrenstände zu steigern, so läßt sich PIERRE AUGUST CARON BEAUMARCHAIS (1732–1799) zu den bewußten geistigen Wegbereitern der Französischen Revolution rechnen. BEAUMARCHAIS war eine eitle Abenteurernatur, deren geradezu geniale Vielseitigkeit von der Uhren-Verbesserung bis zum geldbringenden

Waffenhandel nach Übersee, von der Gründung der Pariser Feuerwehr bis zur Planung einer Straße von Europa nach Indien reichte. Seine »Memoires« sind noch immer lesenswert (GOETHE entnahm ihnen die Handlung zu seinem »Clavigo«). Für unseren Zusammenhang wichtig sind seine beiden Komödien »Der Barbier von Sevilla« und – als Fortsetzung – »Die Hochzeit des Figaro« (erstmals aufgeführt 1775 bzw. 1784), heute allbekannt als Opern von ROSSINI und MOZART in der textlich abgeschwächten Bearbeitung von LORENZO DA PONTE. Wenn der Kammerdiener Figaro im fünften Akt des zweiten Stückes zu dem liederlichen Grafen Almaviva sagt: »Was haben Sie denn schon Großes getan? Sie haben sich die Mühe gegeben, geboren zu werten, und sonst nichts!« so mußte das – fünf Jahre vor der Revolution – wie ein Schlag ins Gesicht des hochmütigen Adels wirken. Über dem revolutionären Inhalt (vom Hof erstaunlicherweise nicht richtig erkannt) sollte man die Bühnenqualitäten dieser besten französischen Komödie des 18. Jahrhunderts nicht vergessen. So stark sie in MOZARTS Opern wirken, in der Komödie selbst jagen sich die Handlungseinfälle und sprachlichen Pointen so stark, daß man kaum begreift, daß dieses Stück in Deutschland nicht häufiger auf der Sprechbühne gegeben wird (freilich, ob wir die erforderlichen Sprecher dafür haben, ist eine andere Frage). In »Figaros Hochzeit« findet sich eine Figur, die in ihrer Art einzig ist: der junge Cherubino, »kein Kind mehr, aber auch noch kein Mann«, eine Figur, die nur ein Dichter zu gestalten vermochte.

Noch zwei Dichter aus jener Zeit sind zu nennen, beide endeten während der Revolution auf dem Schafott: der Lyriker ANDRÉ CHENIER (1762–1794) mit seinem berühmten Ausspruch »Die Kunst macht nur Verse, das Herz allein dichtet«; seine »Eglogues« erinnern in ihrer der griechischen Klassik zugeneigten Haltung zuweilen an HÖLDERLIN, wie er denn überhaupt von den späteren Romantikern zu einem der ihren erklärt wurde. Der andere ist JACQUES CAZOTTE (1720–1792), ebenfalls ein vorweggenommener Romantiker, in der Gespensterhaftigkeit seiner Darstellung (»Der verliebte Teufel«) aber eher auf E. T. A. HOFFMANN verweisend. CAZOTTE, Feind aller Vernünftelei, schrieb Balladen und orientalisch anmutende Märchen, hatte anscheinend die Gabe des zweiten Gesichts und soll ein Jahr vor der Französischen Revolution anderen und sich selbst ihr weiteres Schicksal vorausgesagt haben.

So verschieden alle genannten und die zahllosen ungenannten Schriftsteller des 18. Jahrhunderts gewesen sein mögen, sie alle haben sich bemüht, das berühmte Wort des großen BUFFON wahr zu machen: »Der Stil – das ist der Mensch selbst«. Der Stil – so könnte man den Satz für das 18. Jahrhundert und für das gesamte französische Schrifttum erweitern – ist die französische Literatur selbst.

Romantik

Es war geradezu naturnotwendig, daß auf den im Grunde poesiefeindlichen Rationalismus der Aufklärung ein Umschwung folgen mußte. Wir haben bereits einige Namen genannt, deren Träger als Vorbereiter einer wirklichen Dichtkunst angesehen werden dürfen. Hinzukommt, daß vor und nach 1800 zwei große europäische Dichter immer mehr ins lebendige Bewußtsein Frankreichs drangen; SHAKESPEARE und GOETHE; auch BYRON muß in diesem Zusammenhang erwähnt werden. Zwar hat die Zeit der Französischen Revolution, des Direktoriums und des napoleonischen Kaisertums kein wesentliches dichterisches Werk hervorgebracht; wohl aber hat sie mit dem Heraufkommen des Bürgertums den Kreis der für Dichtung Aufgeschlossenen stark erweitert, das rein Verstandesmäßige im Schrifttum zurücktreten lassen, die überbewußte Formenschnörkelei eingedämmt, dem Gefühl einen größeren Platz eingeräumt, der freischweifenden Vorstellungskraft des Einzelnen wieder zu ihrem Recht verholfen. Wie es bei GAUTIER einmal heißt: »Man hatte die Poesie wiederentdeckt.« Und diese Gefühls-Poesie war Romantik, beherrschter und gezügelter als die deutsche, aber doch Romantik nach Stoff, Thema und Darstellung, selbst der Weltschmerz fehlt nicht.

Wesentlichen Anteil an der Verbreitung der neuheraufkommenden Anschauungen hat MADAME DE STAËL (1766–1817), die leidenschaftliche Gegnerin Napoleons und Freundin von A. W. SCHLEGEL. Ihre Romane sind freilich heute kaum noch lesbar; doch ihr Buch »Über Deutschland« und vor allem ihr allen wahrhaft geistigen Menschen geöffnetes Haus haben der französischen Romantik wesentliche Antriebe verliehen.

Bedeutend als Dichter ist dagegen FRANÇOIS-RENÉ DE CHATEAUBRIAND (1768–1848). Mag uns heute mancherlei allzu geschmäcklerisch anmuten, seine Erzählungen »Atala« und »René« sowie »Die Abenteuer des letzten Abenceragen« (1807) bezaubern durch die Gewalt der leidenschaftlichen Darstellung von Natur und Einzelmensch nicht minder als durch die glänzende Sprache. Die beiden zuerst genannten Erzählungen stehen in einem Gesamtwerk mit dem Titel »Geist des Christentums«. CHATEAUBRIAND wollte das Christentum aus der ätzenden Säure aufklärerischer Kritik wieder herausheben; er versucht das sehr geschickt, indem er nicht den eigentlichen »Geist« des Christentums darstellt, sondern darauf hinweist, diese Religion sei doch der am meisten mit Schönheit gesegnete Glaube. »Atala« ist die Geschichte einer jungen Indianerin (CHATEAUBRIAND hat eine Weile »rousseauisch« im amerikanischen Urwald verbracht), die gelobt hat, sich nie zu vermählen. Sie liebt aber einen Gefangenen ihres Stammes, entflieht mit ihm und tötet sich, weil sie glaubt, sonst ihr Gelübde nicht halten zu können (sie ist Christin). »René« (1802) behandelt die leidenschaftliche Liebe eines jungen Mädchens zu ihrem Bruder; um der sündhaften Leidenschaft zu entfliehen, tritt sie in ein Kloster ein (ähnliche Stimmung wie in GOETHES »Werther«). Der »Letzte Abencerage« setzt spanischer Ritterlichkeit ein wohlausgeführtes Denkmal. – Künstlerischer Nachfahre von CHATEAUBRIAND ist ALPHONSE DE LAMARTINE (1790–1869). Auch er schreibt für die »oberen Klassen« und deren Empfindsamkeit, nur wirkt er viel weicher und einförmiger als CHATEAUBRIAND. Sehr beliebt waren in literarischen Salons die in Alexandrinern geschriebene Dichtung »Jocelyn«, die rührende Geschichte einer gestörten Liebe in den Bergen (1835), und die »Poetischen und religiösen Harmonien« (1830). Diese zeigen die sprachliche Stärke, doch auch die inhaltliche Schwäche des sein Gefühl immer wieder verströmenden Dichters. Ein FRANZ LISZT mochte damals nach dem zuletzt genannten Werk noch eine Klavierdichtung schreiben; für den Leser von heute ist die schönheitsdurstige und tränengesättigte Gottverherrlichung kaum noch genießbar – es sei denn, man kostet die weich fließende (französische) Sprache genießerisch aus.

Von ganz anderer Art ist PIERRE-JEAN DE BÉRANGER (1780–1857), der vielfach (CHAMISSO) ins Deutsche übersetzte Dichter des französischen »chanson«. Trotz seiner Abkunft aus dem niederen Adel fühlte er sich alle Zeit als guter mittlerer Bürger, sang dem französischen Bürgertum seine Liedlein oder griff mit witzig scharfen politischen Gedichten die Bourbonen und die machthungrig werdende Priesterkaste an (er rühmte sich, die Julirevolution von 1830 mit heraufgeführt zu haben). Sehr bekannt wurde ein frühes Spottgedicht auf Napoleon I., »Le Roi d'Yvetot«, in dem er einen schläfrigen, gutmütigen König darstellt, den »Das Volk erst beweinen wird, wenn er stirbt«. Eine kleine Probe (nach CHAMISSO):

»... Die Freiheit, gnädger Herr, sie blieb
Ein trotzig eifersüchtges Lieb –
Es ist mit ihr nichts auszuführen.
Sie keift und zankt in einem fort
Und ›Pension‹ – das bloße Wort,
Da möchte schon der Schlag sie rühren ...«

Mit dem Gedicht, dem diese Strophe entnommen ist, hatte sich der Dichter geweigert, eine Ehrenpension anzunehmen. BÉRANGER war ein Volks-Liedersänger, wie ihn in dieser Mischung von lockerer Heiterkeit und geschärftem Sprachsinn wohl nur Frankreich hervorzubringen vermag.

Sehr vielseitig, aber sparsam im Schreiben war ALFRED DE VIGNY (1797–1863), ein echter Romantiker von Geblüt, dabei sein Gefühl in Zaume haltend durch formale Strenge. Wer den Lyriker kennenlernen will, lese das Gedicht »Moses« und die Ballade »Das Horn«, oder »Der Tod Rolands«, diese bildhaften, empfindungstiefen und sprachlich prächtigen Meisterstücke. Als Dramatiker hatte sich der Dichter mit dem »Chatterton« (1835) bekannt gemacht; das Stück behandelt die erschütternde Geschichte des englischen dichtenden Wunderknaben, der sich im Alter von achtzehn Jahren vergiftete. Für das Beste – sprachlich und gestalterisch – in DE LA VIGNYS Werk halten wir allerdings seine Novellen unter dem Sammeltitel »Servitude et grandeur militaires« (1833); diese Novellen (»Das rote Siegel«!) stehen nach Gehalt und Spannung weit über manchen bekannteren französischen Erzählungen.

In ALFRED DE MUSSET (1810–1857) sehen die einen den bedeutendsten Lyriker der französischen Romantik, die anderen eine verdorbene Blüte an einem Wunderbaum. Beide haben recht. Der Inhalt vieler seiner Gedichte und Prosawerke ist erzeugt durch krankhafte Phantasie, durch nicht überwundene Enttäuschungen (kurzes Liebesverhältnis mit der viel verliebten französischen Dichterin GEORGE SAND) und später durch übermäßigen Absinthgenuß; daß daneben manch ergreifendes, nach Inhalt und Formung überragendes Gedicht steht, kann nicht bezweifelt werden. Erstaunlich genug, mit welcher Sprachkraft MUSSET schon als Jugendlicher zu gestalten wußte (seine »Ersten Gedichte« und die »Erzählungen aus Spanien und Italien« schrieb er als Jüngling). Als Beispiel für seine kecke, anmutige, wirklichkeitsnahe und zugleich verträumte Ausdrucksweise mögen ein paar Zeilen aus der von Freiligrath übersetzten »Ballade an den Mond« zitiert werden:

»Den Mond durch Nebel scheinen
Hoch überm Turme sieh:
Wie einen
Punkt über einem i!

Mond, welch ein Geist auf Pfaden
Des Dunkels führet licht
Am Faden
Profil dir und Gesicht.

Bist du mit deinem roten
Gesicht ne dicke Spinn,
Die pfoten-
Und armlos rollt dahin?«

Verinnerlicht, quälend schmerzhaft wirken die Gedichthefte, »Nächte«. Für den deutschen Zuschauer versunken sind die verschiedenen kleinen, geistvoll witzigen Bühnenstücke. Bezeichnendstes Werk des Dichters ist die Verserzählung »Namouna«: Nach dem Inhalt ein Nichts, aber ein sprachliches Feuerwerk von plauderndem Witz. Sprachlich noch bedeutender die Verserzahlung »Rolla«; sie berichtet von einem durch Genüsse übersättigten, geistreichen Manne, dem die wahre Liebe zu spät begegnet. Verzweifelt vergiftet er sich, nachdem er die letzte Nacht mit einem käuflichen Weibe verbracht hat. MUSSET verblaßt für uns immer mehr – zu sehr ist »Der Stil die Dichtung selbst«.

Noch weitergetrieben hat diese Art, die Form über den Inhalt zu stellen, ja jeden Inhalt möglichst zu meiden, THEOPHILE GAUTIER (1811–1872), romantischer Vorkämpfer mit langem Haar, Barett und Samtgewand. »Der Mensch ist mir völlig gleichgültig. Wenn ich in einem Schauspiel sehe, wie ein Vater die wieder gefundene Tochter an seine Westenknöpfe druckt, so läßt mich das kalt; ich sehe von der Tochter nur den Faltenwurf des Kleides.« Menschen, Gedanken, Empfindungen, Klarheit – wie unwichtig gegenüber der Form, die möglichst ungewohnte Wörter, vielfältige, vielsilbige Reime haben mußte: »Auf jeder Seite müssen zehn Wörter auftauchen, die der Banause nicht begreift.« Daß derartige Form- und Sprachkünsteleien sich der Übertragung in andere Sprachen entziehen, dürfte einleuchten. Wer GAUTIER kennenlernen will, muß die Gedichte »Emaux et Camées« (1852) lesen, vielleicht auch den sprachlich blendenden, allerdings fast pornographischen Roman »Mademoiselle de Maupin« (1835).

Die Dichterin GEORGE SAND (1804–1876) kennt man in Deutschland mehr als Freundin von LISZT und CHOPIN denn als Schreiberin von rund achtzig Romanen. Es hat auch wenig Sinn, diese Romane (der erste, »Indiana«, machte sie mit einem Schlage berühmt) wieder hervorzuholen, zumal die haufig soziale und sozialistische Thematik dieser Art verblaßt ist. Wer die wirkliche Dichterin, nicht die Hosen tragende, rauchende Frauenrechtlerin SAND kennenlernen will, muß ihre Dorfgeschichten zur Hand nehmen, vor allem den »Teufelssumpf« von 1846.

Dagegen wird ein anderer französischer Romanschreiber heute immer noch in aller Welt gelesen und verfilmt: ALEXANDER DUMAS DER ÄLTERE (1802–1870). Merkwürdigerweise ist sein bestes Werk, das Schauspiel »Kean«, fast vergessen. Umso munterer erweisen sich Romane wie »Der Graf von Monte Christo« (1845) und »Die drei Musketiere« mit ihren zahllosen Fortsetzungen. Man schätzt (!), DUMAS habe mehr als 400 Bände geschrieben oder schreiben lassen; man macht sich lustig über viele Geschmacklosigkeiten seiner Darstellung und seines Stils; man verhöhnt seine unglaubliche Phantasie, mit der er die Leser förmlich betäubt; man möchte DUMAS vernichtend treffen mit jenem Ausspruch, den er auf die Frage nach einem seiner Romane getan haben soll: »Gezeichnet habe ich ihn schon, aber niemals gelesen.« Das alles ändert nichts an der Tatsache, daß Abermillionen Leser (und gewiß nicht die schlechtesten!) ihn verschlungen haben und noch verschlingen. Zur »Literatur« gehört auch der Leser.

Schließlich können auch die »guten« Leser versagen. Das war lange und ist zum Teil heute noch der Fall bei CLAUDE TILLER (1801–1844) und dessen heiterem Roman »Mein Onkel Benjamin«. Die mit englischer Behaglichkeit und französischem Charme erzählte Geschichte dieses unerschrockenen, vor Gott und der Welt sich behauptenden Onkels Benjamin gehört zu den wenigen bedeutenden Köstlichkeiten, die die Geschichte des humoristischen Romans kennt. Mit welcher Anmut werden die verfänglichsten Dinge erzählt (die Heilung des hochmutigen Marquis von einer verschluckten Gräte durch ein »baise mon cul«), mit wie schlichten Worten wird der gläubige Ketzer vor dem Leser lebendig:

> Der Geistliche brachte vor, daß die irdische Hülle eines Christen nur in geweihter Erde ruhen dürfe.
> »Ist die Erde, in die wir Herrn Minxit legen wollen, weniger geweiht als die Eure? Sprießen nicht Gras und Blumen auf ihr wie auf dem Gemeindefriedhof?«
> »So wollt Ihr, daß Euer Freund verdammt sei?« fragte der Pfarrer.
> »Erlaubt«, sagte mein Onkel. »Herr Minxit ist seit gestern vor Gott, und wenn seine Sache nicht vertagt wurde, kennt er jetzt seinen Richterspruch. Sollte er verdammt sein, so würden Eure Trauerfeierlichkeiten das Urteil nicht aufheben. Ist er aber gerettet, wozu sind Sie dann nötig?«

Der »Onkel Benjamin« ist eines jener Bücher, an denen man die Bibliothek eines erlebnisfähigen literarischen Feinschmeckers erkennt.

Eigentlicher Führer der französischen Romantik ist VICTOR HUGO (1802–1885). Schon mit sechsundzwanzig Jahren war er das Haupt des »cénacle«, einer Tafelrunde vorwärtsstürmender jugendlicher Dichter. Endgültig auf den Thron gehoben wurde er bei der Aufführung seines Dramas »Hernani« (1830). Auch die nächsten Dramen wie »Marion Delorme«, »Der König amüsiert sich«, »Lukrezia Borgia«, »Cromwell« und »Ruy Blas« wurden von seinen Anhängern stürmisch gefeiert als Überwinder der klassischen Dramatik. Aber wo sind sie geblieben? Ein gewisses Dasein führen sie höchstens noch in der Oper (z. B. in VERDIS »Ernani« und »Rigoletto«). Bühnenwerke, deren Handlung nicht folgerichtig ist, bei denen Charaktere und Geschehen nicht ineinander verzahnt sind oder in denen zuviel geredet wird (bei HUGO allerdings vielfach in herrlichem Schwung und wahrhaft blühender Sprache), versinken nach einiger Zeit unerbittlich. Auch die Lyrik HUGOS hat für den deutschen Leser von heute ihren einstigen Zauber eingebüßt. Zum Teil wegen der zeitgebundenen Thematik (HUGO wollte vielfach für die Armen und Schwachen eintreten, philosophische Anschauungen stützen, schrieb auch Haßgedichte gegen Napoleon III.). Zum Teil aber auch, weil die Sprache, die damals in ihrer Bildfülle, Empfindungstiefe und Ausdrucksschärfe wahre Begeisterungstaumel hervorrief. uns weniger romantisch als barock (im ablehnenden Sinne) anmutet. Eine Probe, zu der allerdings gesagt werden muß, daß sie die Schmiegsamkeit des französischen Originals nur schwach wiedergeben kann:

»Von fern vernahm man dumpf des Samums Todeshauch,
Dazwischen das Geknirsch der Kiesel, die am Bauch
des Krokodils gestreift die Schuppen;
Stolz schwang der Obelisk sich auf, einsam ergraut,
Und gelb im Spätrot lag wie eine Tigerhaut
Der Nil, gefleckt mit Inselgruppen.

Eine solche Strophe, einzeln gelesen, mag angehen; wenn man aber ständig von einer Überfülle in die andere gerissen wird, so versagt die Aufnahmefähigkeit. Dabei sei ausdrücklich hervorgehoben: HUGO war kein »Literat«, sondern hat stets die Gesamtheit einheitlich erlebt, stets zur Gesamtheit und für die Gesamtheit sprechen wollen. Immer war er mit dem Herzen dabei; auf der anderen Seite findet sich freilich eine gewisse Sucht nach dem Ungewöhnlichen, Niegehörten (vielleicht, weil er wußte, daß man von ihm stets das Höchste verlangte) und eine verstandeskalte Bewußtheit, die uns ständig stört, während sie dem Franzosen wahrscheinlich durchaus natürlich vorkommen mag. Wirklich gelesen werden in Deutschland wohl nur noch HUGOs große Romane. Da ist zunächst »Notre-Dame de Paris« (1831), an dem man die Kunst bewundert, mit der HUGO die Kathedrale und das Treiben in dem spätmittelalterlichen Paris unter Ludwig XI. lebendig werden läßt. Die Darstellung der Helden ist freilich mehr grausig als lebenswahr (Quasimodo, der taube, buckelige Glöckner der Kathedrale liebt die unschuldige, mädchenhafte Zigeunerin Esmeralda; als diese durch den schuftigen Diakon Frollo auf den Scheiterhaufen gebracht wird, weil sie ihm nicht zu Willen sein mag, tötete ihn Quasimodo und gibt sich selbst den Tod). Nicht so stark in der Darstellung, doch packend durch die lebendige Art, in der der Kampf der französischen Nordprovinzen gegen die Pariser Revolution wiedergegeben wird, wirkt der zweite historische Roman HUGOS »1793«. Ziemlich zerfahren mutet an der Roman »Die Elenden« (1862); was diesem Außenseiter des Lebens, dem schlichten Bauern Jean Valjean, zustößt, weil er einmal ein Brot gestohlen hat, wie er immer wieder zurückgeworfen wird in erbärmliches Gefangenendasein, obwohl ihm zwischendurch ein großherziger Bischof auf einen scheinbar guten Weg führt, das ist schon mehr als unglaubhaft. Ganz reizend dagegen die Zeichnung der jungen Cozette und ihrer Liebe, fesselnd die freilich über Gebühr ausgedehnte Schilderung der Schlacht bei Waterloo. Aus den »Arbeitern des Meeres« (1866), einem Sozialroman der Fischer und Schiffer, ist die Schilderung des unheimlichen Kraken berühmt geworden. Eine andere Stelle mag zeigen, wie HUGO auf knappem Raum ein förmliches Trommelfeuer von schildernden Worten abschießt:

> »Die Wolke eröffnete die Kanonade, der Hagel schoß mit Kartätschen, die Brandung stieg ... Das Meer war im ganzen Umkreis weiß ... Feuertore taten sich auf. Es war, als würden die einen Wolken von den anderen verbrannt, und auf ganzen Bergen roter Wolken, die Kohlengluten glichen, lagen dampfende Massen ... Aus der Mitte des dunklen Himmels fiel wie aus einem riesenhaften umgestülpten Tragkorb in wirrem Durcheinander alles herab, was es an Fürchterlichem gibt: Regen, Hagel, Blitz und Feuer, Phosphor, Nacht und Licht und Wolken, Wettersäulen, Donnerschläge.«

In solchen Schilderungen, mögen sie phantasievoll gekauft oder nüchtern zusammengestellt sein, steckt bereits viel von dem Realismus, der zu jener Zeit längst in der französischen Literatur seinen Einzug gehalten hatte.

Realismus, Naturalismus, Symbolismus

Im Grunde zeichnete sich der dichterische französische Realismus bereits deutlich ab, als VICTOR HUGO zum Führer der Romantik ausgerufen wurde. Besonders deutlich bei STENDHAL (1783–1842, eigentlicher Name MARIE-HENRI BEYLE). »Ich werde erst 1880 verstanden werden«, hat er von sich gesagt. Inzwischen haben wir sogar eine STENDHAL-

Mode erlebt, die aber schon wieder abgeflaut ist. Man wird diesen Dichter wohl nur zu begreifen vermögen aus einem Gegensatz. Die teilweise überhitzte Gefühlsbetonung der frühen französischen Romantik hat ihn wahrscheinlich veranlaßt, ganz bewußt nanders, nämlich kühl, wissenschaftlich, scheinbar unbeteiligt zu schreiben. Wissenschaftlich gibt er sich besonders in der geradezu nüchtern geschriebenen, allerdings durch kecke Einzelbelege gewürzten psychologischen Darstellung »Von der Liebe«. Psychologisch behandelt ist auch vieles in STENDHALS bekanntestem Roman »Rot und Schwarz«, der 1830 erschien, also im Jahr des ersten rauschenden Triumphs von VICTOR HUGO. Mit eisiger Klarheit stellt STENDHAL das Werden des Hauptthelden und die Wirkungen seines Wesens auf seine Umgebung dar. Der Zimmermannssohn Julien Sorel wird durch einen Abbé ausgebildet und schließlich Erzieher im Hause des Herrn von Rênal. Dort verfällt ihm die unglücklich verheiratete Frau von Rênal. Sorel wird entlassen, findet einen zweiten Abbé als Gönner, wird Sekretär eines Marquis und steht am Beginn einer glänzenden Laufbahn. Er liebt die Tochter des Marquis; doch der Liebe wird ein Ende gesezt durch einen Brief der Frau de Rênal. Sorel rächt sich, indem er die Briefschreiberin in der Kirche niederschießt. Obwohl sie am Leben bleibt und für ihn bittet, wird er zum Tode verurteilt. Hier sind die realistischen Mittel der Wissenschaft wirklich dazu verwendet worden, einen »wahrheitsgetreuen«, seelenkundlich zuweilen erschreckenden Bericht in die künstlerische Form des Romans zu gießen. Mancherlei Merkmale dieses Romans finden sich auch in dem nicht ganz beendeten Roman »Lucien Leuwen« wieder (1837), vor allem der einfache Beobachter- und Berichterstatter-Stil. Handlungsreicher und auch spannender erzählt ist die »Kartause von Parma« (1839). Der Roman spielt zu Beginn des 19. Jahrhunderts, atmet aber – vor allem in den Charakteren – italienischen Renaissance-Geist. Der junge Italiener del Dongo will sich Napoleon anschließen, erlebt aber nur mehr die Schlacht bei Waterloo (glänzende Schilderung!), geht nach Parma, soll auf Wunsch seiner betriebsamen Tante Erzbischof werden, tötet aber im Duell seinen Gegner und wird eingekerkert. Mit Hilfe der Tochter des Gefängnisgouverneurs kann er entkommen, erlebt mannigfache Schicksale, darf schließlich nach Parma zurückkehren und wird ein bedeutender Kirchenfürst. Als er vom Tode der Gouverneurstochter hört, die inzwischen verheiratet worden war, geht er ins Kloster, die Kartause von Parma. Lesenswert außerdem die knapp gefaßten, Wirklichkeit streuen Novellen aus Italien.

Als Novellist wird STENDHAL noch übertroffen durch PROSPER MÉRIMÉE (1803–1870). Der Kunstgriff dieses Dichters besteht darin, daß er als Stoff für seine Novellen ungewöhnliche, zuweilen gräßliche Ereignisse oder hemmungslose Leidenschafthchkeit wählt, sie aber scheinbar unbeteiligt und mit größter sachlicher Treue – besonders in den angeblichen Nebensächlichkeiten – wiedergibt. Man glaubt oft, am inneren Rande eines Vulkan Kraters zu stehen, hineinzustürzen ... und wird doch von einer festen Hand geleitet und gehalten. MÉRIMÉE kann nur derjenige auskosten, der sich diesen Gegensatz von äußerem oder seelischem Stoff und kaltem Darstellungsstil ständig vor Augen hält:

»Du bist der Teufel«, sagte ich zu ihr.
Sie antwortete: »Ja.«

So steht es beispielsweise in seiner, durch BIZETS gleichnamige Oper besonders bekanntgeworden en Novelle »Carmen« (1847). Also keine Redeblumen, kein nur zierendes Drumherum, lediglich Feststellungen. Man möchte an SCHOPENHAUERS Rat denken, ungewöhnliche Dinge soll man auf gewöhnliche Art sagen, hätte man nicht oft das Gefühl, MÉRIMÉES ungekünstelter Stil sei auch eine Künstelei. Zu nennen sind noch »Colomba«, »Die Venus von Ille« und »Die etruskische Vase«.

Als eigentlicher Meister des französischen Realismus wird vielfach angesehen HONORÉ DE BALZAC (1799–1850). Er war nun freilich auch gezwungen, ständig die Wirklichkeit im Auge zu behalten; denn seine ewigen Schulden zwangen ihn unablässig, zu schreiben und zu schreiben, meist nachts bei starkem Kaffee. So wuchs (von seinen mißglückten Dramen dürfen wir hier absehen) ein riesiges Romanwerk heran. Wuchs? Nein, wurde aus dem Boden gestampft, herbei gezwungen, heran gepeitscht. Und was alles er darstellte Hag und Liebe, Bosheit und Güte, Leidenschaft und Keuschheit, Zwang und Freiheit, Geldgier und Opferbereitschaft – alles vorgeführt am Beispiel von Charakteren, die bis in die winzigsten Einzelzüge ausgezeichnet werden und zugleich als Typen bestimmter Klassen und Gesellschaftskreise gelten können. Zunächst hat BALZAC wohl einfach nieder geschrieben, was ihn anflog –

und die ganze französische Welt seiner Zeit lieferte ihm Stoff in Überfülle. Später hat er dann eine Anzahl seiner fast hundert Romane und Erzählungen zusammengefaßt unter der Bezeichnung »Die menschliche Komödie«, mit diesem Titel bereits eine bestimmte Grundauffassung vom Menschen enthüllend. Ziemlich äußerlich wirkt die weitere Unterteilung in sechs Gruppen: Privatleben – Provinzleben – Pariser Leben – Politisches Leben – Militärleben – Landleben. Mehr Zusammenhalt bieten Einzelfiguren, die in verschiedenen Romanen auftreten wie der ehrgeizige junge Rastignac und sein »Berater« Vautrin. Man wird überhaupt gut tun, auszuwählen und jeden Roman oder jede Erzählung für sich als geschlossene Einheit anzusehen. Und bald wird man bemerken, daß BALZAC zwar in seiner Darstellungsweise Realist und zuweilen sogar Naturalist sein mag, daß jedoch das Dargestellte weniger beobachten der Erfahrung als lebensnaher Phantasie entstammt. Als besonders lesenswert nennen wir folgende Werke. »Die Frau von dreißig Jahren«, eine feine Studie weiblicher Art von weitreichender Wirkung in der europäischen Literatur. »Gobseck«, den erschreckenden Vertreter gewissenloser Wucherei. »Oberst Chabert«, die heute wieder einmal aktuell gewordene Geschichte eines Heimkehrers, der seine Frau verheiratet findet. »Eugenie Grandet«, schönste Frauenzeichnung BALZACS, dramatisch durch den Gegensatz der opferbereiten Tochter zu dem geizigen Vater. »Die Lilie im Tal«, sehr feinfühlige Erzählung einer leidenschaftlichen, doch keusch bleibenden Liebe; hier auch Anklänge an BALZACS Mystizismus. »Cäsar Birotteau« zieht in Bann durch mitreißende Darstellung eines Pariser Kaufmanns, dessen Auf- und Abstieg. »Vater Goriot« scheint durch SHAKESPEARES »Lear« beeinflußt zu sein. »Base Bette« übertreibt ein wenig in der Charakterdarstellung, wirkt aber sehr lebendig durch die Hauptfiguren, einer bösartigen Dame vom Lande und einem weibstollen Baron. »Vetter Pons« lese man als Gegenstück dazu. Hervorzuheben ferner »Der Landarzt« und »Der Dorfgeistliche«. Wer auf Handlung sieht, möge »Die Königstreuen«, »Die Bauern« oder gar »Die letzte Verkörperung Vautrins« zur Hand nehmen. Ein nicht unwichtiges Werk sind schließlich »Die tödlichen Wünsche« (La peau de chagrin), die Geschichte eines Mannes, dem alle Wünsche erfüllt werden, wobei sich allerdings jede Erfüllung darin kundtut, daß ein Stück Chagrinleder kleiner wird; wenn das Leder ganz verschwindet, naht der Tod (vergl. OSCAR WILDES »Bildnis des Dorian Gray«). Die mystische Seite von BALZACS Schaffen, die in diesem Buch stark anklingt, ist sonst weniger bekannt; am stärksten tritt sie hervor in den drei Erzählungen »Seraphita«, »Jesus Christus in Flandern« und »Louis Lambert«. Eine ausgesprochene Spielerei, die weitab liegt vom Kern BALZACschen Wesens, bilden die »Tolldreisten Geschichten«, Nachfahren der französischen galanten Literatur, geschrieben in einem künstlichen Altfranzösisch.

Verfolgen wir zunächst noch die wichtigsten Stufen, die Frankreichs erzählende Kunst im 19. Jahrhundert durchlief. Da ist vor allem zu nennen GUSTAVE FLAUBERT (1821–1880). Schimmerte noch bei BALZAC allerlei Französisch-Romantisches durch Geschehen und Stil, so ging FLAUBERT daran, Stoff und Stil von allem Romantischen oder Nur-Romanhaften zu reinigen. Seine wenigen Romane siedelte er daher (abgesehen von »Salambo«) in Mittelstands-, um nicht zu sagen Spießerkreisen an, um nur ja nicht der Versuchung zu verfallen, Außergewöhnliches darzustellen. Und mit einem Stil, der anmutet wie ein durch ein Säurebad entschlacktes Französisch, baute er nun bedächtig, jedes Wort prüfend, ein ins Einzelne gehendes Seelengemälde alltäglicher Menschen auf. Meisterhaft gelang ihm das in »Madame Bovary« (1857), einer dichterischen Verwandten von BALZACS »Frau von dreißig Jahren«. Diese Emma Rouault-Bovary, versponnen in Träumereien, fühlt sich in ihrer Ehe unverstanden, beginnt zu tändeln, verstrickt sich in allerlei Torheiten und schließlich in Liebschaften, wird erpreßt und vergiftet sich – Musterbeispiel und zugleich Opfer dummer, aufgeplusterter romantischer Vorstellungen. Der Haltung nach verwandt, nur noch pessimistischer und in der Gestaltung bereits naturalistisch die »Sentimentale Erziehung« (1869), Geschichte der Liebe von Friedrich Moreau zu Madame Arnous, große Erwartungen – enttäuschendes Ende. Wenig geschieht, das Leben zieht dahin, trübselig. Wer nur auf die Kunst der Gestaltung sieht, wird dieses Werk besonders hoch stellen. Aber es ist Kunst um der Kunst willen, beinahe wissenschaftliche Kunst. Übersteigert wird diese Art in der »Versuchung des heiligen Antonius« (1874). Man kennt Bilder dieses Themas; FLAUBERT wollte nun das Kunststück fertigbringen, ein neues Bild zu malen, bei dem als Stift, Pinsel, Spachtel und Farbe nur Wörter verwendet werden. Als Ganzes kein dichterisches Kunstwerk mehr, sondern eine meisterhaft künstelnde Beschreibung. Das gilt mindestens ebensosehr für »Salambo« (1862), eine Glut volle, altertumswissenschaftliche Darstellung Karthagos, des Aufstands der karthagischen Söldner nach den Punischen Kriegen, der grausigen Opferbräuche und der seltsamen Hamilkar-Tochter Salambo.

Die Brüder GONCOURT (EDMOND DE G. 1822–1896, JULES DE G. 1830–1870) haben für uns nur mehr literargeschichtliche Bedeutung, so fesselnd es sein mag, ihr prachtvolles Zusammenarbeiten zu verfolgen. In ihren gemeinsam geschriebenen Romanen (etwa dem Krankenhaus-Roman »Schwester Philomele«, der Dienstmädchengeschichte »Germinie Lacerteux«) schrecken sie vor keiner naturalistischen Überdeutlichkeit zurück. Sie stellten sich neben Krankenbetten und Sterbelager, notierten sich Aufschreie des Schmerzes und Jammerlaute, um nur ja recht »natürlich« in ihren Romanen zu wirken. Mit Dichtung hat das alles nichts zu tun.

Man darf heute auch die Frage aufwerfen, ob die zahlreichen Romane von EMILE ZOLA (1840–1902) zur Dichtung zählen. ZOLA gilt bekanntlich als *der* französische Naturalist schlechthin. Angesteckt von dem wissenschaftlichen Aberglauben seiner Zeit wollte er in »wissenschaftlich-experimentellen Romanen« die natürliche Wahrheit und Wirklichkeit darstellen. Ist das schon – von der Dichtung her gesehen – blühender Unsinn, so faßt man sich erst recht an den Kopf, wenn man die Figuren seiner Romane unter die Lupe nimmt. Kaum eine von ihnen ist ein wirklicher Mensch. Fast alle sind ausgeklügelte Maschinen, die mit Blut geheizt werden, nicht eben wohlriechenden Qualm verbreiten und in der Hauptsache Schlacken produzieren. ZOLAS Sozialromane haben unzweifelhaft ihre großen Verdienste, doch liegen diese Verdienste nicht im Dichterischen, sondern im Politischen. So wenig ZOLA in der Lage war, aus seinen allzu selbstüberzeugten Anschauungen von Vererbung und Umwelt wirkliche Menschen entstehen zu lassen, so großartig ist er auf der anderen Seite, wenn es gilt, sogenannte tote Dinge zum Leben zu erwecken: ein Bergwerk, ein Warenhaus, eine Großmarkthalle. Auch die Masse Mensch gewinnt bei ihm oft erschütterndes Leben, während der Einzelmensch gewissermaßen nur eine Funktion irgendwelcher Triebe bleibt. Zu begreifen ist ZOLAS Wollen durchaus: er kam aus armseligen Verhältnissen und haste die vornehme Gesellschaft und deren alles beschönigenden Romantizismus, hinter dem sich vielfach übelste Sittenverderbnis verbarg. Das Gute und Schöne schien ihm genügend geschildert – jetzt galt es, das Böse und Häßliche zu zeigen, das »Natürliche«. In drei großen Romanreihen wollte er seine Zeit darstellen. Die bekannteste ist »Die natürliche und gesellschaftliche Geschichte der Familie RougonMacquarta, zwanzig Romane, geschrieben von 1871–1893. Um das Wesen dieser ZOLA-Romane kennenzulernen, genügt es vollauf, die folgenden Werke zu lesen: »Der Bauch von Paris«, eine Beschreibung der Pariser Markthallen, »Die Schnapsbude«, eindringliche Darstellung des Alkoholismus mit seinen verheerenden Wirkungen auf den arbeitenden Menschen, »Nana«, das käufliche Weibchen und seine verkommenen Käufer, »Zum Paradies der Damen«, ein Warenhaus-Roman, »Germinal«, das dumpfe, menschenunwürdige Dasein (»Leben« kann man nicht sagen) der Bergarbeiter in den Kohlenbezirken, ZOLAS bestes und in seiner Wirkung erstaunlichstes Werk, sowie »Der Zusammenbruch« (behandelt die politische Katastrophe Frankreichs 1870). Unvergessen aber bleibt ZOLA durch sein wahrlich nicht ungefährliches, mannhaftes Auftreten für den Angeklagten im Dreyfus-Prozeß. Über den Fall selbst mag man denken, wie man will – ZOLAS Verhalten war jedenfalls beispielhaft.

Der im gleichen Jahr wie ZOLA geborene ALPHONSE DAUDET (1840–1897) zählt gewiß auch zu den Naturalisten; doch sucht er seine Stoffe in einer ganz anderen Welt, überglänzt sie auch mit echtem Mitgefühl und oft zierlichem Humor, vor allem zeichnet er wirkliche Menschen. Sein Bestes gibt er in den zauberhaften »Briefen aus meiner Mühle« und in dem weltberühmten Roman »Die wunderbaren Abenteuer des Tartarin von Tarascon«, in dem er die Großsprecherei und das Scheingetue des Südfranzosen ebenso liebenswürdig verspottet, wie er der inneren Gutmütigkeit dieses Volksschlages ein anmutiges Denkmal setzt. Seine übrigen Romane, darunter einst so bekannte wie »Fromont junior und Riesler senior«, »Numa Roumestan« und »Jack«, sind verblaßt. Einen seltsamen Versuch macht DAUDET mit dem Roman »Sappho«; der Roman behandelt das vergebliche Bemühen des jungen Jean Gaussin, die mit reichlicher Männervergangenheit behaftete Fanny Legrand durch seine Liebe zu einer wirklichen Frau zu machen. DAUTET widmet diese Erzählung »seinen Söhnen, wenn sie zwanzig Jahre alt sein werden«. Hier schlägt das Naturalistische in rührende Unbeholfenheit um.

Ein wahrer Meister der Kurzgeschichte, der Novelle und des Romans ist GUY DE MAUPASSANT (1850–1893). Er vermag es, auch die bedenklichsten Stoffe durch einen natürlichen, schlichten, das Wesentliche erfassenden Stil zu adeln. Sein oft zitierter Roman »Bel Ami« gehört nicht zu seinen eigentlichen Meisterwerken; »Stark wie der Tod« ist ergreifender und auch besser gestaltet. Von den Kurzgeschichten sei hervorgehoben die »Erscheinung«, unheimlich, spukhaft, erschreckend, zumal wenn man daran denkt, daß MAUPASSANT wahnsinnig geworden ist. Von den Novellen scheint uns »Boule de suif« (1880) für MAUPASSANT besonders kennzeichnend zu sein. Boule de su if (wörtlich: Fettkugel) ist der Spitzname einer käuflichen Dame. Sie sitzt mit Bürgern, Adeligen und Nonnen in einem Reisewagen, wird von ihren Mitreisenden verächtlich angesehen, bis der Wagen nicht weiter kann (die Geschichte spielt während der Besetzung Nordfrankreichs durch die Deutschen nach 1870). Nur Boule de suif hat sich reichlich mit Eßwaren eingedeckt und gibt nun gutmütig ihren Gefährten von ihren Vorräten. Schon wird sie nicht mehr verachtet. Als dann ein deutscher Offizier verlangt, Boule de suif solle ihm zu Willen sein, sonst lasse er den Reisewagen nicht durch, gibt sie auf Drängen der übrigen nach. Doch als der Wagen dank Boule de suif weiterfahren kann, rümpfen die Reisegefährten die Nase über die »Dirne«, verhalten sich eisig, sodaß das arme Ding verlassen vor sich hin weint. Diese Geschichte wird mit ebensoviel Zartgefühl wie Mitleid, mit ebensoviel Humor wie Satire erzählt, daß sie unvergeßlich bleibt.

Eine fesselnde Übergangserscheinung ist der in Paris geborene, der Abkunft nach flämische JORIS-KARL HUYSMANS (1848–1907). In seinen ersten Romanen schloß er sich ZOLA an. Dann wandte er sich vom Gassen- und Massennaturalismus ab mit dem Roman »Gegen den Strich« (erschienen 1884). Der Ästhet Des Esseintes schafft sich eine nach außen gänzlich abgeschirmte Welt überfeinerten Lebens. In dem Roman »Da unten« stieg HUYSMANS in die Tiefen des Satanismus (1892). Ein reicher Schriftsteller versenkt sich in Geheimwissenschaften, beschwört den Teufel, nimmt an einer ›Schwarzen Messe‹ teil, fühlt sich angewidert und sucht nach Höherem). HUYSMANS forschte dann in »Unterwegs« nach Wegen zu Gott (1894. Der gleiche Schriftsteller wie in »Da unten« berauscht sich an Vorstellungen aus dem Heiligenleben und an Kirchenmusik, findet aber am Kirchendienst nur künstlerisch Befriedigung, geht in ein Schweigekloster, kämpft gegen seine Leidenschaften und ringt um Gott). Seinen Weg als Schriftsteller und Mensch beendete HUYSMANS in den Glaubensromanen »Die Kathedrale«, »Da oben« und »Die Hostie«.

Von hier aus ist es nur mehr ein kleiner Schritt bis zu dem Mystizismus eines JOSÉPHIN PELADAN (1859–1918). In einer umfangreichen Romanreihe will er das Ende der Lateiner (Franzosen) darstellen. Manches äußere Gehabe, viele übermystische Verstiegenheiten und Absonderlichkeiten haben dazu beigetragen diesen denkenden Schriftsteller lächerlich zu machen; den meisten Franzosen und Deutschen ist er unbekannt. Nun, der Kern dieser ungewöhnlichen Persönlichkeit ist gesund, seine Einsichten in das müde gewordene Europa sind erschreckend wahr, sein Einfühlungsvermögen in Andersdenkende ist ungewöhnlich. Wer das wunderliche Gemisch von Mystik und Sinnlichkeit zu durchstoßen vermag, wird unter dem auf geputzten Gewande einen großen Europäer entdecken. Nur: man muß *alle* seine Romane lesen.

Wirklich überragende *Bühnenwerke* hat das Frankreich des 19. Jahrhunderts nicht hervorgebracht. Wo sind die einst gepriesenen Bühnenstücke der Romantiker wie A. DUMAS D. Ä., V. HUGO, A. DE VIGNY geblieben? Und von den realistischen Dramatikern kennt man vielfach nur noch die Namen. Zu erwähnen sind hier etwa der glänzende Techniker EUGEN SCRIBE (1791–1861) mit zahlreichen Operntexten (»Stumme von Portici«, »Hugenotten«, »Die weiße Dame«) und prächtig geschürzten Komödien (»Ein Glas Wasser«, »Die Kameraderie«, »Adrienne Lecouvreur«). Weiter der Lustspieldichter EUGEN LABICHE (1815–1888) mit der heiter-witzigen »Reise des Herrn Perrichon« und anderen seiner mehr als hundert Stücke. Von ALEXANDER DUMAS DEM JÜNGEREN (1824–1895) hat sich nur die »Cameliendame« im deutschen Gedächtnis erhalten. An VICTORIEN SARDOU (1831–1908) und seine hervorragend gearbeiteten »Madame Sans-Genê« und »Der letzte Brief« sollten sich mindestens diejenigen erinnern, die lernen wollen, wie man dramaturgisch arbeitet. Als Meister des Theaters erweist sich auch EDMOND ROSTAND (1868–1918) mit seiner romantisch-realistischen Komödie »Cyrano de Bergerac«. Das alles sind ausgezeichnete Könner – und ihnen ließen sich noch zahlreiche andere anfügen; überragende, echte Dichtung haben sie jedoch nicht hinterlassen.

In der *Lyrik* stellt CHARLES BAUDELAIRE (1821–1867) die meisten französischen Dichter seiner Zeit in Schatten; keiner hat auch so auf die gesamteuropäische Lyrik eingewirkt wie er, und sein Einfluß ist auch heute keineswegs geringer geworden. Kein Zweifel, seine Fähigkeit, Sinneswahrnehmungen aller Art in sprachlichen Ausdruck umzuwandeln, ist geradezu unglaublich. Seine scheinbar lässige Art, dem Vers oder Rhythmus bis dahin kaum – in dieser Fülle sogar überhaupt nicht – erlebte Wirkungen zu entlocken, bleibt bewundernswert. Das alles spricht das Ästhetische in jedem Menschen unmittelbar an (vorausgesetzt, er beherrscht die französische Sprache; in der Übersetzung bleibt vieles unvollkommen). Aber wir vermögen uns nicht zu befreunden mit den Themen und mit den Stoffen, die Baudelaire wählt. Wir glauben auch nicht an seine Aufrichtigkeit. Seine Sehnsucht nach Glauben, seine Todgedanken, seine Abneigung gegen das Alltäglich-Häßliche, sein Erschrecken vor dem Bösen im menschlichen Herzen – das alles erscheint uns zwar kunstvoll gestaltet, aber doch nur gekünstelt erlebt. Ob er eine echte Beziehung zur tatsächlichen Wirklichkeit gehabt hat, wird uns von Gedicht zu Gedicht zweifelhafter. Wie Baudelaire sich reichlich dem Opiumgenuß verschrieben hat, so sieht er auch im »nüchternen« Zustand den Menschen und die Welt durch einen Schleier, der die Wirklichkeit bald wollüstig verhüllt und bald perspektivisch verschiebt. Was er schreibt, bleibt Kunst um der Kunst willen, meisterhaft gemacht, dichterisch jedoch nur für den, der die Form weit über den Gehalt stellt. »Und Kurtisanen und Banditen wissen manchmal Vergnügen zu schenken, deren Genüsse das profane Volk nicht zu kosten versteht«, heißt es am Schluß seiner »Kleinen Gedichte in Prosa« (1868 erschienen). Sein Hauptwerk, »Die Blumen des Bösen« (1857), behandelt alle Laster, Sünden und Verkommenheiten, deren der Mensch fähig, mit einer Naturtreue, die an Deutlichkeit nichts zu wünschen übrig läßt. Krassester Naturalismus, gekleidet in bisher unübertroffene Sprachschönheit.

Ein berühmter Meister des sogenannten Symbolismus ist Stephan Mallarmé (1842–1898). Der musikalische Leser wird sich erinnern, daß sein »Nachmittag eines Faun« (1876) von Debussy zu einer Orchesterkomposition umgedichtet wurde. Im allgemeinen läßt sich sagen, daß selbst die großartige Sprachbegabung Mallarmés den deutschen Leser, der alles in der Übersetzung lesen muß, kalt läßt, wenn der Inhalt der Gedichte absichtlich unverständlich gehalten ist. Wie sagt Mallarmé? Ein Gedicht ist ein Geheimnis, dessen Schlüssel der Leser zu suchen hat. Etwas verständlicher erscheint das Haupt der »Symbolisten und Dekadenten«, PAUL VERLAINE (1844–1896), auf den die Bezeichnung »decadence« zurückgeht. Sicher hat er einige Gedichte geschrieben, die auch in der deutschen Übertragung ansprechen; im großen und ganzen aber können wir die von mancher Seite betriebene Verhimmelung VERLAINES nicht mitmachen. Bekannteste Sammlungen sind »Einst und jüngst« sowie »Weisheit«. Nicht anders steht es mit dem vielgerühmten ARTHUR RIMBAUD (1854–1891), einem schweifenden Außenseiter und erstaunlichen Sprachbeherrscher.

Die erste Hälfte des 20. Jahrhunderts

Auch in der französischen Literatur hat der Symbolismus, der die Dinge nicht nennt, sondern sie durch Sinnbilder oder Wortklänge anklingen läßt und dadurch bestimmte seelische Schwingungen auslösen will, den Übergang ins 20. Jahrhundert begleitet. Die Ahnungen der Symbolisten waren schon ganz richtig: die heraufkommende Zeit hat bestätigt, daß alles ins Fließen, ins Ungreifbare, Unsichere, sogar physikalisch »Relative« gleiten mußte. Das Romantische war unwirklich geworden, der Naturalismus wurde als zu grob empfunden, die Naturwissenschaften erschienen platt und entzogen sich im Verlauf immer mehr dem allgemeinen Verständnis, Spaltungen im sozialen Gefüge wurden zu unüberbrückbaren Abgründen. War bei den früheren Symbolisten vieles nur Wortgeklingel, so zeichneten sich in manchen Werken ihrer Nachfolger doch bestimmte Umrisse im Nebel ihrer ahnenden Träume ab. Zu ihnen gehört EMILE VERHAEREN (1855–1916). Obwohl flämischen Geblüts, bediente er sich des Französischen wohl nur, um seinen ekstatischen Dichtungen, in denen er seine Heimat, das Leben und die Arbeit preist, möglichst reiche Farben geben zu können. Hervorzuheben »Ganz Flandern«, erschienen 1904–1911. Sieben Jahre jünger ist der ebenfalls französisch schreibende belgische Symbolist MAURICE MAETERLINCK. Obwohl seine Bühnenwerke (»Pelleas und Melisande« wurde von Debussy vertont) dramaturgisch schwach sind, sei der Inhalt eines frühen Werkes, »Die Blinden« (1890), als kennzeichnend hier angedeutet. Sechs blinde Männer und sechs blinde Frauen wandern hoffnungslos durch die Welt, geleitet von einem toten Priester. In einem dunklen Wald verlieren sie ihren Führer, kriechen weiter dahin, finden keine Hilfe und erwarten den Tod. Gelesen werden von MAETERLINCK wahrscheinlich nur mehr Prosaschriften wie das innerlich natur- und Gott-verbundene »Leben der Ameisen« oder mystische Darstellungen wie »Das große Rätsel« und »Der doppelte Garten«. – Hier sei ein zeitlicher Rückgriff erlaubt auf den ebenfalls französisch, und zwar altertümelnd französisch schreibenden CHARLES DE COSTER (1827–1879), den größten Dichter Belgiens. Wer »Die Legende und die heroischen, heiteren und ruhmreichen Abenteuer Thyl Ulenspiegels und Lamme Goedzaks im Lande Flandern und anderwärts« liest (1868), wird erleben, daß hier in einem Meisterwerk der Weltdichtung das Gute des Naturalismus und des Symbolismus vereinigt ist in einer Weise, die die genannten Ismen als dürftige Rinnsale der Literatur erscheinen läßt. Der Freiheitskampf der Niederlande gegen die spanische Gewaltherrschaft wird dargestellt mit einer schier überwältigenden Fülle geschichtlichen Materials, mit unheimlicher Lebensnähe von Mensch und Natur – und alles ist zugleich nur Sinnbild, »Symbol« des armen, geplagten Menschen und seiner Sehnsüchte. Neben diesem an inneren und äußeren Spannungen reichen Werk, in dem Herz und Verstand, Wirklichkeit und Sinnbild, grausiger Ernst und gütiger Humor wahrhaft eins werden, verblassen ganze Bibliotheken von Bestsellern.

An der Spitze der älteren Generation französischer Schriftsteller und Dichter, deren Schaffen weit in das 20. Jahrhundert hinein ragt, steht ANATOLE FRANCE (1844–1924). Naturalismus und Symbolismus überwindet er durch eine aus überlegener Ironie, kluger Einsicht in das Menschlich-Allzumenschliche, verstehendem (nicht schwärmerischem) Mitgefühl und heiter-überlegenem Zweifel am Gewordenen gemischten Haltung. Dazu tritt ein im neueren Frankreich nicht eben häufiges, unauffälliges, doch zwingendes Handhaben der Form und einer zierlich gelockerten Sprache. Ihn kennenzulernen, ermöglichen besonders die folgenden Romane: »Die Insel der Pinguine« (1909), die sinnbildhafte Darstellung des Lebens von Pinguinen, die von der Taufe bis zum Kriegführen, von ihrem Napoleon bis zu ihrem Dreyfus-Fall und ihren Kabinettskrisen alle »Errungenschaften« Frankreichs besitzen; schließlich wird alles zerstört. In »Die Götter dürsten« (1912) werden die Taten der Revolutionäre von 1793 mit Achtung beobachtet; doch die Liebe von FRANCE gilt jenem alten Herrn, der ständig seinen Lukrez liest und daher zum Hassen keine Zeit hat. Im »Aufruhr der Engel« (1914) bemerkt man die Gegenwart des himmelsmüden Engels zuerst daran, daß Bücher (als Fundgruben des Geistes) aus einer Pariser Bücherei gestohlen werden. Bei einem Ehebruch wird dem jungen Esparvieu die Kunde seines bücherstehlenden Schutzengels, die Engel planten einen Aufruhr gegen den Allmächtigen. Freilich, die Lockungen von Paris, die Schwierigkeiten und Kleinlichkeiten dieser Erde verzögern den Aufstand, und als er endlich ausbricht, kommt auch nichts Besonderes zustande. Zustande aber kommt eine heiter-bittere Kritik von FRANCE an Sitten, Gesellschaft, Politik und vor allem an der Ungerechtigkeit auf der Welt. Kernstück: eine gewaltige Rede Satans.

Unter den in den fünfziger Jahren des 19. Jahrhunderts geborenen Dichtern sind die folgenden bemerkenswert. Der leicht melancholische PIERRE LOTI (1850–1923) zeichnet in verschwimmenden Farben Bilder des Meeres und des Orients; bekanntester Roman »Die Islandfischer«. PAUL BOURGET (1852–1935) schrieb anfangs psychologische Romane und Novellen aus »der Gesellschaft« (»Cosmopolis« und »Tragische Idylle«), verlor sich dann aber in moralisierende Langweiligkeiten.

Wichtiger aber die sechziger Jahre als Geburtsjahrzehnt weitwirkender Schriftstellerpersönlichkeiten. Da ist zunächst MAURICE BARRÈS (1862–1923), vielfach deutscher Kultur dankbar verpflichtet und Deutschenhasser, Politiker und Schriftsteller, kühl im Verstand und glühend im Herzen – Unentschiedenheiten, die sich in seinen Werken spiegeln. Seine nationalen Romane sind verklungen, aber man lese die wohlgefeilte, sprachlich und gedanklich dichte kleine Erzählung »Der Mord an der Jungfrau«, deren Art manchen Späteren beeinflußt hat. TRISTAN BERNARD (1866–1947), heute in weiten Kreisen vergessen, schrieb Bühnenwerke und Romane, deren meist Unentschiedene, unentschlossene »Helden allerlei literarische Nachfahren gezeugt haben. Der Nobelpreisträger ROMAIN ROLLAND (1866–1944) ist in seinen Anschauungen vielfach ANATOLE FRANCE verwandt; doch an die Stelle von dessen skeptischer Betrachtung setzt er ein revolutionäres, auf Besserung der menschlichen Verhältnisse gerichtetes Wollen. »Gerechtigkeit – und wenn der Himmel einstürzt. Über allem steht ihm der Friede, erreichbar auf der Grundlage eines übernationalen, überrassischen, überkirchlichen Idealismus. Verschiedene Dramen, mit denen ROLLAND ein

»Theater des Volkes« schaffen will, spielen während der Französischen Revolution, so die Trilogie »Der 14. Juli«, »Danton« und »Die Wölfe«, so auch »Der Triumph der Vernunft«. In diesem Drama stehen so bezeichnende Sätze wie

> »... Betrachten wir in aller Ruhe die Verwirrung, die sich hinter dem Namen der Vernunft verbirgt. Eines nur ist wichtig: in uns selbst darf sie nicht erniedrigt werden ... Wir haben den Menschen die Vernunft gebracht. Ihr Kopf war zu schwach, um ein so starkes Getränk zu ertragen. Die Vernunft läßt ihre tierischen Seelen in Irrtum fallen ...«

Bekannter sind in Deutschland die Romane von ROLLAND, vor allem der umfangreiche »Jean Christoph« (1904/12); dieses Buch behandelt nicht nur das Schicksal eines großen deutschen Musikers, sondern das über die nationalen Grenzen weit hinaus strahlende Wesen echter Musik – Beispiel für ROLLANDS übernationalen Idealismus. PAUL CLAUDEL (1868–?), von Beruf Diplomat, von Berufung Verfechter des christkatholischen Dogmas in dichterischer Sprache, will wohl im Grunde nicht als Dichter angesehen werden, sondern als Diener Gottes, dessen Lob er in formschönen Dankgebeten singt, und als – nicht immer leicht verständlicher – Verkünder seelischen Ringens um Gott. In Deutschland kennt man vor allem seine »Verkündigung«, den »Seidenen Schuh« und den Text zu HONEGGERS Oratorium »Johanna auf dem Scheiterhaufen«, Werke, die das mittelalterliche Mysterienspiel in neuzeitlichem Gewand wieder erstehen lassen wollen. Im Gegensatz zu seinem einstigen Freund CLAUDEL hat ANDRÉ GIDE (1869–1951) fast zeitlebens einen gedankentiefen Kampf gegen die katholische Kirche geführt, und zwar weil er durchaus individualistisch denkt, einem »ästhetischen Immoralismus« anhängt und an zweckfreies, ursachenloses Handeln des Menschen glaubt.

> »Ich bemühe mich, meinen Lesern Kraft, Freude, Mut, Mißtrauen und Scharfblick zu geben, aber ich hüte mich wohl, ihnen Richtungen anzuweisen. Ich meine nämlich, daß sie diese nur durch sich selbst, oder besser: in sich selbst finden können.«

In Essays, Erinnerungen und Briefen kommt er immer wieder auf die Not des menschlichen Ich zurück. Ebenso in seinen dichterischen Werken (vor allem Romanen), die ihn als vielseitig bewanderten, geistig beweglichen und tiefblickenden Schreiber erkennen lassen, der zwischen klassischer Formgebung und romantischem Erlebnisdenken einen Ausgleich sucht. Unter seinen Romanen sind besonders charakteristisch »Die Falschmünzer« und »Die Verliese des Vatikans«.

Von manchen Seiten hochgeschätzt wird PAUL VALÉRY (1871–1945) als neuer Klassiker des reinen Ausdrucks. Dichtung ist ihm »Feier des Intellekts«. Er gilt als Vollender von MALLARMÉS Wollen. Kein Wunder, daß er so unverständlich ist. »Die Vernunft will, daß der Dichter den Reim der Vernunft vorzieht.« VALÉRY bewegt sich in seinen Gedichten stets in den höchsten Höhen reinen Dichtens um des Dichtens willen. RILKE hat ihn trefflich übersetzt:

»Deine Schritte, als meines Schweigens
Kinder, arglos und langsam gesetzt,
nahm sich dem Bette, wo ich mich eigens
wachsam halte, und frieren jetzt.

Göttlicher Schatten, du Reine, du Gute,
o deiner Schritte verhaltener Gruß!
Was ich, ihr Götter, an Gaben vermute,
kommt jetzt zu mir auf entkleidetem Fuß.

Wenn deine Lippen vielleicht schon vom Weiten
jenem, der in mir sich bergen muß,
seine unendliche Stillung bereiten,
endlich in dem nährenden Kuß,

eile mir nicht zum Vollzuge, dem zarten,
Süße, drin Sein und Nichtsein stritt,
denn ich lebte vom Dich-Erwarten,
und mein Herz war nichts als dein Schritt.«

Ein förmlicher Kult wurde mancherorts getrieben mit MARCEL PROUST (1871–1922). Ein schweres Asthma-Leiden zwang ihn, sich die letzten anderthalb Jahrzehnte seines Lebens völlig von der Welt abzuschließen. In dieser Vereinsamung schrieb er sein Hauptwerk, die Roman reihe »Auf der Suche nach der verlorenen Zeit«. Als man dieses Werk vor rund hundert Jahren zum ersten Male lesen konnte, erstaunte die an BALZAC erinnern de Fülle der Gestalten (an die zweihundert Personen) und die an STENDHAL geschulte kühle Seelenzerlegung. Aber dann fragte man sich, was einen – bei aller Meisterschaft der bis in die winzigsten Staubkörnchen eindringenden Darstellung – die dort geschilderte verfallende, verfaulende Adels- und Bürgergesellschaft um 1900 angehe nach dem Erleben des ersten Weltkrieges. Und was geht sie uns erst recht heute an! Gewiß, der (durch den Philosophen BERGSON ermöglichte) Kunstgriff, das Vergehen aller Wirklichkeit in der Zeit aufzuheben, in dem man das Vergangene in der Erinnerung zu neuer Wirklichkeit formt, das heißt, Durchlebtes und Durchdachtes zu einem Größeren verdichtet – dieser Kunstgriff ist bewundernswert durchgeführt. Aber er bedeutet ein Sezieren des Toten, ist kein Schaffen neuen, wirklichen Lebens. Was wird aus den glänzend angeschlagenen Themen Liebe, Eifersucht, Homosexualität, lesbische Liebe, Erinnerung, Leben – was wird aus diesen Themen, wenn sie PROUST in unendlichen, qualvollen, peinlichen Kleinstvariationen durchführt? Nichts als Aufregung und Erregung zuckender Nerven. Das Ganze ein fast erschöpfendes Beispielbuch für das Zergliedern und Zerlegen einer untergegangenen Gesellschaft, eine Darstellung der Welt ohne Sinn, des bloßen Daseins, der Nichts-als-Existenz. Der Existentialismus beginnt sich abzuzeichnen. Welch echte Lebenswärme dagegen in den Romanen der COLETTE (1873–1954, richtiger Name GABRIELE DE JOUVENEL). Bei ihr bleibt Liebe stets Liebe, zu der die wahrhaftig nicht verschwiegene Erotik zwar gehört, die aber nicht das einzige bleibt. Instinkt, Liebe, herzenswarme, menschliche Nähe sind bei der COLETTE trotz aller Beobachtungsschärfe immer noch lebendige, zeugungskräftige Werte, die sie in einer oft geradezu bannenden Sprache Wirklichkeit werden läßt (vor allem »La retraite sentimentale« und »Chery«). Ebenfalls dem Leben in all seinen sinnenhaften, sinnlichen Erscheinungsformen zugewandt sind die lyrischen Dichtungen der in Deutschland allerdings wenig bekannten Lyrikerin ANNA DE NOAILLES (1876–1933). Sie kommt sichtlich von BAUDELAIRE und FRANCE her. Eine Novellensammlung »Die Unschuldigen« (1903) ermöglicht es auch dem deutschen Leser, sich eine zureichende Vorstellung von der Dichtung dieser ungewöhnlichen Frau zu machen.

In den achtziger Jahren wurden mehrere französische Dichter geboren, die auch in Deutschland großen Widerhall gefunden haben. Da ist zunächst Jean GIRAUDOUX (1882–1944), der Verfechter deutschfranzösischer Geistesbeziehungen. Man nennt ihn zuweilen den »RACINE der Moderne« wegen seiner scheinbar kühl gemeisterten Darstellungsweise und seinem ausgeprägten Formen sinn. Das trifft aber nur eine Seite des Dichters. Seine kühnen, oft verwirrenden Bilder und Vergleiche sollte man ebensowenig übersehen wie seine echte, wenn auch beherrschte Herzensgüte, die selbst seine schärfsten kritischen Bemerkungen durchwärmt und ihn dahin führt, eine alle Grenzen sprengende Menschlichkeit auf seine Fahnen zu schreiben. Grenzen sprengt er auch als Dichter, insofern er die Wirklichkeit durch Hinzunehmen des Märchens, des Überwirklichen (das aber stets als wirklich und wirkend erlebt wird) stark erweitert; das ist bei ihm kein surrealistischer, sondern eher ein deutsch-romantischer Zug. Während sich seine Romane bei uns noch nicht durchgesetzt haben, konnten sich seine Bühnenwerke einen festen Platz erobern: »Siegfried« (1928, junger Franzose lebt nach Verlust seines Gedächtnisses infolge einer Kriegsverletzung als Deutscher weiter und sucht sein wirkliches Ich), »Amphitrion 38« (1928, neue Sicht des uralten Stoffes), »Der trojanische Krieg wird nicht stattfinden« (1935, Ironisierung der Kriegs»gründe«), »Undine« (1939, deutsche Romantik des 19. Jahrhunderts verschmolzen mit französischer Geistesschärfe der Gegenwart), »Die Irre von Chaillot« (1946, modernes Märchen von den »normalen« Ausbeutern der Welt, die von den »unnormalen« einfachen Menschen gesunden Verstandes und natürlichen Herzens überwunden werden). Zu den Franzosen, die sich gegen den überbetonten Individualismus mancher neuerer Dichter wenden, gehört GEORGES DUHAMEL (1884–1966). In zahlreichen Gedichten, Erzählungen und Bühnenwerken legte dieser Dichter-Arzt die kritische Sonde an die Erscheinungsformen unserer überindustrialisierten Erde, suchte den Alltag wieder zu einem Tag des Alls zu machen, den Menschen zu einem Weltwesen. Dabei nicht lehrhaft scharf, sondern verständnisvoll, gütig, auch humorvoll. Ein großartiger Mitstreiter DUHAMELS war JULES ROMAINS (1885–1972). Er begann mit Gedichten »La vie unanime« (Unanimismus nennt man die von ihm und DUHAMEL ins Leben gerufene Bewegung gegen den Überindividualismus für ein Ganzheitserleben), schrieb auch verschiedene Bühnenwerke (»Der Diktator«, »Grace en Core pour la terre« usw.), wurde aber besonders bekannt durch eine lange Romanreihe mit dem für ROMAINS bezeichnenden Gesamttitel »Die guten Willens sind«, bezeichnend, weil ROMAINS eintritt für eine Verständigung aller Völker und aller Menschen, die guten Willens sind. Jedem das Seine im Rahmen einer allumfassenden Gerechtigkeit und eines das All umfassenden Lebens – so etwa ließe sich die Geisteshaltung von ROMAINS umschreiben. Aus dem genannten Romanzyklus sind bei uns besonders bekannt »Am 6. Oktober« und »Quinettes Verbrechen«. Der gleichaltrige FRANÇOIS MAURIAC (1885–1970) gehörte zu den betont katholischen Dichtern des neueren Frankreich. In einer Abhandlung über den »Roman und seine Gestalten« sagt er einmal, die Romanschriftsteller von heute trachteten danach, alles zu sagen zu wagen, aber alles rein zu sagen, sie seien mutig, aber schamhaft zugleich; dadurch blieben sie der klassischen Überlieferung treu. Ob dieser Satz in seiner Fassung stimmt oder nicht – für MAURIAC trifft er zu. Mit erstaunlicher Offenheit, doch innerlich gläubig gebunden behandelt er (häufig etwas zu psychologisch) alle Fragen, die um Gott und die- Erde, um Gesellschaft und Familie kreisen. Von seinem edlen Erzählerstil geben auch die Übersetzungen mancher Romane einen Begriff; u. a. »Fleisch und Blut«, »Die schwarzen Engel«, »In diesen Kreisen«, »Die Pharisäerin«, »Einöde der Liebe«. Ebenfalls zu den betont katholischen Schriftstellern zählt GEORGES BERNANOS (1889–1948, lebte das letzte Lebensjahrzehnt in Südamerika). Mit zuweilen etwas gewaltsamen psychologischen Mitteln stellt er die Gott verpflichtete, aber durch den Teufel versuchte Seele des Menschen dar im quälenden Ringen zwischen Glauben und Zweifel. BERNANOS ist in jedem Augenblick echt als ringender Mensch; aber in seinen Romanen überwiegen das Philosophische, Religiöse und Psychologische so sehr das eigentlich Dichterische (dieses ist an sich durchaus vorhanden, zuweilen sogar sehr stark), daß man ihn in einer Darstellung dichterischer Erscheinungen kaum zu würdigen vermag. Deutsch erschienen: »Die begnadete Angst« (ergreifendes, doch wenig theatergerechtes Bühnenwerk), »Die Sonne Satans« (immer noch der für BERNANOS bezeichnendste Roman), »Ein Verbrechen«, »Die tote Gemeinde«, »Ein böser Traum«, »Die neue Geschichte der Mouchette«, »Die unbeugsame Schar«, »Tagebuch eines Landpfarrers«, »Das Haus der Lebenden und der Toten« (Tagebuch).

Eine für bestimmte Züge der jüngeren Zeit sehr bezeichnende Erscheinung ist JEAN COCTEAU (1892–1963). Maler, Dichter, Regisseur und alles mögliche andere, im ersten Weltkrieg Flieger. Was es nur an »Richtungen« in den letzten Jahrzehnten gegeben hat, vom anarchischen Surrealismus bis zum strengen Katholizismus – COCTEAU war bei allem dabei. Und zwar in jedem Augenblick ehrlich und überzeugt, bis der nächste Augenblick ihn von etwas Neuem überzeugte. Meister in allen Stilen, stets quirlend vor Lebendigkeit, geistreich und witzig, dann wieder im Tragischen bohrend. Ein blendendes, wenn auch vorerst noch nicht leuchtendes Licht. Schrieb Ballette, Opern, Filme, Dramen, Gedichte, Oratorien – eigentlich alles. Schrieb »Die schrecklichen Kinder« im Jahre 1929 und zwölf Jahre später »Die schrecklichen Eltern«. Bei uns besonders bekannt der Monolog »Eines Menschen Stimme« (1930), »Die Höllenmaschine« (1934), »Der Ochse auf dem Dach«. Im Gegensatz zu COCTEAU sucht JEAN GIONO (1895–1970) das Schlichte, Naturhafte, Gewachsene und Wachsende mit leuchtenden Farben und breitem Pinsel darzustellen, vergißt (bewußt) über der Freude am Kreatürlichen oft genug die gestellten Aufgaben des Erzählers und ergeht sich in lyrischen jedoch auch scharfen zeitkritischen Betrachtungen. Mit ungeheurem Ernst schildert er in dem Scheinroman »Triumph des Lebens« (1940) zum Beispiel Fülle und Freuden des Essens auf einem Berghof:

> »Es wurden ein ganzer Stinken und ein gut schneidendes Messer auf den Tisch gelegt. Dann kamen ein Korb mit weißem Käse ,eine Schale mit dicker Milch, Sahne, Honig, ein Rapunzelsalat mit Zwiebeln und mit eingemachten Pfifferlingen, kalte Fleischklößchen, Wurst, Pastete von wacholdergewürztem Schweinefleisch, Weizenklöben, eine Korbflasche mit hell rotem Wein, zwei Flaschen Schnaps, ein gewaltiger Glaskrug voll Eiswasser, Himbeergelee, Walderdbeeren, Heidelbeeren, Pflaumen, Steinpilze in Essig, rote Rüben. ein Kräuterkäse.«

Und so geht es weiter, seitenweise, sodaß selbst ein RABELAIS vor Neid erblassen müßte. Doch dieses alles nicht als Selbstzweck, sondern bewußt als natürlicher Gegensatz gebracht zu aller Blutleere gegenwärtigen Lebens und – Schreibens. Deutsch erschienen von GIONO u. a. noch die Romane »Ernte«, »Bergschlacht«, »Der Berg der Stummen«, »Der Träumer«, »Der Husar auf dem Dach«. Um den ganzen Abstand der verschiedenen Strömungen zu ermessen, halte man gegen die zitierte Stelle von GIONO ein paar Zeilen des gleichaltrigen Surrealisten Paul ÉLUARD (1895–1952) in der Übersetzung von HERMLIN:

»Daddy von den Ruinen
Mann mit dem durchlöcherten Hut
Mann mit den tiefen Augenhöhlen
Mann mit dem schwarzen Feuer
Mann mit dem leeren Himmel
Rabe langem Leben bestimmt
Du hattest geträumt glücklich zu sein
Daddy von den Ruinen
Dein Sohn ist tot
Ermordet
. . . .«

Zu beachten die nur scheinbare Äußerlichkeit, daß keinerlei Satzzeichen vorkommen: Ein Kennzeichen des zwischen Wirklichkeit und Traum keine Grenzen anerkennenden Surrealismus, der ja »an die Allmacht des Traums, an das zweckfreie Spiel des Denkens glaubt« (BRETON in seinem »Manifest«).

Der in Amerika aufgewachsene, aber ganz zum Franzosen gewordene JULIEN GREEN hat es sich nicht leicht gemacht. Alle philosophischen und literarischen Richtungen hat er aufmerksam studiert. Hebräisch gelernt, um die Bibel nicht in Übersetzungen lesen zu müssen, hat sich mit Musik und Malerei ernsthaft herumgeschlagen, Jahre in der Emigration gelebt. So ist es kein Wunder, daß er, als er zum Katholizismus übergetreten war, sich zwar im reinen Glauben zu finden meinte, daß dieser Glaube aber angereichert (oder gemindert) erscheint durch wissenschaftliches Denken, psychologische Einsicht und einen geradezu realen Mystizismus. Über allen seinen Romanen liegt daher das Grauen, das ein Sehender empfindet, wenn er Menschen beobachtet, die sich selbst genug sein wollen. Und diese Romane stellen das psychologisch-realistisch dar. Bekannt vor allem »Leviathan« (1929), »Trümmer« (1932), »Mitternacht« (1936) und »Moira« (1949). Viel gelesen wird bei uns ANTOINE DE SAINT-EXUPÉRY (1900–1945), besonders sein – auch dramatisierter – Roman »Nachtflug« (1931). Das mag mit daran liegen, daß der Dichter selbst Flieger war und es fertigbringt, in einer äußerst musikalischen, oft gleitend-schwebenden Prosa das Flugerlebnis, dieses gleichzeitige Anerkennen und Aufheben der Schwerkraft, ins Seelische zu übersetzen. Ferner: »Wind, Sand und Sterne«, »Der Flug nach Arras«; letzte erfolgreicheRomane »Die Stadt in der Wüste«, »Die Zitadelle«. Eine recht bedeutsame Novelle (neben vielem anderen) schrieb JEAN VERCORS, Widerstandskämpfer, eigentlicher

Name BRULLER) mit dem »Schweigen des Meeres« (1942). Er untersucht darin in durchaus künstlerischer Form die Frage, ob zwischen Deutschland und Frankreich eine Dauerverständigung möglich sei, und beantwortet sie mit einem endgültigen, aber schwer errungenen Nein, das nur weniger Jahre später durch eine für ihn nicht erkennbarbare Entwicklung eine gänzlich falsche Schlußfolgerung war..

Von den französischen Existentialisten nennen wir nur zwei: SARTRE und CAMUS. JEAN-PAUL SARTRE (1905–1980) ist ein Philosoph, der seine Anschauungen in packenden Romanen und Bühnenwerken niedergelegt hat. Nach ihm gibt es keinen Gott und kein Jenseits, sondern der Mensch »existiert« eben. Wenn er sich dieses bloßen Existierens bewußt wird, dieses »leeren Raums in seinem Innern«, so ergreift ihn Angst und Widerwille. Er kann nichts dafür, daß er existiert. Was soll er mit dieser Existenz anfangen? Das ist ganz in sein Belieben gestellt. Der Einzelne ist gezwungen, von dieser ihm aufgenötigten Freiheit irgendeinen Gebrauch zu machen – einen Gebrauch, der von allen möglichen Zufälligkeiten abhängig sein kann. Damit ist der Mensch nicht etwas Vorherbestimmtes, sondern er ist nur das, was er aus sich macht. Dieser pessimistische, vielfach nihilistische Gedankengang spiegelt sich in allen literarischen Werken SARTRES. Und zwar vermöge der ungewöhnlichen dramatischen Kraft und erzählerischen Begabung des Dichters so stark und schein-selbstverständlich, daß der Leser oder Hörer meist gar nicht merkt, daß ihm eine ganz bestimmte Philosophie vorgesetzt wird. Die angewendeten Mittel sind zumeist nicht psychologischer, sondern realistischer und naturalistischer Art, wobei es freilich auch nicht an Surrealistischem fehlt. Da es in diesem Existentialismus kein Gut und kein Böse geben kann und auch keine Überlieferungswerte, beginnt z. B. SARTRES Umdichtung des alten Orestie-Stoffes »D ie Fliegen« folgerichtig damit, daß Elektra das Jupiter-Standbild mit »Sauhund« anspricht. Bekannter noch »Die schmutzigen Hände«, ein Stück, das sich unter anderen gegen bestimmte kommunistische Kampfmethoden richtet. »Bei geschlossenen Türen« und »Die ehrbare Dirne« werden bei uns allen Ernstes diskutiert. Mit den »Toten ohne Begräbnis« bekennt sich SARTRE zur echten résistance, das heißt zum Widerstand gegen *jede* Unterdrückung. Im »Räderwerk« nimmt SARTRE den Grundgedanken der »Schmutzigen Hände« nochmals auf. Ferner u. a. drei Romane unter dem Gesamttitel »Wege der Freiheit« (Zeit der Reife / Der Aufschub /

Der Pfahl im Fleisch). Ebenfalls Existentialist, aber ein intellektueller Gegner von SARTRE ist ALBERT CAMUS (1913–1960). Auch er ein Mann der résistance, wie sein Drama »Caligula« beweisen soll. Gegen Tyrannei gerichtet ist auch der »Belagerungszustand«, Dramatisierung seines Romans »Die Pest«, in dem in einer merkwürdig verhaltenen, zuweilen langweilig berichtenden und moralisierenden (!) Sprache das unabänderliche Wachsen einer – sinnbildhaft gemeinten – Seuche scheinbar unbeteiligt dargestellt wird.

Von SARTRE her kommt JEAN ANOUILH (1910–1987). Seine ungewöhnliche Theaterbegabung hat anfangs wohl manchen im deutschen Sprachraum veranlaßt, ANOUILHS Existentialismus für gewichtiger zu nehmen, als er ist. In Wirklichkeit greift dieser Franzose IBSENS Gedanken von der Lebenslüge wieder auf und exerziert uns die Morschheit der sogenannten »unvergänglichen Werte« auf der Bühne vor, besonders gern an Beispielen aus dem Alltagsleben oder aus der altgriechischen Tragödie. Seine Gestalten liebäugeln dann wohl mit dem bequemsten Ausweg: dem Tode, der Auflösung der »Existenz«. Als reiner Dramatiker ist ANOUILH eine der bedeutendsten Erscheinungen des 20. Jahrhunderts. U. a. »Romeo und Jeanette«, »Eurydice«, »Orest«, die »roten« und die »schwarzen« Stücke.

Um es in wenigen Worten zusammenzufassen: Auch die französische Dichtung der ersten Hälfte des 20. Jahrhunderts bietet nach Thematik und Darstellungsart ein Bild der Gärung. Gärung aber heißt Unfertigkeit und zugleich Vorbereitung für eine vielleicht kommende Vollendung und in jedem Falle aber eine Entwicklung zu Neuem.

Inselsprache mit Weltgeltung

Großbritannien

Um die englische Literatur erfassen zu können, muß man wissen, wie die Sprache des heutigen England entstanden ist. Ursprünglich wurde in Britannien Keltisch gesprochen. Als die Römer vorübergehend Teile des Landes besetzt hatten, vermochten sie nur wenig von ihrer Sprache dem Keltischen Sprachbaum aufzupfropfen. Das wurde anders, als im fünften Jahrhundert die Angeln, Sachsen und Jüten auf der britischen Insel landeten und dann in langen Kriegen die Kelten immer mehr zurückdrängten. Da wurde das »Niederdeutsch« der Eroberer bald zur herrschenden Sprache. Nach den Angeln wurde schließlich das Land »Angelland«, England genannt. Seit dem Beginn des 7. Jahrhunderts setzte dann die christliche Missionstätigkeit ein, und damit wurden auch zahlreiche lateinische Wörter dem altenglischen Sprachschatz zugeführt. Die nächste Sprachbereicherung kam im 9. Jahrhundert von den Dänen, die in England eindrangen. 1066 schlug der Normannenherzog Wilhelm der Eroberer die Engländer bei Hastings und gewann bald die Vorherrschaft über den größten Teil des Landes. Seine Hofhaltung und seine Verwaltung sprachen ein normannisches Französisch und führten eine Unzahl neuer Wörter in die Inselsprache ein. Alle diese Bestandteile wurden jahrhundertelang kaum vermischt, sondern nebeneinander verwendet: Latein war die Sprache der Gelehrten und der Kirche, Französisch die der Politiker und Dichter, Englisch die des Volkes. Von einem Gebildeten verlangte man, daß er diese drei Sprachen beherrsche. Bis ins 18. Jahrhundert galt das Französische als alleinige Amtssprache. Und erst seit dieser Zeit haben sich die verschiedenen Bestandteile der in England gebräuchlichen Sprachzweige wirklich zu jenem Sprachbündel vereinigt, das wir heute kurzweg »englisch« nennen.

Der Deutsche meint oft, Englisch sei eine klanglich häßliche Sprache. Daß dies ein Irrtum ist, hätte man längst daraus erkennen sollen, daß die Engländer eine so reiche und vielseitige Dichtung hervorgebracht haben. Reich und vielseitig konnte diese Dichtung werden, weil die Zusammensetzung der Sprache nicht nur vielerlei dichterische Ausdrucksmöglichkeiten bot, sondern weil mit den verschiedenen Sprachen auch die Erlebens- und Zivilisationsformen verschiedener Länder und Völker auf die britischen Inseln und ihre Bewohner übertragen wurden. Wessen die endgültig gefestigte englische Sprache fähig ist, hört man bereits bei SHAKESPEARE. Bei diesem Dramatiker reicht sie von rauher, kriegerischer Wucht (Macbeth) bis zu verträumter Süße (Romeo und Julia), von wissenschaftlicher Spitzfindigkeit (Kaufmann von Venedig) bis zu rüpelhafter Ausgelassenheit (Falstaff-Szenen).

Anfänge

So bedeutsam die Zeugnisse der frühen englischen Dichtung für die Literaturgeschichte und für den Engländer sein mögen, in unserem Rahmen können selbst die wichtigsten nur kurz erwähnt werden. Um die Mitte des 7. Jahrhunderts lebte der Angelsachse CAEDMON, angeblich ein Hirt, den ein Engel im Traum die Kunst des Dichtens gelehrt haben soll. Mönche erzählten ihm den Inhalt der Bibel, und CAEDMON brachte das Geschehen in Verse. Bekannter noch der *Beowulf*. Offenbar handelt es sich im Kern um eine aus Germanien mitgebrachte Heldensage der Angeln und Sachsen. Die handschriftliche Fassung aus dem 10. Jahrhundert macht es wahrscheinlich, daß der Dichter im 8. oder 9. Jahrhundert gelebt hat. Beowulf ist ein Wikinger, der die Dänen unter ihrem König Hrothgar von grausigen Ungeheuern befreite und der später, als er selbst König geworden war, sein eigenes Volk vor einem Drachen rettete, dabei aber auch das Leben verlor. Zuweilen finden sich leichte christliche Anklänge. Das Gedicht besteht aus rund 3000 Langzeilern (oder 6000 Kurzzeilern) mit Stabreimen. Neben diese poetischen Werke treten in der angelsächsischen Zeit einige Prosa-Arbeiten: die Übersetzung des Johannes-Evangeliums durch BEDE (673–735) und verschiedener philosophischer und historischer Schriften durch König ALFRED den Großen (gest. 901). Diese Tatsachen seien hier erwähnt, weil man in England schon sehr bald CAEDMON den Vater der englischen Poesie und König ALFRED den Vater der englischen Prosa nannte.

Das Hochmittelalter, also die Zeit der französischen Troubadours und der deutschen Minnesänger, war für die englische Dichtung, soweit sie uns hier angeht, wenig ergiebig. Man erfreute sich an französischen

Liedern und Heldensagen (insbesondere denen von Karl dem Großen, vom König Artus, an Erzählungen aus den Kreuzzügen; vergl. dazu den Abschnitt über Frankreich); manches wurde auch aus dem Französischen übersetzt. Wichtig für spätere Zeiten wurde in dieser »Normannischen Periode« GEOFFREY MONMOUTH mit seiner »Geschichte der Briten« (M. lebte in der ersten Hälfte des 12. Jahrhunderts). Das ist freilich kein Geschichts-, sondern ein Geschichten-Werk. Es enthält u. a. die Artus-Erzählungen, vor allem auch kleinere Berichte, denen dann englische Dichter ihre Stoffe entnahmen (z. B. SHAKESPEARE für seinen »Lear«).

Im eigentlichen Sinne beginnt die englische Dichtung, also die Dichtung in englischer Sprache, erst mit GEOFFREY CHAUCER (1340–1400). Zu seinen Lebzeiten hatte JOHN WICLIF die Bibel ins Englische übersetzt und damit Englisch in der Prosa literaturfähig gemacht. CHAUCER tat dasselbe in der Poesie. Es ist die Zeit des Hundertjährigen Krieges zwischen England und Frankreich. CHAUCER war mit dem Schwarzen Prinzen in Frankreich und später verschiedentlich in königlichem Auftrag in Italien. Dort traf er PETRARCA und lernte BOCCACCIOS Werke kennen. Die Verskunst des einen und die Erzählerphantasie des andern haben ihn stark berührt, und in seinen »Canterbury-Geschichten« hat er versucht, die Eigenarten der beiden großen Italiener dichterisch zusammenzufassen. Den Aufbau dachte er sich so: Eine Reihe von Menschen aller Standes- und Berufsklassen sollten eine Pilgerfahrt nach Canterbury machen, in dessen Kathedrale der erschlagene Thomas Beckett ruhte; jeder von ihnen sollte nun, damit die Fahrt schneller vorüberginge, auf dem Hin- und auf dem Rückweg je zwei Geschichten zum besten geben. CHAUCER konnte sein Werk nicht beenden. Die vorliegenden einige zwanzig »Tales« sind meist in Versen geschrieben. In diesen Geschichtlein zeichnet sich bereits eine Besonderheit der englischen Dichtungsart deutlich ab: Der jeweilige Erzähler unterscheidet sich in seiner Vortragsweise unverwechselbar von allen anderen, die Geschichten selbst werden geradezu »pointiert«a vorgetragen, neben einem greifbaren Realismus steht ein prachtvoller Humor. Kein Wunder, wenn CHAUCER einen noch umfassenderen Ehrentitel bekam als CAEDMON, der Vater der Poesie, und König ALFRED, der Vater der Prosa: Man nannte CHAUCER den Vater der englischen Dichtkunst schlechthin.

Mehr als anderthalb Jahrhunderte vergingen, bevor in England ein neuer Dichter aufstand. Schwere politische Kämpfe im Innern wie nach außen (»Kriege der weißen und der roten Rose«) mußten ausgefochten werden, die Reformation griff nach England hinüber, die Italienische Renaissance brachte Kunde von der griechischen Klassik – für die Dichtung aber war es eine Zeit des Kräftesammelns, des Erprobens altgriechischer und neu-italienischer Sprachkunst, des Erlernens streitbarer Rede und Widerrede (kirchliche Streitgespräche). Dagegen liefen die beliebten Bühnenspiele immer weiter. Im Mittelalter waren es die Mysterienspiele der Kirche gewesen mit ihren Heiligen, Engeln und Teufeln auf der dreigeteilten Bühne (Himmel, Erde und Hölle). Nun folgten die Moralitätenspiele, in denen Verkörperungen der Güte, der Liebe, der Bosheit, der Gerechtigkeit als »Helden« auftraten. Zwischen die teilweise sehr langen (und langweiligen) Akte der »Moralitäten« schob man unterhaltsame, teilweise recht derbe Zwischenspiele ein, und aus diesen entwickelte sich die Komödie. Endlich seien nicht übersehen die beliebten Maskenspiele. Diese vier Gruppen wurden zwar ständig leicht umgebildet oder ineinandergeschoben, auf jeden Fall aber blieben sie lebendig und bildeten ein Überlieferungsgut, dessen sich dann die großen Dramatiker bedienen konnten.

Die elisabethanische Zeit

1558 bestieg die »jungfräuliche Königin« Elisabeth, Tochter Heinrichs VIII. und der Anna Boleyn, den englischen Thron; sie regierte bis 1603. Nach schwierigen Auseinandersetzungen wurde England unter ihrer Regierung ein verhältnismäßig einheitlicher, kraftvoller Staat. Es gab nur mehr eine Staatskirche, die anglikanische, die Kämpfe mit Frankreich hörten auf, der spanische Widersacher erwies sich ohnmächtig (1588 ging die spanische Armada zugrunde), die Engländer konnten darangehen, auf eigenen Schiffen ihren eigenen Handel durchzuführen, ihre Kolonien auszubauen und neue zu erwerben.

In diesen Jahrzehnten blühte auch die englische Literatur mächtig auf. Während der literarisch unfruchtbaren »Grobianischen Zeit« in Deutschland wirkten in England überragende Geister wie SPENSER, MARLOWE, SHAKESPEARE und BEN JONSON.

Edmund Spenser (1562–1599) sagt dem deutschen Leser von heute freilich nicht mehr viel. Als er sein bedeutendstes Werk »Die Feenkönigin« (The Fairy Queen) begonnen hatte, brachte ihn Walter Raleigh an den Hof Elisabeths. Beeindruckt und geschmeichelt von seinem Gedicht gewährte sie ihm eine Jahresrente als Hofpoeten. Das Versmaß der »Feenkönigin« geht auf die achtzeilige, gereimte Stanze der Italiener zurück, fügt aber noch eine zwei Silben längere Zeile hinzu (»Spenser-Stanze«). Das Gedicht selbst mutet uns heute etwas gewollt und gespreizt an; doch damals erregte die Art, Tugenden und Laster als Ritter und Damen auftreten zu lassen, allgemeine Begeisterung, zumal man in den einzelnen Figuren zugleich lebende Persönlichkeiten erkannte: so war Gloriana (die in Gott Ruhmreiche) natürlich Elisabeth selbst, Orgoglio (der hochmütige Stolz) ihr Widersacher Philipp von Spanien, Duessa (die Falschheit) Maria Stuart und so fort.

Von den damals lebenden Dramatikern war nach Shakespeare der bedeutendste Christopher Marlowe (1564–1593). Sein viel zu wenig bekannter »Doktor Faustus« von 1588 ist der Handlung nach ein fantastisches Schauerstück; fast möchte man annehmen, Marlowe hätte sein eigenes wild-wüstes Leben auf diesen Faust übertragen. Doch durch den Teufelsspuk und die Hanswurstiaden, durch alle Schauerlichkeiten und Theatergetöse leuchtet der Hochgeist eines wirklichen Dichters.

Marlowe steht freilich im Schatten des gleichaltrigen William Shakespeare (1564–1616), des größten Dramatikers des Abendlandes. Zu seiner Zeit hielt man ihn für einen guten Schauspieler und Stückeschreiber. Als man später das Riesenmaß dieses Mannes und die Größe seiner dramatischen Kunst richtig erkannte, wollte man nicht glauben, daß der Sohn eines einfachen Mannes aus Stratford on Aven über derartige Kenntnisse der Geschichte und des Menschen, über so tiefe Einsichten in den menschlichen Charakter, über so überragende dramaturgische Fähigkeiten und über eine derartige Sprachkraft verfügen könne. So wurde (und wird) die Auffassung verfochten, der wirkliche Dichter der Dramen sei der Philosoph Bacon oder Sir Walter Raleigh. Andere wieder behaupten, nicht ein Dichter, sondern mehrere hätten dieses gewaltige Bühnenwerk geschrieben. Uns aber geht es um das Werk, nicht um die Person des Urhebers; bleiben wir bei der allgemein üblichen Auffassung von einem William Shakespeare. Seine Stücke sind meist

»Dichtungen und zugleich wirksame, echte Theaterschöpfungen«. Sein Stoff ist der Mensch mit allen seinen Stärken und Schwächen, mit seinem Flug in den Himmel und seinem Fluch zum höllischen Tun, mit seinem sittlichen Ernst und seinem unbeschwerten Lachen, mit seiner überwindenden Liebe und seinem zerstörenden Hang«. Wessen der Mensch fähig ist, hat SHAKESPEARE in seinen Stücken dargestellt, und zwar nicht säuberlich getrennt und vereinzelt, sondern meist unlösbar verwoben: denn Gut und Böse, Ernst und Scherz finden sich ja auch in der Brust des Einzelmenschen. Von dieser Grundeinstellung aus findet der Dichter die Fähigkeit, die Menschen auf der Bühne so handeln zu lassen, daß man sie für Wirklichkeiten, nicht aber für Geschöpfe dichterischer Phantasie hält. Solche Fülle und Wirklichkeit des Lebendigen läßt sich nicht restlos in überlieferte Bühnengesetze einpressen. Zwar sind diese Gesetze im wesentlichen umrißhaft von SHAKESPEARE innegehalten worden, aber auch sie – wie der Dichter hinter seinen Gestalten – verschwinden, werden unsichtbar unter dem quellenden Reichtum des Geschehens und der Sprache. Insbesondere die Sprache fordert immer wieder zur Bewunderung heraus. Ihr Ausdrucksbereich umspannt zart-zärtliches Liebesgeflüster wie rauhe Kriegertöne, verschmitzte Heiterkeit wie derbe Süße, königliche Hoheit wie possenhafte Rüpelei; sie vermag Gespenstisches hörbar werden zu lassen und helle Wirklichkeit zu zeichnen, schreit unbeherrscht auf wie von Leidenschaften gequälte Menschen und kann eiskalt philosophische oder juristische Spitzfindigkeiten erörtern; sie zeichnet und malt, schnitzt und bildhauert je nach den Erfordernissen der dargestellten Zeiten, Ereignisse, Stimmungen, Willensantriebe, Gedanken, Handlungen. Und noch eines sei wenigstens nochmals angedeutet: Die großartige Kunst, im Ernsten das Heitere, im Heiteren den Ernst wirksam werden zu lassen. Das geht zwar zurück auf eine weise Anschauung seiner Zeit, daß nämlich die Wesensart jedes Menschen aus bestimmten »Säften« (das lateinische Wort »humor« bedeutet Flüssigkeit) und ihrem jeweiligen Mischungsverhältnis hervorgehe; doch SHAKESPEARE ist der erste, der diese Anschauung wahrhaft künstlerisch gestaltet hat. Heute nennt man so etwas Psychologie, eine Wissenschaft, die SHAKESPEARE so beherrschte, daß er sie künstlerisch zu formen verstand, ohne daß man auf Schritt und Tritt aufdringlich daran erinnert wird.

Bei aller Bewunderung und Liebe wollen wir aber nicht verschweigen, daß bei weitem nicht alle der drei Dutzend Bühnenwerke SHAKESPEARES den deutschen Leser oder Hörer von heute ansprechen. Die Königsdramen sind zumeist nur dem Kenner der englischen Geschichte verständlich. Wirklich bedeutsam sind nur die folgenden. »König Richard III.« (1593) verwirrt zwar durch die Fülle der Personen und Handlungen; umso großartiger und eindeutiger die Zeichnung der Hauptfigur. Es ist die Tragödie eines körperlich Mißgestalteten und seelisch Bösen, der aufgrund seines scharfen Verstandes alle Hemmnisse, die seinem Machtstreben entgegen stehen, durch schlau gesetzte Worte oder rücksichtslose Vernichtung zu beseitigen weiß. Das zweiteilige Werk »König Heinrich IV.« (1596/98) liest sich ausgezeichnet, ist aber für eine Aufführung zu lang. Doch hier erscheint der Ritter Falstaff, dieses strotzende Ur-Viech als Verkörperung alles Ur-Menschlichen in einmaliger Vollkommenheit als ironisches Heilmittel gegen alle Zeitkrankheiten (der Falstaff der Lustspiele wirkt gegen diesen Falstaff schwach). Von den sogenannten Römerdramen ist das wichtigste »Julius Cäsar« (1599), und zwar wegen der überwältigenden Charakterzeichnung des eigentlichen Helden Brutus, wegen der echten Theateratmosphäre des Stückes und wegen zahlreicher Einzelszenen wie der berühmten Rede des Antonius an der Bahre des ermordeten Cäsar. Der Anfang dieser Meisterrede mit dem ewig ironischen »doch Brutus ist ein ehrenwerter Mann« sei hierher gesetzt:

»Mitbürger! Freunde! Römer! hört mich an
Begraben will ich Cäsarn, nicht ihn preisen.
Was Menschen Übles tun, das überlebt sie,
Das Gute wird mit ihnen oft begraben.
So sei es auch mit Cäsarn! Der edle Brutus
Hat euch gesagt, daß er voll Herrschsucht war;
Und war er das, so war's ein schwer Vergehen,
Und schwer hat Casar auch dafür gebüßt.
Hier, mit des Brutus Willen und der andern,
(Denn Brutus ist ein ehrenwerter Mann,
Das sind sie alle, alle ehrenwert)
Komm ich, bei Cäsars Leichenzug zu reden.
Er war mein Freund, war mir gerecht und treu;
Doch Brutus sagt, daß er voll Herrschsucht war
Und Brutus ist ein ehrenwerter Mann
Er brachte viel Gefangne heim nach Rom,

Wofür das Lösegeld den Schatz gefüllt –
Sah das der Herrschsucht wohl an Cäsar gleich?
Wenn Arme zu ihm schrien, so weinte Cäsar
Die Herrschsucht sollt' aus härtrem Stoff bestehn
Doch Brutus sagt, daß er voll Herrschsucht war
Und Brutus ist ein ehrenwerter Mann ...«

Neben diese Sprache des harten Staatsmannes und berechnenden Demagogen halte man etwa das süße Liebesgeflüster aus »Romeo und Julia« (1592), dieser unvergänglichen Tragödie einer frühlingshaft aufblühenden Liebe, der die Feindschaft der Familien den Tod bringt:

Julia: »Willst du schon gehn? Der Tag ist ja noch fern.
Es war die Nachtigall und nicht die Lerche
Die eben jetzt dein banges Ohr durchdrang;
Sie singt des Nachts auf dem Granatbaum dort
Glaub, Lieber, mir: es war die Nachtigall.

Romeo: Die Lerche war's, die Tagverkünderin
Nicht Philomele. Sieh den neid'schen Streif,
Der dort im Ost der Frühe Wolken säumt
Die Nacht hat ihre Kerzen ausgebrannt
Der muntre Tag erklimmt die dunstgen Höhn;
Nur Eile rettet mich, Verzug ist Tod.«

Dann wieder bohrendes Grübeln und Philosophieren wie in der Charaktertragödie »Hamlet« (etwa 1600) mit ihrem weltweiten immer wahren Gegensatz zwischen Denken und Handeln, dieser Tragödie des Geistes als des Widersachers ursprünglichen, ungehemmten Tuns. Hier der Beginn des berühmten Monologs, der die behandelte Frage deutlich werden läßt (wir stellen die Satzzeichen nach dem englischen Original richtig. Hamlet fragt nicht: »Sein oder Nichtsein?«, sondern die eigentliche Frage beginnt erst in der zweiten Zeile!):

»Sein oder Nichtsein – das ist hier die Frage
Ob's edler, im Gemüt die Pfeil und Schleudern
Des wütenden Geschicks erdulden oder
Sich waffnend gegen eine See von Plagen,
Durch Widerstand sie enden?...«

Gerade im »Hamlet«, diesem Gedankendrama, ist die Sprache bedeutsam abgestuft: bald in Versen und bald in Prosa, bald geschliffen und bald derb – wie es der Augenblick erfordert. Von den großen Charakterdramen seien noch erwähnt »Othello« (1604), die doppelte Eifersucht des liebend-leidenschaftlichen Mohrs und des berechnend-ehrgeizigen Teufels Jago; weiter »Macbeth« (1606), das fast urweltlich anmutende Drama gewalttätigen Ehrgeizes; schließlich »König Lear« (1606), handlungsmäßig etwas verworren, aber in den verschiedenartigen Regungen von Kindes- und Vaterliebe ein seelenkundliches Meisterstück. Charaktertragödie und Lustspiel in einem ist »Der Kaufmann von Venedig« (1594). Reines, allerdings recht derbes Lustspiel »Der Widerspenstigen Zähmung« (1595), diese schwankhafte Zähmung einer allzu selbstbewußten, allzu schnippischen Dame durch einen Mann, der Selbstbewußtsein und Grobheit noch drastischer zu spielen weiß als die widerspenstige Katharina. »Ein Sommernachtstraum« (1594) reicht aus dem rein Lustspielmäßigen bereits – unter Rückgriff auf die alten Maskenspiele – ins Märchenhafte hinein, macht die Natur dichterisch wirklich durch allerlei Fabelwesen, heiter und zugleich nachdenklich. Hingewiesen sei schließlich auf die Romanzen »Cymbeline«, »Sturm« und »Das Wintermärchen«, in denen man mehr den Dichter als den Dramatiker SHAKESPEARE belauschen kann. Und an den »Sonetten« wird man nicht vorübergehen können, will man die Gesamterscheinung dieses großen Engländers voll auf sich wirken lassen.

Aus der schier unglaublichen Fülle großer und kleiner Talente von SHAKESPEARES Zeitgenossen oder unmittelbaren Nachfolgern ragt besonders hervor BEN JONSON (1573–1637). Mit ungewöhnlicher Beobachtungsgabe und einer kräftigen Portion Satire ausgestattet, schrieb er Charakterkomödien, in denen er bestimmte Erscheinungen seiner Zeit in bessernder Absicht darstellte. Bekanntestes seiner Werke ist »Every Man in his Humour«, bei dessen ersten Aufführungen SHAKESPEARE als Schauspieler mitwirkte. Von SHAKESPEARE unterscheidet sich JONSON besonders durch die strengere, klassizistische Form: Er besteht auf der Einheit von Ort und Zeit. Heute wissen nur noch wenige Deutsche von ihm; vielleicht erinnern sie sich nur, daß der Text der »schweigsamen Frau« von RICHARD STRAUSS auf JONSON zurückgeht.

Barock und Rokoko

Wir kommen in das 17. Jahrhundert, die Zeit der gewaltigen politischen und kirchlichen Auseinandersetzungen: Rückkehr der Stuarts, Vereinigung Englands und Schottlands, König gegen Parlament, Sieg Cromwells, Enthauptung des Königs, wechselvolle Kämpfe zwischen Katholiken, Puritanern und Staatskirchlern, noch einmal die Stuarts, dann Wilhelm von Oranien, erste große Auswanderung von Puritanern und Quäkern nach Nordamerika – der gleichzeitige Dreißigjährige Krieg in Deutschland war eben nur *ein* Unruhezeichen des Jahrhunderts.

Abermals eine Fülle von Literatur in England, nun aber vorwiegend – begreiflicherweise – Kampfliteratur: für den König und gegen den König (mancher Schreiber kämpfte aus Zweckmäßigkeitserwägungen bald auf dieser und bald auf jener Seite), für die Puritaner und gegen die Puritaner. Die Tinte floß fast noch reichlicher als das Blut. Doch einige große Namen erstrahlen noch heute am Dichterhimmel

Da ist der »Königsdichter« ROBERT HERRICK (1591–1674) doch nicht seine politischen, sondern seine Liebes-, Natur- und Trinkgedichte haben ihn berühmt gemacht. Da sind die gemeinsam arbeitenden Bühnendichter FRANCIS BEAUMONT (1585–1616) und JOHN FLETSCHER (1579–1625) mit straffen, einst berühmten Dramen und Lustspielen, von denen »Blutende Liebe«, »Geist ohne Geld« und »Stille Wasser sind tief« noch lange Zeit in Deutschland gespielt wurden.

Berühmtester Dichter der ersten Hälfte des 17. Jahrhunderts aber ist John Milton (1608—1674). Er war Sekretär Cromwells, verteidigte das Parlament wegen der Hinrichtung des Königs, lernte in Italien die italienischen Renaissance-Dichter kennen, wurde später verfolgt und starb völlig erblindet. Hauptwerk: das mächtige Vers-Epos »Das verlorene Paradies«, beeinflußt durch TASSO, weiterwirkend auf KLOPSTOCK. In sprachlich reichen, ja überladenen Blankversen schildert das Werk mit puritanisch-erzieherischer Absicht, wie gefallene Engel unter Satans Führung den Himmel und vor allem eine von Gott neu zu schaffende Erde erobern wollen. Satan macht sich als Kundschafter auf den Weg, erblickt allerlei allegorische Wächter, gelangt endlich ins Paradies, wird aber mit seinen Scharen durch die Erzengel unter Führung von Gottes Sohn besiegt. Durch List gelingt es Satan, in Gestalt einer Schlange ins Paradies zurückzukehren und Eva zum Genuß der verbotenen Frucht zu überreden. Adam ißt unwissend ebenfalls von der Frucht, und die ersten Menschen werden aus dem Garten Eden vertrieben. Doch der Erzengel Michael weissagt Adam die Zukunft des Menschengeschlechts und zugleich tröstet er ihn, die Menschen könnten durch gottgefälligen Lebenswandel das verlorene Paradies wiedergewinnen. Mächtigste Gestalt dieser Dichtung ist der großartig gesehene und wahrhaft künstlerisch gestaltete Satan.

»Des Pilgers Wanderung von dieser Welt in die künftige« von JOHN BUNYAN (1628–1688) ist wohl in alle Kultursprachen übersetzt worden und galt einst als das meistgelesene Buch neben der Bibel. Es ist eine reine Allegorie, vielleicht die bedeutendste Allegorie der Weltliteratur. Doch diese Art der Darstellung und sinnbildlichen Verkleidung dürfte heute nur noch wenige Leser ansprechen. Der Pilger heißt Christian, sein Wegweiser trägt den Namen Evangelist, der Versucher nennt sich Weltweisheit und so fort. BUNYAN schrieb seine religiös tiefe, dabei einfach schlichte Dichtung in den Jahren 1660 bis 1672, als er wegen seiner Gegnerschaft gegen die englische Staatskirche eingekerkert war. Wesentlich weniger sagt uns JOHN DRYDEN (1631–1700), der die Kunst der politischen Wendigkeit ebenso meisterte wie die Formen der Dichtung. Einigermaßen bekannt ist er bei uns eigentlich nur als Textverfasser des von HÄNDEL vertonten »Alexanderfestes«. Seine aufgeplusterten Dramen sind vergessen; nicht vergessen aber darf man, daß DRYDEN als Kritiker der erste, geradezu angebetete Literaturpapst der neueren Geschichte war.

Man muß einmal die Übersetzung von Homers unsterblichen Meisterwerken durch ALEXANDER POPE (1688–1744) in die Hand nehmen, um zu begreifen, was für ein kleiner, verkleinernder Rokoko-Spieler dieser vielgerühmte englische Schreiber war. Geradezu trocken und langweilig wirkt sein Lehrgedicht »Essay on Man«. Woher nur der Ruhm dieses Mannes? Etwa von der gezierten Lächerlichkeit des »Lockenraubes«? Wir erwähnen POPE dennoch; allerdings nur, damit er endlich einmal aus der Schulüberlieferung der Literaturgeschichten gestrichen werde. Wer POPE wirklich gelesen hat, muß für eine Streichung eintreten. Wieviel mehr echtes Leben steckt dagegen selbst in solchen Satiren wie der »Bettler-Oper« von JOHN GAY (1685–1732), dem Vorbild der allbekannten »Dreigroschen-Oper«, oder in den Moralischen Wochenschriften von JOSEPH ADDISON (1672–1719) und RICHARD STEELE (1672–

1729). Diese Wochenschriften müssen hier erwähnt werden, weil sie einen neuen Zug, einen neuen Geist in die Literatur eingeführt haben: An die Stelle des vielfach beherrschenden, französisch gefärbten Adelsgeistes trat ein ausgesprochen englischer Bürgersinn. Es ist doch kein Zufall, daß in dieser Zeit, nämlich im Todesjahr von ADDISON (1719), der durchaus realistische, ganz bürgerlich erlebte und gestaltete Abenteuer-Roman »Robinson Crusoe« veröffentlicht wurde. Der Verfasser DANIEL DEFOE (1661–1731) wagt es, das Schicksal eines ganz einfachen Matrosen, Alexander Selkirk, zum Gegenstand eines großen Prosawerkes zu machen, zu zeigen, wie ein Schiffbrüchiger das schönste, ja das eigentlich echte Leben zu führen vermag, wenn er sich nur auf die einfachsten Dinge, auf das Natürlichste besinnt und es verwirklicht als Handarbeiter – nicht als Schöngeist. Sieben Jahre später erschien dann das kaum minder weltberühmte Buch »Gullivers Reisen« von JONATHAN SWIFT (1667–1745), dem Dekan von Sankt Patrick in Dublin. In der Reise zu den Liliputanern verspottet der satirisch-politische Dichter den Hof Georges I.: Gegen den Normalmenschen Gulliver erscheinen die Hofschranzen wie winzige Zwergwesen mit ihrer Wichtigtuerei in Kleinigkeiten; die Leute, die die Eier am dicken Ende anschneiden, sind die Katholiken, die mit dem dünnen Ende beginnen, sind die Protestanten; die mit den hohen Absätzen sind die Hofpartei, die mit den niedrigen die Anhänger der Volkspartei. Behält SWIFT im zweiten Teil (bei den Riesen) noch seinen Humor bei, so steigert er sich im dritten und vierten Teil förmlich in einen unerfreulichen Hang gegen die ganze Menschheit überhaupt. Man schreibt das meist seinem später ausbrechenden Wahnsinn zu; ob mit Recht, möge der nachdenkende Leser selbst prüfen.

Das Heraufkommen des Romans

DEFOE und SWIFT haben mit ihren Büchern das Heraufkommen des neueren englischen Romans begünstigt; doch sie selbst waren keine Romanschreiber. Die immer breiter werdende bürgerliche Leserschicht in England war nicht geneigt, auf die teils verspielte und teils verstandesbetonte Lyrik um 1700 einzugehen. Der Erfolg des »Robinson« und des »Gulliver« zeigte, was der Leser wünschte: erzählerische Darstellung eines möglichst »wirklichen« Lebens in einer wirklichkeitsnahen Sprache. Solche »Wirklichkeit«, freilich hübsch eingewickelt in Zuckerl, lieferte zunächst SAMUEL RICHARDSON (1689–1761) in zahlreichen empfindsamen Romanen wie »Pamela« (1740, eine ihre Tugend wahrende Landtochter gewinnt ihren Versucher schließlich als wohlverdienten Ehemann), ferner »Clarissa« und »Sir Charles Grandison«. Die Romane haben formal (Briefform) wie in der Empfindsamkeit ROUSSEAU und GOETHE (»Werther«) maßgebend beeinflußt. Doch trotz GOETHE und ROUSSEAU – dieser bezeichnete »Clarissa« als den besten Roman der Welt – hat RICHARDSON keine europäische Bedeutung erlangt außer der, daß man ihn als den Stammvater jener Sentimentalitäten bezeichnen könnte, die auch heute noch nicht aussterben wollen.

RICHARDSONS tugendreiche »Pamela« brachte den genialen HENRY FIELDING (1707–1754) so in den Harnisch, daß er sich hinsetzte, um ein Buch der Untugend zu schreiben. Unter seinen kräftigen Händen entstand unversehens einer der wahrhaft großen Romane der Weltliteratur, der Findlingsroman »Tom Jones« (1749). Eines Morgens findet der prächtige Squire Allworthy in seinem Bett ein neugeborenes Knäblein, hält es für ein uneheliches Kind der Magd Jenny Jones und gibt es seiner säuerlichen Schwester Bridget in Obhut. Bridget ist aber die wirkliche Mutter. Sie heiratet später, bekommt wieder einen Knaben, mit dem zusammen der Findling Tom aufwächst. Beide verlieben sich in die Nachbarstochter Sophie; aber Tom hat ein Abenteuer mit einem zweifelhaften Mädchen, das er sogar gegen alle Angriffe verteidigt. Ständig rutscht er in irgend etwas hinein, bis ihn endlich der gute Squire Allworthy enterbt. Tom geht nun in die Welt, gerät in mancherlei Fährnisse, zieht immer wieder den kürzeren, verbringt unter peinlichen Umständen in einem Gasthaus eine Nacht mit der nunmehr verheirateten Jenny Jones, ist verzweifelt, als ihm gesagt wird, er habe mit seiner Mutter geschlafen, will alles wegwerfen, gerät in neue Abenteuer, bis endlich sein gutes Herz (nicht seine »Tugend«) belohnt wird: Alles klärt sich, er bekommt doch die geliebte Sophie und wird selbst Squire Allworthy. Das alles ist so saftig, so echt und wahr erzählt, so durchtränkt von humorigen Schrullen, daß dieser Roman noch lange leben wird. Noch unmittelbarer knüpft ein anderer Roman an RICHARDSONS »Pamela« an, nämlich der 1742 erschienene »Joseph Andrews«; hier stellt FIELDING den Titelhelden gleich als Bruder Pamelas hin. Auch Joseph wird – wie Pamela –

versucht und verlockt; doch er widersteht allem in weniger empfindsamer Weise als seine »Schwester« Pamela. Stärkste Figur dieses Romans ist der prächtige Pfarrer Adams. Diese Romane wie insbesondere auch die »Amelia« von 1751 und der prachtvolle, pralle Gaunerroman »Jonathan Wild« haben ohne Zweifel auf DICKENS gewirkt.

Wie FIELDING durch DICKENS unverdientermaßen etwas in den Hintergrund getreten ist, so erging es auch einigen anderen der englischen Romanschreiber des 18. Jahrhunderts. So dem herrlich witzigen, derb-humorvollen TOBIAS SMOLLET (1721–1771) mit seinen zwerchfellerschütternden »Reisen des Humphrey Clinker«. So auch LAWRENCE STERNE (1713–1768) mit seinem »Tristram Shandy«, diesem Buch der behutsam-geistvoll erzählten »Unanständigkeiten«, diesem Schatz in der Bücherei, den immer nur der verständnisvolle Kenner zur Hand nehmen wird, diesem Buch der ewigen Verzögerungen und Abschweifungen (der »Held« wird – nach langwierigen Vorbereitungen – erst im vierten Abschnitt geboren und spielt handlungsmäßig kaum eine Rolle), dieser Galerie unvergeßlicher Charakterbilder der geduldigen Frau Shandy, der Witwe Wadmann, des Dr. Slop, des köstlichen Korporals Trim und des schrulligen Onkels Toby; eingestreut sind besondere Geschichtchen, seltsame Sprachgemische, überflüssige Zeichnungen, eine Seite für Aufzeichnungen des Lesers und dergleichen mehr. Zu erwähnen noch STERNES »Empfindsame Reise«. Etwas verblaßt, doch immer noch lesenswert ist der »Landpfarrer von Wakefield« von OLIVER GOLDSMITH (1728–1774). Dieser von GOETHE so geschätzte Roman bringt die Geschichte eines einfachen, hilfreichen Pfarrers, der mit Frau und sechs Kindern ein Unglück nach dem andern erlebt, nie den Mut und nie seine Hilfsbereitschaft verliert und am Ende mit seiner Familie den verdienten Lohn empfängt, während der schuftige Squire Thornhill von seinem Onkel zur Räson gebracht wird.

Neben der kraftvoll aufstrebenden Romandichtung wurden im 18. Jahrhundert auch andere Zweige der englischen Literatur reich bedacht. Für den deutschen Leser bedeutet diese Zeit nicht eben viel; immerhin seien einige Namen genannt, die das Bild dieses Jahrhunderts abrunden helfen. Da ist SAMUEL JOHNSON, seiner Zeit bekannt durch Bühnenwerke, Gedichte, Satiren, Romane – vor allem aber durch sein Eintreten für SHAKESPEARE und für ringende Zeitgenossen. Da ist JAMES MACPHERSON, den JOHNSON angriff, weil er behauptet hatte, einen alten keltischen Dichter des 3. Jahrhunderts namens OSSIAN entdeckt und dessen Gedicht (u. a. »Fingal«) übersetzt zu haben; immerhin, seine Gedichte waren so vortrefflich geraten, daß man sie lange nicht als Fälschungen erkannte und heute noch in OSSIAN einen keltischen Dichter vermutet. Dann JAMES THOMSON mit seinen von HAYDN teilweise vertonten »Jahreszeiten« und dem englischen Nationallied »Herrsche, Britannia« (Rule Britannia). Ferner der erstaunlich begabte, aber überempfindliche, unter Irrsinnsanfällen leidende WILLIAM COWPER, ein Mann, dem alles und jedes zum Vers geriet; bedeutsam sein Versbuch »The Task«, dessen erster Teil ein Gedicht auf ein Sofa darstellt: l'art pour l'art, angewendet auf einen alltäglichen Gebrauchsgegenstand.

Die Namen von drei Männern jener Zeit müssen noch genannt werden, weil sie das Wesen der zweiten Jahrhunderthälfte ergänzen. Da ist einmal THOMAS CHATTERTON (1752–1770), das »Wunderkind aus Bristol«. Ihm ging das Versedichten womöglich noch leichter von der Hand als COWPER; dazu kam eine erstaunliche Einfühlungsgabe in den mittelalterlichen Stil. So dichtete er »mittelalterlich«, gab das Zustandegekommene als angebliche Entdeckung heraus, wurde von Kennern gefeiert – doch als die Fälschung erkannt wurde, ließ man es am befreienden Lachen ebenso fehlen als an der Feststellung, daß dieser Jüngling etwas könne. So nahm CHATTERTON mit achtzehn Jahren Gift. Seine Tragik wurde in der Literatur mehrfach besungen. – Eine Naturbegabung bewundernswerter Art war auch ROBERT BURNS (1759–1796). Als Sohn eines armen, aber bildungsbeflissenen, lesewütigen Bauern wuchs er auf zwischen ständigem Lesen und schwerster körperlicher Arbeit, dichtete frühzeitig schlichte kleine Gebilde nur für sich, wollte auswandern, weil er aus der Armut nicht herauskam, versuchte durch Veröffentlichung von ein paar Gedichten das Reisegeld zu verdienen – und wurde mit einem Schlage berühmt, ohne an Natürlichkeit einzubüßen. Er blieb in Schottland, lebte wieder als Bauer, verärgerte alle Bekannten durch seine freimütige Sprache, mußte eine Stelle bei der Behörde annehmen, konnte abermals seine kritischen Bemerkungen nicht unterdrücken, wurde daher scheel angesehen, verbitterte immer mehr und ergab sich dem Trunk. Wichtiger und bedeutsamer als seine scharfen Satiren sind für die Literatur und auch für uns Deutsche seine Lieder und Balladen; sie treffen den Volkston so hervorragend, daß von ihm gesagt wurde, er dichte nicht Volkslieder, sondern er sei selbst ein Volkslied. Er kritisierte den Menschen, aber er glaubte innig und einfältig an Gott und die Natur. Zertrat er bei der Arbeit ein Gänseblümchen, so schmerzte es ihn so, daß ein wehmütiges Gedichtlein seinem Herzen entsprang; pflügte er das Nest einer Feldmaus auf, so wurde ihm dieser Vorgang zum Seelenerlebnis:

»Klein furchtsam Tierchen! Welch ein Schrecken
Erfüllt dein Brüstchen, so durch Hecken
Und Furchen dich zum Lauf zu strecken?
Bleib! Nicht so jach!
Nicht setz ich mit dem Pflügerstecken
Grausam dir nach!
. . . .«

Begreiflich, daß dieser Dichter von Volksliedern immer wieder in andere Sprachen übersetzt wurde (die vorstehende Übertragung stammt von FREILIGRATH). – Der dritte ist RICHARD BRINSLEY SHERIDAN (1751–1816), Rechtsanwalt, Bühnenleiter, Parlamentsmitglied, hoher Steuerbeamter, Verschwender, von Schuldhaft Bedrohter, mit höchsten Ehren Begrabener. Einer der glänzenden Geister jener Zeit, über den sein Freund BYRON Worte höchster Anerkennung gesprochen hat. Für uns von Bedeutung ist er vor allem als Bühnendichter. Seine »Lästerschule« (1777), in der die verderbliche Wirkung von Schwätzereien gegeißelt wird, und seine »Nebenbuhler« (1775) mit ihrer überwältigenden Komik und den vortrefflichen Spielrollen gehören zum Besten, was die Lustspieldichtung überhaupt hervorgebracht hat. Bedauerlicherweise werden sie bei uns nicht mehr gespielt.

Die großen Romantiker

Zeitlich befinden wir uns in jenem Abschnitt, den in Deutschland Namen wie LESSING, SCHILLER und GOETHE zur »Klassik« erheben. Eine solche Bezeichnung würde weder den zuvor erwähnten noch den nunmehr sich anschließenden Dichtern Englands zukommen, es sei denn, man wollte in der ständig wachsenden Unabhängigkeit von der französischen Dichtung ein »klassisches« Kennzeichen erblicken. Hatten die Engländer vor und kurz nach 1800 auch keine Klassik in unserem Sinne, so erwuchs ihnen dafür in diesem Zeitraum eine Überfülle an dichtenden und schriftstellernden Männern und Frauen, daß man England um sie fast beneiden könnte. Und es fällt uns schwer, hier eine Auswahl zu treffen, weil wir unter ihnen manchen unserer ganz persönlichen »Lieblingsdichter« wissen. Das uns in diesem Literaturführer gesteckte Ziel gebietet aber schärfste Auswahl, damit das Bild nicht überladen wird.

Ältester der auch ins Deutsche häufig übersetzten britischen Romantiker ist WALTER SCOTT (1771–1832). Er beschäftigte sich frühzeitig mit GOETHE und BÜRGER, vor allem aber mit den Sagen seiner schottischen Heimat. Anfangs versuchte er sich darin, in Vers-Epen das Leben, die Geschichte und die Natur Schottlands zu verherrlichen. Obwohl der Erfolg wahrlich nicht ausblieb, erkannte SCOTT, daß die Zeit dieser Dichtungsgattung vorüber war. Daher begann er, in großen Prosaerzählungen Sage und Geschichte Schottlands darzustellen. Damit wurde er zum eigentlichen Begründer des europäischen Geschichtsromans. Heute tut man ihm zuweilen unrecht, indem man ihm Vielschreiberei vorwirft (bei BALZAC ist man nicht ganz so kritisch); seine Hauptwerke haben durch die »Vielschreiberei« wahrlich nicht gelitten. Übrigens schrieb SCOTT vor allem deswegen so viel, weil er durch den Zusammenbruch seiner Bank und seines Verlegers starke Verluste erlitten hatte und seine Gläubiger voll zu befriedigen wünschte; diese Überarbeit bezahlte er mit dem Tode. Während das einst so berühmte Vers-Epos »Die Dame vom See« bei uns so gut wie vergessen ist, erfreuen sich SCOTTS Romane mit Recht bei erlebnisfähigen jungen und alten Lesern höchster Wertschätzung. SCOTT bringt es nämlich zuwege, Naturschilderungen, zeitgeschichtliche Kulturbilder, Sage und Geschichte, einzelpersönliche Taten und Erlebnisse, folklorehaftes Leben und Treiben fast realistisch darzustellen, sie mit beklemmendem Ernst und befreiendem Humor lebendig werden und vor allem eines aus dem andern hervorwachsen zu lassen – eine typisch romantische Gesamtschau, die uns wichtiger erscheint als die »romantische Stimmung«, die SCOTT über seine Werke ausgießt. Mag manches rein geschichtlich verzeichnet, manches zu bunt bemalt, manches zu »romanhaft« sein – keiner der tausend Nachfolger bis in unsere Tage hat so nachhaltig wirkende Geschichtsromane zu schreiben gewußt wie SCOTT. Von den in Schottland spielenden nennen wir »Waverley« und »Mont Rose«, dann das großartige, bis nach England hinüberreichende Gemälde »Kenilworth«, den Richard Löwenherz-Roman »Ivanhoe« mit dem englischen Schauplatz, schließlich und vor allem »Quent in Durward«; wer den zuletzt genannten Roman (möglichst zusammen mit ALFRED NEUMANNS »Teufel«) gelesen hat, kennt ein entscheidendes Stück der französischen Geschichte, nämlich die Einigung unter Ludwig XI.

Woran SCOTT trotz eigenen Versuchen nicht mehr glaubte, das brachte Lord GEORGE GORDON NOËL BYRON (1788–1824) noch einmal zu höchster, allerdings unfruchtbarer Blüte: das Vers-Epos. Seit der Kindheit umschmeichelt ob seiner schönen Gesichtsbildung, selbst aber unglücklich über einen verkrüppelten Fuß, führte er innerlich und äußerlich ein zerrissenes Leben, verursachte einen Skandal wegen seiner Liebe zu einer Halbschwester, erlebte mancherlei Beglückungen und Enttäuschungen in der Liebe, fesselte jeden durch die seltsame Mischung von bezaubernder Liebenswürdigkeit und unnahbarem Hochmut, war viel auf Reisen, kehrte in den letzten Lebensjahren England unwiderruflich den Rücken, lebte in der Schweiz und in Italien, schloß sich den griechischen Freiheitskämpfern an, wollte mit der Waffe in der Hand fechten, starb aber am Sumpffieber in Missolunghi. Als Dichter eine starke Naturbegabung, gleichzeitig aber bewußt genug, diese Begabung ständig auszubauen. Seine Verssprache fließt dahin wie ein Naturquell, doch diesen schier unerschöpflichen Quell hat BYRON kostbar gefaßt. Von hier aus begreift man GOETHES hohe Meinung von dem Dichter BYRON, obwohl doch dessen Wesen ihn hätte abstoßen müssen. Selbst in der Übersetzung glüht noch etwas von diesem Sprachfeuer:

»Was sind die mächtigen Gebilde, die
Mich rings umwogen? – Ihre Form gleicht nicht
Den Geisterwesen, die ich rings um unser
Ersehntes, unbetretnes Eden sah,
Noch auch der Form des Mannes, wie ich sie
In Adam sah und Abel und in mir,
Noch meiner Schwester-Frau noch meinen Kindern;
Doch haben sie ein Ansehn, das, ob auch
Nicht Mensch noch Engel, doch ein Wesen zeigt,
Das, wenn nicht dies, doch höher steht als jenes,
Trotzig, erhaben, schön und voll von Kraft,
Wie's scheint, doch unerklärlich in Gestalt,
Denn solche sah ich nie ...«

So heißt es im »Kain«, und so rauscht es auf im »Korsaren«, im »Manfred«, im »Don Juan« und in BYRONS bekanntestem Werk »Childe Harold«. Und immer wieder ist BYRON selbst der Kain, der Manfred, der Don Juan, der Harold – bald strahlend und bald düster, bald weitausschreitend und bald verbittert. Zwischen all diesen Verkörperungen seines Selbst scheint keinerlei Verbindung zu bestehen, im Grunde herrschen Verzweiflung und Weltschmerz, die selbst in Augenblicken heftigster Leidenschaft drohend im Hintergrunde stehen. Gewiß, es steckt viel romantische Dämonie in dem Werk dieses Großen; doch wie es scheint, wirkt das auf den deutschen Leser mehr wie ein Gespaltensein, wie zuckendes Flackern. Denn BYRON gehört mehr der Weltliteratur an, als daß er im Bewußtsein des deutschen Lesers wirklich lebt.

Ein Freigeist war auch BYRONS Freund PERCY BYSSHE SHELLEY (1792–1822), den man seiner freien Auffassungen wegen aus England vertrieb. Bezeichnend der Titel einer Jugendschrift: »Die Notwendigkeit des Atheismus.« Dabei war er eine romantisch liebende Natur, voll echten Schwärmens für Menschlichkeit und Freiheit und Brüderlichkeit – wenn auch nicht in dem lauten Sinne der Nachrevolutionszeit in Frankreich. Lange lebte er mit BYRON in Italien; im Golf von Spezia ertrank er während eines Sturmes. Seine politisch-philosophischen Gedanken legte er nieder im »Entfesselten Prometheus« von 1820. Prometheus (die Menschheit) ist an einen Felsen geschmiedet und wird durch Jupiter (die Tyrannei) gemartert. Da er Haß und Rache ablehnt, wird er schließlich durch Mutter Erde und durch seine Braut Asia (Naturliebe) frei, wobei Herkules das Werkzeug spielt. Jupiter wird gestürzt durch Demorgogon (die ewige Notwendigkeit). In diesem lyrischen Spiel ist manches mystisch verhüllt. Klar und grausam dagegen die »Cenci« (1824), ein Renaissance-Drama mit dem Grundgedanken, daß Böses nicht durch Böses gefällt werden kann, sondern nur durch die geschändete Reinheit. Im allgemeinen bevorzugt SHELLEY in seinen Gedichten die gedämpften Farben und ist ein Meister in allen Versarten. Seine Ode an die Lerche gilt als eine der bedeutendsten lyrischen Verherrlichungen der Natur.

Neben diesen Großen finden sich zahlreiche Dichter, die in vielen Einzelheiten – wenn auch nicht als Gesamterscheinungen – an die genannten heranreichen. So der von SHELLEY in einem herrlichen Gedicht beklagte, früh verstorbene John Keats (1795–1821) mit lyrischen Gedichten, einem »Endymion« und einem »Hyperion«, äußerst feinsinnig und sinnenhaft gestaltet. Dann Thomas Moore (1779–1852), der etwa zwischen Scotts romantischem Naturalismus und Byrons seelischer Empfindsamkeit steht. Wegen seiner zahlreichen irischen Gedichte verehren die Iren den in Dublin geborenen Moore als einen Nationaldichter. In aller Welt bekannt wurde seine »Lalla Rookh« (1817). Die arabische Sultanstochter Lalla Rookh wird an den Hof ihres künftigen Gemahls geschickt, den sie aber noch nicht kennt. Auf der Reise begegnet ihr der Dichter Feramors. Er singt ihr die Geschichte vom verschleierten Propheten, vom Paradies und der Peri, vom Rosenfest in Kaschmir. Lalla Rookh verliebt sich in den Dichter – doch dieser ist niemand anders als ihr Verlobter. Der reine Bericht wird in funkelnder Prosa gegeben, die Feramors Erzählungen dagegen in blühenden Versen.

Wenigstens genannt sei auch eine besondere Gruppe, die man als »lakists« bezeichnet, weil sie im nordenglischen Seengebiet (lake = See) beheimatet waren. Es handelt sich um drei befreundete Dichter, William Wordsworth (1770–1850) war bestrebt, in allen Äußerungen seines Lebens, Denkens und Dichtens natürlich zu sein; bekannt sein »Abend voll ungewöhnlicher Pracht und Schönheit«. Dann der in der Jugend so wagemutige, später ausgesprochen faule, Opium genießende Samuel Taylor Coleridge (1772–1834); vielgelesen wird seine Ballade vom Alten Seemann: Einem Hochzeitsgast erzählt ein graubärtiger Matrose, wie er einst in grausamem Übermut einen Albatros in der Eiswüste des Südpols tötete, wie sein Schiff verflucht wurde, er selbst allein am Leben blieb, Qualen erduldete, bis er bei der Beobachtung von »Wasserschlangen« unversehens die Liebe zu allen Geschöpfen Gottes kennenlernte. Endlich Robert Southey (1774–1843), Abkömmling einer von Geisteskrankheiten heimgesuchten Familie; schwer zu entscheiden, ob er mehr Dichter oder Philosoph oder Historiker war. Er schrieb eine glänzende Prosa (etwa »Das Leben Nelsons«, 1817), wirkt dagegen in seinen poetischen Werken reichlich überromantisch, um nicht zu sagen überspannt.

Die viktorianische Zeit

1837 bestieg die damals achtzehnjährige Viktoria den englischen Thron und regierte vierundsechzig Jahre lang das britische Weltreich. In dieser Zeit festigte sich in aller Welt das Bild des Engländers, wie man es auch heute noch – meist zu Unrecht – vor sich sieht: Das des wissenschaftlich und industriewirtschaftlich äußerst rührigen Staatsbürgers, der unentwegt an den Fortschritt glaubt, sich zäh im praktischen Leben durchsetzt, bis er es zu etwas gebracht hat, sich dann zurückzieht, von seinem Kapital lebt, geistig nur begrenzt interessiert, alle Formen der Konvention beachtend, nach außen hin »sozial«, in Wirklichkeit egoistisch, erstarrt, geistiger Kleinbürger eines an äußeren Gütern überquellenden Weltreiches. Dieser nunmehr fast ganz verschwundene »Viktorianismus« – vergleichbar unserer »Wilhelminischen Epoche« – spiegelt sich sehr stark in der englischen Literatur, besonders im Roman des 19. Jahrhunderts. Von einer echten Einheitlichkeit kann dabei keine Rede sein; wie sich das allgemeine Geschehen immer mehr in Einzelheiten spaltete, die zudem noch schnell aufeinander folgten, so wurde auch die Literatur durch die verschiedensten Stile und »Richtungen« bestimmt: realistische, ästhetisierende, klassizistische, okkulte, wissenschaftliche Ströme laufen nebeneinander her oder vermischen sich.

Vielleicht die bezeichnendste Erscheinung ist um die Jahrhundertmitte EDWARD BULWER (1803–1876), der spätere Lord LYTTON und englische Kolonialminister. Seine zahlreichen, schon frühzeitig ins Deutsche übersetzten Romane behandeln die verschiedenartigsten Stoffe und Zeiten, nähern sich oft dem Kriminalroman, zeichnen sich durch geschickte Gesprächsführung und farbige Schilderungen aus, sind gespickt mit Bildungs- und Wissensgütern, stellen eine reizvolle Mischung von Romantik und Realismus dar und überraschen vor allem durch die scheinbar wahllose, durchaus zeitbedingte Themenstellung. Da sind – um nur einiges zu nennen – Mode- und Gesellschaftsromane wie »Pelham oder Begebnisse eines Weltmannes«, der psychologisch fesselnde »Eugen Aram«, der in England und Frankreich spielende Renaissance- Roman »Devereux«, ferner geschichtliche Romane wie »Die letzten Tage von Pompeji«, »Rienzi« und »Harold, der letzte Sachsen-König«, weiter okkultistische Romane wie »Zanoni« (der

»weiße« Magier) und »Eine seltsame Geschichte« (mit dem »schwarzen« Magier Margrave), halbwissenschaftliche und halb okkultistische Bücher wie »Das Geschlecht der Zukunft« und so fort. Daß BULWER keine Ausnahmeerscheinung ist, erkennt man u. a. an dem früheren Kaufmann und späteren Premierminister BENJAMIN DISRAELI (1804–1881), dem »englischen Bismarck«. Von seinen verschiedenen Romanen sollte man mindestens den im Vorderasien des 12. Jahrhunderts spielenden Roman »Davit Alroy« einmal zur Hand nehmen.

Ungleich bedeutender als Dichter ist freilich WILLIAM MAKEPEACE THACKERAY (1811–1863). In seinen kenntnisreichen, scharf beobachteten, ebenso geistvollen wie witzigen Prosawerken herrscht ein leidenschaftliches Verlangen, die leicht reich und satt gewordene »Gesellschaft« durch verhaltene Ironie zur Besinnung zu bringen, ihre Heuchelei zu entlarven, ihre Zweckstreberei bloßzustellen und ebenso ihre limonadenhafte Gutseins-Moral lächerlich zu machen. Im allgemeinen tritt er hinter seine Gestalten und Themen scheinbar zurück, als habe er nur die Aufgabe, etwas aufzuzeichnen, nicht etwa mitzuleiden oder zu lieben. Bekanntestes Werk ist »Vanityfair« (nicht ganz zureichend übersetzt mit »Jahrmarkt der Eitelkeiten«), ein »Roman ohne einen Helden«, wie der Untertitel sagt. Glänzend geschriebener Sozialroman, voller Witz und Hintergründigkeit. Zwei Frauen stehen im Mittelpunkt: die gutherzige, aber höchst fade Amelia Sedley und die ehrgeizige, kalt berechnende, Witz und Körper erfolgreich einsetzende Becky Sharp. Becky steigt die gesellschaftliche Stufenleiter empor, veranlaßt so nebenher Amelias unbedeutenden Mann George Osborne zu einem Ehebruch, erzählt diesen Seitensprung zehn Jahre, nachdem Osborne bei Waterloo gefallen ist, der trauernden Witwe Amelia, sodaß diese sich nun entschließt, einen alten treuen Freund zu heiraten, während Becky langsam wieder die gesellschaftliche Stufenleiter hinabsinkt. Kein bedeutender Inhalt, aber eine der besten Gesellschaftssatiren. Höher noch stellen wir den Roman »Henry Esmond«, ein farbenreiches Gemälde des Zeitalters der Königin Anna (Wilhelm von Oranien), in das so bekannte Politiker und Dichter eingebaut werden wie General Webb, Marlborough, Steele, Swift, der Kronprätendent James Edward. »Die Virginier« bilden eine Fortsetzung dieses Romans und schildern das koloniale Leben in Virginia (auch der junge George Washington tritt auf). Während THACKERAY in den zuletzt genannten Büchern seine scharfe

Ironie zügelt und sich um eine fast klassisch zu nennende Sprache bemüht, gießt er in dem »Großen Hoggarty-Diamanten« wieder die ganze Lauge seines Spottes aus.

Weniger eindringlich und straff, auch bei weitem nicht so witzig wirkt der »Inbegriff des englischen Romandichters« CHARLES DICKENS (1812–1870). Während THACKERAY angreift und sich zornig erregt, stellt DICKENS dar und fließt über von Liebe zu seinen Mitmenschen, insbesondere zu den Unglücklichen und Geplagten. Diese plaudernde, an Beobachtungen aller Art reiche, oft (für unsere heutigen Begriffe) allzu umständliche Darstellung mit ihren zahllosen Neben- und Umwegen, mit ihrer vielfach recht aufdringlichen Rührseligkeit hat seinerzeit äußerst bemerkenswerte Wirkungen gehabt. Die englischen Leser aller Stände verschlangen diese Bücher, weinten und lachten mit den DickensFiguren, schauderten vor dem aus versteckten Winkeln aufsteigenden Dunst zurück, entsetzten sich vor den seelisch kalten Geschäftemachern. Aber viel wichtiger war, daß mancher dieser Romane zum entscheidenden Ausgangspunkt für Sozialreformen wurde. Glücklich der Mann, dessen Werke solche Wirkungen erzielen. Nur sollte man nicht übersehen, daß in dem Augenblick, in dem die von DICKENS so menschlich teilnehmend beschriebenen Zustände beseitigt waren, die Wirkung der Romane als Dichtungen nachzulassen begann. Vieles, sehr vieles von DICKENS ist jedoch für den Leser von heute versunken. Nur unklare Schwärmer für nicht mehr vorhandene Welten können sich gegenwärtig noch einsetzen für einst so berühmte und in ihrer Wirkung segensreiche Romane wie »Oliver Twist« oder gar »David Copperfield«, mögen diese noch so treffliche Charakterzeichnungen enthalten. Aber selbst viele der einst so geliebten Frauenfiguren erscheinen uns heute blaß und übersentimental, sogar Klein Dorritt, obwohl der gleichnamige Roman mit seiner Anprangerung der Schuldgefängnisse und behördlichen Umständlichkeiten wahrhaft segensreich gewirkt hat. Man sollte doch nicht übersehen, daß DICKENS' gestaltende und formende Künstlerschaft in den meisten Romanen nicht stark genug ist, um die Werke in eine Zukunft hinüberzuretten, die mit den ihnen zugrundeliegenden Verhältnissen nur noch höchst unbestimmte Erinnerungen verbindet. Unvergessen bleibt der Sozialschriftsteller DICKENS; wer aber den unvergänglichen Humoristen, den Erzeuger echter Spannungen oder den großen Gestalter kennenlernen will, der kann sich auf verhältnismäßig wenige seiner Romane beschränken. Etwa auf die folgenden. »Die Pickwickier« (1837) werden noch lange als Meisterwerk eines verschrobenen Humors angesehen werden; prächtig die Charakterisierung des Mr. Pickwick und seines treuen Dieners Weller, zauberhaft die unauffällige, wie zufällige Situationskomik. Spannend und erregend der historische Roman »Barnaby Rudge« (1841), der die antikatholischen Aufstände vom Ende des 18. Jahrhunderts in den Mittelpunkt stellt. Als Charakterroman möchte man bezeichnen »Dom Bey & Sohn« (1848) mit der unerhört geschlossenen Persönlichkeit des alten Dombey, der sein Söhnchen verliert, seine Tochter vernachlässigt, von seiner zweiten Frau wegen seiner Härte verlassen wird, einen innerlich schwer zu ertragenden Bankrott der Firma erlebt und schließlich in der Liebe seiner vernachlässigten Tochter Florence noch ein Altersglück findet. Als einen der besten Romane von DICKENS hat man »Bleak House« anzusehen (1853); er bildet eine einzige Kritik an der schleppenden Arbeitsweise des englischen obersten Gerichts, an der Prozessiererei (»Jarndyce contra Jarndyce«), die alle Beteiligten arm macht, und hat in allen Grundgedanken noch heute seine Bedeutung. Sehr fein wieder die Charakterzeichnung; am besten gelungen wohl die verdrehte, halb närrische Mrs. Jellyby, die ihre Familie durch ihre verrückten Einfälle an Menschenfreundlichkeit durcheinanderbringt. Sehr starke realistische Züge enthält der historische Roman »Zwei Städte« (1859) aus der Französischen Revolution. Er spielt in London und Paris; die ebenso zarte wie kraftvolle Stellen enthaltende Liebesgeschichte tritt in den Hintergrund, während die grausigen Revolutionsszenen erschreckend lebendig werden (insbesondere die bei der Guillotine strickenden Vorstadtweiber mit ihrer unheimlichen Führerin Madame Defarge). Irrt man, wenn man glaubt, die einst so geliebten »Weihnachtsgeschichten« seien heute verblaßt?

Über GEORGE MEREDITH (1828–1909) hat der große Spötter OSCAR WILDE ein vernichtendes Urteil abgegeben: »Als Schriftsteller beherrscht er alles, nur nicht die Sprache; als Romanschreiber kann er alles, nur nicht erzählen; als Künstler ist er alles, nur nicht verständlich«. In jedem dieser Sätze liegt ein Körnchen Wahrheit. Doch gehört »Der Egoist« (1879) ohne Zweifel zu den bedeutsamsten psychologischen Romanen des vorigen Jahrhunderts; ohne ihn wäre manche Entwicklungslinie dieser Literaturgattung kaum zustande gekommen. Im Mittelpunkt steht Sir Willoughby Patterne, ein unbelehrbar ichsüchtiger Mann, der niemals daran denkt, Fehler bei sich selbst zu suchen, obwohl er auf Grund seiner verschiedenen abgeschlagenen Werbungen mindestens Veranlassung dazu hätte. Psychologische Romane, die er gern in ländlicher Umgebung ansiedelte, schrieb auch THOMAS HARDY (1840–1928). Mit »Teas von d'Urbervilles« (1891) steht er zwar stofflich noch im Bann der Viktorianischen Zeit, doch greift er gedanklich bereits ins 20. Jahrhundert. Seine Darstellungsweise ist realistisch und zuweilen naturalistisch, wird aber durch ein ungewöhnliches Feingefühl gemildert. Das schlichte Landmädchen Tess wird durch halbverrückte Eltern zu der vornehmen Familie der d'Urbervilles geschickt, weil sie ihr eigentlich angehöre. Natürlich wird sie verlacht und schließlich, trotz inneren Widerstandes, von dem jungen d'Urberville verführt. Sie gebiert ein Kind, das jedoch stirbt, verdingt sich als Magd in einer Molkerei, lernt einen anständigen jungen Mann kennen, der sie heiraten will, sie aber ständig hindert, ihm ihre Vergangenheit zu beichten. Nach der Heirat zwingt sie ihn, ihre Geschichte anzuhören. Er ist beleidigt und geht nach Südamerika. Der verlassenen, armen Tess nähert sich wiederum der junge d'Urberville; um nicht zu verhungern, ergibt sie sich ihm. Ihr Mann hat sich mittlerweile besonnen, kehrt zurück. In verzweifelter Raserei bringt Tess den d'Urberville um, wirft sich ihrem Mann in die Arme, wird aber kurz darauf verhaftet und gehenkt. – Als hervorragenden Erzähler nennen wir aus diesem Umkreis noch RICHARD DODDRIDGE BLACKMORE (1825–1900), dessen ebenso spannender wie meisterhaft gebauter Roman »Lorna Doone« in Deutschland merkwürdigerweise kaum bekannt ist.

Zwei andere Erzähler erfreuen sich dagegen auch bei uns größter Beliebtheit: STEVENSON und KIPLING. ROBERT LOUIS STEVENSON (1850–1894) entzückt große und kleine Kinder durch den farbig geschriebenen Abenteuerroman »Die Schatzinsel«. Bedeutender sind »Der Selbstmörderklub«, »Der schwarze Pfeil«, »Entführt« und die Novelle »Der seltsame Fall von Dr. Jekyll und Mr. Hyde«. Sämtliche dieser Erzählerwerke bedeuten eine entschiedene Absage an den krassen, in England besonders unfruchtbaren Naturalismus um die Jahrhundertwende. Ein »Neuromantiker« – wenn man so will – ist auch RUDYARD KIPLING (1865–1936). Seine in Indien spielenden »Dschungelgeschichten« und der buddhistische Roman »Kim« werden von manchen nicht geschätzt, weil sie halb märchenhaft seien. Man kann aber in ihnen auch etwas anderes endecken: Einen geglückten Versuch, dem echten, fast verschütteten Leben wieder näherzukommen.

Ganz im 19. Jahrhundert wurzeln zwar auch JEROME und DOYLE, aber sie setzen sich doch auch merklich ab vom Naturalismus der letzten Jahrzehnte der viktorianischen Zeit. JEROME K. JEROME (1859–1927) schrieb zahlreiche, bei uns kaum noch bekannte Bühnenstücke. In Deutschland wird sein köstlich heiteres Buch »Drei Mann in einem Boot« (1889) noch immer mit Vergnügen gelesen, obwohl es seine ganze Verdrehtheit nur im englischen Text spielen läßt. Nicht zu überhören ist ein leiser Unterton von Sozialkritik. Beachtlich auch seine »Müßigen Gedanken eines Müßiggängers« aus dem gleichen Jahre. ARTHUR CONAN DOYLE (1859–1930) kennen die meisten Leser nur als den phantasievollen Erfinder des Detektivs Sherlock Holmes. Weitaus bedeutender ist seine »Weiße Kompagnie«, ein historischer Roman aus den englisch-französischen Kriegen des Spätmittelalters, spannend, farbig und vor allem voll trockenen Humores in der Zeichnung des »kleinen Ritters«. Auch hier erhebt die englische Neuromantik ihr Haupt und Herz.

Dem viktorianischen Zeitalter zurechnen muß man wohl auch OSCAR WILDE (1854–1900), so modern er uns auch vielfach kommt. Sieht man eimmal ab von seinem leidenschaftlich verfochtenen (aber doch wohl nicht immer geglaubten und befolgten) Grundsatz von der »Kunst um der Kunst willen«, so findet man bei ihm alle Züge des Viktorianismus wieder: romantische, realistische, naturalistische, wissenschaftliche, okkultistische, neuromantische, märchenhafte Eingebungen müssen ihm dienen, damit er die – aus innerer Gläubigkeit geborene – Verneinung seiner Zeit in sprühendem Sarkasmus von sich geben kann. Seine Sozialkritik äußert sich am deutlichsten in seinen Bühnenwerken wie »Bunbury«, »Lady Windermeres Fächer«, »Ein idealer Gatte«, »Eine Frau ohne Bedeutung« – Stücke mit wenig Handlung, aber glänzenden, an Seitenhieben auf die Gesellschaft überreichen Dialogen. Der überhitzte Nervenkitzel seiner Zeit wird erregend lebendig in der (von RICHARD STRAUSS vertonten) »Salome«. Echte Romantik durchweht seine zauberhaft zarten Märchen. Alles das und noch mehr faßt er zusammen in seinem von BALZACS »Chagrinleder« und HUYSMANS »Gegen den Strich« beeinflußten Roman »Das Bildnis des Dorian Gray«. Beinahe möchte man sagen, in diesem Buch sei der ganze

Wilde beschlossen, wären da nicht einige lyrische Schöpfungen, in denen sich Wilde als echter Dichter offenbart, vor allem in der herzbeklemmenden, tief menschlichen und formschönen »Ballade vom Zuchthaus zu Reading«.

Seltsam genug, daß ausgerechnet dieser Spötter und Satiriker, dieser Salonlöwe und Dekadenzler Wilde uns echte Gedichte aus dem viktorianischen Zeitalter vermachte, während die übrigen Lyriker der Epoche uns nur selten etwas sagen. In der Schule und in der Literaturgeschichte werden immer wieder die gleichen Namen gerühmt; wenn man aber die Gedichte liest, bleibt man kühl und ungerührt. (Wer sich durch Übersetzungen einen Einblick verschaffen will, sei immer wieder auf Freiligrath verwiesen.) Was bleibt von Alfred Tennyson (1809–1892) außer seiner Sprachkunst. Ein kühler, etwas süßlicher Hauch, als betrete man eine seit Jahrzehnten nicht gesehene, nach außen abgeschirmte und abgeschlossene »gute Stube«. Rein stofflich fesselt noch der auch mehrfach als Opernwerk vertonte »Enoch Arden«, die Dichtung von jenem Seemann, der als Verschollener heimkehrt und Frau und Freund vermählt findet, und das Märchengedicht »Die Prinzessin«, eine feine Verspottung der Frauenrechtlerinnen. Was bleibt von Robert Browning (1812–1889) und seiner ebenfalls dichtenden Frau Elisabeth Barret-Browning außer dem Wissen, daß dieses Ehepaar in heiligem Ernst danach strebte, nicht nur Verse zu schreiben, sondern auch die Welt zu verbessern! Ein anderes dichtendes Paar bilden Dante Gabriel Rossetti (1828–1882) und seine Schwester Christina Georgina. Die beiden trieben einen Schönheitskult mit der Sprache, gingen zurück auf die Bibel und die antike Klassik, zogen über das wirkliche Leben einen tönenden Schleier, gingen auf in der zarten – übrigens meisterhaft gehandhabten – Form. Bezeichnend: Als Rossettis Frau starb, legte er ihr die Handschrift seines bekanntesten Werkes ins Grab; aber dieses Werk (»The House of Life«) würde niemals bekanntgeworden sein, hätte er es nach sieben Jahren nicht wieder aus dem Sarg genommen. Etwas näher steht uns allenfalls Algernon Charles Swinburne (1837–1909), der zwar auch den Schönheitskult eines Rossetti mitmacht, doch dem wirklichen Leben nähersteht, die See in allen Farben und Stimmungen zu schildern weiß und in seinen »Liedern vor Sonnenaufgang« geradezu revolutionäre Töne anschlägt: »Freiheit und Gerechtigkeit für alle Völker in aller Welt.«

Die erste Hälfte des 20. Jahrhunderts

Die kulturelle und politische Abgeschlossenheit der viktorianischen Zeit wurde kurz nach 1900 erst langsam, dann aber immer schneller gesprengt. Mit der »Splendid Isolation« war es vorbei. Eduard VII. liebte die europäische Lebensweise mindestens so sehr wie die englische; das Aufkommen neuerer und schnellerer Verkehrsmittel wie überhaupt die ganze Technik, dazu die geschmeidigeren Wirtschaftsformen machten ein Anpassen an die kontinentale Denkweise unumgänglich, und die beiden Weltkriege der ersten Jahrhunderthälfte rissen das engere Britische schicksalhaft ins weitere Europäische, die Kolonien und Dominions wurden immer selbständiger und führten dem Mutterland mancherlei neue Gedanken zu.

Diese Wandlungen sind natürlich auch in der Literatur spürbar. Der Übergang erfolgte freilich so schnell, daß der englische Naturalismus in seiner krassen, nicht gerade erfreulichen Ausprägung kaum Zeit gehabt hat, in Europa nachhaltig bekannt zu werden. Auch in England selbst hat er keine überragende Rolle gespielt. Wohl aber wirkt er dafür umso stärker nach in der Schreibweise vieler britischer Schriftsteller des 20. Jahrhunderts. Zuvor aber ein Blick auf die zwischen dem 19. und 20. Jahrhundert vermittelnden, in beiden Jahrhunderten gleicherweise-verwurzelten Dichter der Übergangszeit. Einige wurden bereits im vorigen Abschnitt genannt.

Der bedeutendste aber ist GEORGE BERNARD SHAW (1856–1950), dessen Lebenszeit von Jahrhundertmitte zu Jahrhundertmitte reichte. Ein gesellschaftskritischer Spaßmacher mit starker dramatischer Begabung und herrlichem Dialogwitz – meint man im ersten Augenblick. Aber das ist nur eine Seite dieses irisch-britisch-europäischen Weltgeistes. Mindestens so wichtig ist die andere, nämlich die weise Güte, die menschliche Hilfsbereitschaft der Wunsch zu bessern. Um bessern zu können, muß man nach SHAW zunächst einmal den Menschen und die Verhältnisse untersuchen. Um untersuchen zu können, muß zunächst jede Be- und Verkleidung entfernt werden. Hier beginnt SHAWS Werk: allen erstarrten Idealen und allen pomphaften Helden nimmt er zwinkernd die morsch, mürbe und unsinnig gewordenen Gewänder vom Leibe, lacht über das altmodische, ungesunde, unwürdige Zeug und läßt den Zuschauer mitlachen. Dann wendet er sich lächelnd dem

Entkleideten zu und stellt heiter seine Diagnosen. Ob die Zeit oder der Mensch nur krank ist, ob nicht – auf jeden Fall ist es unsere Zeit, sind wir alle dieser Mensch. Gott ja, die Menschen sind keine Engel, sie haben ihre Schwächen und Laster an Geist, Körper und Seele; aber sie sind doch Menschen, trotz allem liebenswerte Geschöpfe. Wenn sie sich nur nicht immer so verrennen wollten! Um zu zeigen, wohin man sich verrennen, wieweit man abweichen kann von dem, was den Menschen erst zum Menschen (ganz heimlich: zum Ebenbild Gottes) macht – um das zu zeigen, zugleich aber, um daraus Besserung entstehen zu lassen, schreibt SHAW seine Bühnenwerke. Nicht hochdramatisch aufgeplustert, denn das mögen die Leute nicht; vielmehr spritzig, heiter, boshaft, wenn's nicht anders geht. Was IBSEN mit sittlich erhobenem Zeigefinger lehrt, das unterrichtet SHAW durch vergnügliches Spiel. Was WILDE als funkelnde Sprüche ausstreut, das wird bei SHAW zu Kern und Schale zugleich. Der Sozialist SHAW nimmt alles aufs Korn: Das Wirtschaftssystem, in dem man Neigungen, Überzeugungen, ja seinen Körper verkaufen muß (»Frau Warrens Gewerbe«, 1902), ordenbehängtes, unechtes Heldentum (»Helden«, 1894), alle möglichen Vorurteile (»Kapitän Brassbounds Bekehrung«, 1906), die Bedingtheit jeglicher Moral (»Major Barbara«, 1905), der Ärzteberuf als »Gewerbe« (»Der Arzt am Scheidewege«, 1906), anmaßende Wissenschaft und gesellschaftliche Dünkel (»Pygmalion«, 1913), die Politik (»Der Kaiser von Amerika«, spielt »Ende des 20. Jahrhunderts«), die Historienstücke (»Cäsar und Cleopatra«, 1900), das Problem Einzelpersönlichkeit und Gesamtgefüge (»Die heilige Johanna«, 1923) und so ständig fort. Fast immer ist der Ironiker am Werk; doch kann SHAW auch seine Ironie vergessen wie in »Candida« (1894), dieser tiefen Verneigung vor der Frau und vor dem Wunder der Liebe.

Zu den großen Gestaltern des Übergangs gehört auch JOHN GALSWORTHY (1867–1933). Von der ironisch-kämpferischen Wendigkeit SHAWS unterscheidet er sich durch die gelassen gemessene Haltung des Gentleman. Er sieht nicht minder tief als der irische Dramatiker; doch er will nicht vorwärts treiben, sondern stellt fest. Diese Feststellungen erfolgen freilich mit einer realistischen Genauigkeit, die kaum minder zwingend ist als SHAWS bissiges Wollen. Bei SHAW hat – wenn überhaupt! –meist nur die eine Seite recht, GALSWORTHY wägt ab, ohne entscheiden zu wollen. Man kann das Gerechtigkeitssinn nennen, aber auch müden, mutlosen Verzicht. Beide Seiten haben recht, doch beide Seiten sind auch schuldig – so etwa könnte man den Grundgedanken der Galsworthyschen Dramen bezeichnen. In einem dieser (in Deutschland heute kaum noch bekannten) Bühnenwerke steht ein Satz aus GALSWORTHYS denkerischem Glaubensbekenntnis: »Als wir anfingen zu kämpfen, hatten wir saubere Hände; sind sie aber jetzt noch sauber?« (Diesen Satz scheint auch SARTRE gekannt zu haben, bevor er seine »Schmutzigen Hände« schrieb.) Wesentlich bedeutungsvoller sind für uns seine Romane und unter diesen wiederum vor allem die »Forsyte Saga« (1906–1921), eine über zahlreiche Bände verteilte Romanreihe, die sich mit dem Aufstieg und dem Verfall der Familie Forsyte beschäftigt; sie beginnt im viktorianischen Zeitalter und reicht bis in die Jahrzehnte zwischen den beiden Weltkriegen. Die eigentliche »Forsyte-Saga« besteht aus den drei großen Romanen »Der reiche Mann«, »In Fesseln«, »Zu vermieten« und zwei Zwischenspielen. Aber man muß die späteren FORSYTE-Stücke dazunehmen (z.B. »Der weiße Affe«, »Der Silberlöffel« und »Schwanengesang«), um die eigentliche dramatische Spannung erfassen zu können. Im »reichen Mann« Soames verkörpert sich die ganze unbedenkliche, immer siegende Brutalität des Besitzdenkens; dieser Soames ist nicht schlecht, sondern er hat nur kein Gewissen, weil er einfach nicht weiß, daß es auch andere Werte gibt, wie sie etwa in seiner wirklich geliebten Frau Irene verkörpert sind. So muß es schicksalhaft und sinnbildhaft zu einer Untreue Irenes mit einem Künstler- Architekten kommen. So muß auch Soames diesen Architekten Bosinney mit rein finanziellen Mitteln verderben. So muß sich auch die ganze innere und äußere Familien-Haltung langsam auflösen, als in der Welt etwas heraufkommt, was nicht nur auf dem Besitzdenken aufgebaut ist. Aber dieses Neue wird zwar erkannt (»Der weiße Affe« ist ein Bild aus dem Besitz von Soames; es stellt einen Affen dar mit einer ausgepreßten Orange in der Hand), doch niemand hat die Kraft, aus dem Erkannten nun auch Kräfte zur Tat zu gewinnen.

Solche Kräfte hat GILBERT KEITH CHESTERTON (1874–1936) mindestens für sich gefunden im Katholizismus, zu dem er 1922 übergetreten ist. Auf seine philosophisch-religiösen Schriften können wir hier nicht eingehen. Es genügt aber beinahe, seine Father-Brown-Geschichten zu lesen, um ein zureichendes Bild von CHESTERTON zu bekommen. Es handelt sich um Kriminal-Romane und -Kurzgeschichten besonderer

Art. Father Brown ist ein Detektiv besonderer Art, eine Mischung intellektuellen Scharfsinns, tiefer Gläubigkeit und psychologischer Einsicht: »Ich versuche, mich ganz in den Mörder zu versetzen. Mehr noch als das, wissen Sie. Ich *bin* tatsächlich in ihm. Immerzu bin ich in ihm. bewege seine Arme und Beine; ich warte, bis ich ganz genau weiß, daß ich in einem Mörder bin, seine Gedanken denke, mit seinen Leidenschaften kämpfe. Und wenn ich dann ganz sicher bin, selbst genau wie der Mörder zu empfinden, dann weiß ich natürlich auch, wer er ist«. Die künstlerische Kraft in diesen Detektivgeschichten liegt darin, daß sie für die katholische Grundeinstellung werben, ohne daß es sonderlich merkbar wird. CHESTERTON ist eben gegenüber der Gesamterscheinung Leben nicht starr und pedantisch, sondern aller Buntheit aufgetan. So verlaufen Romane wie »Der Held von Notting Hill«, »Der Mann, der Donnerstag war« oder »Das fliegende Wirtshaus« trotz vielfach realistischer, ja naturalistischer Darstellungsweise unversehens ins Uferlose, Geheimnisvolle, Mystische — ins Unverstehbare.

Ebenfalls gläubig, doch stärker noch den Urkräften der Natur verhaftet sind die Romane von DAVID HERBERT LAWRENCE (1885–1930). Zu einer Zeit, als FREUDS Psychoanalyse noch nicht Mode war, galt LAWRENCE manchen als pornographischer Schriftsteller (vor allem wegen »Lady Chatterleys Liebhaber«). Eine völlige Verkennung. LAWRENCE haßt den Intellekt als den Verderber alles Natürlichen und stellt ihm daher den großen Eros, die Zeugekraft in all ihrer überwältigenden Macht entgegen. Man muß seine späteren Romane lesen, um zu begreifen, daß dieser Bergarbeitersohn nichts anderes will, als das Leben und immer wieder das Leben vor der verstandesmäßigen Erstarrung zu retten. Dichterischer Höhepunkt ist »The Man who died«, in dem LAWRENCE die selbstverständlich sein sollende Wahrheit verkündet, es sei wichtiger zu leben als zu sterben. Bedeutendstes Werk »Die Apokalypse«.

Die Natur besungen und beseelt, sie mit naturalistisch-realistischen Mitteln gezeichnet und zugleich ins Mystische überhöht hat auch JOSEPH CONRAD (1857–1924). Er war von Geburt Pole (eigentlicher Name: KORZENIOWSKI), schrieb aber englisch. Seine Stoffe suchte er nicht im Eros, sondern in der über alles geliebten See und in der Tiefe der menschlichen Seele. Unbedenklich darf man ihn nach Inhalt und Form den Meister des psychologischen Abenteuerromans nennen, des Romans, der die Abenteuer in äußeren und inneren Stürmen sucht und aufzuspüren weiß. Seine bedeutenden Werke leitet ein »Der Neger auf der Narzissus« (1898), eine sinnbildhafte Darstellung des Lebensschiffes, auf dem es für alle nur ein Schicksal geben kann. Der viel bewunderte »Lord Jim« (1900) ist abermals ein Seefahrerroman. Dieser Lord Jim hat einst als Kapitän aus ihm selbst unbegreiflichen Gründen sich und seine Mannschaft von dem sinkenden Schiff gerettet, Hunderte von Fahrgästen jedoch im Stich gelassen. Diese werden dann zwar durch ein anderes Schiff gerettet, aber Lord Jim kann seine Schwäche nicht vergessen, wandert durch die Welt und wird schließlich vor Gericht gestellt. Eine erstaunliche Zeichnung des Menschen der Jahrhundertwende, der gern von großen Taten träumte, sich aber unterbewußt scheute, sie zu vollbringen (vergl. auch die späten Forsyte-Bücher von GALSWORTHY). Was es heißt, die See in fast mystischer Weise zu einem Ungeheuer zu machen und davon naturalistisch zu berichten, der lese die großartige Novelle »Taifun« (1903). Ein Taifun braust auch in der Brust des Titelhelden des Romans »Nostromo« (1904). Revolutionen in Mittelamerika mit allen Spannungen. Der Italiener Nostromo hat alles für den Staat getan, doch wird er schmählich behandelt. In seinem Innern schwillt der Sturm an, bis er sich rächt, indem er den Silberschatz der Regierung für sich selbst in Sicherheit bringt. Vorsichtig zeigt er nach außen hin seinen scheinbar ständig wachsenden Reichtum; doch an einer Untreue gegenüber seiner Verlobten geht er zugrunde. Ganz von innen, von einem einheitlichen Mittelpunkt aus geformt und durchgeführt ist dann »Spiel des Zufalls« (1914), der am Beispiel eines betrügerischen Bankiers und seiner Tochter zeigen will, wie eng alle Menschen miteinander verbunden sind. Für den späten CONRAD vielleicht noch charakteristischer der Roman »Sieg« (1915). Abermals ein Südseeroman. Da wandert ein Schwede sinn- und ziellos durch die Welt, tut, was ihm gerade einfällt, bringt es zu äußerem Erfolg, verliert alles wieder und steht schließlich verlassen auf einer einsamen Insel. Er rettet ein Eingeborenenmädchen; doch deren Liebe macht ihn nur unruhig. Erst in der Todesstunde dieses Mädchens, das alles für ihn getan hat, erkennt der Abenteurer die Siegerin über alle Abenteuer, die Liebe.

Während CONRADS Abneigung vor allem nur »Zivilisatorischen« sich darin äußert, daß er ihm aus dem Wege geht, greift SOMERSET

Maugham (1874–1965) das Zivilisatorische mit beißender Schärfe, wenn auch blutenden Herzens überall dort an, wo es das Denken, Empfinden und Handeln der heutigen Gesellschaft lähmt oder auf Abwege bringt. Im Grunde will er nicht spotten, sondern aufrütteln. In einem seiner zahlreichen, vortrefflich geformten Bühnenwerke (»The Circle«, 1921, ein psychologisch durchleuchtetes Stück über Liebe und Ehe) stehen die nachdenklich stimmenden Sätze:

> »Du hast keine Ahnung, was es bedeutet, einen Mann zu haben, der lediglich durch sein Ehrgefühl an einen gebunden ist. Wenn Verheiratete nicht miteinander auskommen, können sie sich trennen; bei Unverheirateten ist das unmöglich. Das ist ein Band, das nur der Tod lösen kann.

Wie es scheint, verzweifelte Maugham daran, seine Absichten verwirklichen zu können, denn die späteren Stücke verraten ein beängstigendes Entsagen (»Sheppey«, 1933). Bekannter sind bei uns einige Romane; in ihnen spricht Maugham seine Anschauungen noch deutlicher aus. Es sind realistisch gestaltete Geschehnisse aus der immer gekünstelter, unechter, lebensärmer werdenden europäischen Gesellschaft. Zwei Romane machen besonders deutlich, wie Maugham denkt. 1919 erschien »Silber Mond und Kupfermünze«, ein Roman über den französischen Maler Gauguin, den Maugham hier Strickland nennt. Strickland verläßt eines Tages unvermutet Frau und Kinder und seinen bürgerlichen Beruf, weil er malen will. Er geht nach Paris, nach Marseille, nach Tahiti. Alle Frauen verfallen ihm; aber er will nichts von Liebe wissen, nichts von Bürgerlichkeit – malen will er, sonst nichts. In Tahiti malt er mit alles verzehrender Leidenschaft. Er wird aussätzig, malt seine letzten Bilder auf die Wand seiner Hütte, bestimmt aber, daß die Hütte nach seinem Tode verbrannt werde, damit die Welt, die ihn nicht anerkannte, auch nichts von ihm bekomme. Dagegen halte man den 1930 erschienenen Roman »Cakes and Ale«. Wiederum geht es um einen künstlerisch tätigen Menschen, den Schriftsteller Driffield. Während Strickland-Gauguin erst nach seinem Tode von der »Gesellschaft« anerkannt wurde, erntet Driffield seinen zweifelhaften Ruhm noch bei Lebzeiten. Freilich, er ist ja auch alt genug geworden, lebt als mumienhafter Tapergreis und wird von seinen Freunden »gemanagt«; ob er wirklich etwas Großes geschaffen hat, steht sehr dahin.

John Boynton Priestley (1894–1984) siedelte seine Sozialromane gern im Alltag des unteren Mittelstandes an. Auch er sieht und schreibt sehr realistisch. Aber bei ihm gehört zum Realen, zur Wirklichkeit mehr als das Grob-Greifbare oder das lediglich auf Wegen des Verstandes Abzuschreitende. So schreibt er gern auch von den Wünschen und Sehnsüchten des kleinen Bürgers, befriedigt sie jedoch nicht mit rosenrotem Happy-End, läßt ihnen vielmehr nur vorübergehend Erfüllung zuteil werden und überglänzt dann durch die einmalige Erfahrung des Glücks den wiederkehrenden Alltag. Am deutlichsten spiegelt sich diese Art in dem menschlich warmen, von leisem Humor durchwehten Roman »Die guten Gefährten« (1929). Drei junge Leute lassen den Alltag hinter sich, erleben als kleine Wandertruppe allerlei fröhliche Abenteuer und kehren schließlich in ein nun überhöhtes »bürgerliches« Dasein zurück. »Faraway, die ferne Insel« spinnt das gleiche Thema abenteuerlich noch einmal aus. »Engelgasse« (1930) ist der Roman Londons mit all den kleinen, lieben Menschen, die brav ihrer gleichförmigen Tätigkeit nachgehen, heimlich auf irgend etwas Ungewöhnliches hoffen, das Ungewöhnliche wirklich auch erleben durch einen Abenteurer und schließlich durch die Erinnerung an diese aufregende Zeit bereichert werden. Eine Art Ergänzung dazu bildet der Roman »Sie gingen in die große Stadt« (1936); die große Stadt war die Sehnsucht zweier junger Menschen; aber die Erfüllung ihrer Sehnsucht hatten sie sich anders vorgestellt. Wie wenig Priestley die grobe Wirklichkeit allein genügt, zeigt der Kurzroman »The old dark house« (1928). Hier spielt das Über- Sinnenhafte eine kaum ausgesprochene, dennoch wichtige Rolle. Fünf untereinander ganz verschiedene Menschen der modernen Welt werden durch furchtbare Regenfälle und Überschwemmungen in ein abseits gelegenes, altes, dunkles Haus verschlagen, in dem eine Familie der versunkenen Welt lebt: Ein dem Tode Entgegensiechender, ein Wahnsinniger, ein in Konventionen Vertrockneter, eine religiös Halbirre und ein menschenaffen-ähnlicher Diener. In einer grauenvollen Nacht offenbaren sich alle Seiten menschlichen Lebens, Schuld und Schicksal, Wollen und Müssen. Das Übersinnenhafte spielt auch in manche der ausgezeichneten Bühnenwerke Priestleys hinein; selbst in das scheinbare Kriminalstück »Ein Inspektor kommt« (1946).

Gewaltiges Gerede ging einmal um den Iren James Joyce (1882–

1941). Sein »Ulysses« (1922) wurde bei uns anfangs nur in unverkäuflichen »Lese-Exemplaren« herausgebracht, in England ist war verboten, in den Vereinigten Staaten wurde er erst in den fünfziger Jahren des 20. Jahrhunderts durch Gerichtsbeschluß freigegeben. Anstoß erregt hatten vor allem die zahllosen Obszönitäten. Nun, man hat sich daran gewöhnt, Schweinereien auszusprechen und zu drucken, weil das so schön psychologisch oder psychoanalytisch ist. Was das aber mit Dichtung, was dieser »Ulysses« mit dem Roman zu tun hat, warum man derartiges unter schöne Literatur einordnet, das hat noch keiner der eifrigen Ulyssianer zureichend zu erklären vermocht. Übrigens sind die Ferkeleien zwar saftig und deftig; doch bilden sie nicht die Hauptsache. JOYCE will die alte Odysseus-Dichtung von HOMER in unser Gegenwartsleben übertragen und psychologisch umdeuten. Was darunter zu verstehen ist, haben wir seither sattsam an anderen Bearbeitungen griechisch-klassischer Dichtungen erlebt. Selbstverständlich ist – um nur ein Beispiel zu geben – die Penelope bei JOYCE nicht eine treue, sondern eine kräftig untreue Dame. Auf vielen hundert Seiten verstreicht nicht einmal ein ganzer Tag. Kern ist die Suche von Stephen Dedalus (Telemach) nach seinem Vater Leopold Bloom. Schauplatz ist nur Dublin. Geschehen und Ort werden ständig verwirrend aufgelöst durch eingeschobene Gedanken, Vorstellungen, Träume, Selbstgespräche. Die Form wechselt ständig, ist bald romanhaft-episch, bald dramatisch-dialogmäßig, zerfließt in einen ganzen Brei von Gedankenverbindungen ohne Punkte oder Kommas, verwendet Zeitungsüberschriften, springt unvermutet ins Parodieren englischer Dichter, gibt sich wissenschaftlich, kauderwelscht mit allerlei Sprachbrocken. Das Ganze ein Versuch, der neueren Psychologie irgendwelche Möglichkeiten abzugewinnen und den Weg für neue Formen frei zu machen. In »Finnegans Wake« (1939 abgeschlossen) treibt JOYCE die Ulysses-Technik vollends auf die Spitze, überlastet den Stoff mit Beiträgen aus vielen Jahrhunderten und noch mehr Sprachen, gibt wieder, was in einer einzigen Person während eines einzigen Nachtschlafes an Unbewußtem und Halbbewußtem aufsteigt (natürlich fehlen weder Blutschande noch Homosexualität). Vor allem wird die Sprache völlig aufgelöst in geistvolle und sinnlose Wortspielereien; wozu braucht schließlich das Unbewußte und Halbbewußte überhaupt eine Sprache – also durchaus folgerichtig. In siebzehn Jahren hat JOYCE dieses Werk geschrieben. Wer es einigermaßen verstehen will, wird zum Lesen kaum weniger brauchen. Was JOYCE in diesen beiden Büchern gegeben hat, ist der großartigste Wider- und Unsinn der neueren Zeit, Literatur ausschließlich für Literaten und Psychiater

Je mehr wir uns der Jahrhundertmitte nähern, desto schwieriger wird es, Einzelpersönlichkeiten hervorzuheben. Gewiß verfügte das England der 50er Jahre über zahlreiche tüchtige Schriftsteller und manche Dichter. Doch ist keiner dieser so überragend, daß er für ein ganzes Literaturgebiet als charakteristisch gelten könnte – insbesondere dem deutschen Leser als charakteristisch erschiene. Ein paar Namen dieses Zeitraumes mögen daher genügen.

Wenn man etwa von JOYCE herkommt und CHARLES MORGAN (1894–1958) zu lesen beginnt, betritt man eine ganz neue Welt. Aus zerfasernder, zersplitternder Psychologie wird plötzlich edle, auf PLATON zurückgreifende Philosophie, aus Zergliederung wird Zusammenschau, aus Auflösung bauendes Schöpfertum. MORGANS Romanwerk kreist um das Dreigestirn Liebe – Tod – Kunst; sie richtig zu erkennen, führt seiner Meinung nach zum wahrhaft Menschlichen, wahrhaft Schöpferischen. Bedeutendste Romane sind »Der Quell« (1932), die Geschichte der tiefen, schicksalhaften (Tristan-) Liebe eines englischen Offiziers zu einer verheirateten deutschen Frau; die Frage wird tragisch und doch überwältigend einfach gelöst. Die alte Tristan-Dichtung steht sogar als ausgesprochenes Thema im Mittelpunkt von »Sparkenbroke« (1936). Zu erwähnen auch »Die Reise« und »Der leere Raum« (1940/41). MORGANS Dramen sind in Deutschland weniger bekannt. Neben MORGAN wirkt der in den dreißiger Jahren nach den Vereinigten Staaten ausgewanderte ARCHIBALD JOSEPH CRONIN trotz überaus glänzender Darstellungsgabe und Charakterisierungskunst ziemlich flächig. Im Grunde ist er ein verspäteter Naturalist, der soziale Mißstände aufgreift; so die Bergarbeiterfrage in »Die Sterne schauen herab« (1935) oder das Ärzteproblem in der »Zitadelle« (1937). Wesentlich verhaltener, daher auch nachhaltiger in der Wirkung sind die letzten Romane von JAMES HILTON (1900–1954). Besonders in »Random Harvest« (1941), der seltsamen Geschichte eines Fliegers, der sein Gedächtnis verlor und es wieder sucht, gibt er in ruhiger, von leichtem Humor durchzogener Darstellung mancherlei zum Nachdenken – angefangen von menschlicher Schlichtheit bis hin zu verwickelten Problemen der Gesamtheit. Der auch bei uns in Deutschland vielbeachtete ALDOUS

HUXLEY (1894–1963) ist nach seinen Romanen allein nicht zu beurteilen. Ursprünglich war er Nihilist aus reiner, nüchterner Verstandeserwägung; später vertrat er das buddhistische Nichts (Nirwana) mit fast religiöser Inbrunst, doch nicht minder mit strenger geistiger Folgerichtigkeit. In seinem »Kontrapunkt des Lebens« (1928), entschieden seinem aufschlußreichsten Roman, sind nicht größere handlungsmäßige Zusammenhänge entscheidend, sondern eine Fülle von Einzelzügen und vor allem ständige Reden und Erörterungen, die sich drehen um »Milieu« und um die Bedeutung des Verstandes als des einzig wahren Reglers des Lebens.

Zu der nicht kleinen Gruppe Schriftsteller, denen der Übertritt zum Katholizismus den einzigen Weg aus ihrer Gegenwartswirrnis bedeutete, gehören neben einigen älteren wie MACKENZIE und BARING so bekannte jüngere Schreiber wie WAUGH und GREENE. EVELYN WAUGH (1903–1966) kommt in seiner Gesellschaftskritik – das verrät besonders der funkelnde, satirische Stil seiner ersten Romane – irgendwie von WILDE her. Diese Gesellschaftskritik bezieht sich aber nicht mehr nur auf einzelne Stände oder Völker, sondern auf die ganze Welt, die ihm, wie es der Titel eines 1934 erschienenen Romans andeutet, nur mehr »Eine Handvoll Staub« ist. Die späteren Werke zeigen WAUGH auf einem neuen Pfad des Glaubens; etwa »Brideshead Revisited« (1944). Mit der Obersetzung des Romanes ». . . aber das Fleisch ist schwach« ist WAUGH auch in Deutschland recht bekannt geworden. Fast die ganze Welt kennt (Drehbuch des »Dritten Mannes«) den ebenfalls zum Katholizismus übergetretenen GRAHAM GREENE. Dieser Schriftsteller ist ein ungewöhnlich spannender Erzähler. Oft glaubt man geradezu, einen Kriminal- oder einen Sensationsroman in der Hand zu haben (»The Confidential Agent«, »A Gun for Sale«, »Brighton Rock«); doch bald spürt man, daß hinter all der äußeren Spannung eine innere steht, erzeugt aus sorgfältiger Beobachtung ungewöhnlicher Seelenzustände und aus einem behutsamen Suchen nach Übernatürlichem. Der Roman »Die Kraft und die Herrlichkeit« scheint uns ein gutes Beispiel für GREENES Art darzustellen. Später hat er sich auch als Dramatiker versucht, jedoch ohne durchschlagenden Erfolg (z. B. »The Living Room« – in deutscher Fassung »Der letzte Raum«, 1953)

Freilich haben überhaupt nicht allzu viele der im 20. Jahrhundert geschriebenen Bühnenwerke auf das europäische Festland ausgestrahlt.

Abgesehen natürlich von SHAW. Dessen irischer Landsmann WILLIAM BUTLER YEATS (1865–1939), der mit romantischen und halb mystischen Dichtungen begann, in denen er das alte Irland besingt (das »keltische Zwielicht«), hat verschiedene Bühnenwerke geschrieben. Doch es sind mehr lyrische Dichtungen als echte Dramen, nähern sich der Musik, leben aus dem reinen Sprachrhythmus. Dramatiker und Dichter zugleich ist dagegen ein anderer Ire: JOHN MILLINGTON SYNGE (1871–1909). Auch er lebt im »keltischen Zwielicht« zwischen Wirklichkeit und Jenseits, wobei ihn die Wirklichkeit platt und gemein anmutet. Sehr stark der Einakter »Riders to the Sea« (1904), beklemmend die seelische Luft in der Fischerhütte bei der alten Maurya, die bereits den Mann und die meisten Söhne dem Meer hat opfern müssen, die auch noch den letzten Sohn verliert und nun endlich Ruhe und Frieden findet; denn jetzt braucht sie nicht mehr in Angst zu leben. SYNGES bestes Bühnenwerk »The Playboy of the Western World« (1907), scheint bei uns fast unbekannt zu sein. Es ist vielleicht das echteste irische Theaterstück überhaupt mit seiner ebenso glühenden wie schönen Sprache und der zwischen Wirklichkeit und Unwirklichkeit schwebenden, gleichwohl kräftigen Handlung. Christy Mahon kommt in ein irisches Dorfgasthaus, macht sich durch Reden verdächtig und berichtet schließlich dem Wirt und seiner Tochter, er habe seinen Vater erschlagen, weil dieser ihn tyrannisierte. Einen Vatermörder hat bis dahin niemand im Dorf gesehen! Christy wird gefeiert als etwas Ungewöhnliches, ja, als ein Held. Mitten in Trubel und Feier erscheint jedoch der angeblich ermordete Vater. Er hat zwar ein tüchtiges Loch im Kopf, doch fühlt er sich noch stark genug, seinen Sohn zu prügeln. Der aber ist nun wirklich ein kleiner Held geworden und läßt sich nicht mehr schlagen. Vater und Sohn wandern einträchtig ab, zum großen Kummer der Wirtstochter, die nun ihren einzigen »playboy« verliert. Ein weiterer Meister des irischen Theaters ist SEAN O'CASEY (1884–1964). Wer seine Stücke liest – z. B. das 1924 entstandene Revolutionsstück »Juno und der Pfau« – muß sich freilich umstellen auf die vielfach seltsame Mischung aller Theatermöglichkeiten vom Komischen bis zum Tragischen, vom Naturalistischen bis zu dichterischer Überhöhung. O'CASEY ließe sich bezeichnen als kommunistisch-sozialistischer Arbeiterdichter Irlands mit dem Willen zur Menschheitsversöhnung. Andere britische Bühnendichter des 20. Jahrhunderts haben zwar Erfolge in England und auch in Deutschland, doch wirken sie – immer abgesehen von den in anderem Zusammenhang genannten – stets nur für kurze Zeit. So der sozialkritische, dabei witzige, schließlich zu immer neuen Äußerlichkeiten greifende NOEL COWARD (1899–1973) mit »Gefallene Engel«, »Der Wirbel, »Heute Abend halb neun« u. a. Zu nennen wären ferner JOHN DRINKWATER (1882–1937) mit verschiedenen historischen Dramen, ROBERT CEDRIC SHERIFF (1896–1975) mit dem in aller Welt gespielten Kriegsstück »Die andere Seite« (»Journey's End«, 1929), dann die »Links- Dichter« W. H. AUDEN, CHR. ISHERWOOD, ST. SPENDER, und danach auch CHRISTOPHER FRY, den stark überschätzten, wenn auch begabten Verfasser von Stücken wie »Die Dame ist nicht fürs Feuer«, »Der Traum der Gefangenen«, »Venus im Licht« und »Der Erstgeborene«.

Noch ein anderer wird uns zu recht als Dramatiker gerühmt THOMAS STEARNS ELIOT (1888–1965), Englands meist gepriesener Dichter aus den ersten Jahrzehnten des 20. Jahrhunderts. Er gehört zu denjenigen Denker-Dichtern, die ihre Heimat gefunden haben, indem sie zum Katholizismus übertraten. Wenn ELIOT einmal sagt, die katholische Messe sei ein in sich vollendetes Drama, so entspricht das einer Anschauung, die er in Stücken wie dem »Fels« (die Kirche Christi) und »Mord im Dom« (mit der Ermordung Beckets in der Kathedrale) dann selbst dramatisch zu gestalten suchte. Mit unseren Begriffen vom Drama haben sie jedoch nichts gemein; sie versuchen, mittelalterliche Mysterien- oder Moralitätenspiele auf neuzeitliche Weise wiederherzustellen, wobei es ihnen freilich der naturhaften, verstandesmäßig nicht gebrochenen Gläubigkeit er mangelt. Die viel gespielte »Cocktail Party« ist als Bühnenstück ganz einfach blutlos; in ihrer Mischung von Liebesbeziehungen und moralischen Redereien wird sie auch von angelsächsischen Hörern und Zuschauern nicht verstanden. Nicht verstanden – damit ist nun ein Stichwort gefallen, das für die meisten Dichtungen ELIOTS gilt. ELIOT verfügt offenbar über eine ganz ungewöhnliche Wissensbildung, gleichzeitig wird ihm das fadeste Alltags-Ereignis wie das erhabenste Gott-Erleben zur Einheit, binden sich ihm das krause Kunterbunt dieser kleinen Erde und die schlichte Größe des Überirdischen zu einem unteilbaren Ganzen, Zeit und Ewigkeit verlieren ihren begrifflich bestimmten Charakter, Lyrik ist ihm eine Angelegenheit des formenden Verstandes und eines sorgfältig gepflegten Sprachbewußtseins. Beim Dichten entscheidet nicht das Gefühl, sondern der gestaltende Geist, das Denken, die harte, nackte Sprache. In den mit höchster geistiger Zucht gestalteten »Vier Quartetten« von 1944 stehen solche Stellen:

»Zeit Gegenwart und Zeit Vergangenheit
Sind beide vielleicht gegenwärtig in der Zeit Zukunft,
Und Zukunft enthalten in der Vergangenheit.
Wenn alle Zeit ewig Gegenwart ist,
So ist alle Zeit unaustilgbar.
Was gewesen sein könnte, ist nichts als Vorstellung
Und bleibt ein ewig Mögliches
Nur in einer Welt des Gedankens.
Was gewesen sein könnte und was gewesen ist,
Zielt auf ein Ende, das immer Gegenwart ist.
. . . .
Zeit und Geläut begruben den Tag,
Wolke schwarz vor der Sonne lag.
Wird die Sonnenblume sich zu uns wenden, Klematis
Tief zu uns neigen; ob die Ranke mag
Schnüren und schlingen?
Sind kühl
Eibenfinger gekrümmt
Auf uns hin? Wenn des Eisvogels Schwingen
Mit Licht auf Licht Antwort geben und schweigen, ruht still Das
Licht doch im Stillpunkt der kreisenden Welt.«

Solche Stellen (übersetzt von Ursula Clemens sind wahrlich nicht übermäßig dunkel; aber selbst sie bedürfen der Erläuterung für den Leser. Für den Leser – denn zum Hören sind sie vollends ungeeignet. Daß eine starke, geschlossene Persönlichkeit hinter dieser Lyrik steht, wer wollte das bezweifeln. Ob solche Dichtung weiterführen wird, muß man abwarten. Vielleicht ist »Zukunft enthalten in der Gegenwart«.

Zwischen Fortschritt und Zweifel

Nordamerika

Die sogenannte schöne Literatur der Vereinigten Staaten von Amerika ist, soweit sie den deutschen Leser angeht, erst rund hundertfünfzig Jahre alt. Vor der Unabhängigkeitserklärung Nordamerikas von England (1776) und deren Anerkennung im Pariser Frieden (1783) machten die Kolonisatoren und Pioniere nicht Gedichte, sondern Geschichte, sie schrieben nicht Romane und Dramen, sie erlebten sie. Nach der Unabhängigkeitserklärung bis zum Ende des napoleonischen Zeitalters, in dem sie abermals die Waffen gegen das Mutterland ergreifen mußten, haben die Vereinigten Staaten zwar einige Dichter und Schriftsteller hervorgebracht, doch sind deren Werke selbst der nordamerikanischen Leserschaft kaum noch bekannt. Nach 1800, also gleichlaufend mit der endgültigen Festigung und späteren Erweiterung der politischen Macht, mit dem Aufkommen einer großen Industrie und eines entsprechend erstarkenden Bürgertums im Norden (der Süden blieb zunächst mehr aristokratisch mit seiner durch Sklaven betriebenen Großgüterwirtschaft), mit dem Einströmen neuer Kräfte aus Europa – nach 1800 beginnt die eigentliche Entwicklung einer echten nordamerikanischen Dichtung. Sie ist zwar von Anbeginn gespalten in eine unbedenklich nach den Sternen des Himmels und des Nationalbanners greifende und eine mehr zurückhaltende, aller Kunst mißtrauisch gegenüberstehende Richtung. Die erste will freies Schaffen aus Erfahrung, Verstand und Phantasie, die zweite predigt sittliches Verhalten.

Die großen Romantiker

Der Beginn einer eigenständigen nordamerikanischen Literatur fällt zeitlich zusammen mit der romantischen Bewegung in Europa. Kein Wunder also, daß in Nordamerika die Romantik am Anfang einer erst langsamen, dann immer schneller werdenden und sich bis zur Gegenwart fast bestürzend empordrehenden Entwicklung steht.

Entscheidend hat da gewirkt WASHINGTON IRVING (1783–1859), der fünfmal mehrere Jahre lang in England, Frankreich, Italien und Spanien gelebt und dort die geistigen Strömungen beobachtet hat. Sein bedeutendstes Werk ist das »Leben Washingtons«, eine ausgezeichnete geschichtliche Arbeit. Zur schönen Literatur gehören vor allem die immer noch lesbare, recht witzige »Geschichte von New York, von Diedrich Knickerbocker« und das berühmte »Skizzenbuch« (1819/ 20). Es enthält allerlei Aufsätze, Skizzen und vor allem Kurzgeschichten, in denen IRVINGS Sinn für Märchenhaft-Romantisches ebenso lebendig wird wie sein still lächelnder Humor und seine Achtung vor dem Geworden en, Überlieferten. Dieses Skizzenbuch versucht zum ersten Male, europäisches Gut nach Amerika zu verpflanzen und es gleichzeitig zu amerikanisieren. Hier steht z. B. die berühmte Geschichte des Rip van Winkle, jenes trägen Burschen, der eines Tages ein paar Zwerge trifft, mit ihnen trinkt, einschläft, erst nach zwanzig Jahren wieder erwacht und sich zwar mühsam, doch fröhlich dem Leben in seinem Dorf erneut einfügt. Romantisch-spukhaft geht es zu in einigen Erzählungen der zwei Jahre später geschriebenen Sammlung »Bracebridge Hall«.

Wesentlich vertrauter ist der deutsche Leser mit JAMES FENIMORE COOPER (1879–1951). Bei ihm wird man vergeblich nach Verbindungen mit Europa suchen, obwohl auch ihn Reisen in die alte Welt geführt haben. Offenbar behagte ihm die bürgerlich-industrielle Entwicklung seiner Zeit wenig. Seine »Lederstrumpf-Romane« begeistern sich nämlich allzu deutlich an romantisch eingefärbten Naturmenschen von edlem Sinn und geradem Wuchs. Sosehr man der Jugend Begeisterung begreift für den »Wildtöter«, den »Letzten der Mohikaner«, die »Pfadfinder», die »Ansiedler« und die »Prärie« – es sind eben doch Jugendbücher geworden, die nur noch in Bearbeitungen ansprechen. Im Original bewundert man im Grunde nur noch eines: die Fähigkeit, Landschaften lebendig werden zu lassen. Grundlage für den lederbestrumpften Natty Bumppo ist übrigens der Waldläufer Daniel Boone, der erst starb, als COOPER bereits einundvierzig Jahre alt war. (Vergl. dazu GAGERNS »Grenzerbuch«!)Für besser darf man den »Spion«, einen Roman aus den amerikanischen Revolutionskriegen, halten. Das etwas einseitig auf den Norden abgestellte Bild, wie es bei COOPER gezeichnet wird, sollte man durch die Indianer-, Abenteurer- und Revolutionsromane von WILLIAM G. SIMMS (1806–1870) zurechtrücken. SIMMS stammt aus dem Süden (South-Carolina) und hält seiner Heimat kräftig vielleicht ein wenig zu pathetisch, oft mit realistischen Mitteln die Stange. Soweit wir sehen, sind allerdings weder die »Border Beagles« noch die »Forayers« noch »Wigwam and Cabin« in deutscher Übersetzung vorhanden.

Ein anderer amerikanischer Romandichter ist in Deutschland erst vor einigen Jahrzehnten entdeckt worden. HERMANN MELVILLE (1819–1891). Es war beinahe eine Sensation, als der 1851 erschienene Roman »Moby Dick« in deutscher Übersetzung herauskam. MELVILLE ist gewiß Romantiker mit seinen Sinnbildern, Randbetrachtungen, Abschweifungen aller Art; doch daneben stehen Schilderungen von erstaunlicher Realistik, die weit über seine Zeit hinausgreift. Diese Mischung hat seinen Werken auch in den angelsächsischen Ländern erst verhältnismäßig spät die gebührende Anerkennung zuteil werden lassen. Das romantische, oft mystische Suchen, die scharf sondernde Sachkenntnis und der bald schweifende, bald realistisch-naturalistische Stil spiegelt sich vollendet in »Moby Dick«, einem sinnbildhaft zu nehmenden Seeroman. Kapitän Ahab hat einst im Kampf mit einem weißen Wal, genannt Moby Dick, ein Bein verloren. Nun ist er auf der Suche nach diesem schlauen, geradezu sagenhaft gewordenen Untier des Stillen Ozeans. Nichts kann ihn zurückhalten in seinem Rachedurst, keine Ermahnungen, auch nicht sein elfenbeinernes Ersatz Bein. Mit seinem Schiff Pequod durchkreuzt er die Meere, lädt Schuld auf sich, zwingt die seltsame Mannschaft in seinen Bann. Endlich kommt er in die Nähe von Moby Dick. Doch der Wal ist schlau und gefährlich. Ein Boot nach dem anderen geht zugrunde. Im letzten steht Kapitän Ahab, wirft die Harpune, trifft – aber er verwickelt sich in die Leine, wird über Bord gerissen, fest geheftet an den Wal, der nun auch das letzte Boot zerschlägt, das Schiff kentern läßt. Alles kommt um – nur ein einziger Mensch bleibt am Leben: Er klammert sich an einen schwimmenden Sarg und wird von einem Schiff aufgenommen. Wie Kapitän Ahab gegen den weißen Wal, so kämpft der Mensch gegen die Mächte seines Inneren und gegen das Bösartige in der Welt. Der Zwiespalt zwischen Gut und Böse, ja die Gleichwertigkeit von beiden, deren eines nur die Kehrseite des anderen ist, taucht bei MELVILLE immer wieder auf in der Sklavenmeuterei von »Beneto Cereno«, in »Billy Budd« mit der feinen Unterscheidung von innerer Unschuld und äußerer Schuld, in »Pierre«, einem ereignisreichen Roman über eine Liebe zwischen Halbgeschwistern, in »Redburn«, einer Erzählung, die den Gegensatz zwischen Stellung und Fähigkeit behandelt. Hervorragend auch die dicht gewebten »Piazza Tales«.

Ungleich stärker und anhaltender war die Wirkung von MELVILLES Zeitgenossen EDGAR ALLAN POE (1809–1849). Eine trübe Jugend mit ungeliebten, kaum liebenswerten Stiefeltern hat wohl den Grund gelegt für POES spätere Trunksucht und für das düstere Grauen, das in seinen Werken waltet. Freilich liegt in dem Schauerlichen, Überphantastischen mancher seiner Prosageschichten eben auch das Romantische dieses unruhvollen Geistes. Zuweilen wird er mit E. T. A. HOFFMANN verglichen. Doch ist POES Erzählstil wesentlich dichter, selbst im Übernatürlichen natürlich, im Überwirklichen realistisch. Der Leser hat – und das wollte POE ganz bewußt erreichen – bei den scheinbar unmöglichsten Geschichten stets das Gefühl, etwas Mögliches, Wahrscheinliches mitzuerleben. Etwa in der gespenstischen Geschichte »Der schwarze Kater«, wo das unheimliche Tier zur Entdeckung eines Mörders führt, der die Leiche seiner Frau zusammen mit dem Kater eingemauert hat. Völlig realistisch mutet auch an »Die Grube und das Pendel«, eine Inquisitionsgeschichte, in der ein Gefangener in Fesseln zunächst durch ein sich immer mehr senkendes, messerscharfes Pendel bedroht wird und dann, nachdem er sich von seinen Fesseln befreien konnte, durch die sich zusammenschiebenden Wände an den Rand einer tiefen, brunnenartigen Grube gedrängt wird. Außerdem ist POE ein Meister der Kriminalgeschichte, etwa in den »Morden in der Rue Morgue«, wo ein zunächst unerklärlicher Mordfall endlich aufgehellt wird: Mörder ist ein entsprungener Orang-Utang. Halb Kriminal- und halb Abenteurergeschichte dann der »Goldene Käfer«: Durch Entzifferung einer Geheimschrift wird ein vergrabener Seeräuberschatz gehoben. Bewundernswert die schweifende, jedoch durch gedankliche Zucht und sprachliche Kraft niemals abschweifende Phantasie. Den »dritten« Poe, den bedeutenden Dichter, lernt man am besten kennen im »Raben«. Hier wird der Tod einer schönen Frau auf geradezu musikalische Weise beklagt. Es handelt sich um achtzehn Stanzen zu je sechs Zeilen mit Abgesang; Stab- und Doppelreime geben dem Ganzen einen seltsamen Wohllaut. Ganze Generationen von Dichtern und Schriftstellern haben von POE gelernt – nicht zum wenigsten die französischen Symbolisten: Amerika hatte bereits aufgehört, von Europa nur zu nehmen; es konnte bereits etwas geben!

Ein anderer Meister der Kurzgeschichte, NATHANIEL HAWTHORNE (1804–1864), wird über POE fast vergessen. Wer aber einmal in die »Zweimal erzählten Geschichten« hineinschaut, dem wird diese fesselnde Mischung von Geschichte und Phantasie, von Wissenschaftlichkeit und Mystizismus umso weniger loslassen, weil sie mit einer reifen Erzähl- und Wortkunst vorgetragen wird. Berühmtestes Werk ist »Der scharlachrote Buchstabe«, ein Roman, in dem sich HAWTHORNE mit den strengen Anschauungen des Puritanismus auseinandersetzt, ohne sich jedoch völlig von ihnen zu lösen. Ort der Handlung ist Boston. Den roten Buchstaben A muß Hester Prynne tragen, weil sie durch Ehebruch (= adultery) ein Kind zur Welt gebracht hat. Ihr Mann quält den außerehelichen Vater, einen Priester, unablässig mit Enthüllung seiner »Sünde«. Hester und der Priester wollen fliehen, aber der Priester ringt sich dazu durch, seine Sünde öffentlich zu bekennen. Doch er stirbt. Hesters Mann wird wahnsinnig; sie selbst aber, durch schweres Leid gegangen, ist nun reif, ihrem Kinde eine gute Führerin zu sein.

Stark im Schwinden begriffen ist seit einigen Jahrzehnten der Weltruhm von HENRY WADSWORTH LONGFELLOW (1807–1882). Seinen sehr glatten, in ihrer Art gewiß gefälligen Versdichtungen und seiner lehrhaften Sentimentalität merkt man zu sehr an, daß LONGFELLOW einer der hervorragendsten Pädagogen seiner Zeit gewesen ist. Unbestreitbare Verdienste hat er sich freilich erworben durch seine unablässigen Versuche, europäische und amerikanische Geistesgüter einander näherzubringen, und zwar nicht nur den »Gebildeten«, sondern auch dem einfachen Mann und der Jugend. Heute lohnt es sich im Grunde nur noch, den »Sang von Hiawatha« zu lesen, dieses von FREILIGRATH bereits ein Jahr nach dem Erscheinen (1855) ins Deutsche übersetzte Gedicht aus dem indianischen Sagenkreis, in dem man die Indianer nun einmal nicht als mordende und raubende Krieger, vielmehr als stille, naturverbundene Seelen erlebt.

»Auf den Bergeshöhn der Steppe
Auf dem großen roten Steinbruch,
Großen roten Pfeifensteinbruch,
Gitche Manito, der Mächtge,

Er des Lebens Herr, sich senkend,
Auf des Steinbruchs roten Klippen,
Aufrecht stand er, rief die Völker,
Rief die Stämme rings der Menschen ...«

Erstaunlich genug, daß LONGFELLOW das finnische National-Epos Kalewala damals schon so gut kannte, daß er dessen Art (u. a. Stabreim) so trefflich nachzuformen verstand.

Daß die amerikanischen Romantiker nicht abseits der politischen Wirklichkeit lebten, zeigen die gegen die Sklaverei gerichteten Gedichte von JOHN G. WHITTIER und der Roman »Onkel Toms Hütte« von HARRIET BEECHER-STOWE, die um die Mitte des 19. Jahrhunderts erschienen und nicht wenig dazu beigetragen haben, die Stimmung der Nordstaaten gegen die Sklaven haltenden Südstaaten gefühlsmäßig zu beeinflussen (1863–1865 Bürgerkrieg der Nord- gegen die Südstaaten). In die vielfach sentimentale Darstellung mischen sich bereits stark realistische, um nicht zu sagen naturalistische Züge.

Kaum einzureihen in eine »Richtung« ist WALT WHITMAN (1819–1892), Amerikas bedeutendster Dichter. Daß er von der Romantik her kommt, läßt sich aus seiner Bemerkung erkennen, der Inhalt sei ihm bei seinen Gedichten wesentlicher als die Form. Daß er in den Realismus hineingewachsen ist, läßt sich am Thema und der Ausdrucksweise so mancher Dichtung ablesen. Daß die europäischen Expressionisten sich auf WHITMAN als auf ihren Stammvater beriefen, zeigt, daß er seiner Zeit um mehr als ein Halbjahrhundert voraus war. Was aber war er wirklich? Vielleicht das echteste Kind des 19. Jahrhunderts, das einzige, das alle, aber auch alle Eigentümlichkeiten dieses vielspältigen Zeitabschnittes mit auf den Lebensweg bekommen hat: Den Glauben an die Wissenschaft und das schwärmerische Hingeben an die große Natur, den offenen Sinn für die Aufgaben des Tages und das eifrige Versenken in die geistigen Werte der Vergangenheit, den Freiheitsgedanken der Einzelpersönlichkeit und das Begreifen der Gesamtheits-Idee, die fast religiöse Neigung zum Materialismus und dann wieder zum Idealismus, die Ergriffenheit vor einer kleinen Blume und die Begeisterung für politische oder kriegerische Taten, die Ehrfurcht vor dem Recht des Einzelnen und den Drang zu internationaler Verbrüderung. Immer wieder hat er sich in seinen Anschauungen »weiterentwickelt« – auch hier ein Kind seines Jahrhunderts. Alles das hat er nicht nur erlebt, sondern wirklich selbst gelebt. Er war schönheitstrunken und lebte unvorstellbar einfach in einer Hütte, in dürftigster Kleidung und am liebsten von Wasser und Brot. Nach seinen eigenen Worten ging ihm nichts über das Herumlungern und Gedichteschreiben, und doch war er der aufopferndste, ausdauerndste Krankenpfleger des Krieges zwischen Nord- und Südstaaten. Er besang die Demokratie seiner Zeit und war wie nur wenige zuhause im klassischen Altertum, in der Bibel, in der deutschen Philosophie, im utopischen Sozialismus, in SHAKESPEARES und GOETHES Werken. Wörtlich und sinnbildhaft zugleich kann man folgende Zeilen WHITMANS nehmen:

»Lang durchstreift ich die Wälder des Nords, lang lauscht ich
Niagaras Güssen.
An der Brust der Prärie lag ich und schlief, überklomm die
Plateaus der Nevadas.
Längs dem Westmeer die türmenden Felsen hinan stieg ich,
fuhr aus in die See.
Fuhr hin durch den Sturm, ward erfrischt durch den Sturm.
Sah mit Lust die drohenden Schlünde der Wellen.
Sah die weißen Kämme, wo sie jagten hochhin, stürzend über.
Hörte pfeifen den Wind, sah das schwarze Gewölk.
Sah, was sich hob und stieg aus der Tiefe. Oh, prächtig! O wild
wie mein Herz, und machtvoll!
Hörte den ununterbrochenen Donner, wie er brüllte hinter dem
Blitz her.
Sah des Blitzes dünne, zackige Fäden, wie sie jach und schnell
durch Getös sich jagten quer übern Himmel.
Dies und was diesem gleich ist, gehoben sah ich.
Sah's mit Verwunderung, doch sinnend und meisternd es ...«

Der Leser der vorstehenden Zeilen bekommt zugleich eine kleine Vorstellung von WHITMANS Formensprache. Keine festen, nach Längen und Kürzen, Hebungen und Senkungen abgezählten Verse, vielmehr ein freies, rhythmisches Schreiten ohne jede Regelmäßigkeit. Kein geglätteter, gefilterter Vers, sondern unmittelbare Aussage, unvermittelter Ausdruck ... früher Expressionismus, realistisch-naturalistisch eingefärbt, eine seltsame, immer wieder stark ansprechende Mischung. Wer die das Ganze überspannenden Gegensätzlichkeiten WHITMANS erleben will, lese die fünfundvierzig Gedichte in »Calamus«, eine Verherrlichung vergeistigter Menschenliebe, und daneben die »Kinder Adams«

mit ihrem Rausch körperlicher Liebe. Bekanntestes Werk sind die »Grashalme«; sie erschienen erstmals 1855 und bestanden aus zwölf Gedichten, die sich in klarer Sprache mit philosophischen Gedanken beschäftigen (Einzelpersönlichkeit und Naturrecht). Später hat WHITMAN sie überarbeitet und ergänzt, so durch die »Trommelschläge«, in denen die innere, leidenschaftliche Anteilnahme an den Bürgerkriegen nachzittert. Eines der ergreifendsten dieser Gedichte ist »When Lilacs last in the Door Yard Bloomed« mit der schmerzlichen, düster großartigen Vision des Leichenbegängnisses von Lincoln, dem ermordeten nordamerikanischen Präsidenten. Neun Jahrzehnte später hat PAUL HINDEMITH dieses Gedicht in einem »Requiem, denen, die wir lieben« überwältigend nachkomponiert.

Das »goldene Zeitalter«

Die Spanne zwischen dem nordamerikanischen Bürgerkrieg bis zum Ausgang des ersten Weltkrieges nennt man gern das goldene Zeitalter. Man tut gut, das Wort »golden« nicht nur sinnbildhaft zu nehmen. Seit der Jahrhundertmitte waren die großen Goldvorkommen vor allem in Kalifornien, Nevada und Alaska zunächst abenteuerlich und bald darauf industriell ausgebeutet worden. Damit wurde der Blick immer mehr auf den Westen des nordamerikanischen Festlandes gerichtet. Gleichzeitig aber wurde die Industrialisierung der Vereinigten Staaten von Osten her immer stärker und schneller vorangetrieben, der Mittelwesten wirtschaftlich erschlossen, 1869 war die erste Eisenbahnverbindung zwischen New York und San Franzisco hergestellt, die Einzellandschaften rückten mehr und mehr in den Blickpunkt der Gesamtheit – nur der Süden stand noch etwas abseits und hatte seine Sonderprobleme (Negerfrage, die »Armen Weißen«, Großlandwirtschaft). Man glaubte an den »Fortschritt«, und diesem Glauben wurde alles dienstbar gemacht. Fortschritt – das bedeutete, reich werden. Die Mittel zum fortschreitenden Reichwerden mußte den tätigen Nachkommen der Pioniere und Abenteurer die angewandte Wissenschaft liefern. Erfindungen aller Art wurden gemacht, die Maschine überflügelte das Handwerk, die Industrieerzeugnisse überschwemmten das ganze Land, aus Fabriken wurden Trusts, aus Trusts gewaltige Machtzusammenballungen, deren Ausstrahlungen sich bald nichts mehr entziehen konnte. Das war die eine Seite. Die andere Seite jedoch waren neu auftauchende Schwierigkeiten; denn eine solche stürmische Aufwärtsbewegung veränderte das Gesicht der Einzelnen und der Staaten, ließ Gewordenes sich umformen oder zugrunde gehen, erschütterte manches gesellschaftliche Gefüge, warf schwere soziale Fragen auf. Jede Art von genügsamer, idyllischer Lebensführung mußte aufhören vor der neuen Wirklichkeit. Kein Wunder, daß auch in der Literatur das Romantische schwand und einer ganz nüchternen Betrachtungsweise Platz machte. Kein Wunder, daß der dichterische Realismus kaum Zeit hatte, sich zu entwickeln, und unmittelbar in einen Naturalismus mündete, dessen wilde urwüchsige Kraft bis heute in Nordamerika nachwirkt. Eine solche Zeit literarisch festzuhalten, eignet sich am besten die Prosa. Prosaschreiber wurden tonangebend, Lyrik und Drama hatten kaum irgendwelche Bedeutung.

Unter den Begründern des neuen Prosastils steht allen voran Bret Harte (1836–1902). Wenige Jahre nach Ausbruch des Goldfiebers im Westen war er nach Kalifornien ausgewandert, hatte allerlei Berufe, wurde Zeitungsschreiber und veröffentlichte eine Reihe von prächtigen Kurzgeschichten über das Goldgräberleben. Diese kamen 1870 gesammelt heraus und machten Harte mit einem Schlage weltbekannt. In seiner Sammlung »Luck of Roaring Camp« stehen verschiedene Erzählungen von einer bis dahin kaum durchgeführten Realistik. Der rüde Goldgräberton, das Benehmen höchst zweifelhafter Existenzen beiderlei Geschlechts wird mit erstaunlicher Naturtreue wiedergegeben; nicht minder echt ein kleiner Schuß Sentimentalität, wie sie nicht nur dem Publikum gefiel, sondern wie sie ja tatsächlich selbst in das rauheste Leben dieser arbeitenden, saufenden, spielenden und schießenden Goldgräber eingesprengt war. Ausgezeichnet gleich die Titelgeschichte der erwähnten Sammlung: Das kleine Kind einer indianischen Dirne wird zum Liebling des »brüllenden Lagers«, die wilden Abenteurer nehmen sich des Kindes wegen zusammen, ein solches Rauhbein ertrinkt schließlich bei dem Versuch, den kleinen Thomas Luck (»Glück«) vom Tode zu erretten. Auch in den »Outcasts of Poker Flat« spielt eine Prostituierte eine wesentliche Rolle. Nicht minder realistisch-naturalistisch »Tenessee's Partner«. Dieser Tenessee brennt mit der Frau seines Freundes durch, doch dieser bewahrt ihm die Freundschaft selbst über den

Tod hinaus; denn als Tenessee wegen Straßenraubes gehängt wird, verlangt er von der johlenden Menge die Leiche und bringt es fertig, sie unter allgemeiner Beteiligung und Rührung feierlich beizusetzen. Mit diesen Goldgräbergeschichten hat sich HARTE auch in Deutschland viele Freunde erworben.

In einer ganz anderen Welt, nämlich am Mississippi, sind die beiden berühmtesten Werke von MARK TWAIN angesiedelt: »Tom Sawyers Abenteuer« (1878) und »Die Abenteuer von Huckleberry Finn« (1884). Der richtige Name des Schriftstellers ist SAMUEL LANGHORNE CLEMENS (1885–1910), den Decknamen MARK TWAIN (ein Lotsenruf der Mississippi-Schiffer) hat er sich in Erinnerung an seine langjährige Schiffertätigkeit auf Amerikas größtem Strom beigelegt. Man sagt zuweilen, MARK TWAIN habe sich vom Humoristen der Frühzeit zu einem Pessimisten entwickelt. Wir meinen, ein solcher Überhumor wie der seine sei überhaupt nur auf der Grundlage eines starken Pessimismus möglich. Wer so viele Berufe gehabt und so viele Enttäuschungen erlebt, wer die Menschen vieler Klassen so unbestechlichen Blicks beobachtet und ihr Philistertum so gründlich durchschaut hat wie MARK TWAIN, wer so hinter den Kulissen des »goldenen Zeitalters« (eines seiner Werke trägt sogar diesen Titel) herumgelaufen und so viel in der ganzen Welt herumgekommen ist wie dieser Mann, der mußte wohl Pessimist sein. Und Humorist? Eben, denn »Humor ist, wenn man trotzdem lachte«. Tragisch mutet an, daß »Tom Sawyer« und »Huckleberry Finn«, diese Lausbubengeschichten vom Mississippi, das übrige Schaffen von MARK TWAIN so in den Hintergrund treten lassen. Denn es sind doch im Grunde Geschichten für Kinder, gewiß mit zauberhaften Einzelheiten, mit köstlichem Witz, mit sehr ernsthaften Zwischenspielen, voll schärfster Beobachtungsgabe, durchzogen von echtem Heimweh. Und doch muten sie längst ein wenig verstaubt an, sind vielfach langatmig, und ihre Fortsetzungen kann man nur sehr schwer lesen. Den echten Mark-Twain- Humor findet man in Geschichten wie dem »Springenden Frosch« und verstreut in seinen verschiedenen, freilich un gleichwertigen Skizzen, ferner im »Fürsten und den Armen«, ja in den offenbar bei uns ganz unbekannten »Persönlichen Erinnerungen an Johanna von Arc« (1896), diesem großartig-heiteren und gleichzeitig tiefernsten Buch, in dem Johanna als realistisch gesehenes menschliches Wesen und zugleich als Heilige erscheint, umgeben von zahlreichen lebensecht gezeichneten Personen der Geschichte.

Auch das langsam sich erhebende soziale Problem wird nun angefaßt. Zunächst noch vorsichtig und zurückhaltend durch WILLIAM D. HOWELLS (1837–1920). In »The rise of Silas Lapham« (1885) schlägt zunächst nur das moralische Gewissen: Der Glaube an den Fortschritt wird nicht an getastet, sondern nur gezeigt, wie ein ursprünglich unbedenklicher Self-made-man sein Vermögen verliert, als er zum ersten Male davon Abstand nimmt, ein zweifelhaftes Geschäft mitzumachen, und wie er dann auf den rechten Weg kommt. In »A Hazard of new Fortunes« (1890) tritt dann bereits der Gegensatz zwischen einem Kapitalisten Dryfoos und einem Sozialisten Lindau hervor; immerhin endet auch hier alles noch »moralisch«, indem Dryfoos den durch seine Schuld getöteten Lindau feierlich beisetzen läßt. Bezeichnend, daß HOWELL, der seiner darstellerischen Fähigkeiten und der Öffentlichkeit nicht ganz sicher war, nun dazu überging, utopistische sozialistische Romane zu schreiben wie den »Reisenden von Altruria« (1894), wo er den Gegensatz von gepredigter Demokratie und gelebter Wirklichkeit aufzeigen konnte, ohne unmittelbare Angriffe auf die Verhältnisse in seinem Lande machen zu müssen. Der utopistische Roman wurde (nach dem alten Vorbild von THOMAS MORES Wunschland »Utopia«) damals allgemein wieder aufgenommen, so durch den erstaunlichen, immer wieder lesenswerten »Rückblick aus dem Jahr 2000« von EDWARD BELLAMY (vergl. dazu auch in Europa »Freiland«, »Ein Blick in die Zukunft« u. a.). Über manche nicht unbedeutende, bei uns allerdings kaum bekannte Schriftsteller führt dann der Weg des Sozialromans zum ausgesprochenen sozialistischen Romanwerk eines UPTON SINCLAIR (1878–1968). Beachtlich auch noch heute »Der Sumpf« (1906). Er handelt von dem jungen Rudkus, der mit seiner ganzen Familiensippschaft reich zu werden hofft durch Arbeit, wie man ihm glauben gemacht hat. Aber sie alle geraten in den Sumpf des gnadenlosen Kapitalismus, werden unter furchtbaren Umständen förmlich verschrottet, seine Frau muß sich prostituieren und stirbt, die Kinder kommen um, alles geht zugrunde. Der Roman spielt vor allem in den Fleischfabriken Chikagos und schildert die grauenhaften Zustände in den damaligen Unternehmungen. Das Buch hatte segensreiche Wirkungen: Durch Gesetz wurden die Verhältnisse in den Fabriken geändert. Ähnliche wirtschaftspolitische und politische Zielrichtungen finden sich in »König Kohle« (1917), wo die Verhältnisse in den Kohlengruben von Colorado dargestellt werden, in »Öl!« (1927) mit einer Anprangerung des Ölskandals in Südkalifornien, in »Boston« (1928), dem Schicksal zweier italienischer Arbeiter Sacco und Vanzetti, die man aus politischen Gründen zum Tode verurteilte (geschichtlicher Fall, keine Roman-Erfindung!). Von 1941 bis 1949 veröffentlichte SINCLAIR dann zehn Werke mit einem einzigen Helden (Lanny Budd) und zahllosen »Rand-«Figuren. Hier versucht SINCLAIR eine zusammenfassende Darstellung seiner Zeit seit dem ersten Weltkriege – eine Art Schlußbilanz des »goldenen Zeitalters« in der kapitalistischen Welt, wobei er von seinen früheren kommunistisch-sozialistischen Auffassungen abrückt.

THEODOR DREISER (1871–1945) bewegt sich in der Anschauungswelt des früheren SINCLAIR und gestaltet, geschult vor allem durch TOLSTOJ, BALZAC und ZOLA, auf naturalistische Weise die Kehrseite des »goldenen Zeitalters«. Seine Romane laufen zuweilen recht stark in die Breite, seine Sprache wirkt oft unförmig, die Handlungsfäden sind weniger verwoben als roh geknüpft, und doch vermag man sich der Wucht seiner Aussage nur schwer zu entziehen. Immer wieder schildert DREISER, wie der Einzelne wider seinen Willen – und auch häufig ohne es zu merken – in die herrlich blühende, doch giftige, mörderische Sumpfwelt des modernen Wirtschaftssystems und seiner Denkweise gerate und dort leiblich, geistig und seelisch verschlungen werde. Einen Ausweg durch Reformen gibt es nach DREISER nicht: Helfen kann nur die Trockenlegung und völlige Umgestaltung des Sumpfes. Am schonungslosesten, erregendsten (freilich etwas wortreich) steht diese Auffassung von der Unentrinnbarkeit in dem Roman »Eine amerikanische Tragödie« (1925). Der junge Griffiths versucht es, die soziale Stufenleiter ganz von unten auf zu erklimmen, wird aber ahnungslos in ständig neue Schwierigkeiten gerissen. Als er endlich glaubt, durch eine reiche Heirat vielleicht doch emporkommen zu können, verlangt eine kleine Freundin, die von ihm ein Kind erwartet, er solle sie heiraten. Jetzt möchte er, müßte er sie töten, um seine Aufstiegsmöglichkeit nicht zu verderben. Im letzten Augenblick hat er nicht den rechten Mut, doch als er auf einer Bootsfahrt mit der Freundin kentert, läßt er sie ertrinken. Aber später wird er verhaftet und zum Tode verurteilt – der Sumpf der modernen Erfolgswelt läßt sein Opfer nicht los. In den Cowperwood-Romanen (»Der Finanzmann«, »Der Titan« und »Der Stoiker«) finden sich die Grundzüge der gleichen

Anschauung bereits vorgezeichnet. Rein als schriftstellerische Leistung steht jedoch »Schwester Carry« (1900) über allen anderen Buchern Dreisers.

Henry James (1843–1916), der Bruder des amerikanischen Philosophen William James, hält sich in seinen zahlreichen Romanen bedachtsam fern von den brennenden Sozialproblemen und zieht sich in den »gesellschaftlichen Salon« zurück. Dort erlebt er Probleme anderer Art, die ihm wichtig genug erscheinen. Sein Grundproblem ist schöngeistig, nämlich die Gegenüberstellung des alten, kultivierten Europa und des allzu lauten, seiner Meinung nach ungepflegten Amerika. Er hat sich denn persönlich auch entschieden, indem er nach Europa auswanderte. Wer sich seinen Stoff und seine Charaktere im Salon sucht, muß sie im Stil des Salons behandeln. Und so schreibt denn James zumeist in einer Sprache, der man die Feile und das Poliertuch unablässig anmerkt. Da ist alles wohlüberlegt, sorgsam bemessen, zumeist zurückhaltend und kühl. Die Charaktere werden zunächst unauffällig und doch genau beobachtet und dann mit einem feinen Silberstift festgehalten. Lesestoff für Freunde psychologischer Kleinarbeit – aber das meiste geht am wirklichen Leben vorüber (ein Spätroman trägt den bezeichnenden Titel »Der elfenbeinerne Turm«). James kennenzulernen dürfte aus folgenden Büchern zureichend möglich sein. »The Wings of the Dover« (1902) erzählen die Geschichte eines reichen jungen Mädchens, das an einer geheimnisvollen Krankheit dahinsiecht. Der Journalist Densher macht ihr auf Anraten seiner Verlobten den Hof, um sie beerben zu können. Densher hat Erfolg, doch ein Nebenbuhler offenbart der Kranken den berechnenden Plan. Sie stirbt, hinterläßt Densher etwas; doch das Gewissen ist erwacht: Die beiden Pläneschmiede wagen nicht, einander zu heiraten. »The Ambassadors« (1903) berichten von dem befreienden geistigen Klima von Paris für solche Amerikaner, die die Fähigkeit haben, es zu begreifen. »The Golden Bowl« (1904) ist eine psychologische Ehestudie, in der abermals europäische und amerikanische Charaktere gegeneinander gestellt werden. Berühmt geworden die Novelle »The Turn of the Screw« (1898), eine glasklar geschriebene »Gespenstergeschichte«. Die Gespenster erblickt freilich nur eine neue Erzieherin der beiden Kinder Miles und Flora, sonst niemand. Ständig versucht die Erzieherin, die ihr anvertrauten Kinder vor den Gespenstern zu schützen; in Wahrheit verwirrt sie nur die jungen Seelen. Am

Ende stirbt Miles, während das Gespenst zum Fenster hereinschaut. Aus der früheren Zeit erwähnt sei »Washington Square« (1881).

Wieder eine andere Seite des »goldenen Zeitalters« verkörpert JACK LONDON (1876–1916, eigentlich: JOHN GRIFFITH). Er hat als Seemann, Landstreicher, Kriegsberichterstatter, Goldgräber usw. ein von Abenteuern erfülltes Leben geführt und verwertet das Erlebte in zumeist naturalistischen, mit Spannung geladenen Romanen und Novellen. Über der Spannung vergißt man zuweilen das Wichtigste. JACK LONDONS politische Anschauungen sind nämlich stark vom marxistischen Kollektivismus beherrscht, aber was er gestaltet, sind fast immer kraftvolle Einzelgänger – und diesen gehört die ganze Liebe des Schriftstellers. Im Grunde kann sich also JACK LONDON – wie so viele Menschen jener Zeit – weder für das eine noch für das andere entscheiden. Als Anhänger von DARWINS Anpassungs-Lehre zeigt er sich in den Hundegeschichten »Der Ruf« (1903) und »Wolfs-Blut« (1906). Seine eigene Zwiespältigkeit und die seiner Zeit verlegt JACK LONDON mehrfach in das Wesen einzelner Charaktere. Im »Seewolf« (1904) ist Kapitän Wolf ein ebenso rücksichtsloser wie für seine Mitfahrenden nützlicher Mensch. Der Schriftsteller-Roman »Martin Eden« (1909) ist sittlich eine Art Selbstdarstellung von JACK LONDON selbst. Das gleiche gilt für »König Alkohol« (eigentlich »John Barleycorn«, 1913), wo der Kampf zwischen Sucht und Einsicht mit dem Siege des Alkohols endet. In dem prophetisch gemeinten Roman »Eisen-Ferse« (1907) wird der machtherrliche Held zwar am Schluß von einer sozialistischen Gruppe gestürzt, doch kann JACK LONDON seine Bewunderung für diesen gewaltigen Kerl nicht verbergen.

Der reine Naturalismus hat in Amerika zwar eine Fülle von Büchern, aber kaum ein Meisterwerk entstehen lassen. Wer wenigstens einen Eindruck von diesem Naturalismus gewinnen will, lese STEPHEN CRANE (1871–1900), und zwar dessen »Maggie, ein Straßenmädchen« (1896): Ausbruch aus den New Yorker Slums, vom Liebhaber verlassen, als Straßenmädchen erfolglos, begeht Maggie am Ende Selbstmord. Das Buch ist wegen seiner Kraßheiten erst spät gedruckt worden; offenbar hat es auf die nachfolgenden Schriftsteller kräftig eingewirkt – und wirkt noch heute. »Das rote Tapferkeitsband« (1895) mutet an wie Selbstbeobachtung: Ein junger Soldat, zum erstenmal in der Schlacht, merkt, wie er zu Beginn alle persönliche Furcht verliert, weil er zum namenlosen Teil des Ganzen wird; beim Angriff der Feinde jedoch flieht er. Schließlich aber rafft er sich unter dem Eindruck des Geschehens auf und stürmt mit der Fahne dem Regiment voran. Erstaunlich an diesem wie selbst erlebt erscheinenden Roman, daß CRANE niemals an einer Schlacht teilgenommen hat. Das »intellektuelle Einfühlungsvermögen« beginnt sich zu regen.

Der große Umschwung

Die amerikanische Literatur seit dem Bürgerkrieg war – mochte sie nun das »goldene Zeitalter« preisen oder nur spiegeln oder kritisieren – im Grunde fortschritts- und amerika-gläubig. Von ganz wenigen Ausnahmen abgesehen hielten es die meisten für möglich, die Schäden der Industrialisierung von Leib und Seele durch mehr oder minder scharfe Reformen zu heilen, den Gesamtorganismus jedoch bestehen zu lassen (ein Glaube, der den weitaus meisten Amerikanern auch heute noch innewohnt). Amerika war Amerika, und die übrige Welt wurde eben nur in Kauf genommen, weil sie nun einmal da war. Und ein anderes: Amerika war Amerika, und die Literatur und die anderen Künste wurden ebenfalls nur in Kauf genommen, weil sie nun einmal da waren.

Zwei Weltkriege unter Beteiligung der Nordamerikaner und die Zeit zwischen den Kriegen haben dann einen riesigen Umschwung hervorgerufen, dessen Folgen man kaum abzuschätzen vermag. Was brachte denn dieser erste Weltkrieg für die Kriegsteilnehmer? Zunächst einmal die dumpfe Ahnung, daß anderswo auch Menschen lebten, die auf allen Gebieten ebensoviel leisteten wie das »Land der unbegrenzten Möglichkeiten«, ja, auf manchen Gebieten sogar mehr. Hinzu kam die Erkenntnis, daß die Menschheitsideale, für die zu kämpfen sie geglaubt hatten, in Wahrheit nur schönfärberisch aufgeputzte Nützlichkeitserwägungen gewesen waren: Der Krieg wurde zwar gewonnen, aber die »Ideale« zerplatzten – in der alten wie in der neuen Welt. Das Mißtrauen erwachte gegen alles, was zuvor gepredigt und gepriesen worden war. Kaum auszudenken, welche tiefgreifenden Wirkungen dieses wütende Mißtrauen gehabt hätte, wäre nicht das Hochkonjunktur-Jahrzehnt 1919/1929 gewesen, das als weich zugreifende, aber kräftige Bremse wirkte. Zwischen den Kriegen kam dann der alten Denkweise noch etwas scheinbar weit Abliegendes zur Hilfe: die Psychoanalyse der Wiener Schule. Es ist schon richtig, daß diese psychologische Anschauung den Streitern gegen den immer noch vorhandenen lebens-, wirklichkeits- und kunstfremden Puritanismus schneidende Waffen geliefert und auf besondere Weise den allgemeinen Umschwung beeinflußt hat. Und dennoch: Es war wiederum eine »fortschrittliche Wissenschaft«, eine der verstandesmäßigen Erklärungen, wie sie der Nordamerikaner so zu lieben scheint, die ihn in seinem Fortschrittsglauben bestärkte. Nun konnte man sogar den Menschen als eine industrielle Maschine erklären: zuvor war die Maschine Mensch nur mit »Wohlstand« geheizt worden, jetzt sah man, daß sie zudem noch mit »Trieb« angefeuert wurde. Das war ein schwerer Schlag gegen den immer noch bestehenden wohlanständigen Puritanismus. Und unversehens wurde dann eine andere alte Bastion amerikanischer Lebensauffassungen berannt: Der wirtschaftliche Optimismus wurde durch die – von den Europäern in ihrer Schwere und ihrem Umfang längst nicht erkannte – Wirtschaftskrise nach 1929 bis in die Grundfesten erschüttert. Zu ihrer Beseitigung mußte man etwas bis dahin Unerhörtes unternehmen, nämlich planwirtschaftliche Gedanken zur Hilfe rufen (ROOSEVELTS »new deal«). Kaum hatte man das einigermaßen verdaut, da brach der zweite Weltkrieg aus, und Amerika mußte abermals erkennen, daß es vorüber war mit dem Fernhalten vom Weltgeschehen.

In diesem Wirrwarr mußte Nordamerika in ein paar Jahrzehnten geistige Auseinandersetzungen bestehen, die Europa in Jahrhunderten hatte austragen können. Und man packte sie an. Die einen verurteilten das Bisherige in Grund und Boden, die anderen verteidigten nicht minder leidenschaftlich wenigstens das Gute im Gewordenen. Die einen hielten Dichtung für ein ungeeignetes Mittel, in die großen Allgemeinfragen einzugreifen, die anderen meinten, erst jetzt sei Dichtung mehr als ein nur geduldetes Übel und habe die Aufgabe, die ganze Nation vom Hereinbrechen eines völlig neuen Zeitalters zu unterrichten. Jeder Bewegung folgte eine Gegenbewegung, die Öffentlichkeit begann aufmerksam zu werden, die Zahl der Leser vervielfachte sich – das Zeitalter der »bestseller« tat seine weiten Pforten auf, erstaunlich billige Volksausgaben (»pocket-books«) der jeweils für wichtig gehaltenen Bücher trugen dazu bei, das Wort der Dichter und Schriftsteller überall hörbar zu machen. Freilich, die Bewegungen und – der Geschmack änderten sich ständig: Was im Januar »bestseller« war, konnte im Februar bereits ein Ladenhüter sein. Auch hier »amerikanisches Tempo«. Es wäre sinnlos, unter diesen Umständen aus der Literatur der dreißiger bis fünfziger Jahre des 20. Jahrhunderts eine einheitliche Linie ablesen zu wollen – außer der einen, daß sie ganz verteufelt gut geschrieben ist. Die Schriftsteller des »goldenen Zeitalters« hatten großartig vorgearbeitet, und ihre Nachfolger wissen sich der geschliffenen Waffen ausgezeichnet zu bedienen. Nicht mehr in der erzählenden Dichtung allein, vielmehr mindestens ebenso in der schnell aufblühenden Bühnendichtung und fast so in der Lyrik. Die nicht-amerikanische Dichtung und Schriftstellerei europäischer Prägung hat alle Mühe, mit dieser atemberaubenden Schreibkunst einigermaßen Schritt zu halten.

Wenigstens einige Namen von den vielen Hunderten hervorragender Schreiber mögen eine Vorstellung von dem (in jeder Beziehung tropischen) Wachstum der nordamerikanischen Literatur in der Jahrhundertmitte geben.

1919 erschien eine Sammlung von Kurzgeschichten »Winesburg, Ohio« von SHERWOOD ANDERSON (1876–1941). Nachdrücklicher als in den Arbeiten früherer Schriftsteller wurde in diesen Erzählungen die kleinere Welt der engeren Heimat lebendig – ein Jahr nach dem ersten Weltkrieg. Wenn in der nächsten Zeit viele amerikanische Schriftsteller sich so stark mit den einzelnen Landschaften ihres riesigen Vaterlandes beschäftigten, so geht das wesentlich auf diese Kurzgeschichten von SHERWOOD ANDERSON zurück. In dem Roman »Die armen Weißen« griff er ein Jahr später wiederum in eine Landschaft des Mittelwestens. Auch das »Dunkle Gelächter« (1925) gehört in diese Reihe, und in der Aufsatzsammlung »Heimat Stadt« (1940) lenkte er ohne dichterische Einkleidung die Aufmerksamkeit seiner Leser auf die kleinen Ortschaften und Städte, in denen nach seiner Meinung die ursprüngliche Seele Amerikas noch zu finden ist – nicht in heldenhaften Erfolgskämpfen, sondern in stiller Ruhe, verbunden dem Eros. Etwas bitterer sieht SINCLAIR LEWIS (1885–1951) diese Dinge an. In »Main Street« (1920) schildert er die beklemmende äußere und innere Öde einer kleinen Landstadt in Minnesota. Carol Milford, eine Bibliothekarin, kommt aus der Großstadt dorthin, heiratet den Arzt Kennicott, versucht alles mögliche, um die geistige Trägheit der Bevölkerung aufzulockern, scheitert, versucht für ein paar Jahre, sich in der Bundeshauptstadt Washington auf eigene Füße zu stellen, scheitert wiederum und gewinnt nun langsam mehr Verständnis für das besondere Werden kleiner Städte und kehrt nach Gopher Prairie zurück. Die Titelfigur seines Romans »Babbitt« (1922) ist dann sprichwörtlich geworden. Babbitt ist der durchschnittliche amerikanische Spießer, tüchtig, erfolgreich, aber ohne echten Lebensinhalt. Im vorgerückten Alter versucht er, sich doch noch ein rechtes Leben zu schaffen mit seinem Freunde Rieseling, macht sich aber nur alle Welt zum Feinde und kehrt eines Tages reumütig in sein früheres Dasein zurück. Er war zu schwach – aber seinen Sohn Ted ermutigt er, durchzusetzen, was ihm selbst nicht gelang. Meist kreisen LEWIS' gutmütig-satirische Romane um ähnliche Fragen der Mittelklassen. »Arrowsmith« (1925) ist ein Arztroman, »Eimer Gantry« (1927) geisselt religiöse Heuchelei, »Dodsworth« (1929) zeigt den verschiedenartigen Einfluß Europas auf einen Industriellen und auf seine Frau. Immer mehr wendet sich LEWIS dann weitreichenderen Fragen zu: der gesellschaftlichen Stellung und Bedeutung der Frau (»Ann Vickers«, 1933), der drohenden faschistischen Gefahr in Amerika (»Das kann hier nicht passieren«, 1935, auch dramatisiert) und schließlich auch der Rassenfrage im »Königlichen Kingsblood« (1947), ein Roman, durch den sich LEWIS manche Feinde gemacht hat.

Rassenfragen, das heißt in Amerika Negerfragen, sind dann immer wieder behandelt worden und stellen die Innenpolitik vor die schwierigsten Aufgaben. Wer einen Einblick zu tun wünscht in das Negerleben der Vereinigten Staaten, sei auf folgende Romane verwiesen. Da ist vor allem DUBOSE HEYWARD (1885–1940) mit dem 1925 erschienenen »Porgy«. Titelfigur ist ein gutherziger, bettelnder und glücksspielender Neger. Als einer der Spieler ermordet wird und der Mörder außer Landes flieht, tut sich dessen Frau mit Porgy zusammen. Eines Tages kehrt der Mörder zurück, wird aber von Porgy erstochen. Während Porgy im Gefängnis sitzt, wendet sich die Frau von ihm ab und geht mit einem Rauschgifthändler nach New York. Porgy kann sie nicht vergessen und folgt ihr später in einem Ziegenwagen nach. Entscheidend ist hier die fast greifbare Atmosphäre. Das Negerleben in New York, vor allem in Harlem, schildert ein kaum weniger berühmter Roman »Neger Himmel« (1926) von CARL VAN VECHTEN (1880–1964). Hier sei auch der grausig lebenswahre »Native Son« (1940) von RICHARD

WRIGHT (1909–1960) genannt. Die Negerfrage wird auch von manchen anderen Schriftstellern Amerikas behandelt.

Rassenroman und stark umgrenzter Regionalroman fallen zusammen bei WILLIAM FAULKNER (1897–1962). Er stammt aus dem Staat Mississippi und hat einen fast unheimlichen Blick für die menschlichen Schrecken, die im Süden Nordamerikas gehaust haben und die zum Teil noch nachwirken. Über allen seinen Romanen lastet eine düstere Stimmung, das Unentrinnbare, geboren aus Trieb und Rasse und Geldgier. Wenn man sie hintereinander gelesen hat, fällt es schwer, sie nach der äußeren Handlung auseinander zuhalten. Das liegt zum Teil daran, daß FAULKNER seine Handlung bewußt verschlungen anlegt, um von ihr abzulenken, damit der Leser hinter dem Geschehen die großen, grausigen Wirklichkeiten erkenne. Ob reiche, große Familien oder arme, kleine Werkleute, ob Weiße oder Neger oder Mischlinge, ob Großgrundbesitzer oder Kaufleute oder Arbeiter, ob Mann oder Frau – alles wuchert und vergeht, lebt und tötet, liebt und vergewaltigt im fruchtbaren und furchtbaren Schwemmland des Mississippi. Der Auffassung, FAULKNER gebe mit solchen Darstellungen zugleich Sinnbilder für das Allgemein-Menschliche, kann man nicht ohne weiteres zustimmen; was er gibt, sind unvergeßliche Bilder besonderer Abseitigkeiten. Die wichtigsten Romane FAULKNERS: »Soldier's Pay« (1926) schildert das Heimkommen eines im Kriege schwerverletzten Fliegers in seine Heimat Georgia, sein langsames Hinüberdämmern in den Tod und die Wirkung auf seine Umwelt –Abbild der enttäuschten Soldaten nach dem ersten Weltkrieg, in dem FAULKNER selbst als Flieger verwundet worden war. »Sartoris« und »The Sound and the Fury« (beide 1929) gehören zusammen als unbarmherzige Spiegelbilder des Abstiegs alter Kulturfamilien und des Heraufkommens einer neuen, nur ihren Trieben lebenden Generation; besonders kraß der zweitgenannte Roman: Er wird zum Teil erzählt von einem dreiunddreißigjährigen Idioten, dessen Schwester mannstoll ist, dessen Bruder seiner eigenen Schwester nachstellt, dessen Eltern fast pervertiert sind und dergleichen mehr. Ähnliche Verhältnisse finden sich in »As I Lay Dying« (1930); dieser Roman hat seine besondere Bedeutung, weil er einen tiefen Einblick gewährt in die trüben Lebensumstände der sogenannten »armen Weißen« in den Südstaaten. Fast unerträglich wird die Umweltschilderung in »Sanctuary« (1931) mit Gangstern und Bordell und Lynch. Der auch ins Deutsche übersetzte Roman

»Licht im August« (1932) packt die Rassenfrage mit aller Grausigkeit an, den heimlichen Verkehr eines alternden Mädchens mit einem Farbigen, ihre Ermordung, die fürchterliche Lynchjustiz (an der des Mörders Großvater gern teilnehmen möchte) – und der mordende Farbige, selbst ein Opfer seiner Herkunft und Vergangenheit, trägt den Namen ... Weihnachten. Auf den Roman »Dollar Cotton« (1942) sei hingewiesen, weil er für FAULKNER besonders kennzeichnend ist: Otis Town erobert sich durch Rücksichtslosigkeit gegen sich und seine Umgebung mit blutigem Schweiß ein förmliches Baumwoll-Fürstentum und verliert alles wieder durch die ihm unbegreiflichen Vorgänge an der Börse. Kinder hat er von einer weißen und einer farbigen Frau, und besonders am Beispiel dieser heranwachsenden Kinder reißt FAULKNER die von Blut und Grauen, Hochmut und tierischer Ergebenheit überreiche Rassenfrage mit brutalem Griff ins Licht der Öffentlichkeit.

Mit Romanen der Enttäuschung über den ersten Weltkrieg begann auch JOHN DOS PASSOS (1896–1970). Sehr bekannt wurde er durch »Manhattan Transfer« (1925), einen Roman, in dem das Leben in New Yorks Mittelpunkt Manhattan den eigentlichen Helden bildet. Die auftretenden Einzelfiguren haben kaum irgendwelche Bedeutung neben dem wogenden und wirbelnden, bald klaren und bald verschwimmenden, unablässigen Bilderwechsel aus der Wolkenkratzerstadt mit allen nur möglichen inneren und äußeren Gegensätzen. Eine impressionistische Bildreportage von Gut und Böse. Eine ganz ähnliche Technik wendet DOS PASSOS dann an in der Roman-Dreiheit »U.S.A.« Sie behandelt die ersten Jahrzehnte des 20. Jahrhunderts, und zwar wiederum nicht an folgerichtig durchgeführten Beispielen irgendwelcher Romanfiguren, sondern im Neben- und Ineinander von Menschen, Ereignissen, Gedanken, Stimmungen, Halbträumen. In die Darstellung werden eingemischt Zeitungsüberschriften, Plakatzeilen, kurze Biographien von Menschen im öffentlichen Leben. In den drei Unterabteilungen »The 42nd Parallel« (1930), »Neunzehnhundertneunzehn« (1932) und »The Big Money« (1936) kommen zwar vielfach die gleichen Personen vor, doch entscheidend bleibt die Darstellung der »Zeit«, der Spanne von 1896 bis zum Beginn der dreißiger Jahre, dieses Abschnitts, in dem die Folgen eines nur auf wirtschaftliche Erfolge gerichteten Handelns sichtbar werden an einem ständigen Niedergang echter menschlicher Werte. Natürlich klingt dabei der Gegensatz Kapitalismus–Sozialismus stark an, und DOS PASSOS steht im sozialistischen Lager.

Ein dritter Schriftsteller mit unverhülltem Mitgefühl für die vom Schicksal Enterbten ist ERSKINE CALDWELL. In manchem ähneln seine Elendsromane aus dem nordamerikanischen Süden einigen Werken von FAULKNER, sind ebenso bitter erfühlt und verraten womöglich noch mehr Vertrautsein mit dem Leben der »armen Weißen«. Aber trotz aller Naturalistik mit Brudermord und geschlechtlicher Unbekümmertheit wirken sie weniger beklemmend durch den fein verteilten Humor, zielen auch bei aller antikapitalistischen Haltung weniger auf sozialistische Gesamtreformen als auf Selbstbesinnung und einfaches Leben. Reine Sozialstudie mit zwar vielen erregenden Vorkommnissen, doch keiner einheitlichen Handlung ist der später auch dramatisierte Roman »Tobacco Road« (1932). Einen wirklichen Handlungsfaden hat »Gottes kleiner Acker« (1933). die Geschichte von Ty Ty Walden, der seit fünfzehn Jahren auf der Suche nach Gold seine Felder in eine Kraterlandschaft umwandelt, stets aber einen kleinen Acker unberührt läßt, weil er ihn der Kirche geweiht hat. Es fehlt nicht an Streiks und Mord und Brudermord und Selbstmord und sexuellen Freiheiten, und Ty Ty Walden ist gewiß recht betrübt über all das; wichtiger aber ist ihm, weiter nach Gold zu schürfen (wahrscheinlich wieder ohne Erfolg). Etwas über diese verkommene, aussichtslose Welt kleiner Leute hinaus greift dann »Trouble in July« (1940); hier geht es um die beängstigenden Kämpfe zwischen Weiß und Farbig, wie sie in den Südstaaten so oft auszubrechen drohten.

Auch JOHN STEINBECK (1902–1968) hält nicht viel von großen Reformen und Ideologien, umso mehr aber von Gerechtigkeit und menschlichem Verstehen. Als Kalifornier kennt er genau die Verhältnisse der Landarbeiter, und auf diese unwürdigen Zustände lenkte er mit unbarmherziger Schärfe die Aufmerksamkeit der Öffentlichkeit (die Gesetzgebung gab ihm recht). Dabei geht es ihm zwar um die Trostlosigkeit der wirtschaftlichen Lage, doch mehr noch um die Wirkung der Armut auf die menschliche Seele. Man sollte zunächst seinen heiteren Roman »Die Schelme von Tortilla Flat« lesen, um zu erkennen, daß STEINBECK in seinen späteren Werken nicht das Elend um des Elends willen naturalistisch darstellt. »Von Mäusen und Menschen« (1937) gibt eine gute Vorstellung von STEINBECKS Anschauung und Wollen. Wie das Mäusenest zerstört wird, wenn der seelenlose Pflug es aufreißt, so zerstört ein dumpfes Geschick den Plan dreier armer Wanderarbeiter, sich ein kleines Haus mit Feld zu schaffen: Der plumpe, bärenstarke Arbeiter Lennie tötet in einer zu heftigen Umarmung die liebestolle Frau eines Farmersohns, und sein Freund erschießt ihn, um ihn vor dem Gelyncht-werden zu retten. Ein Werk echter Empörung über unwürdige Zustände ist der Roman »Früchte des Zorns« (1939). Armut und Wetterschäden vertreiben eine Familie aus Oklahoma. Sie wandert unter schwierigsten Umständen in das Land der Verheißung Kalifornien, findet dort noch schlimmere Verhältnisse vor und geht zum größten Teil zugrunde. Nur eine Frau hält die Übrigbleibenden noch aufrecht. Zu dieser Gruppe von Romanen gehört auch die »Straße der Ölsardinen« (1945). »Der Mond ging unter« (1942) bringt eine mit erstaunlichem Gerechtigkeitsgefühl gestaltete Episode aus der deutschen Besatzungszeit in Norwegen. Und »Die Perle« (1948) gibt sich sinnbildhaft: Ein armer mexikanischer Fischer findet eine wundervolle Perle, wird reich, aber dieser Reichtum bringt Unglück. Reichtum bringt Unglück – man muß diese Auffassung STEINBECKS auf ganz Amerika übertragen, um sein Wollen zu verstehen. Denn aller Kritik zum Trotz glaubt der Dichter an die Sendung Amerikas, und die heißt für ihn: Freiheit des Einzelnen, gegenseitige Achtung, Ehrfurcht vor dem Ganzen. In dem vor krassesten Naturalismen wahrlich nicht zurückschreckenden Roman »Jenseits von Eden« finden wir die bezeichnende Stelle: »Nur die Gattung Mensch verfügt über Schöpferkraft, und für diese Kraft hat sie nur ein einziges Werkzeug: den einmaligen, ganz persönlichen Geist und Verstand. Niemals ist etwas von zwei Menschen geschaffen worden. Schöpferische Zusammenarbeit gibt es nicht ... Eine Gruppe kann nur etwas ausbauen und verbreiten ... Die kostbare schöpferische Kraft aber liegt nur im Geist des Einzelmenschen.«

Den Einzelmenschen stellt auch ERNEST HEMINGWAY (1898–1961) immer wieder in den Mittelpunkt des Lebens, eines Lebens außerhalb jeder Zivilisation; denn innerhalb der Zivilisation von heute gibt es ja nach HEMINGWAY gar nichts mehr von diesem rauhen, erbarmungslosen, wilden, herrlichen Leben. Wer ein Kerl ist, packt dieses Leben an, balgt sich mit ihm herum, pfeift auf die tote, unfruchtbare Zivilisation, speit sie an, diese Mörderin des heidnischen, heldenhaften Lebens. Was heißt schon fluchen und huren, zuschlagen und Schläge einstekken, Sieg und Niederlage – davon reden nur die rettungslos in die Zivilisation Verstrickten; die hemmungslos-hemingwayisch dem unverfälschten Leben Zugewandten leben das alles, ohne die Gesellschaft und deren Gesetze lange zu fragen. »Man kann niedergeschlagen werden, aber man darf nicht aufgeben.« HEMINGWAYS Romane (untereinander durchaus verschiedenwertig) und Kurzgeschichten werden in vielen Ländern von vielen Beurteilern sehr hochgeschätzt, weil in ihnen düstere, grauenvolle oder erregende Ereignisse mit scheinbar kühler Sachlichkeit dargestellt sind. Sie sind gewissermaßen in Berichterstatter-Prosa geschrieben, nüchtern, ohne Gefühlsschwingungen, knöchern (»skelettierte Prosa« nennt man so etwas gelegentlich). Kein Zweifel, Millionen Enttäuschte und Glaubenslose können in HEMINGWAYS Werk meisterhaft ausgesprochen finden, was in ihnen selbst nur ahnungsvoll dämmert. Wir selbst bewundern seine Darstellungskunst, möchten jedoch seinen Schritt von der Humanität zur Brutalität nicht mitmachen. Denn davon lassen wir uns nichts abhandeln: Seine Figuren, mögen sie wahrer sein als die Wirklichkeit, sind zwar tüchtige Gegenspieler gegen all das Widerwärtig-Nurzivilisatorische, man möchte ihnen gern die Hände schütteln; doch ihr Weg führt an echter Menschlichkeit ebenso weit vorbei wie die modernde moderne Zivilisation. HEMINGWAYS Gegner sind die unseren, seine Mittel nicht. – Für seine Gestalten wählt HEMINGWAY gern kräftige Hintergründe (er selbst ist ja auch hintergründiger, als er sich gibt). In »Fiesta« ist es der Stierkampf, in »Farewell to Arms« (1929) ist es Italien im ersten Weltkrieg, in »Wem die Stunde schlägt« (1940) der spanische Bürgerkrieg, Titel wie »Über den Flug und in die Wälder« oder »Der alte Mann und das Meer« deuten Entsprechendes an. In dem zuletzt genannten Werk scheint sich übrigens eine Wende zu einer Art tiefgefaßter Naturreligion anzukündigen.

Ganz im Gegensatz zu dem männlich-herben HEMINGWAY hat sich THOMAS WOLFE (1900–1938) in Gefühlen förmlich verströmt. Es ist nicht jedermanns Sache, diesem ewigen Suchen des Dichters nach seinem eigentlichen Ich beizuwohnen, diesem Suchen in sich und in der Welt, diesem ständigen Verschlingen der ganzen inneren und äußeren Welt und dem Verschlungen werden von ihr, diesem immerwährenden Wechsel von Rausch und Ernüchterung. Seltsam genug, daß dieser genial veranlagte, der Vollendung durch einen frühen Tod entrissene Mann sein empfindsam in den Mittelpunkt gestelltes Ich ahnungsweise doch gefunden zu haben scheint in – seinem Vaterland Amerika, diesem Amerika, dessen Schattenseiten er grimmig und verzweifelt darstellt, von dem er aber glaubt, es werde ein zweites Mal entdeckt und dann zum Retter aller werden. Stets hat man das Gefühl, seine Romane seien Berichte aus seinem eigenen Leben. »Schau heimwärts, Engel« (1929) erzählt vom Aufwachsen des jungen Eugen Gant, von einer bitteren Jugend (»bitter« ist ein bevorzugtes Wort WOLFES), vom endlichen Bruch mit der Familie und vom Aufbruch ins Leben. »Von Zeit und Strom« (1935) berichtet vom Beginn des neuen Lebens mit seinem merkwürdigen Freund Starwick, vom Tode des Vaters, von Liebeserlebnissen in New York und von einer Fahrt nach Europa. Alles verwirrt ihn – am meisten die Tatsache, daß Starwick gleichgeschlechtliche Neigungen hat. Nun reist er allein weiter durch die Alte Welt. In den nachgelassenen Werken »Gewebe und Fels« und »Es führt kein Weg zurück« (1939/40) treffen wir WOLFE als Gant-Weber wieder, und zwar im Schriftstellerberuf, immer noch unruhig, abermals auf der Suche, erneut in Europa, er ist enttäuscht über die Verderbnis in aller Welt und allen Schichten, hofft in seiner früheren engeren Heimat noch etwas von unverdorbenem Menschentum zu finden, doch auch hier sind die Menschen in den allgemeinen Strudel der zwanziger Jahre hineingezogen. Trotz dieser Mißerfolge bleibt er gläubig – für Amerika.

Weniger aufdringlich als die »skelettierte Prosa« HEMINGWAYS oder der aufwühlende, rauschhafte Ausdruck WOLFES wirkt die Schreibweise von LOUIS BROMFIELD (1896–1956). Die meisten seiner seit 1924 erschienenen Romane sind ins Deutsche übersetzt worden; aber diese Übersetzungen, so gut sie vielfach sind, können nicht immer das Entscheidende wiedergeben. die musikalische Sprache BROMFIELDS. Wer etwa seinen »Großen Regen« (»The Rains came«, 1938) englisch liest, wird aller Spannung zum Trotz nur langsam weiterkommen, weil er immer wieder den kunstvollen melodischen und kontrapunktisden Linien und Verschlingungen nachgehen, den verschiedenen »Instrumentierungen« nachlauschen und dem bald weichen, bald brausenden Kräftespiel zuschauen muß. Dabei sieht BROMFIELD die Wirklichkeit dieser innerlich ausgehöhlten Welt und Menschen nicht minder deutlich als mancher derbe Naturalist. Manch hartes Wort fällt über die Unwerte der Zivilisation, die in dem in Indien spielenden »Großen Regen« verkörpert wird durch Personen aus aller Welt, durch ein geblendete Kurzszenen aus anderen Ländern, anderen Religionskreisen und anderen Berufsschichten. Nicht das ist für BROMFIELD entscheidend, woher jemand stammt, welcher Rasse er angehört, welchen Glauben er bekennt, welche gesellschaftliche Klasse ihn geformt hat, sondern wie er sich als Charakter – und das heißt hier: als echter Freund – bewährt, wenn die Not kommt. Alles andere scheint BROMFIELD unwert, menschenunwürdig. Verschiedene seiner übrigen Romane sind geeignet, dem aus den zuvor genannten Schriftstellern und Dichtern gewonnenen Bild Nordamerikas neue Lichter aufzusetzen.

Noch zurückhaltender in der Sprache, zuweilen fast überschlicht hingesetzt und doch mit geradezu bannender Kraft ausgestattet sind die Romane von PEARL S. BUCK (1892–1973). Ihre in China spielenden Handlungen scheinen förmlich der Erde und dem Klima zu entwachsen wie die Menschen, die den Schauplatz bevölkern. Vor dieser ruhigen Aussage zerplatzt wieder einmal der moderne Aberglaube, man müsse in den Eingeweiden der Seele und der Sprache wühlen, wenn man etwas Bedeutendes schaffen wolle. Bestimmte Voraussetzungen für das Verständnis der Umwandlungen nach der Revolution Maos in China wird man nirgends besser erfassen als etwa in den China-Romanen dieser Dichterin. Weltberühmt »Die gute Erde« (1931), die Geschichte von dem armen Bauern Wang Lung und seiner häßlichen, doch tüchtigen Frau O-Lan (»That woman«), die gemeinsam durch bedächtigen Fleiß und geschickte Schlauheit zu Wohlstand kommen und mit ihren verheirateten Kindern eine achtbare Familie bilden. Der eine Sohn schließt sich den Revolutionären an, die beiden anderen – das spürt Wang Lung sehr gut – wollen nach des Vaters Tode das Land verkaufen und in die Großstadt gehen. Fortgesetzt wird dieser Roman durch die im Titel alles andeutenden Bücher »Söhne« und »Das geteilte Haus«. Erweitert wird das soziale und politische Bild durch den »Jungen Revolutionär« und den »Patrioten«.

Eine andere Amerikanerin hat mit einem einzigen Roman kaum minder große Erfolge errungen: MARGARET MITCHELL (1900–1949) mit dem 1936 erschienenen »Vom Winde verweht«. Man mag an diesem Buch vom rein Literarischen her manches bemängeln – es bleibt eines der besten Unterhaltungsbücher auf geschichtlicher Grundlage, und zudem wird der Leser mancher literarisch wertvollerer Romane über die Südstaaten vieles besser begreifen, wenn er zuvor das Buch der MITCHELL gelesen hat, das den Bürgerkrieg ja vom Süden her sieht. Daß Gestalten wie die abenteuernde, lebenstüchtige Scarlett O'Hara und der männlich-unbedenkliche Rhett Butler nicht nur in Amerika starken Eindruck machen, hat der gleichnamige Film bewiesen. Ein weitaus geschickter geschriebener Unterhaltungsroman mit geschichtlichem Hintergrund (napoleonisches Zeitalter) ist der in Europa, Afrika und Amerika spielende »Antonio Adverso« von HERVEY ALLEN (1889–1949) – Musterbeispiel einer Literaturgattung, die in Deutschland mit derartigen Werken nicht aufzuwarten vermag.

Ein paar Worte über Romane, die das Erlebnis des zweiten Weltkrieges widerspiegeln und zum Teil auch ins Deutsche übersetzt wurden. Aus der Fülle greifen wir drei heraus. Da ist zunächst das viel umstrittene Buch von NORMAN MAILER »Die Nackten und die Toten« (1948), erzählt aus der Perspektive eines Sumpffrosches, mit allen Ausdrücken, die nur der Sumpf zu gebären vermag, mit aller Verständnislosigkeit für Werte, die außerhalb des Sumpfes gedeihen. Ein nihilistisches Buch. Aber die Erzählkunst MAILERS, sein bohrendes Eindringen in die inneren und äußeren Angelegenheiten der von ihm vorgeführten (sämtlich angeknaxten) Figuren, seine Fähigkeit, Landschaften lebendig werden zu lassen und Geschehnissen gewissermaßen mit der Filmkamera im Großen wie im Kleinen nachzugehen – das ist alles geradezu quälend großartig. Ort der Handlung ist eine von Japanern verteidigte, von Amerikanern angegriffene Insel im Stillen Ozean. Alles Vorbereitende ist hart und schwer, aber die Eroberung der Insel selbst wird durch lächerliche Zufälligkeiten bewirkt. Bezeichnender Höhepunkt der Schilderung ist die Ersteigung des Anaka-Berges durch einen Sturmtrupp unter Führung des rauhbeinigen Sergeanten Croft: Im letzten Augenblick werden diese harten Soldaten verjagt durch – Hummeln, und die Besteigung ist inzwischen sowieso sinnlos geworden. Drängt MAILER das Kriegsgeschehen zusammen auf eine Insel, so fängt HERMAN WOUK es ein auf einem alten, kaum noch seetüchtigen Torpedoboot im Stillen Ozean. Sein Roman »Die ›Caine‹ war ihr Schicksal« (1951) stellt in den Mittelpunkt einen Commander Queeg, vor dessen Menschenquälerei, Hinterlist, Selbstüberhebung, Kleinigkeitskrämerei und militärischer Unfähigkeit jeder der vielbeschrieenen deutschen »Spieße« neidvoll erblassen müßte. Daß eines Tages gegen ihn gemeutert wird – von Offizieren! – , ist zu begreifen, doch kriegsrechtlich äußerst bedenklich. Im Grunde gibt auch WOUK kein endgültiges Urteil ab, und das spricht für seine tiefe Einsicht. Und für sein Gerechtigkeitsgefühl.

Erzählt wird der Roman – wenn man von einigen Einsprengseln absieht, die um des Grundgedankens willen bedeutsam sind, den rein künstlerischen Flug jedoch unterbrechen – nicht minder spannend als der von MAILER. Ja, WOUKS Erzählerkunst ist noch stärker als die MAILERS, weil er Menschen und Geschehnisse ebenso greifbar zu machen weiß, ohne dazu die übelsten Soldatenausdrücke bemühen zu müssen. Endlich sei genannt der Roman »Twelve o'clock high« von BEIRNE LAY und SY BARTLETT (1948). Er spielt in England und berichtet vom erbarmungslos harten Aufbau eines amerikanischen Bombengeschwaders unter General Savage und von den Angriffen auf Deutschland.

Nun aber zu einem Dichter, vielleicht dem bedeutendsten der jüngeren Dichter Nordamerikas: THORNTON WILDER (1897–1975). Unsere Hochschätzung dieses Mannes beruht darauf, daß er es zustande bringt, mit einer ganz schlichten Sprache und in einem ganz durchsichtigen Aufbau äußerst schwierige ethische und religiöse Fragen darzustellen, und zwar in künstlerischer Form. Seine klare Darstellungsweise geht zurück auf antike Vorbilder, deren Art er jedoch auf neuzeitliche Weise anreichert. Sehr deutlich erkennbar an der »Frau von Andros« (1930), in der die Umwelt der griechischen Spätklassik durchweht ist von neuzeitlichen Einsichten, und an dem Roman »Die Iden des März« (1948), einer meisterhaften Komposition angeblicher Briefe von Zeitgenossen Cäsars. WILDERS Kunst der Einfühlung ist so stark, daß man schließlich wähnt, es handele sich wirklich um Briefe aus der Zeit Cäsars. Bezeichnend für WILDERS Erlebensweise ist der Roman »Die Brücke von San Luis Rey« (1927), in dem er mystisch-religiös Schicksale verknüpft, die im üblichen Sinne nichts miteinander zu tun haben. Im Sommer 1714 stürzt in Peru eine Brücke ein und reißt fünf Personen mit sich in die Tiefe. Der Franziskanerpater Juniper sieht darin eine Fügung Gottes und erforscht nun das Leben dieser fünf Toten. Am Ende scheint ihm eines klar: Der Tod ereilte die Verunglückten in einem Augenblick, in dem jeder von ihnen einen bestimmten Höhe- oder Tiefpunkt seines Lebens durchmaß. Merkwürdig genug: Den *Dichter* WILDER erlebt man am stärksten in einer Literaturgattung, die er technisch nicht meistert oder nicht meistern will: im Drama. »Unsere kleine Stadt« (1938), das dreiteilige Spiel um »Alltag – Liebe und Heirat –Tod« hat überhaupt keine Handlung. Durch einen Ansager wird erklärt, was sich da abspielt zwischen zwei benachbarten

Mittelstandsfamilien. Ein kleines Welttheater also, zu dem natürlich der Tod gehört, weswegen denn zum Schluß auch die Begrabenen in die Unterhaltung eingreifen. In die Unterhaltung – denn nur sie ist wesentlich. Aber dieses gänzlich undramatische Kleinstadtbild wird durch WILDERS unaufdringlich dichterische Sprache so erwärmt, durch seine stille Ironie so fein überglänzt, durch seine menschliche Güte so empor gehoben, daß man darüber das Undramatische gern vergessen will. »Wir sind noch einmal davongekommen« (1942) können wir nicht so hoch einschätzen. WILDERS berechtigter Wunsch, mit dem Bühnenstück zu experimentieren, neue Formen zu erproben, führt hier zu einem Ergebnis, das mit Dichtung wenig, mit Bühnenstück nichts und mit heiterem Kabarett sehr viel zu tun hat.

Solche Experimente sind allerdings sehr zu begreifen. Nordamerika hatte bis zum Beginn des ersten Weltkrieges keinen einzigen Dramatiker von Rang. Dann aber holte es in einem erstaunlichen Ansturm in weniger als drei Jahrzehnten alles das an dramatischer Technik auf, was sich Europa in vielen Jahrhunderten geduldiger Arbeit geschaffen hatte. Man muß einmal die von JOHN GASSNER herausgegebenen Bände mit amerikanischen Schauspielen aller Art durchgearbeitet haben, um wirklich würdigen zu können, mit welcher großartigen Sicherheit die amerikanischen Stückeschreiber des 20. Jahrhunderts die Dramentechnik handhaben. Ist es bei einem derartigen Wettrennen um die Eroberung der bühnengemäßen Gestaltung verwunderlich, wenn zuweilen über das Ziel hinausgeschossen wird? Zumal an Universitäten und ähnlichen Stätten die Dramaturgie zu einem wichtigen, wahrhaft praktisch gehandhabten Unterrichtsfach geworden ist, an dessen Vervollkommnung Lehrer und Schüler unablässig arbeiten!

So ist es auch zu verstehen, daß selbst Nordamerikas bedeutendster Dramatiker EUGENE O'NEILL (1888–1953) häufig mit der Form experimentiert. So ist »Der haarige Affe« (1922) naturalistischer Plakatstil und antikapitalistisch, der »Große Gott Brown« (1926) experimentiert mit vielen Masken als Sinnbild für gespaltene und wechselnde Persönlichkeiten, »Seltsames Zwischenspiel« (1928) besteht aus nicht weniger als neun Akten, »O Wildnis« (1933) arbeitet mit Mitteln des epischen Theaters, »Der Eismann kommt« (1946) ist surrealistisch. Und das sind nur einige der zahlreichen Stücke des Dichters. O'NEILL, der stark beeinflußt ist von Europäern wie STRINDBERG, IBSEN, WEDEKIND und –

anschauungsmäßig – von FREUDS Psychoanalyse und demgemäß weder vor schonungsloser Sozialkritik noch vor sexueller Offenheit zurückschreckt, hat sein Stärkstes gegeben in »Trauer muß Elektra tragen« (1931), einer gewaltigen Umdichtung der »Orestie« des Aeschylos. Dreiteilung des Stoffes und im wesentlichen auch die Personen werden beibehalten, der Umkreis jedoch aus dem Staatlich-Königlichen ins Familienhaft-Bürgerliche verlegt, aus Götterfluch und Schicksal werden Sexualtrieb und Umweltverkettung.

Noch fruchtbarer, wenngleich nicht immer so dichterisch ist MAXWELL ANDERSEN (1888–1959). Er schreibt Dramen und Komödien aus allen Gebieten und in den verschiedensten Stilarten.

So historische Vers-Dramen wie »Königin Elisabeth«, »Maria von Schottland« und »Anna Boleyn« (1930/33/48). In »Winterset« (1935) greift er zurück auf den Sacco-Vanzetti-Fall (vergl. UPTON SINCLAIR). »What Price Glory« (1924) gestaltet eine menschliche Episode aus dem ersten Weltkrieg. Dann wieder folgen Komödien, z. T. mit Musik wie die »Knickerbockers«. Hinter dieser scheinbar zerflatterten Vielseitigkeit steht ein ernsthaftes dramaturgisches Denken, dessen Ergebnisse in einer besonderen Aufsatzsammlung vorliegen. Ein wenig mißverstanden hat man in Deutschland wohl ARTHUR MILLER (geb. 1915) mit dem Kriegsgewinnlerstück »Alle meine Söhne« (1947) und dem »Tod eines Handlungsreisenden« (1949); auf uns wirken solche Stücke überholt, während sie in Amerika ihre zeitliche Bedeutung hatten. EIMER RICE (1892–1967, richtiger Name: REIZENSTEIN) schrieb ausgesprochen antikapitalistische Stücke, bald realistisch und bald expressionistisch-surrealistisch. Zur ersten Gruppe gehört u. a. »Straßenszene« (1929) mit Sexualüberkreuzungen und Totschlag, zur zweiten besonders die »Rechenmaschine« (1923), ein Seelenwanderungsstück, in dem die einstige Seele eines Angestellten, der entlassen wird, seinen Chef ermordet und in der jenseitigen Welt über sich nachdenkt, schließlich den Weg zur Seelenlosigkeit gehen muß: die letzte Wiederverkörperung dieses Herrn Null wird die in einer Rechenmaschine sein. In Deutschland bekannt geworden sind auch zwei religiös gerichtete Dramen von EMMET LAVERY, nämlich das Jesuitenstück um die Kraft des Wunderglaubens »Die erste Legion« und die eindringliche Friedensmahnung des Einakters »Monsignores große Stunde«.

Ganz lyrisch gibt sich WILLIAM SAROYAN. Er sieht den Alltag mit seinen Schrecken kaum minder deutlich als diejenigen, die ihm mit ätzender Schärfe beikommen wollen; doch seine Mittel zur Oberwindung sind Humor, Schnurren und eine alles umspannende Liebe. In der Einleitung zu seinem Bühnenwerk »Mein Herz ist im Hochland« (1939) sagt er: »Der Sinn dieses Stückes ist Wirklichkeit. Nicht, was ich oder jeder andere mit den Worten ausdrücken kann: ›das bedeutet also . . .‹. Man kann eben nicht von der Welt, von einer Stadt wie New York, von einem fliegenden Vogel oder von einem Kind, das eben geboren wird, sagen: es habe die und die Bedeutung. Solche Erklärungen überlasse ich den Großintellektuellen, die alles erklären können – und die nichts begreifen«. Und im Vorwort zu »Ein Leben lang« (1939) heißt es: »Ein Leben lang sollt ihr so leben, daß in dieser schönen Zeit weder das Niedrige noch der Tod euch oder eurem Nächsten nahetritt«. Das ist SAROYAN, der Lyriker des amerikanischen Theaters. Er hat außerdem treffliche Romane (»Die menschliche Komödie«, 1943) und Kurzgeschichten geschrieben.

Weitaus dramatischer, aber vielfach auch brutaler gestaltet TENESSEE WILLIAMS (1914–1983). In der »Glasmenagerie« (1945), bei der die in Erinnerung lebende, zanksüchtige Mutter Amanda wohl den Druck der Vergangenheit auf die Gegenwart (die an Minderwertigkeitsgefühlen leidende Tochter Laura, der praktische, aber von den Familienverhältnissen gequälte Sohn Tom) darstellen soll, wirken die symbolisch gemeinten Mittel manchmal peinlich. Auch »Endstation Sehnsucht« (1947), bei der die Endstation in Wirklichkeit Irrenhaus heißt, weil die empfindsame Blanche Dubois roh vergewaltigt wird von einem Mann, dessen Frau gerade ein Kind zur Welt bringt, wird bei uns häufig überschätzt.

Aber auch das gehört zum Bild der nordamerikanischen Literatur des 20. Jahrhunderts. Sie ist stolz auf ihre vielen Techniken und Themen, auf manche dichterische Leistung und auf kaum weniger Hemdsärmeligkeit, häufig ungebärdig und vor allem: vielversprechend. Europa kann hier etwas lernen – wenn es die rechten kritischen Maßstäbe anlegt.

Niederlande und Flandern

Die ältere niederländische Dichtung ist den meisten Deutschen so gut wie unbekannt, weil sie – vor allem bedingt durch die verschlungene politische Geschichte – entweder in die allgemeine westeuropäische Literatur verwoben war oder ein kleines Sonderdasein geführt hat. Dieses Sonderdasein ist der niederländischen Volksdichtung ausgezeichnet bekommen, hat aber verhindert, daß Dichtungen von internationalem Rang entstanden. Und als im 19. Jahrhundert die Provinz Flandern abgetrennt und 1830 dem neugeschaffenen Belgien zu geschlagen wurde, da zogen es manche flämische Dichter vor, französisch zu schreiben, weil ihnen diese Sprache geeigneter erschien, große Gedanken künstlerisch zu gestalten, als es das Niederländische vermochte (so Maeterlinck, Verhaeren, selbst de Coster, dessen »Ulenspiegel« man als flandrische Bibel bezeichnete.

Aus der Frühzeit kennt man freilich das eine oder andere auch bei uns. Das weltberühmte, in alle Sprachen übersetzte, immer wieder nach- und umgestaltete Tiergedicht »Reinecke Fuchs« (»Van den Vos Reinaerde«) schließt sich zwar an eine lateinische Dichtung des 10. und eine französische des 12. Jahrhunderts an, erhält aber erst durch eine niederländische Fassung um die Mitte des 13. Jahrhunderts diejenige Gestalt, die dann mehrfach nach Deutschland herübergenommen wurde. Wichtiger als die Namen von Dichtern sind in den nächsten Jahrhunderten Bezeichnungen der zum Teil weiter gepflegten, zum Teil neu aufkommenden Dichtungs-Gattungen: *Spruchdichtungen* (»Sproken«), *Schwänke* (»Boerden«), *Theaterpossen* (»Kluchten«) und *Rhetoriken* (»Rederijker«) sowie, neben diesen immer stärker aufblühend, die *Volkslieder*.

In der Renaissance erstanden dann zahlreiche Dramen. Größter Anreger war Pieter Corneliszoon Hooft (1581–1647); seine nach italienischen Vorbildern geschriebenen, in der Form fein dahinfließenden Gedichte und Dramen sind nicht so wichtig wie die Tatsache, daß er in seinem Amtssitz Muiden eine Art Dichtersalon unterhielt, in dem zahlreiche hervorragende Geister verkehrten. Der bedeutendste von ihnen ist Joost van den Vondel (1587–1679). Er hat viel von Hooft, aber auch von der mittelmeerischen Klassik gelernt und schrieb an die dreißig Dramen; einige von ihnen sind auch ins Deutsche übersetzt, so »Jephta«. »Lucifer« und vor allem »Gijsbrecht van Aemstel« (1637), ein Stück, das bis ins 20. Jahrhundert als Jahresfestspiel in den Niederlanden aufgeführt wurde. Ein Sprachgenie scheint KONSTANTIN HUYGENS gewesen zu sein (1596–1687). Am bekanntesten ist zwar seine niederländische Lyrik (»Kornblumen«), doch wurden auch seine lateinischen, italienischen und französischen Gedichte sehr gerühmt. Steht auch JAKOB CATS (1577–1660) als »Kunstdichter« nicht ganz so hoch, so trifft er mit seiner bürgerlichen Behaglichkeit, seinen lehrhaften Themen und seinen volksnahen Gestalten einen Ton, der die Niederländer nicht nur damals entzückte (zu Beginn des 18. Jahrhunderts wurde sein Gesamtwerk auch ins Deutsche übertragen). Das sind nur einige Dichternamen aus dem »Großen Jahrhundert« der Niederlande, jener Epoche höchster politischer und vor allem wirtschaftlicher Macht: 1602 war die Ostindische Kompanie begründet worden, 1648 wurde die »Republik der Vereinigten Niederlande« als unabhängiges Land anerkannt, die Kriege gegen England (Admiral de Ruyter) lenkten die Blicke der Welt auf den jungen, tatkräftigen Staat.

Im 18. Jahrhundert nahmen sich die Niederländer die französische Literatur zum Vorbild, gerieten aber derartig unter deren Einfluß, daß von wirklichem Eigenschaffen aus niederländischem Geist kaum noch die Rede sein konnte. Nur die Überlieferung der Lustspiele riß nicht ab (etwa PIETER LANGENDIJK). Das Bild änderte sich erst, als die gleichzeitige Dichtung der Engländer (besonders der Romanschreiber wie RICHARDSON und FIELDING) und der Deutschen (es ist die Zeit KLOPSTOCKS, LESSINGS, SCHILLERS und GOETHES) einzustrahlen begann. So nähern sich die Romane der gemeinsam arbeitenden Schriftstellerinnen AGATHE DEKEN und ELISABETH BEKKER dem englischen Stil, und die von RHIJNWIS FEITH stehen zweifellos unter der Nachwirkung von GOETHES »Werther«. Aber all diese Werke sind uns fremd. Selbst ein so fruchtbarer Dichter wie WILLEM BILDERDIJK (1756–1831), vielfach als »der« Klassizist der Niederlande bezeichnet, hat bei uns keinen Widerhall gefunden. Nicht anders steht es mit den Romantikern wie JAKOB VAN LENNEP oder EVERHARDUS JOH. POTGIETER.

Erst um die Mitte des 19. Jahrhunderts begegnen wir Namen, die international berühmt wurden. Sehr bekannt ist vor allem MULTATULI

(Deckname, der bedeutet: Ich habe viel ertragen. Richtiger Name EDUARD DOUWES DEKKER, 1820–1887). Multatuli war hoher Kolonialbeamter in Java, hat dort erlebt, wie die Bewohner von ihren Fürsten und nicht weniger von den holländischen Kaufleuten ausgebeutet wurden, wollte Reformen einführen, wurde jedoch entlassen. 1860 erschien ein Roman, in dem er seine Erfahrungen in Java verwertete: »Max Havelaar«. Dieser Roman erregte ungeheures Aufsehen und wurde bald in mehrere Sprachen übersetzt. Das rein Tatsächliche hat heute nur noch kolonialgeschichtlichen Wert; aber die realistische Darstellung des Ganzen ist immer noch fesselnd. Zwei Figuren stehen im Mittelpunkt: Der rücksichtslos Geld scheffelnde, im Grunde aber engstirnige und dumme Kaffeehändler Droogstoppel (Multatuli wollte dieser Art seiner Landsleute einen Spiegel vorhalten) und Max Havelaar, der es versucht, die Fürsten Javas zur Besserung der Verhältnisse zu bewegen, aber an deren Eigensucht und an der der holländischen Verwaltung selbst scheitert. Außer diesem Roman sind auch das kleine Theaterstück »Die Fürstenschule« sowie mehrere kleine Erzählungen ins Deutsche übersetzt worden.

In den achtziger Jahren versuchte eine Gruppe von Kritikern und Dichtern, die niederländische Literatur der Weltliteratur anzunähern. Das ist die sogenannte »Achtziger Bewegung«. Es waren ausgezeichnete Geister; aber der letzte dichterische Erfolg scheint ihnen versagt geblieben zu sein. Als kennzeichnenden Vertreter dieser Richtung nennen wir den Arzt-Schriftsteller FREDERIK VAN EEDEN (1860–1932). Seine geistige Entwicklungslinie führt vom marxistischen Sozialismus über TOLSTOI zum Katholizismus. Seine Romane »Der kleine Johannes« und »Johannes Viator«, sein Versdrama »Lioba« und seine lyrische Dichtung »Ellen, ein Lied vom Schmerz« wurden ins Deutsche übersetzt. Dem Umkreis der Achtziger gehörten auch LOUIS COUPERUS an (1863–1923), von dem fast sämtliche Werke deutsch vorliegen. Er ist wohl der entschiedenste niederländische Naturalist. An Einzelfiguren (»Eline Vere«, 1889) wie an ganzen Generationen (»De Bouken der Kleine Zielen«, 1903) schildert er mit ausgezeichneter Beobachtungsgabe den geistigen Verfall des Jahrhundertendes. Auch in seinen Werken aus der Antike erprobt er sich immer wieder an der Darstellung von Verfallserscheinungen (z. B. im Roman »Heliogabal« und dem Bühnenstück »Die Komödianten«).

Seit dem Ende des 19. Jahrhunderts ähnelt die niederländische Literaturentwicklung dem Durcheinander der europäiscben Dichtung. In der ersten Hälfte des 20. Jahrhunderts stand eine Unzahl von Schriftstellern in einer Unzahl von Richtungen einander gegenüber. So fehlte es nicht an mehr dem bodenständigen ausgerichteten Männern, die sich besonders gegen die übersteigerte Internationalisierung der Achtziger und ihrer Nachfolger wandten. Man schrieb expressionistische Lyrik, realistische Romane, psychologische Dramen, man gründete literarische Kampfzeitschriften evangelischer, kalvinistischer, katholischer und allgemein menschlicher Richtungen. Nur ganz wenig hat es bei uns zu wirklicher Bedeutung gebracht, obwohl die Niederländer auf viele ihrer Dichter aus diesen Jahrzehnten berechtigt stolz sind.

Hier können wir wiederum nur auf einige der in deutschen Übersetzungen vorliegenden Prosawerke aus der ersten fünfzig Jahre des 20. Jahrhunderts verweisen. Einer der begabtesten Erzähler ist ANTOON COOLEN (1897–1961), dessen Roman »Brabanter Volk« viel gelesen wird. DICK OUWENDIJK hat mit den beiden Romanen »Das geschändete Antlitz« und »Die satanische Trinität« europäischen Erfolg gehabt. Er versucht auf zuweilen freilich peinlich naturalistische Art (mit mancherlei psychologischen Mitteln) die fast unlösliche Verkettung des modernen Menschen an den Teufel sichtbar zu machen, zugleich aber behutsam auf Befreiung durch göttliche Gnade hinzudeuten. Ein bedeutendes Erzähler-Kunstwerk ist die »Insel der Dämonen« (ein Roman aus Bali) von JOHAN FABRICIUS; zu erwähnen auch »Die große Heimsuchung« und das »Festmahl der Bettler«. Nach seinem vielversprechenden Tierarzt-Roman »Dr. Vlimmen« schrieb A. ROOTHAERT einen vorwiegend in Antwerpen spielenden Roman »Die Wendeltreppe«. ROOTHAERT kann erzählen, kennt die Techniken der Romanschriftsteller, hat glänzend beobachtet – aber könnte »Die Wendeltreppe« mit der Darstellung verrotteten Daseins nach dem zweiten Weltkrieg nicht auch in Frankreich oder irgendeinem anderen Lande spielen? Niederländisch ist der Schauplatz, nicht die Handlung und nicht die Haltung und nicht die Schreibweise. Dieses schriftstellerische Einebnen (andere mögen sagen »Europäisieren«) ist ebenso bezeichnend wie der immer wieder zu beobachtende Versuch, am Schluß einer im Grunde naturalistischen, reichlich gewürzten Wühlerei in Abgründen ein ahnungsvolles Happy- End-Lichtlein anzuzünden.

Eine *flämische* Literatur im engsten Sinne gibt es erst, seit 1830 die Provinz Flandern von den Niederlanden abgetrennt und zu Belgien geschlagen wurde; bis dahin lief das Flämische, das sich vom Holländischen nur mundartlich unterscheidet, in der niederländischen Literatur mit – meist allerdings recht verborgen. 1838 wurde das mittelalterliche Tiergedicht »Reinaert de Vos« flämisch herausgegeben, und damit begann die Begeisterung für flämische Sprache und Dichtung. (Daß nicht alle Flamen diese Begeisterung teilten, haben wir bereits erwähnt.) Das Hauptverdienst, die flämische Sprache in weitestem Umfang wieder zum Ausdrucksmittel dichterischen Wollens gemacht zu haben, gebührt HENDRIK CONSCIENCE (1812–1883). Im gleichen Jahr, in dem »Reinaert de Vos« neu herausgegeben wurde, erschien von CONSCIENCE der Roman »Der Löwe von Flandern«, einer der zahlreichen geschichtlich- politischen Romane, mit denen CONSCIENCE außerordentlich stark auf das Nationalbewußtsein der Flamen in Flandern eingewirkt hat. Mehr noch: Viele dieser Romane von CONSCIENCE wurden in Übersetzungen im Ausland bekannt und lenkten die Aufmerksamkeit politisch und literarisch auf Flandern. Ist CONSCIENCE auch nicht immer Dichter, so vermag er doch durch eine ungemein lebendige, farbige Darstellung selbst heute noch zu fesseln; seine bewußt volkstümliche Schreibweise ist lebendiger geblieben als mancher Kunststil. Mit Recht wurde noch vor wenigen Jahrzehnten eine umfangreiche deutsche Ausgabe seiner wichtigsten Romane und Erzählungen veranstaltet. Auch bedeutende Lyriker jener Zeit wurden ins Deutsche übertragen. So der religiös empfindende GUIDO GEZELLE (1830–1899) mit Gedichten über Volk und Natur. Ein Bannerträger flämischer Lyrik war dann vor allem POL DE MONT (1857–1931), dessen Gedichte zum Teil ebenfalls deutsch vorliegen.

Im 20. Jahrhundert ist die flämische Literatur dann immer stärker in das europäische Bewußtsein eingedrungen. Und zwar nicht durch Werke, die sich der allgemein europäischen Literatur Entwicklung anschlossen (damit hätte sie ihr eigentliches Wesen und ihr ganzes Ziel preisgegeben), sondern durch zähes, liebevolles Festhalten am Heimatlichen in Sprache und Stoff. Bei Frühgeborenen wie dem kraftvollen Realisten CYRIEL BUYSSE (1859–1932), der so erdnahe Erzählungen zu schreiben weiß – »Arme Leute«, »Dorfgeschichten«, »Ein Löwe von Flandern« –, mag das noch selbstverständlich erscheinen. Bei später

Geborenen ist es das durchaus nicht; denn sie sind allesamt in einer Zeit aufgewachsen, in der sich die Literaturen Europas einander näherten. Da ist der mächtige Bauerndichter STIJN STREUVELS (1871–1969) mit so naturhaften Werken wie dem »Flachsacker«, »Knecht Jan«, der von R. A. SCHRÖDER übersetzten »Ernte«, mit dem »Christuskind«, den »Weihnachtsgeschichten« und anderen vielgelesenen Werken. Dann vor allem der Maler-Dichter FELIX TIMMERMANS (1886–1947), dem es so gleichgültig war, ob man ihn Realisten oder Romantiker oder geheimen Mystiker nannte. Ihm kam es darauf an, echten Empfindungen mit leuchtenden Farben zu sichtbarem Dasein zu verhelfen. Wir kennen in Deutschland fast alles von ihm, besonders sein »Jesuskind in Flandern« (1917), die rührende Geschichte einer Christgeburt in flandrischem Land, das dramatisierte »Tryptichon von den heiligen drei Königen« (1923), den großartigen »Bauernpsalm« (1935), in dem ein hartköpfiger Bauer mit Gott ringt, vor allem aber den weltberühmt gewordenen Roman »Pallieter« (1916). In strotzenden Farben malt hier TIMMERMANS die Erlebnisse eines reichen jungen Bauern, der nie genug bekommen kann von allen Freuden dieser Erde. Der Dichter malt die Sinnenhaftigkeit von Menschen, Erlebnissen und Natur mit einer derben Unbefangenheit, die der älterer niederländischer Maler in nichts nachsteht.

DÄNEMARK

Bevor es eine dänische Literatursprache gab, hatte Dänemark wie alle anderen skandinavischen Staaten bereits Anteil an der nordgermanischen Helden- und Götterdichtung. So gehören Teile der Edda (so die Helgi-Lieder) höchstwahrscheinlich in den dänischen Umkreis. Später wurde jedoch u. a. auch lateinisch geschrieben und gedichtet. Mit den Psalmen-Bearbeitungen des Bischofs ANDERS ARREBOE (1587–1637) wurde dann endgültig die dänische Dichtersprache geschaffen. Nur wenige Jahrzehnte darauf wurde der erste große Dichter Dänemarks geboren: LUDWIG HOLBERG (1684–1754). Er lebte viel im Ausland, studierte die Komödien MOLIÈRES, die deutschen Komödiantenspiele und das italienische Theater und schrieb mit ausgezeichneter Beobachtungskraft und achtbarem dramatischen Können an die drei Dutzend dänische Lustspiele, in denen er zumeist jede Art von Dünkel verspottet. Die meisten dieser Stücke waren zwar für das unter HOLBERGS Mitwirkung 1722 gegründete dänische Nationaltheater geschrieben, doch fanden sie bald ihren Weg ins Ausland. Viele sind auch heute noch durchaus spielbar. Der Titel eines Lustspiels, des »Politischen Kannengießers«, ist zum europäischen Schlagwort geworden. Und wenn man es wieder einmal liest, möchte man meinen, es habe nach mehr als zweihundert Jahren nichts an Bedeutung eingebüßt; nicht anders steht es mit Stücken wie »Der Augenblickslose« (ein Mann, der nie Zeit hat) oder »Jeppe vom Berge«.

Im Gegenzug gegen die von außen heranbrandende »Aufklärung« des 18. Jahrhunderts verwiesen manche Dichter auf den Schatz der heimatnäheren Edda und der isländischen Sagas sowie auf die Dramatik SHAKESPEARES. Unter diesen ist JOHANNES EWALD (1743–1781) bei weitem der bedeutendste. Man nennt ihn Dänemarks »Stürmer und Dränger«. Seinen ersten Erfolg errang er mit der Allegorie »Der Tempel des Glücks im Traum«. In seinem Drama »Rolf Krake« (1770) und dem Trauerspiel »Balders Tod« (1773) sind besonders Anregungen der vaterländischen Sagas und der Bühnenkunst SHAKESPEARES wirkungsvoll verarbeitet. Im großen und ganzen freilich war das damalige Literaturleben Dänemarks im 18. Jahrhundert in zahlreiche Richtungen zersplittert.

Der wirkliche Aufstieg setzte erst im 19. Jahrhundert mit den Romantikern ein. Die dänische Romantik verkörperte sich vor allem in ADAM OEHLENSCHLÄGER (1779–1850). Auf Reisen war er mit GOETHE, E. T. A. HOFFMANN, A. W. SCHLEGEL, FICHTE, SCHLEIERMACHER, THORWALDSEN, FRAU VON STAEL und vielen anderen europäischen Größen seiner Zeit bekannt geworden. Den entscheidenden Eindruck empfing er von der deutschen Romantik; daneben studierte er die französische Bühnenklassik und beschäftigte sich mit der nordischen Sage. Alles das verwirkte er sehr schön in das Geflecht seiner Dramen, wenn er auch – als echter Romantiker – im Grunde der straffen dramaturgischen Zucht entbehrte. Seine bekanntesten Stücke sind »Haakon Jarl«, das vom Zusammenstoß des altnordischen Götterglaubens mit dem jungen Christentum handelt, »Axel und Walburg«, ein vielsträhniges Trauerspiel aus dem 12. Jahrhundert, und »Correggio«, ein Stück aus der italienischen Renaissance, das zwar nicht immer bühnengeeignet ist, das zu lesen jedoch menschlichen und künstlerischen Gewinn bedeutet. Die meisten Werke hat OEHLENSCHLÄGER übrigens dänisch und deutsch verfaßt.

Wichtigster Gegenspieler des Romantikers OEHLENSCHLÄGER war JOHAN LUDWIG HEIBERG (1791–1860). Mit starkem Formensinn ausgestattet, an spanischen und französischen Vorbildern geschult, wandte er sich gegen jede gefühlsbetonte Romantik, betonte die Notwendigkeit, klare Gedanken in klare Formen zu gießen und machte das französische Vaudeville nach dem Muster von SCRIBE in Dänemark heimisch. Eigentlich ist er in seinen Schauspielen (z. B. »Siebenschläfertag«) bereits Realist.

Neben den beiden zuvorgenannten Dichtern steht HANS CHRISTIAN ANDERSEN (1805–1887;) in merkwürdiger Doppelstellung. Seine weltberühmten Märchen waren gedacht für Kinder und für Erwachsene. Schon das ist für den Kenner des echten Märchens ein zwiespältiges, nicht ganz gefahrloses Unternehmen, ein Versuch, der romantischer und realistischer Grundhaltung zugleich entspringt. Hält man nun gar die (vielfach recht guten) Märchen neben seine Romane oder sein Drama »Ahasver«, so kommt man zu der Überzeugung, daß ANDERSEN im tiefsten doch wohl mehr Realist war als Romantiker. Mindestens seine Erzählerprosa gehört durchaus dem Realismus an. (Hier darf kurz erwähnt werden, daß alle diese Männer Zeitgenossen des großen Religionsphilosophen SÖREN KIERKEGAARD waren, dessen Lehren allerdings erst sehr viel später in die Breite wirken sollten.)

Unter dem Einfluß des streitbaren Kritikers GEORG BRANDES (1842–1927) wandte sich ein großer Teil der dänischen Schriftsteller dem Naturalismus und Liberalismus französischer Prägung zu. Einer der bekanntesten Vertreter dieser Richtung war HERMAN BANG (1858–1912). Zunächst ging er über den Realismus noch hinaus und schrieb ganz naturalistisch. Dann aber nimmt sein Werk impressionistische Züge an, die Umrisse werden bewußt verschwimmend dargestellt, im Stil herrschen Zwischentöne und Zwischenfarben, die Haltung wird schwankend, entscheidend ist die Musikalität der Sprache, nicht der kraftvolle Aufbau, so daß man ihn gern als den Meister der dänischen Dekadenz bezeichnet. Romantitel wie »Hoffnungslose Geschlechter« (Verfall eines Adelsgeschlechts, dem schließlich auch der letzte Sproß trotz heißen Strebens erliegt) oder Sammelüberschriften wie »Exzentrische Novellen« (feinnervige Erzählungen aus Künstler- und Artistenkreisen) spiegeln die Wesensart BANGS in ihrer ganzen Hoffnungslosigkeit und Abseitigkeit wider. Auch HOLGER DRACHMANN (1846–1908) hatte sich anfangs den Gedankengängen von BRANDES verschrieben, schrieb dann aber neuromantische Gedichte von ungewöhnlicher Stimmungsdichte und sprachlicher Musikalität. Viele seiner Novellen und Gedichte bildeten einst auch das Entzücken deutscher Leser. Längere Zeit stand auch KARL GJELLERUP (1857–1919) im Bannkreis von BRANDES. Spätestens mit seiner Übersiedelung nach Deutschland kurz vor der Jahrhundertwende wurde er jedoch ein Gegner von BRANDES, beschäftigte sich mit der mittelmeerischen Klassik und mit den deutschen Klassikern, empfing entscheidende Anregungen durch SCHOPENHAUER und WAGNER und versuchte dann, die Vielfalt des Gewonnenen in oft buddhistisch gewandeten Werken einheitlich zu gestalten. Sein »Pilger Kamanita« (1906) hat es bei uns zu ungeheurer Beliebtheit und sehr hohen Auflagen gebracht.

Steckt in GJELLERUPS Werk mancherlei Flucht vor der europäischen Wirklichkeit, so steuerte JENS PETER JACOBSEN (1847–1885) mit geradezu naturwissenschaftlicher Gründlichkeit das Bild seiner Zeit an. Freilich nicht nach Art des plumpen Naturalismus. Bezeichnend dafür ist sein Roman »Frau Marie Grubbe« (1876). Der Leser spürt zwar sogleich den Einfluß der Milieutheorie, der zufolge Herkunft, Erziehung und Umwelt wichtiger sind als die sogenannte Einmaligkeit des Charakters; aber JACOBSEN legt über diese Anschauung seiner Zeit einen künstlerischen Schleier, indem er seinen Roman im 17. Jahrhundert spielen läßt. Äußerlich erlebt Marie Grubbe einen Abstieg: Als Tochter eines Edelmanns heiratet sie nach dem Tode ihres Jugendgeliebten zunächst einen Königssohn, dann einen Mann aus der Mittelklasse, endlich einen rauhen, brutalen Fährmann. Diesen liebt sie wirklich, obwohl er sie zuweilen übel behandelt, denn er hat einst aus Liebe zu ihr einen Menschen erschlagen wollen. Kaum minder bekannt ist bei uns der zweite Roman »Niets Lyhne« (1880), den man gern die Bibel des Atheismus nennt. So verstandesmäßig kalt JACOBSEN hier die Themenstellung angeht, sosehr er der Milieu-Theorie anhängt – was durch Umwelteinflüsse in der Seele des Menschen entsteht oder entstanden ist, das schildert er mit ungewöhnlichem Einfühlungsvermögen, und dieses Einfühlungsvermögen läßt ihn auch die müde gewordene Seele seines Jahrhunderts meisterhaft darstellen.

Ihm verwandt, doch mit breiterem Pinsel malend, steht Henrik Pontoppidan (1857–1943) vor uns. Wo man sein umfangreiches Prosawerk auch aufschlagen mag, überall ist man gefesselt von der Fülle gut gezeichneter Gestalten, von der sicher gemeisterten Darstellung der sozialen und kulturellen Fragen, von der Kraft des landschaftlichen Heimatgefühls, von der kritischen Beobachtung und gleichwohl warmen Menschlichkeit des Dichters, der keinen Augenblick verschwendet an Dekadenz Erscheinungen seiner Zeit. Hauptwerke sind zwei Roman-Zyklen. Im »Gelobten Land« (1891/95) löst sich ein Landpfarrer vom Boden des Bauerntums und verfällt schließlich dem religiösen Wahnsinn. Grundgedanke des »Hans im Glück«, Pontoppidans Hauptwerk (1898–1904), ist der Gegensatz von Erbanlage und Umwelt. Per Sidenius (der dänische Titel des Gesamtwerkes heißt »Lykke Per«) verläßt seine Familie auf dem Lande, geht nach Kopenhagen, möchte die ganze Welt umkrempeln, verlobt sich mit einem reichen jüdischen Mädchen, kommt aber aus Gründen seiner Veranlagung nicht weiter und kehrt schließlich zu den alten Idealen seiner Familie zurück. Viel bewundert wird die lebendige, in die Tiefe gehende Gegenüberstellung der lutherischen Familie Sidenius und der »jüdischen Geldaristokratie«, ein bewußt scharfer Gegensatz; Pontoppidan spannt nämlich den Rahmen zwischen spießerischer Enge und großbürgerlicher Weltverachtung so weit, um das ganze Leben seiner Zeit in diesem Großrahmen unterbringen zu können.

Die späteren Erzähler Dänemarks beschäftigen sich – wie das in ganz Europa der Fall ist – mit völlig verschiedenen Stoffen und Gedankengängen und mühen sich, ihnen mit ebenso verschiedenartigen dichterischen Mitteln beizukommen. Die »arbeitende Klasse«, das Proletariat in Stadt und Land, sucht Martin Andersen-Nexö (1869–1954) in großangelegten Romanen darzustellen, und zwar mit offener Betonung sozialistisch-kommunistischen Wollens. Er scheut dabei vor plattestem Naturalismus nicht zurück, geißelt scharf, was ihm als Mißstände erscheint, zugleich aber spürt man immer wieder sein warmes Gefühl, eine echte Menschlichkeit. Hervorzuheben die umfangreichen Romane »Pelle der Eroberer« (1910) und »Stine Menschenkind«. Ein fast übergroßes Ziel hat sich Johannes Vilhelm Jensen gesteckt (1873–1950). Er wurzelt ganz in seiner Heimat; deren verborgenen Geist wollte er der Gegenwart ins Bewußtsein rufen durch sagen- und märchenartige Erzählungen. Doch das genügte ihm nicht. Daher vertiefte er sich in die Geschichte der nordischen Menschheit, in ihre durch Klima, Umwelt, wirtschaftliche Verhältnisse und dergleichen bestimmte Entwicklung und stellte nun in einem Riesenwerk dar, wie sich seiner Meinung nach das Werden dieser nordischen Menschheit vollzogen hat vom frühen Eiszeitmenschen bis zur Entdeckung Amerikas. Gesamttitel dieser romanhaft prachtvollen Geschichtsstudien ist »Die lange Reise«. Untertitel sind »Der Gletscher«, »Das verlorene Land«, »Norne-Gast«, »Der Zug der Zimbern«, »Das Schiff« und »Christoph Columbusa (entstanden 1909–1922). Im ganzen gesehen eines der sehr seltenen Großwerke der Literatur, in denen die wissenschaftliche Vorarbeit (hier: Darwinismus) die Schwingen der dichterischen Phantasie nicht gelähmt, sondern mächtig angeregt hat. Kennzeichnend für die mystisch-religiöse Richtung von JOHANNES ANKER-LARSEN (1874–1957) ist der Name seines bekanntesten Romans »Der Stein der Weisen« (1923). Sehr viel gelesen werden bei uns die mit erstaunlicher Einfühlungskraft geschriebenen Tier-Romane von SVEN FLEURON (1874–1966). Genannt sei schließlich noch als Erzähler von Rang NILS PETERSEN (1897–1943) mit seinem altrömischen Roman »Die Sandalenmachergasse«.

SCHWEDEN

Eigentlich schon seit den Tagen der heiligen Brigitte herrschte in Schweden ein reges geistiges Leben. Auch literarische Bestrebungen wurden fast zu allen Zeiten eifrig gepflegt. Aber sie vermochten nicht über die Grenzen des eigenen Sprachraumes hinauszudringen und auf das geistige Weltgeschehen Einfluß zu nehmen. Erst gegen Ende des 18. Jahrhunderts sang ein schwedischer Liederdichter schwedische Klänge in die Welt hinaus.

Es ist Carl Michael BELLMANN (1740–1795). Er war ein Günstling und Stiefkind des Glücks. Ein Günstling deshalb, weil Gustav III. ihn in jeder Hinsicht förderte, viel Sinn für seine Eigenart besaß und seinem verwegenen Treiben eine Art Narrenfreiheit gewährte. BELLMANN war nämlich ein Zecher großen Stils, Wein und Weib waren sein Lebensinhalt, Kneipen und schlimmere Orte seine Heimstatt. Er hat manch tollen Streich auf seinem Gewissen. Ein Stiefkind war er, weil ihm das große Glück, dem er so nachjagte, nie völlig hold war. Auch der Rausch, dem er so viele Loblieder sang, schenkte es ihm nie ganz. Er blieb ein armer Schlucker, der seine großartige Begabung verschleudern mußte. Gegen Ende seines Lebens, nach Gustavs Tod, kam er sogar ins Schuldgefängnis. Er starb elend an einer Lungenkrankheit. In seinem Wesen ist BELLMANN den Fahrenden zu vergleichen, VILLON etwa oder in gewisser Beziehung auch HAFIS. Er ist ein Sänger des Weines und der Liebe, unbekümmert, natürlich, übermütig, echt. Die überschäumende Lebensfreude hat den Grundakkord einer heimlichen Trauer, einer Trauer um die Vergänglichkeit des Lebens und alles Irdischen. Meisterhaft beherrscht er alle lyrischen Formen, ist erfindungsreich und gewandt. Vor allem seine Chor- und Tanzlieder machten ihn beim Volke beliebt. Denn er traf den Ton des einfachen Mannes. (Immer noch wird in Schweden der Bellmanns-Tag groß gefeiert. Welchem Dichter wird anderswo solche Ehre zuteil?) Besonders bekannt wurden »Fredmanns Episteln«, halb Moritaten mit verschiedenen komischen Figuren, halb reine Trink- und Tanzlieder, verwegen-spöttisch, oder besinnlich volkstümlich. So wurde er zum großen Sänger seines Landes:

»Labt mir die Zunge ach, süße Säfte,
Perlt bis zum Rand hinan!
Ich bin ein Heide. Herz und Mund und Kräfte
Beten Bacchus an.
Arm und versoffen
seh ich doch offen
Einen Himmelsraum.
Schicksalsumfangen
Tod auf den Wangen
Letz ich mir den Gaum,
Führ in der letzten Stund
Noch das Glas zum Mund. (v. GUMPPENBERG)

Von den Dichtern der romantischen Epoche brachte es CSAIAS TEGNÉR (1782–1846) bei uns in Deutschland zu großem Ansehen. Inzwischen freilich ist sein Ruhm im Verblassen, ernstlich gelesen wird er kaum noch. Man hat erkannt, daß seine Dichtung »Frithjof« doch nur eine künstliche Nachahmung altnordischer Heldenepik ist. Ja, sie ist im Grunde genommen weiches, sentimentales Pathos, das Heldentum ist nicht echt und die Liebesvorstellungen stammen aus der bürgerlichen guten Jungmädchenstube, wo man schwärmt, aber nichts erlebt. Entschieden begabter und ursprünglicher war KARL JONAS LOVE ALMQUIST (1793–1866). Aber er hatte kein Glück. Seine Pläne waren zu hochfliegend, zerflatterten. Zu widerspruchsvoll war er in seinem Wesen. Er brachte es nicht zu der inneren Sammlung, die nun einmal zu einem geschlossenen Kunstwerk gehört. So blieben denn all die Gedichte, die dramatischen Entwürfe, Novellen und Romane, die er in dem Sammelwerk »Buch der Dornrose« zu einer Einheit zusammenzufügen trachtete, im Grunde genommen unfertig. Hätte der Dichter sich weniger vorgenommen, wäre ihm vielleicht ein großes Werk geglückt. So aber blieb alles Torso.

Die Literatur des 19. Jahrhunderts verlief im Rahmen des Üblichen, war höchstens der schwedischen Eigenart entsprechend abgewandelt. Bedeutendes wurde nicht geschaffen. Erst gegen Ende des Jahrhunderts trat ein Mächtiger auf den Plan, dem der Durchbruch in die große Welt gelang: AUGUST STRINDBERG.

Dieser Dichter hat wie selten einer die Menschen seiner Zeit erschüttert und aufgewühlt, weil er wie selten einer den Geist seiner Zeit verkörperte. Er stellte den Mitmenschen all die Fragen, die wie Wunden heimlich in ihrer Seele schwärten, stellte sie rücksichtslos, mitleidlos, mit bohrender Schärfe, oft übertrieben, aber immer ehrlich. Er wollte anklagen. Und das ist ihm gelungen. So wurde er sogar zum Wegbereiter. Der Weg freilich führte letzten Endes ins Nichts. Auch ihm ging es wie IBSEN um die Verlogenheit seiner Zeit. Noch am Ende seines Lebens bekannte er: »Wie verlogen das Leben ist! Und wie schwer es ist zu leben!!« Er machte sich daran, allüberall die Lüge aufzuzeigen. Aber mit den falsch und brüchig gewordenen Idealen stürzte er auch alle Werte vom Thron. Er wollte ein Umwerter sein, sein Publikum aber verstand ihn nicht, so wurde er unversehens zum Entwerter. Auf der rastlosen Suche nach einer Rettung aus dem Geist der Lüge machte er die verschiedensten Wandlungen mit. Sie alle entpuppten sich als Täuschung und Enttäuschung. Er griff die Gesellschaft an in all ihren Einrichtungen, glaubte im Sozialismus eine Lösung gefunden zu haben, verwarf ihn wieder, ergab sich der Magie und Naturwissenschaft, entdeckte das Urböse im Weib, bekämpfte die Frauen mit allen Mitteln, trieb einen Kult mit dem Ich und seinen Rechten, wandte sich einer mystischen Geistverehrung zu, versuchte es mit christlichen Idealen. Er verwandelte sich unablässig. Ein letztes Ziel aber fand er nie.

STRINDBERG wurde 1849 geboren. Die Mutter war Kellnerin. Seine Jugend beschreibt er in dem Buch »Sohn einer Magd«. Es war eine bedrückte und armselige Jugend, sie stand lange unter dem Einfluß pietistischer Regungen. Später studierte er in Upsala und wurde Lehrer. Auch mit der Schauspielkunst versuchte er es. Sein Ideal war die Gestalt des Räubers Moor (SCHILLER). Sein Leben blieb dem sehnsüchtig- suchenden Wesen entsprechend unruhig, bald lebte er im Ausland, bald in Schweden. Dreimal suchte er Glück in der Ehe und scheiterte jedesmal. Er starb 1912.

Das Werk dieses Dichters ist vielschichtig und zerklüftet. Er versuchte es mit allem, schrieb Dramen, Romane, Novellen, Abhandlungen religiöser und wissenschaftlicher Art. Er wollte wirken. Die Form war ihm gleichgültig. Im Grunde genommen ist alles Beichte, das rückhaltlose Bekenntnis eines Ungläubigen, der gern gläubig, eines Unglücklichen, der allzugern glücklich geworden wäre. Es war ihm nicht vergönnt. Jedem einzelnen seiner Werke in ihrer ganzen Vielzahl haftet etwas Unfertiges an. Es ist dem Dichter kein geschlossenes, in sich abgerundetes Kunstwerk gelungen. Es ging ihm auch gar nicht so sehr um Kunst, er wollte Wahrheit. Er wollte sie in wissenschaftlichem oder theologischem Sinne, nicht die innere Wahrheit der Kunst also, sondern die äußere der Wirklichkeit. Es hat gar nicht viel Sinn, seine einzelnen Werke nach Gattungen oder Stilarten zu sichten. Zu vielerlei hat er versucht. Achtung gebietend bleibt die Grundstimmung einer Persönlichkeit, eines Charakters, der zwar gespalten und vielschichtig, aber doch großartig war. Sein Gesamtwerk ist ein Fanal seiner Zeit, einer Zeit, die alles aufgab und sogar noch einen Gewinn darin sah, zu verlieren. So genügt es, auf einige bezeichnende Werke STRINDBERGS hinzuweisen.

Der Roman »Sohn einer Magd«, der die Jugendschicksale des Dichters zum Gegenstand hat, ist aufschlußreich für sein Wesen. Sein fanatischer Wahrheitseifer tritt in dem frühen dramatischen Versuch »Meister Olof« zu Tage. (Ein junger Priester tritt in Gegensatz zu Kirche und Staat.) Gewaltiges Aufsehen erregte der Roman »Rote Zimmer«. Es ist die Auseinandersetzung eines Wahrheitsliebenden mit der bürgerlichen Gesellschaft. Arvid Falk, der Held des Romans, rettet sich am Schluß aus der Lüge der Welt in die Abgeschlossenheit strenger Arbeit. So findet er zwar nicht Glück, aber Ruhe. Mit schonungsloser Härte wird die Zeit geschildert:

> »Er hatte Gelegenheit gehabt, den Menschen als Gesellschaftstier unter allen möglichen Formen zu studieren; er hatte den Reichstag besucht, Kirchenratssitzungen, Generalversammlungen, Zusammenkünfte für wohltätige Zwecke, polizeiliche Untersuchungen, Feste, Beerdigungen, Volksversammlungen; überall große Worte und viele Worte, Worte, die man im täglichen Leben nie gebraucht, eine besondere Art Worte, die keinen Gedanken ausdrücken, wenigstens den nicht, der ausgesprochen werden müßte. Er hatte hierdurch eine einseitige Auffassung vom Menschen bekommen und konnte in ihm nur das lügnerische Gesellschaftstier sehen.«

Die satirischen Novellen »Heiraten« geben ein lebendiges Bild von der naturwissenschaftlich-kritischen Lebensbetrachtung des Dichters. Das große Thema ist die Ehe. Schon ein paar Titel geben die Anschauung wieder: »Liebe und Brot«, »Naturhindernis«, »Reformversuch«, »Zweikampf«, »Der Familienversorger«.

Immer grimmiger wird der Hang des Dichters gegen die Frau. Viele Male schildert er den Kampf der Geschlechter. Immer ist der Mann der Unterlegene und Betrogene. Besonders augenscheinlich tritt dieser Gedanke in der Tragödie »Der Vater« hervor (ein selbständig denkender Rittmeister wird in der Auseinandersetzung um die Erziehung der Tochter zum Opfer seiner Frau). Die Komödie »Kameraden« ist eine Fortsetzung dieses Stoffes. »Fräulein Julie« schildert die Liebesbrunst einer Grafentochter, die sich in der Johannisnacht mit dem Diener einläßt, in der Ernüchterung des Tages aber sich selbst nicht mehr versteht und aus dem Leben geht. Die »Gläubiger« bieten ein besonders krasses Beispiel für STRINDBERGS Frauenhaß.

> »Ist das ein Atheist, dem noch der Weiberaberglaube im Blute steckt? Ein Freidenker das, der über Frauenzimmer nicht frei zu denken vermag? Weißt du, worin dieses Unfaßbare, Sphinxartige, die Tiefe deiner Frau besteht? Die bare Dummheit ist's! . . . Alles und alles nur die Röcke! Zieh ihr Hosen an, zeichne mit

Kohle einen Schnurrbart unter ihre Nase und höre ihr ernüchterten Sinnes zu, so wirst du dich überzeugen, wie ganz anders das klingt ! Ein Phonograph, der deine Worte – und die der anderen – etwas dünner wiedergibt!«

Noch in vielen anderen Dramen, Romanen und sonstigen Prosaschriften legte der Dichter Rechenschaft ab von seiner Welterfahrung. Das Buch »Inferno«, die »Legenden«, vor allem das berühmte »Blaubuch« und der Roman »Gotische Zimmer« zeigen ihn auf neuen Wegen. Nach der Magie wandte er sich mystisch-christlichen Gedankengängen zu (Swedenborg). Künstlerischer Niederschlag dieser inneren Wandlungen ist die Trilogie »Nach Damaskus«. Es ist ein gedankenschweres symbolisches Werk, das die wahren Geschicke des Menschen darstellen soll. Ein »Unbekannter« tritt zunächst in Begleitung seiner »Dame« den Lebensweg an. Dieser führt über einzelne Stationen (Straßenecke, Arzt, Hotelzimmer, Meer, Landstraße, Hohlweg, Küche, Rosenkammer) zum Asyl und wieder zurück. Alles wird zum sinnlosen Kreislauf. Der zweite Teil schildert die Auseinandersetzung mit Gott, der dritte den Weg in die Einsamkeit des Klosters. Das Drama »Rausch« kommt aus einer ähnlichen Grundstimmung. Diesseits und Jenseits sollen vereint werden. Die Jahresfestspiele und Märchenspiele (besonders bekannt das gestaltlos-phantastische »Traumspiel«) enthalten großartige Stellen und bewegende Szenen. Für deutsche Zuhörer haben die historischen Dramen, bekannt unter dem Titel »Deutsche Historien« (»Gustav Adolf«, »Luther«) eine gewisse Bedeutung. Sie zeigen, welch ein Künstler STRINDBERG hätte werden können. Auch über den späten Werken (»Kammerspiele«, »Spiele in Versen«) liegt bei aller Reife und Weisheit der Schatten künstlerischer Unvollkommenheit. Der Dichter fand nicht mehr heraus aus dem Irrgarten seines weltfeindlichen Denkens. Er liebte die Wahrheit, aber nicht das Leben. Noch in einem seiner letzten Werke, »Die Brandstätte«, heißt es:

Steinmetz:	»Ist es nicht schrecklich zu leben?«
Der Fremdling	(bedeckt seine Augen mit der Hand): »Ja – es – ist – über – alle – Beschreibung – schrecklich«.
Steinmetz:	»Ich will nicht länger leben!«
Fremdling:	»Müßt! (Pause) Müßt!«

Von den schwedischen Erzählern fand vor allem STRINDBERGS Zeitgenosse GUSTAV AF GEIJERSTAM (1858–1908) auch im Ausland viel Anerkennung. Seine Romane spielen meist im bäuerlichen Lebensbereich. Er ist ein Meister der stillen Töne, ein feiner Schilderer. Sein Werk ist durchwoben von dem Zauber der Landschaft und der Liebe zu den einfachen Dingen. Dabei geht der Dichter dem Gewaltigen keineswegs aus dem Weg. Das zeigt sein Bauernroman »Nils Tufvesson und seine Mutter«, dessen Vorwurf einer erotischen Liebesbeziehung zwischen Mutter und Sohn an mythische Stoffe gemahnt. Voll heiterer Gelassenheit und Weisheit ist der beliebte Roman »Komödie der Ehe«.

PER HALLSTRÖM (1866–1960) ist ein Stimmungskünstler ersten Ranges, er liebt das reine Spiel der Phantasie. Das geht auf Kosten der Gestaltung. In Schweden wird er noch gerne gelesen, im Ausland übt er kaum noch echte Wirkung aus. Ähnlich ist es mit WERNER AF HEIDENSTAM (1859–1940), einst sehr bekannt durch den symbolträchtigen Roman »Hans Alienus« und die Trilogie »Die Folkunger«. Er wählte vor allem geschichtliche Stoffe aus großer Vergangenheit. Den patriotischen Schweden bedeutet er viel.

Großmeisterin schwedischer Erzählungskunst aber ist ohne Zweifel SELMA LAGERLÖF (1858–1940). Sie besitzt eine ganz ursprüngliche, ungebrochene Gestaltungskraft, eine naive, ungehindert dahinströmende Erzählergabe. Bei ihr kommt alles aus dem Gefühl, aus der Überfülle eines reichen Herzens, nicht aus dem Verstand. Güte und Menschenliebe sind Grundton ihres Wesens. Damit gibt sie auch dem Unscheinbarsten Farbe, Helligkeit, Licht. Unerschöpflich ist ihre Phantasie. Zutiefst bleibt sie dem Märchen und der Sage verhaftet. Aus dieser heimlichen Quelle strömen ihr immer wieder die besten Einfälle zu. Ja ihr ganzes Werk hat etwas Märchenhaftes an sich. Das Übersinnliche ist selbstverständlich, das Wunder befremdet nicht. Da sind Zwerge und Riesen, Trolle und Kobolde, Engel und Teufel. In ihrer kindlich starken Erzählerfreude scheut sich die Dichterin nicht, sehr rührende, um nicht zu sagen platte und sentimentale Geschichten zu ersinnen. Oft genug streift sie die Grenzen zur Kolportage. Aber der innere Zauber ihres Wesens macht all diese Dinge liebenswert. Sie hat viele Menschen beglückt und reicher gemacht. Ihr Erstlingswerk, der Roman »Gösta Berlings Saga« hat sich in kurzer Zeit die halbe Welt erobert. Es ist eine Geschichte aus dem alten Schweden, verwegen, schön und etwas verworren wie der Held selbst, der abgesetzte Pfarrer Gösta Berling, der zusammen mit anderen Kavalieren alter Schule ein wildes Leben führt. Nach diesem ersten Erfolg schrieb die Dichterin mit nie erlahmender Schaffenskraft weiter, Sagen, Märchen, Romane, Novellen, Erzählungen. Die Zeit wird von selber sichten. Außerhalb Schwedens haben neben »Gösta Berling« vor allem die »Christus Legenden« viel Anklang gefunden, auch die Romane »Wunder des Antichrist«, »Der Kaiser von Portugalien«, »Herrenhofsaga« und nicht zuletzt die Löwenskjöld-Trilogie: »Der Ring des Generals«, »Charlotte Löwenskjölda, »Anna, das Mädchen aus Dalarne«. Die Herzen der Jugend und der meisten Erwachsenen dazu eroberte sich in aller Herren Länder ein Kinderbuch: »Die wunderbare Reise des kleinen Nils Holgerson«. In ihm ist das ganze Wesen der LAGERLÖF enthalten: Liebe, Güte, Phantasie, Weisheit und Kindlichkeit des Herzens. Dieses Werk wird vielleicht die meisten anderen überdauern. Es ist »nur« ein Jugendbuch und noch etwas mehr: Dichtung.

Seit der Wende zum 20. Jahrhundert hat Schweden nicht zuletzt unter den Erzählern eine ganze Reihe von Talenten aufzuweisen. Es sind meist gediegene Könner. Zahlreiche Werke sind mit gewissem Erfolg vor allem ins Deutsche übersetzt worden. Genannt werden muß PÄR LAGERKVIST (1891–1974), weil er es später zu Weltruhm brachte. Er erhielt 1951 für seinen Roman »Barabbas« den Nobelpreis. Das Werk ist die Lebensgeschichte jenes zum Tode verurteilten Wegelagerers, den die Juden von Pilatus frei forderten, um Jesus dem Tode zu überantworten. Es ist ein Werk voller Symbolgehalt, in einer einfachen, wuchtigen, dem großartigen Gegenstand angemessenen Sprache geschrieben. Eindrucksvoll beschrieben sind die Gewissenskämpfe und Wandlungen in der Seele des Barabbas, der auf dem Umweg über die Sklaverei nach Rom kommt und Seite an Seite mit Christen ans Kreuz geschlagen wird, obwohl er noch immer keiner der ihren ist. Am Schluß heißt es von ihm: »Als er den Tod nahen spürte, den Tod, vor dem er immer so große Angst gehabt hatte, sagte er in das Dunkel hinein, als spreche er zu ihm: ›Dir befehle ich meine Seele an‹. Und dann gab er den Geist auf.« Die zahlreichen Werke, die LAGERKVIST vorher geschrieben hat, sind für uns von geringerer Bedeutung.

Norwegen

Norwegische Überlieferungen haben entscheidenden Anteil an einer in Island entstandenen Sammlung altgermanischer Götter- und Heldensagen, Lieder und Prophezeiungen: der sogenannten Edda. Teilweise ist sie ältesten Ursprungs, vermag also eine Ahnung vom Wesen des mythischen Zeitalters zu vermitteln, teilweise ist sie aber auch Kunstdichtung, bereits unter dem Einfluß des Christentums entstanden, ist sogar nur eine lehrhafte Anweisung für die Sänger der damaligen Zeit, die sogenannten »Skalden«. (Näheres über diese in gewisser Beziehung einzigartige Sammlung ältester Dichtung siehe in dem in der gleichen Reihe erschienenen »Literaturführer: Deutsche Dichtung – Vom Nibelungenlied bis zur Weimarer Klassik«.)

Was man heute unter gültiger norwegischer Literatur versteht, hat eigentlich erst im 19. Jahrhundert begonnen. Die Zeiten zuvor haben höchstens für das Land selbst eine bestimmte Bedeutung. Lange genug schwamm Norwegen auch in geistigen Dingen, nicht zuletzt sprachlich ganz in dänischem Fahrwasser. Erst gegen die Mitte des 19. Jahrhunderts errang es eine gewisse Selbständigkeit. Dann allerdings stand es mit einem Male inmitten des großen Reigens der Weltliteratur. Ja, das kleine Land gab für kurze Zeit den Ton an und bestimmte den Takt.

Den Auftakt bildete der urtümlich gewaltige Björnstjerne Björnson. Mit dem Pathos des Sehers verkündete er:

»Dem Dichter ward Prophetenamt –
Zumal in Not und Gärungszeiten.
Wenn alle, die da leiden, streiten,
Sein Glaube stärkt, erhebt, entflammt.«

So sah er sein Dichteramt. Und so war er auch. In Wesen und Eigenart erinnert er an altgermanische Reckengestalten: Ungeschlacht, ungezähmt und heftig, aber erfüllt von einem heiligen Eifer. Und so sind auch seine Werke. Sie gleichen Findlingsblöcken, der Urzeit entstammend, unbehauen, formlos, ganz Natur. Der Dichter wurde 1832 in Kvikne als Sohn eines Pfarrers geboren. Zunächst studierte er in Christiania, dann begann er ein ziemlich wechselvolles Dasein als Zeitungsmann, Theaterdirektor, Politiker, Redner und Schriftsteller.

Sein vielseitiges Tun und Streben führte ihn auch auf ausgedehnte Reisen. So war er längere Zeit in Kopenhagen, Rom, Frankreich, Deutschland. Er schrieb Lyrik, Novellen, Romane und vor allem Dramen. Er starb 1910 in Paris.

BJÖRNSON war immer von Begeisterung für irgendein Anliegen erfüllt. Alles, was irgendwie die Geister bewegen konnte, griff er auf, ein unentwegter Streiter für echtes, sittlich unverfälschtes Menschentum, ein zorniger Eiferer, ein leidenschaftlicher Kämpfer. Oft schoß er weit übers Ziel hinaus, manchmal geriet er in ganz abseitige Gefilde. Immer aber blieb er der gleiche, von echtem Feuer beseelte aufrechte Mann. Er sah seine Aufgabe darin, die Mitmenschen aus Selbstzufriedenheit und Dumpfheit aufzustören. Auch in seinen dichterischen Werken ist der Ton des eifervollen Predigers unverkennbar. Immer ist da ein machtvoller Wille, unmittelbar zu wirken, Seelen zu verwandeln, Menschen zu belehren und zu verbessern. Darunter leidet die künstlerische Wirkung. So ist uns Außenstehenden die Lyrik BJÖRNSONS sehr ferne gerückt, ebenso ist es mit seinen Novellen und Romanen. Sie sind zu zeitgebunden, rühren uns heute nicht mehr an. Der Eheroman »Auf Gottes Wegen« wirkt altmodisch und überholt, auch die meisten der einst berühmten Bauern-Novellen. Immerhin wird der Aufmerksame unter den kleineren Prosastücken und Erzählungen manche Perle finden. BJÖRNSON schrieb das norwegische Vaterlandslied: »Ja, wir lieben dieses Land«.

Wichtig ist er als Dramatiker. Mit seinen Dramen hat er die europäische Theaterwelt beeinflußt. Freilich, auch hier kann er es nicht lassen, die Bühne zur Kanzel und zur Rednertribüne zu machen. Das gibt seinen Stücken etwas Unfertiges. Die Gestaltung war ihm nicht so wichtig wie der Wille, zu bekennen und aufzurütteln. Deshalb nahm er es nicht so genau mit den dramaturgischen Gesetzen, ließ vieles in einem gewissen Rohzustand liegen. Dabei besaß er einen Theaterinstinkt, verstand es vor allem, lebendige Menschen auf die Bühne zu stellen. Eigentlich hätten es alle seine Stücke nötig, noch einmal überarbeitet zu werden. So gut wie versunken sind trotz einzelner Schönheiten die geschichtlichen Dramen wie »König Sigurd«, »Hulda die Hinkende«, »Zwischen den Schlachten«, »Maria Stuart«. In seinen Zeitstücken jedoch steckt noch echtes Leben. Zündstoff bieten ihm meist ethische oder soziale Fragen. Vieles ist zwar überholt, manches aber noch immer lebensnah.

»Ein Fallissement« hat einst ungeheures Aufsehen erregt. Das Stück hat gute Figuren, die sich scharf gegeneinander abheben. Scheinbar absichtslos und gerade dadurch so wirkungsvoll offenbart sich von Szene zu Szene der tiefere Sinn des Stückes: Die verwerfliche Macht des Geldes, die auch Anständige zu Bösem zwingt. »Der König« wirft ein bedeutendes menschliches und politisches Problem auf. Es geht in dem Stück nicht um die Einrichtung des Königtums, sondern um die Frage der Staatsführung schlechthin. Die äußeren Formen können sich wandeln, die Frage selbst bleibt bestehen. Wie muß ein Führender beschaffen sein, wie sollen die Geführten sich verhalten? Wieder geht es um Lüge und falschen Schein. »Über die Kraft« gilt vielen als das bedeutendste Werk des Dichters. Als Schauspiel hat es ausgesprochene Schwächen in Aufbau und Handlung. Dafür besitzt es sowohl in der Sprache als auch in Einzelszenen Stellen von hinreißender Gewalt. Dichterisch ist es wohl BJÖRNSONS größte Leistung. Es ist durchpulst von der gewaltigen Kraft seiner Persönlichkeit. Das Werk hat zwei Teile. Held des ersten Teils ist der glaubensstarke Pfarrer Sang, der dank der Macht seines inbrünstigen Gebetes regelrecht Wunder vollbringt. Nur seine Frau zweifelt an ihm, deshalb kann er die Schwerkranke auch nicht heilen. Trotzdem versucht er es, er will den Himmel zwingen. Blitzartig kommt ihm dann unter tragischen Umständen die Einsicht: Es ging über seine Kraft, man kann die von Gott gesetzten Grenzen nicht überschreiten. Auch er stirbt. Der zweite Teil ist eine soziale Auseinandersetzung. Ziemlich pastorenhaft gibt sich BJÖRNSON in dem Schauspiel »Ein Handschuh«. Es geht um die Frage, ob ein unberührtes Mädchen von ihrem Verlobten verlangen kann, daß auch er keusch in die Ehe komme. Auch das Lustspiel »Geographie und Liebe« ist inzwischen reichlich verstaubt. Recht unterhaltsam ist das letzte Stück des Dichters »Wenn der junge Wein blüht«, ebenfalls ein Lustspiel. Mit urwüchsigem Humor wird die Frauenbefreiung und die Neigung älterer Herren zu jungen Mädchen verspottet. Vieles in BJÖRNSONS Werk ist uneben, ja ungestaltet. Zu oft überwiegen Rede und Predigt. In dem mächtigen Urgestein seiner Werke aber wird man oft genug echte Goldadern entdecken. Sie sind die Mühe des Lesens wert.

HENRIK IBSEN (1828–1906) war der große Gegenspieler BJÖRNSONS. Dessen Seelengrund war ein unablässig, manchmal hell loderndes Feuer, IBSENS Wesen hingegen glich einer fast außermenschlichen und unirdischen Eiseskälte. Björnsons Größe war immerwährende reine Begeisterung, Ibsens Gewalt kam von einem mitleidlosen, glasklaren, unerbittlichen Verstand. Es ist kein Zufall, daß er nur Dramatiker war. Diese Kunstgattung kam seinem Hang zur Analyse entgegen. Er war in erster Linie Denker. Das Dichterische in ihm war nicht so stark. Die Welt, die er zeichnete, ist heute fast nicht mehr vorhanden. Ibsen selbst hat mitgeholfen, diese Welt, die ganze damalige Gesellschaft in ihren Grundfesten zu erschüttern. Denn als Denker war er ein Zerstörer. In allen seinen Werken war es ihm darum zu tun, die Lebenslüge seiner Zeit zu entlarven, Illusionen aus der Welt zu schaffen, den schönen holden Schein als Trug zu brandmarken. Das ist ihm auch gelungen. Lösungen wollte er nicht geben, geschweige Erlösungen. Er wollte nur Fragen aufwerfen, in Frage stellen, Zweifel wecken. Wohl sah er als Fernziel den freien, selbstverantwortlichen Menschen. Zur Gestaltung dieses Anliegens aber ist er nie gekommen. Es blieb bei der Vernichtung der vorhandenen Scheinwerte. Seine Werke haben ungeheure Wirkungen erzielt. Er hat mit seinen Angriffen auf Denken und Moral des Bürgertums das ganze europäische Theater in seinen Problemstellungen und Inhalten entscheidend beeinflußt. Aber auch in der Theatertechnik wurde er tonangebend. Meisterhaft und beispielhaft beherrschte er die sogenannte Enthüllungstechnik. Sie besteht darin, daß während des Spiels die entscheidenden Dinge, die schon vor der Bühnenhandlung liegen, nach und nach offenbar werden.

Die frühen Werke Ibsens sind heute von künstlerischem und dramatischem Gesichtspunkt aus gesehen so gut wie ohne Belang. »Frau Inger auf Östrot« wurde ein erster großer Erfolg. Das Stück kommt noch aus einer recht romantischen Vorstellungswelt voll unvergorener, ja unklarer Gedanken. Auch die Handlung ist ziemlich verworren. Und doch ist es schon ein »echter Ibsen«. Eine einflußreiche Frau scheitert durch Unentschlossenheit und innere Verlogenheit. Ihre Halbheit, ihr ständiges Schwanken, ihr Spiel mit Lug und Trug stürzen all ihre Kinder ins Verderben. Schon hört man die bitteren Töne des Anklägers heraus. »Das Fest auf Solhaug« hingegen hat wohl ebensoviel romantisches Gepräge, der echte Hintersinn jedoch ist in dem Wirrwarr des Handlungsablaufes steckengeblieben. »Helden auf Helgeland« (bei uns als »Nordische Heerfahrt« bekannt) ist eine Tragödie aus der mythischen Zeit. Es ist eine Abwandlung der bekannten Sigurd- oder Siegfriedsage mit viel sinnbildhafter Bezüglichkeit. Auch hier scheitert der Held Sigurd daran, daß er sich wohl einer neuen Welt und lichten Zukunft verschwor, in sich selbst aber das Alte (verkörpert durch die dämonische Hjördis) noch nicht völlig überwand. »Die Komödie der Liebe« ist dramaturgisch nicht geglückt, ist aber beinahe aufdringlich von einer wesentlichen Frage IBSENS durchpulst: Wer setzt schon für die Wahrheit sein Letztes ein? Wer macht sich wirklich frei von sogenannten Idealen, die nur ein Vorwand für Egoismus und Feigheit sind? »Die Kronprätendenten« sind das erste der Dramen aus IBSENS großer Schaffenszeit. Es hat die Kennzeichen des Meisterwerks, ist klar im Aufbau, hat eine wesentliche folgerichtige Handlung, glänzend gezeichnete, stark gegeneinander abgehobene Charaktere, ergreifende und packende Szenen. Und es geht um eine unsterbliche Frage, die immer wieder die Menschen beschäftigen wird: Macht oder Berufung? Das Stück spielt im Norwegen des 13. Jahrhunderts. »Brand« ist die Tragödie eines Bedingungslosen, eines reinen Kämpfers, der keine Kompromisse kennt. Dieser Pfarrer Brand opfert Mutter, Weib, Kind, Gemeinde, alles, er geht in eisige Einsamkeit; von seinen unerbittlichen Gedanken opfert er keinen. Das Verhängnis kann nicht ausbleiben. Eine Lawine begräbt ihn. Das Stück ist prall gefüllt mit Gedanken und geistigen Auseinandersetzungen. Echte Dramatik besitzt es nicht. Auch der berühmte »Peer Gynt« ist kein Drama und erst recht kein Bühnenstück. Mit Recht nennt ihn IBSEN ein »dramatisches Gedicht«. Der Dichter wußte zu gut, daß die Bühne so viel Gedankenfracht, Sinnbilder und reine Innerlichkeit nicht vertragen kann. Die Handlung ist verschlungen wie ein Irrgarten. Jede einzelne Linie und Stufe bedeutet etwas Besonderes. Alles ist voll geheimer oder offener Bezüge, ist entfesseltes Spiel eines phantasiebegabten, grüblerischen Gehirns. Der Held Peer Gynt verkörpert beispielhaft den (norwegischen) Menschen des 19. Jahrhunderts, wird dabei aber unversehens zu einem Sinnbild für den Menschen schlechthin. Er kann nicht unterscheiden zwischen Schein und Wirklichkeit, Wollen und Können, Wahrheit und Lüge. So wird er selbst zum großen Lügner, der sich und andere täuscht, in die Welt zieht, Unmögliches tun will, Wahn und Schein anbetet, immer wieder zum Opfer der Wirklichkeit wird. Erst sehr spät findet er heim zu seiner Solveig (sie verkörpert den echten seelischen Adel). »Kaiser und Galiläer«, ein gewaltiges geschichtliches Gemälde in zwei Teilen (zu je 5 Akten), ist eine gewichtige philosophische Auseinandersetzung mit dem bedeutendsten Gedankengut der abendländischen Welt: Christentum und Hellenentum. Den Lesenden wird das Werk immer wieder ergreifen und erschüttern, auf der Bühne ist es kaum denkbar. Im Mittelpunkt steht der spätrömische Kaiser Julian Apostata, der erst als Christ am Hofe seines Onkels Konstantius aufwächst, sich dann den alten Weisheitslehren und mystischen Kulten zuwendet und zum Rebellen wird. Als Kaiser träumt er von Duldsamkeit, scheitert mit seinen Ideen, wird Christenverfolger. Gerade dadurch einigt er seine Gegner. Er fällt von der Hand seines Jugendfreundes.

Besonderen Widerhall beim ganzen europäischen Publikum, vor allem aber in Deutschland fanden IBSENS sozialkritische, naturalistische Dramen. Sie wurden die hohe Schule für viele spätere Dramen-Schreiber. Überall lösten sie eine Unzahl von Diskussionen aus, wurden Ausgangspunkt heftiger Auseinandersetzungen, Fehden, Anklagen. »Bund der Jugend« sagt uns heute kaum noch etwas. »Die Stützen der Gesellschaft« sind zwar in ihrem Gewand und den Personen etwas veraltet, dank ihres theatergerechten Aufbaus jedoch immer noch ein wirkungsvolles Bühnenstück. Wieder geht es um die alte Fragestellung: Schein und Sein. Wieder wird der Dichter zum Ankläger der bürgerlichen Lebensformen, entlarvt ihr lügenhaftes Getue. Mittelpunkt des Schauspiels ist der Konsul Bernick. Er ist die Stütze der verlogenen, nur Macht und Geld erstrebenden Gesellschaft, verstrickt sich immer tiefer in das Netz der eigenen Lügen, bis er an der Grenze zu großen Verbrechen steht. Da erwacht sein Gewissen, er kommt zur Einsicht, bekennt seine Schuld. »Freiheit und Wahrheit, das sind die Stützen der Gesellschaft.« »Nora« (oder »Ein Puppenheim«) behandelt ein Eheproblem: Soll die Frau nur ein netter Zeitvertreib, Puppe und Spielzeug für den Mann sein oder sein helfender Kamerad? Noras Ehe zerbricht, weil die Frau einmal aus Liebe zu ihrem Mann eine geschäftliche Verfehlung beging, die nun dem gleichen Manne Schande bringen könnte. Umso stärker und lebendiger ist »Gespenster«. Am Beispiel einer Familie, die immer mehr herunterkommt, wird der Verfall der bürgerlichen Gesellschaft gezeigt, ihre Scheinwelt und Heuchelei, ihre falschen Werte, die immer mehr zu Schatten und Gespenstern werden. »Ein Volksfeind« behandelt das Schicksal eines aufrechten Mannes, der sich vergeblich gegen die Machenschaften einer macht- und geldlüsternen Umwelt auflehnt. Er wird ihr Opfer, muß erkennen, daß »sämtliche geistigen Lebensquellen« vergiftet seien und die ganze bürgerliche Gesellschaft auf dem pestschwangeren Grunde der Lüge ruht«. »Die Wildente« wirkt wie ein letzter Notschrei. Aus dem Haß des Dichters ist Verbitterung und Verachtung, ja Verzweiflung geworden. Er glaubt nicht mehr daran, daß die Welt sich ändern lasse. Müde streckt er die Waffen, gibt sogar zu, daß die Menschen ihre Lebenslüge brauchen. Sie wollen sie. Die Wahrheit können sie nicht ertragen. So werden sie immer wieder zur Lüge zurückkehren. Mit diesem Stück beginnt des Dichters Neigung zu mystischem Doppelsinn und Symbolik wieder zu erstarken. Sie gibt den späteren Werken ihr Gepräge. Dadurch verlieren sie aber an Bühnenwirksamkeit. Es sind keine richtigen Dramen mehr, sondern Gedanken in dramatischer Form. »Rosmersholm« etwa und »Die Frau am Meer« wirken verworren. Selbst »Hedda Gabler«, die Tragödie eines bösen Weibes, dramaturgisch gut gebaut, steckt so voll bohrendem Tiefsinn und zweiflerisch-verzweifelten Fragen, daß die Bürde einfach zu schwer wird. Fast scheint es, als habe der Dichter gegen Ende seines Schaffens sich durch eine fast maßlose Übertreibung noch mehr Gehör verschaffen wollen. Phantastisch und bizarr sind »Baumeister Solneß« und »John Gabriel Brinkmann«. Erschütternd wirkt der mystisch-dunkle Epilog »Wenn wir Toten erwachen«. Noch einmal erscheint das falsche »Ideal« als lebensfeindliche Lüge.

Neben den Riesen Björnson und Ibsen haben von Zeitgenossen nur noch die beiden Erzähler Jonas Lie und Alexander Kielland eine gewisse Bedeutung. Dichterisch freilich erreichen sie bei weitem nicht den Rang der beiden Großen. Jonas Lie (1833–1908) ist der gemütvoll-realistische Schilderer des bürgerlichen Familienlebens. Er verfügt über eine natürliche, anmutige Erzählergabe, weiß flüssig zu schreiben, hat echte Gemüts- und Gedankentiefe. Sehr gerne gelesen wurden die Romane »Lebenslänglich verurteilt«, »Die Familie auf Gilje«, »Ein Malstrom«. Der Dichter hatte auch einen ausgeprägten Sinn für übernatürliche, jenseitige Mächte und Kräfte, selbst für das Dämonische. Zahlreiche Novellen, auch Märchen sind die Gabe dieser phantastischen Anlage. Alexander Kielland (1849–1906) stammt zwar aus den Kreisen des gehobenen Bürgertums, war aber in seinen Romanen ein ausgesprochener Kämpfer für die unteren Klassen. Er geißelte die Ausbeutung und Unterdrückung des kleinen Mannes durch Kirche,

Staat und Geldmächte. Er war witzig und geistreich, schwang meisterlich die Geißel echten Spottes, konnte bitter-ironische Wahrheiten sagen. Besonders bekannt wurden die Romane »Arbeiter«, »Schiffer Worse«, »Schnee« und »Jakob«.

Zur Zeit des Naturalismus erregte ARNE GARBORG (1851–1924) einiges Aufsehen. Seine frühen Romane (»Ein Freidenker«, »Bauernstudenten, »Mannleute«) sind Aufruhr gegen Bürger- und Muckertum. Später, vor allem in dem Roman »Bei Mama« erweist er sich als ein scharfer Beobachter und ausgezeichneter Schilderer.

Gegen Ende des 19. Jahrhunderts, noch im Zuge der naturalistischen Literaturbewegung, wurden die nordischen Staaten führend. Erzähler aus Skandinavien kamen regelrecht in Mode. Sie wurden viel in fremde Sprachen übersetzt und allenthalben gern gelesen. Das hat sich in gewissem Maße bis heute fortgesetzt. Natürlich konnte es nicht ausbleiben, daß vieles überschätzt wurde. Mittelmäßiges brachte es vorübergehend zu Ruhm oder wenigstens zu Ansehen. Andererseits läßt sich nicht leugnen, daß in diesen Nationen eine ursprüngliche Anlage für eine realistische und natürliche Darstellungskunst steckt.

Echten Weltrang unter den Norwegern besitzen KNUT HAMSUN und SIGRID UNDSET. Mit ihnen, neben ihnen, nach ihnen erstand eine ganze Gilde begabter Erzähler. Sie alle können gut schreiben. Ihre Romane sind gediegene, saubere Wertarbeit. manchmal ragen sie in die Bezirke des Dichterischen hinein. Dichter aber, die erschüttern oder in Atem halten, sind sie nicht. Ein Letztes fehlt ihnen. Sie verkörpern jenen gehobenen und wichtigen Durchschnitt, der der Nährboden alles Großen ist. Da ist etwa JOHANN BOJER (1872–1959) mit seinen prachtvollen Romanen »Der große Hunger«, »Der neue Tempel«. Echtes Schicksal gestaltet er in den »Lofotfischern«, »Auswanderern« und »Volk am Meer«. OLAV DUUN (1876–1939) brachte es mit seinem Roman von sechs Bauerngeschlechtern »Die Juwikinger« zu großem Ruhm; manche Beurteiler halten das Werk für die bedeutendste Familien-Saga der Jahrzehnte von 1920–1950.

Neben diesen stehen noch manche andere. Sie haben alle dieselbe herbe, natürliche, unverfälschte Art, die sich bis in die Unterhaltungsliteratur fortsetzt. Bauernromane aus dem Nordeuropa waren lange genug der Kernbestand vieler Leihbibliotheken, sind es z. T. noch heute. Man braucht nur an den Erfolg TRYGVE GULBRANNSENS (1894–1962) zu denken mit seinen Romanen »Erbe von Björndal«, »Heimkehr nach Björndal«, »Und ewig singen die Wälder«. Eine unglaubliche Auflagenziffer erlebte OLAV GULLVAGS Roman »Es begann in einer Mitsommernacht«. So hat Norwegen in den letzten siebzig Jahren einen beachtlichen Beitrag zur internationalen Romanliteratur fast aller Rangstufen geleistet. Alle Namen freilich überstrahlen die Sterne HAMSUN und UNDSET.

KNUT HAMSUN wurde 1859 geboren, wuchs als armer Junge in einem kleinen Fischerdorf auf, mußte auf alle möglichen Arten durch schwere körperliche Arbeit sein Brot verdienen, ging schließlich nach Amerika, war zeitweise Landarbeiter, Zugschaffner, Dockarbeiter, dann verdingte er sich auf einen Fischdampfer. Schließlich wurde er nach Paris verschlagen. Dort begann er zu schreiben. Er hatte Erfolg und kehrte nach Norwegen zurück, machte dazwischen immer wieder Reisen. In späteren Jahren zog er sich auf einen Bauernhof zurück. Er starb 1952.

Sein erster Roman hat den bezeichnenden Titel »Hunger«. In ihm fanden all die Not und Qual, der tägliche Kampf ums nackte Leben, den HAMSUN jahrelang hatte führen müssen, der Jammer des armen Mannes, die Härte und Grausamkeit der Welt ihren Niederschlag. Im Werk machte sich der Dichter frei von dem, was ihn auch seelisch so bedrängte. Dieser Roman bleibt bestehen als die Anklage all derer, die im Leben zu kurz gekommen sind. Schon mit seinen nächsten Romanen erwies sich HAMSUN als großer, überragender Erzähler, als eine Urbegabung höchsten Ranges. In allen seinen Werken spürt man es: Hier ist nichts erklügelt und erdacht, nichts angelernt und überlegt, hier wird einfach erzählt, als ob das Leben selber schriebe. Der Dichter braucht dem Geschehen nicht nachzulaufen, es kommt auf ihn zu. Seine Kunst gleicht einem Quell, der unablässig sprudelt. Wie die Urgewalt des Wassers entspringt sie der Erde, bald kraftvoll und gewaltig, bald sanft und unscheinbar. Und wie der lebenspendende Quell ist diese Kunst gesegnet von allen heimlichen Kräften der Erde. Die Natur ist der große, eigentlich sogar der einzige Erlebnisbereich des Dichters. Alles übrige bleibt ihm fremd und fern. Es ist falsch zu sagen, er habe eine besonders innige Beziehung zu ihr, eher muß es heißen: er *ist* Natur, ist eines ihrer Werkzeuge, ihr Mittel, sich verständlich zu machen. In seiner Kunst ergreift sie selbst das Wort, bald heilsam und beseligend, bald dämonisch und zerstörend. Das gibt den Werken des Dichters jene bestrickende Anziehungskraft, die immer wieder in Bann schlägt. HAMSUNS unvergeßlichste, hinreißendste Gestalten sind Naturmenschen, die eigenwillig ihr Leben leben. Oft genug stellt er sie anderen Daseinsbezirken gegenüber, der Zivilisation, der Technik, der Kultur, läßt sie Sieger oder Besiegte werden. Ebenso gut freilich können sie Opfer ihrer eigenen Anlage sein. In dem Roman »Mysterien« wird der Held Nilsen Nagel von den unheimlichen Kräften der Natur getrieben, er steckt andere mit seinem Wesen an oder stößt sie ab, betört und ist selber ein Tor. In »Pan«, der Geschichte des Leutnants Glahn, tritt die Liebe als eine übermächtige, unentrinnbare Naturgewalt auf, die den Helden schließlich zerschmettert. Ähnlich ist es in »Victoria«, wo ein Herren-Mädchen an seiner Liebe zu einem niedrig Geborenen zugrunde geht. Immer wieder sind die Menschen bei HAMSUN Getriebene. Ihnen allen haftet eine seltsame Unruhe an. Der Dichter hat sogar eine ausgesprochene Vorliebe für Gestalten, bei denen diese Unruhe besonders zum Ausdruck kommt, für Herumtreiber also, Nichtsnutze, Vagabunden, Heimatlose. Denen, die nie seßhaft werden können, gilt seine besondere Liebe. Außerdem den Käuzen, die immer ein wenig abseits stehen, sonderbare Ideen im Kopf haben und doch prachtvolle Burschen sind, immer echtes, knorriges Naturgewächs. Unvergeßlich etwa ist die großartige Figur des unentwegten »August Weltumsegler«, der nirgendwo Ruhe finden kann und doch überall zu Hause ist. Es ist in diesem Rahmen nicht möglich, alle Romane HAMSUNS zu behandeln. Man kann nur auf die wichtigsten verweisen. Einer seiner größten Erfolge war »Segen der Erde«, worin der Dichter noch in Öde und Einsamkeit alle Stimmen der Natur zum Klingen bringt. Schöne, gültige Werke sind »Unter Herbststürmen«, »Gedämpftes Saitenspiel«, »Die letzte Freude«, »Die Stadt Segelfoß«, »Die Weiber am Brunnen«, »Landstreicher«, »Der Ring schließt sich«. Eine Art Satire auf die Zivilisation und ihre Verbildungen ist »Das letzte Kapitel«. Die dramatischen Werke HAMSUNS (»An des Reiches Pforten«, »Spiel des Lebens«, »Abendrot«, »Munken Vendt«, »Vom Teufel geholt«) enthalten zwar ausgezeichnete Einzelstellen und herrliche Szenen, sind aber doch für die Bühne ohne größere Bedeutung geblieben. Gegen Ende seines Lebens schrieb HAMSUN, verfemt und verkannt, das Erinnerungsbuch »Auf überwachsenen Pfaden«, in dem er sein Leben und Tun rechtfertigt.

Sigrid Undset (1882–1949) begann mit ziemlich harmlosen und unbedeutenden Büchern. Mit einem Male aber gelang ihr ein großer und großartiger Wurf: die Trilogie »Kriseln Lavransdatter« (»Der Kranz«, »Die Frau«, »Das Kreuz«). In diesem Werk offenbart sich eine einmalige epische Kraft. Es hat Wucht und Fülle, ist urtümlich und gewaltig. Mit Recht verglichen es die Kritiker immer wieder mit den alten Sagas und der Edda. In dieser Geschichte einer Frau und ihres Geschlechtes (aus dem 14. Jahrhundert) werden alle ursprünglichen Gefühle, die dem Menschen eingeboren sind, mit unerbittlicher und unverfälschter Härte dargestellt. Da sind Liebe und Haß, Heirat, Geburt, Tod, Streit, Triumph und Untergang so unmittelbar gestaltet, daß man ganz von selbst an die alten Heldensagen erinnert wird. Ähnlich ist es in dem vierbändigen Romanwerk »Olav Audunsson«, auch in »Vigaljot und Vigdis«. In der Gegenwart freilich ist die Dichterin nicht so bewandert wie in der Vergangenheit. »Gymnadenia« z. B. oder »Der brennende Busch« sind schwächer. Eines fehlt ihren Werken, so großartig manche in Schilderung und Gestaltung auch sein mögen: die Helle, die Freude, das Heitere, mit einem Wort: das Licht. Allenthalben walten Düsternis und Dämmerung. Licht aber gehört zum Leben. Mit scheuer Bewunderung blickt der Leser zu dieser Dichterin auf, aber er schaudert auch ein wenig zurück vor ihrer alttestamentarischen Härte und Unerbittlichkeit. Man wird sie anerkennen und anstaunen, lieben werden sie nur wenige.

Finnland

Eine sogenannte Kunstdichtung gibt es in Finnland erst seit wenig mehr als einem Jahrhundert. Was vorher von Einzelnen gedichtet wurde (etwa in der Reformationszeit mit ihren religiösen Liedern), mußte in den Sprachen der »Gebildeten« niedergeschrieben werden, und das waren Latein und Schwedisch. Umso stärker war die Überlieferung der Volksdichtung in Liedern und Lied-Gruppen. Diese altfinnischen Lieder (»Runen«) trug der Laulaja überall dort vor, wo es sich gerade traf. Verschiedene Bestrebungen, diese Überlieferungen zu sammeln, führten zu einem endgültigen Erfolg, als Elias Lönnrot (1802–1884), ein Dichter-Arzt, der zuvor nur lateinisch geschrieben hatte, seine Sammlertätigkeit krönte mit der geordneten Herausgabe der »*Kalewala* oder Kareliens alte Runen aus den Urzeiten des finnischen Volkes« (1831 waren es 32, in der Ausgabe von 1849 fünfzig »Runen«). Die Wirkung war ungeheuer. Einerseits wurde nun mit verstärktem Eifer weiter gesammelt, andrerseits war den Dichtern der nunmehr literaturfähig gewordenen finnischen Sprache Richtung und Ziel gewiesen.

In dem ausgedehnten Lande mit seinen tausend Seen und ungeheuren Wäldern, mit seinen verstreuten Siedlungen und weit voneinander entfernten Höfen war bis ins 20. Jahrhundert hinein das lebendig, was der »aufgeklärte« Mensch von heute Aberglauben nennt: das Mythische und das Magische. Das Unerklärliche faßte man in Sinnbilder oder suchte es durch Zauberkräfte begreiflich zu machen. War im größten Teil Europas der Mythos längst durch Lehr-Religionen und die Zauberkraft durch Verstandes-Wissenschaft ersetzt, so lebte man in Finnland immer noch im Mythos, im Zauber. Und dieses selbstverständliche Leben im Mythos wurde durch die »Kalewala«-Sammlung sowohl bewußter als auch vertiefter. Man sah, daß die Sagen und Geschichten, die man sich überall erzählte, tief verwurzelt waren in einer heiliggehaltenen Vergangenheit, in einer Volksverbundenheit, über die man sich bisher nicht allzu viele Gedanken gemacht hatte, die man nun aber in Ehrfurcht und Begeisterung erlebte. Finnlands Dichtung stand von da an unter dem Eindruck der Kalewala – daher die einzigartige Wirkung, die von den großen finnischen Dichtern ausgeht.

Noch auf ein anderes muß hier verwiesen werden. Die finnische Sprache ist außerordentlich klangvoll, weil ihre Wörter aus vielen Selbstlautern bestehen. Wo zwei verschiedene Selbstlauter nebeneinander stehen (z. B. au), wird zudem noch jeder Laut einzeln gesprochen, also nicht wie bei uns zu einem neuen Laut verschmolzen. Es kommt ferner hinzu die sogenannte Selbstlauter-Harmonie; diese beruht in folgendem: besteht die erste Wurzel Silbe aus einem tiefen Selbstlauter (etwa u oder o), so müssen auch alle nachfolgenden Silben tiefe Selbstlauter enthalten; enthalt sie einen hohen Selbstlauter (etwa ä oder ö), so müssen in den folgenden Silben wiederum hohe enthalten sein. Die Betonung liegt stets auf der ersten Silbe. Wer sich nur ein paar Mal das Finnische hat vorsprechen lassen, wird wissen, daß es eine Sprache von besonderer musikalisch-dichterischer Art ist.

Die Kalewala entspricht in der finnischen Literatur etwa unserem Nibelungenlied. Sie besteht aus mehr als zweiundzwanzigtausend Zeilen mit je vier Hebungen, die von Stabreimen durchsetzt sind. In der Übertragung von Günther Thaer beginnt das National-Epos:

»Im Gemüt trag ich Verlangen,
Regt ein Sehnen sich und Sinnen,
Väterlied nun anzufangen
Sang und Sage zu beginnen.«

Die verschiedenen erzählenden und stimmungsmäßigen Bestandteile werden zumeist nicht in scharf voneinander sich abhebende Abschnitte eingeteilt, sondern fließen oft weich ineinander über. Künstlerische Eigentümlichkeit ist – wie bei vielen derartigen Sagenliedern –die Verkettung: Ein kleiner Abschnitt oder gar nur eine Zeile greift gern auf das im vorigen Abschnitt oder in einer vorangehenden Zeile Gesagte zurück, wiederholt, macht deutlicher. So wird in der zweiten Zeile des zitierten Beginns und in der vierten mit anderen Worten noch einmal gesagt, was in der ersten bzw. dritten bereits ausgesprochen war. Inhalt der Kalewala ist etwa der: Der Gott Wäinämöinen kann durch seinen Gesang alles verzaubern. Hier bereits das Magische; das Wort vermag alles. Der Schmied Ilmarinen geht mit Wäinämöien nach Pohjola und gewinnt die Jungfrau des Nordens. Dafür muß er ihrem Volke aber eine Zaubermühle herstellen, den Sampo, der stets Glück bringt. Als die Jungfrau des Nordens gestorben ist, ziehen Wäinämöien und Ilmarinen abermals nach Norden, um den Sampo in ihr Land zu schaffen. Auf der Heimfahrt werden sie von der Königin des Nordlandes, die sich in einen Adler verwandelt hat, eingeholt, und beim Kampf um den Sampo fällt dieser ins Meer. Wäinämöien kann nur ein paar Teile der Zaubermühle für sich retten. Dieses Hin und Her zwischen Süd und Nord spiegelt in sagenhafter Form den Kampf der Finnen gegen die Lappen. Das dichterisch Schönste findet sich in den eingesprengten Einzelgesängen von dem mutigen Lemminkäinen, von der schönen Aino, besonders aber von Kullervo, dem erobernden Helden, der nach vollbrachten Taten heimkehrt und genau an der Stelle stirbt, wo er sich einst unerlaubt, wenn auch ahnungslos, seiner eigenen Schwester genaht.

Das ganze 19. Jahrhundert hindurch steht die finnische Literatur unter dem Zeichen der Kalewala. Ganz deutlich bei dem größten finnischen Dichter ALEKSIS KIVI (1834–1872). Er formte die Kullervo-Sage zu einem Drama um, versuchte sich dann an biblischen Stoffen, kehrte zur Volksdichtung zurück und schuf in den »Sieben Brüdern« (1870) einen großartigen Roman des finnischen Volks-Charakters. Jeder dieser sieben Brüder stellt nämlich eine Seite der finnischen Art dar: die unbekümmerte Fröhlichkeit, die Abenteuerlust, die Derbheit, das Lauschen nach innen und so fort. Das Leben der sieben Brüder wird nun im einzelnen verfolgt, die Irrwege werden unbekümmert naturhaft aufgezeigt, aber auch die Entwicklung zu pflichtbewußten erwachsenen Menschen. Bewundernswert der Ausdruck, in dem überlieferte Sagensprache, volkstümliche Wendungen und bibelhafte Gleichnisse zu einem Ganzen verschmelzen. Auch auf die Entwicklung des Theaters hat KIVI eingewirkt: drei Jahre nach der Aufführung seiner »Lea« wurde 1872 durch KARLE BERGBOOM das spätere finnische Nationaltheater gegründet; mit seiner Tragödie »Paola Moroni« wurde die finnische Sprache endgültig bühnenfähig. Bekanntester Lyriker jener Zeit war AUGUST ENGEBREKT AHLQUIST (1826–1899), dessen Ballade »Des Fährmanns Bräute« (eine Art Undinen-Stoff) durch die Vertonung von SIBELIUS weltberühmt wurde.

Viele Romane und Bühnenwerke der folgenden Zeit nahmen dann, ohne das Volkstümliche preiszugeben, allmählich auch soziale und schließlich politisch-nationale Themen auf. Da ist JUHANI AHO mit der »Pfarrfrau«, JOHANNES LINNANKOSKI mit der »Glutroten Blume«, die

1871 geborene MAILA TALVIO mit den ebenso phantasievollen wie realistischen, hervorragend durchgezeichneten Romanen »Das Ende von Pimeäpirtti«, »Die Kraniche«, »Die Glocke« und »Die Tochter der Ostsee«.

Auch im 20. Jahrhundert ist die durch die Kalewala vorgezeichnete Entwicklung nicht abgerissen. Das beweisen u. a. die Balladen von EINO LEINO (1878–1926), die blühenden Heimatdichtungen von VEIKKO A. KOSKENNIEMI (1885–1962, ebenfalls durch KILPINENS Vertonungen weltbekannt geworden), weiter LAURI HAARLA, der in seinem Drama »Sohn der Liebe« auch stofflich auf die Kalewala zurückgreift, dann der mystische Naturlyriker FRANZ EEMIL SILLANPÄÄ (1888–1964) mit Romanen, aus denen ganz unaufdringlich das Bild des bäuerlichen Finnen erwächst, die aber auch behutsam ins Allgemein-Menschliche vordringen; u. a. »Das fromme Elend«, »Silja, die Magd«, »Sonne des Lebens«. Von den zahlreichen Frauen, die Finnlands Dichtungen bereichert haben, nennen wir wenigstens eine der jüngeren, nämlich ANNI NUOLIWAARA mit dem Roman »Kleine standhafte Katri«; die Titelheldin ist ein ins Weibliche übersetzter Isac aus HAMSUNS »Segen der Erde«.

EIN ANDERER KLANG

Russland

Über der älteren russischen Dichtung waltet ein Unstern. Die sogenannte Kiewer Literatur (in unserem Hochmittelalter) beschäftigte sich vor allem mit Übersetzungen der Heiligen Schrift und schuf dadurch die Grundlagen für eine langsam entstehende Eigendichtung. Bekanntestes Zeugnis solchen Eigenschaffens ist das kurz vor 1200 entstandene *Igor-Lied,* ein höfisches Epos um den Fürsten Igor, der gegen die Polowetzer kämpfte, von ihnen gefangengenommen wurde und unter abenteuerlichen Umständen seine Heimat wieder erreichte. Borodins Oper »Fürst Igor« beschäftigt sich mit dem gleichen Stoff. Gerühmt als eigenständige Arbeit wird aus dem gleichen Zeitraum noch die *Nestor-Chronik* eines Höhlenklosters in Kiew. Wichtiger noch sind die *Bylinen,* Spielmannslieder von ganz volkstümlicher Prägung und jener eigentümlich schwebenden Gefühlsstimmung getragen, die man bei uns so gern als »echt russisch« bezeichnet. Diese Bylinen haben sich an manchen Stellen bis ins 20. Jahrhundert erhalten. Alle übrigen Ansätze zu russischer Eigendichtung wurden dagegen zerschlagen, als 1223 die Tataren eindrangen und ihre Herrschaft errichteten. Wohl schrieb man in den Klöstern heimlich ältere Werke ab und übersetzte fleißig weiter; doch die selbständige Leistung ging über Reisebeschreibungen, Heiligengeschichten und dergleichen in den nächsten Jahrhunderten kaum hinaus. Als eine Art Anfang der Kunstdichtung werden allenfalls die lyrischen Ergüsse und kleinen Schauspiele von Simeon Polocki angesehen (1629–1680).

Revolution von oben

Aus diesem Hindämmern wurde die russische Literatur mit einem Schlage geweckt zur Regierungszeit Peters des Grossen (1682–1725). Um Rußland stark und groß zu machen führte er Reformen ein, die im wesentlichen westeuropäische Züge trugen. Er selbst war ja mehrfach im Ausland gewesen und wußte, was dort für das damalige Rußland zu lernen war. Aber die gewaltige Umformung Rußlands konnte nur gelingen, wenn die mehr als konservative Bevölkerung wenigstens in groben Umrissen verstand, um was es ging. Und so eröffnete Peter einen großangelegten Propagandafeldzug, wie wir heute sagen würden. Redner wurden aus geschickt (der berühmteste von ihnen war der Erzbischof PROPOKOWITSCH), Bücher über alle möglichen Fachgebiete wurden gedruckt, Anfang des 18. Jahrhunderts erschien die erste russische Zeitung, die gemächliche Beschäftigung mit Heiligengeschichten hörte auf, alles wurde in den Dienst der politischen und wirtschaftlichen Reformabsichten des großen Zaren gestellt. Wirkliche Dichtung vermochte dabei zwar nicht zu gedeihen, doch diese geistige und technische Auflockerung schuf die Vorbedingung für das Werden einer Literatur, die größeren Volksschichten nähergebracht werden konnte.

Das 18. Jahrhundert sieht dann tatsächlich eine stattliche Reihe von Männern, die für das Zustandekommen der russischen Literatur besondere Bedeutung haben. Auch sie blieben allerdings Vorläufer und werden von uns lediglich als solche gewertet. Nur einiges dieser Zeit sei kurz erwähnt. Vorbild für alles Dichten war der französische Klassizismus (erinnern wir uns: es ist die Zeit KLOPSTOCKS, LESSINGS, SCHILLERS, GOETHES und anderer). Wichtig aus der Jahrhundertmitte sind MICHAEL LOMONOSSOW und WASSILIJ TREDJAKOWSKIJ, weil sie durch ihre Arbeiten entscheidenden Einfluß auf die neuere russische Literatursprache und Literaturformen ausgeübt haben. LOMONOSSOW verlangte nämlich, die kirchenslawischen Bestandteile der damaligen Sprache sollten nur mehr für ganz feierliche Dichtungen, die Volkssprache dagegen für »realistische Ausdrucksweise« (Lied, Komödie) verwendet werden. LOMONOSSOW und TREDJAKOWSKIJ haben außerdem ganze Lehren der Dichtkunst aufgestellt. Wirkten diese beiden vorwiegend als Theoretiker, so versuchte sich ALEXANDER SUMAROKOW (1718–1777) mehr praktisch auf allen Gebieten, und zwar mit einer möglichst natürlichen Sprache (im Gegensatz zu LOMONOSSOWS hochgeschraubtem Pathos); er wird mit seinen Vers-Tragödien französischen Stils als Schöpfer des neueren russischen Dramas gerühmt. Stärker in die Zukunft wies aber DENIS FONWISIN (1745–1792) mit zwei heute noch bekannten Lustspielen. Seine Sprache ist noch volksnäher, und in seinen Lustspielen erscheint schon die für die ganze spätere Zeit so charakteristische Gesellschaftskritik: im »Landjunker« geht es gegen Dummstolz und Ungeschliffenheit der großen Gutsbesitzer (hier schon manches von der im 19. Jahrhundert beliebten grotesken Übertreibung), im »Brigadier« geißelt FONWISIN das vornehme Getue und die tatsächliche Unwissenheit des hohen Beamtenstandes.

Als Vermittler zwischen diesem Zeitalter der Vorbereitung und dem ersten Abschnitt wirklich großer russischer Dichtung können einige tüchtige Männer gelten, von denen man in Deutschland allenfalls noch die Namen kennt. IWAN KRYLOW (1768–1844) war ein hervorragender Fabeldichter, der zwei Jahre ältere NICOLAI KARAMSIN gab eine Zeitschrift heraus unter dem bezeichnenden, weil nach Westen gerichteten Titel »Der europäische Bote«, und WASSILIJ SCHUKOWSKIJ gewann einen mächtigen Einfluß auf die russische Literatur durch seine Übersetzungen alt-klassischer, barock-spanischer, englischer und deutscher Dichtungen. Neben SCHUKOWSKIJ stehen als Vermittler der europäischen Dichtung noch einige andere. Wie weit dieser Einfluß geht, zeigt das Beispiel von ALEXANDER GRIBOJEDOW (1795–1829). In seinem immer noch gespielten und wahrlich spielenswerten Lustspiel »Verstand schafft Leiden« (einem der großen Meisterwerke der Gattung) kommt ein Russe von längeren Auslandsreisen in die Heimat zurück, glaubt alles reformieren zu können, scheitert aber an der geistigen, moralischen und körperlichen Trägheit, wird für irrsinnig erklärt und kann sich nur durch die Flucht retten. GRIBOJEDOW verspottet zwar die Ausländerei der höheren Klassen, doch schreibt er seine Komödie nach französischen Regeln und läßt seinen Helden im Ausland seine Anregungen holen!

Klingende Sprache

Mögen all die genannten Männer (und es ist wahrlich nur eine verschwindend kleine Auswahl) ihre Bedeutung gehabt haben – auch der geschulte europäische Leser wird ihre Namen nur mit einiger Mühe aus seinem Gedächtnis hervorholen können. Im 19. Jahrhundert dagegen erstanden dem russischen Volke eine ganze Reihe von Dichtern, deren Werke künstlerisch so hoch stehen, daß sie nicht allein der großen russischen, sondern der Weltliteratur zuzurechnen sind.

Da ist zunächst ALEXANDER PUSCHKIN (1799–1837). Schon auf der Hochschule Zarskoje Selo wurde man auf die Gedichte des Knaben aufmerksam. 1820 wurde er nach Südrußland verbannt wegen allzu freiheitlicher Gesinnung, vier Jahre später erhielt er zwei Jahre Hausarrest auf dem elterlichen Gut wegen atheistischen Denkens. In diesen Jahren hatte sich PUSCHKIN voll gesogen mit den alten russischen Volksdichtungen, zugleich aber auch mit den Werken der bedeutenden Ausländer, insbesondere SHAKESPEARES und BYRONS. Er starb einer Frau wegen im Duell – machte also den Schluß seines »Eugen Onegin« selbst wahr. Erstaunlich, was PUSCHKIN – von seinen Frühwerken darf hier abgesehen werden – in wenig mehr als anderthalb Jahrzehnten geschaffen hat. Was er anrührte in der Lyrik, in der epischen Dichtung, in der Dramatik, in Prosa oder gebundenem Stil – alles wurde unter seinen Händen zu Dichtergold. Sein erstes größeres Werk ist die rund 3000 Zeilen umfassende Vers-Erzählung »Ruslan und Ludmilla« (1820). Sie berichtet vom Raub Ludmillas an ihrem Hochzeitsabend und der abenteuerlichen Wiedergewinnung durch ihren Gatten Ruslan. Der Erfolg dieser Erzählung ist vor allem darauf zurückzuführen, daß PUSCHKIN aus der russischen Umgangssprache (nur ganz wenige Bestandteile wurden dem Altslawischen und dem Französischen entnommen) ein geradezu musikalisch tönendes Werkzeug zu machen wußte und seine romantische Geschichte mit anmutiger Heiterkeit vortrug. (GLINKA hat das Werk zwei Jahrzehnte später als Oper vertont.) Bedeutender freilich ist der Vers-Roman »Eugen Onegin« (beendet 1831), geplant als selbständige Nachbildung von BYRONS »Harold«, vollendet als Werk, in dem zum ersten Male bewiesen wurde, daß die russische Sprache die gleiche Melodienschönheit und rhythmische Kraft haben kann wie nur irgendeine der anderen europäischen Sprachen. Mit dem Titelhelden tritt in die russische Literatur der »überflüssige Mensch« ein, der nicht ungute, ganz gescheite, aber höchst gelangweilte, untätige Mann. Onegin kommt aus der Großstadt aufs Land, weil er schein romantisch die Einsamkeit zu suchen glaubt, trifft eine unverbildete Gutsbesitzerstochter Tatjana, die sich in ihn verliebt, weist ihre Liebe mit wohlgesetzten Worten ab. Nach Jahren begegnet er ihr wieder auf einem glänzenden Fest. Sie ist verheiratet an einen Fürsten:

»Onegins Augen aber hingen
Nur an Tatjana, wie gebannt,
Nicht jenem einstmals so geringen

Verliebten scheuen Kind vom Land,
Das er so kalt zurückgestoßen –
Nein, an der Fürstin, an der großen,
Vollkommnen Frau, dem nun so fern
Entrückten strahlend hellen Stern
Der schönen, Kaiser stolzen Newa ...«

Er nähert sich ihr, erklärt ihr seine Liebe, wird immer noch geliebt – aber Tatjana will ihrem Gatten treu bleiben. Diese Tatjana ist eine der schönsten, innerlichsten Frauengestalten der russischen Dichtung, die – PUSCHKIN macht das wundervoll deutlich – förmlich der sie umgebenden Natur entblüht. Also denkbar stärkster Gegensatz zu dem großstädtischen, müden Onegin, dessen sinnloses Dasein sich in jener Episode besonders äußert, in der er in einem nicht ernst genommenen Duell seinen Freund, den jugendlichen Dichter Lensky, zufällig erschießt. Man erinnert sich: TSCHAIKOWSKY hat den »Onegin«-Stoff für eine Oper verwendet. Überhaupt zeigt nichts deutlicher, auf welche Höhe PUSCHKIN die russische Dichtersprache gehoben hat, als die Tatsache, daß seine Werke viele Komponisten zur Vertonung gelockt haben: GLINKA (»Ruslan und Ludmilla«), Tschaikowsky (»Eugen Onegin«, »Pique Dame«), Mussorgsky (»Boris Godunow«), Dargomyschsky (»Rusalka«), Rimskij-Korssakow (»Märchen vom Zaren Saltan«, »Mozart und Salieri«). Drittes Großwerk Puschkins – verbreiteter Meinung nach sein bestes – ist »Die Hauptmannstochter« (1836). Das Vorbild BYRONS scheint vergessen; denn dieses Werk ist ein historischer Roman, vielfach bereits ausgesprochen realistisch in Szenenaufbau und Stil:

»Einige Räuber hatten Wasilisa Jegorowna aus dem Hause gezerrt; sie war ganz nackt mit zerzaustem Haar. Einer von den Kerlen hatte bereits ihre warme Jacke angezogen; andere schleppten Federbetten, Kisten, Teegeschirr, Wäsche und sonstigen Hausrat fort ...
»Stopft der alten Hexe das Maul!«, sagte Pugatschow. Ein junger Kosak schlug ihr den Säbel über den Kopf. Sie fiel tot auf die Stufen nieder. Pugatschow ritt davon, das Volk rannte ihm nach.«

PUGATSCHOW ist eine historische Persönlichkeit, bekanntgeworden durch seinen blutigen, vergeblichen Aufstand im Jahre 1722. Auch unter PUSCHKINS Bühnenwerken findet sich ein Meisterdrama der Weltliteratur, der »Boris Godunow« (1825), die dramatisierte Gestaltung des Kampfes zwischen Zar Boris und dem falschen Demetrius, dem angeblichen Sohn Iwans des Schrecklichen. Offenbar hat PUSCHKIN hier von SHAKESPEARE gelernt (»Macbeth«. »Richard III.«). Dicht gedrängt das Geschehen, meisterhaft die Sprache (je nach Erfordernis in Blankversen oder Prosa). Schließlich seien PUSCHKINS Gedichte nicht vergessen. Sie fangen das urtümlich Russische ganz unmittelbar ein, sind dabei formal oft überaus kunstvoll, fliegen musikalisch dahin, sodaß PUSCHKIN auch auf Grund seiner Lyrik stolz ausrufen konnte:

»Ein Denkmal hab ich mir in meinem Volk gegründet,
Nicht Menschenhand erschuf's, kein Gras bewächst den Pfad,
Und stolzer ragt es auf als jenes, das uns kündet
Von Alexanders Ruhmestat.«

Dieses un vermutet schnelle Aufblühen der russischen Sprache zu schwebender Musik findet sich nicht nur bei PUSCHKIN. Der mit diesem Dichter befreundete MICHAEL LERMONTOW (1814–1841) schrieb ganz gewiß nicht minder musikalische Gedichte:

»Einsam tret ich in die Wegesöde,
Neblig glänzt der Kieselpfad von fern,
Still die Nacht, das All lauscht Gottes Rede,
Und der Stern spricht leise mit dem Stern ...«

Dabei bleiben selbst die besten Übersetzungen (FIEDLER, RILKE) weit hinter dem Wohllaut des Originals zurück. Auch LERMONTOW geht in seinen Vers-Erzählungen auf BYRON zurück in Sprache und Stimmung. Die Haltung des Einsamen, Stolzen, zuweilen sogar Überheblichen gegenüber dem allgemeinen Menschengetriebe bricht immer wieder durch. Berühmt das Vers-Epos »Der Dämon« (1841). Näher steht dem heutigen Leser freilich der Meisterroman »Ein Held unserer Zeit«. Er spielt – wie viele Dichtungen LERMONTOWS – im Kaukasus, wohin der Dichter mehrfach verbannt worden war. Die Form scheint locker (streng genommen sind es fünf Erzählungen), doch durch die ungewöhnliche Kraft, mit der LERMONTOW seelische Vorgänge deutlich macht, wird das Werk mächtig zusammengehalten. Hauptheld ist

Petschorin, in seiner Art dem Onegin von PUSCHKIN verwandt, doch geistvoller, überlegener, »romantischer«, wenn auch genau so »überflüssig« wie jener. Bezeichnend, daß die Salonlöwen der Petersburger Gesellschaft jahrelang sich wie Petschorins gaben. Seltsame Übereinstimmungen: Petschorin tötet wie Onegin einen Gegner im Duell, LERMONTOW fiel wie Puschkin im Zweikampf.

Die Sozialkritik beginnt

Ist bei PUSCHKIN und LERMONTOW im allgemeinen die gehobene Gesellschaftsschicht Schauplatz der Vorgänge, so siedelt NICOLAI GOGOL (1809–1852) seine Gestalten und Vorgänge auf breiterem Boden an, verbindet allgemeine Sozialkritik mit Nationalstolz, ist Romantiker, Realist, mystischer Schwärmer und hat schließlich Anfälle religiösen Wahnsinns. Seine Prosa, auf scharfe Beobachtung gegründet und aufgebaut auf die Umgangssprache einfacher Leute, dabei durchsetzt von romantischem Schweifen und getränkt von einem köstlichen, oft übertreibenden Humor, hat auf viele spätere Erzähler Rußlands gewirkt. Ja, sie warf manchen Strahl bereits auf Prosaschreiber des Auslandes, wie umgekehrt GOGOL mancherlei vom Ausland gelernt hat. Das tritt besonders in seinen Petersburger Novellen hervor. Auffallend im »Bildnis« (1835). Ein Wucherer hat sich vor seinem Tode malen lassen. Dieses Bild richtet später einen jungen Menschen zugrunde. Wahrscheinlich ist diese Geschichte durch E. T. A. HOFFMANNS phantastische Erzählungen angeregt. In die gleiche Gattung, nunmehr aber der Volkssage entnommen, gehört »Der Wij«, dessen Grausigkeit so seltsam mit Humor durchwoben ist. Aus dieser Erzählung ein Beispiel für GOGOLS anschaulichen Stil:

> »Da sprang plötzlich der eiserne Sargdeckel auf. Die Tote richtete sich empor, noch schrecklicher anzusehen als zuvor. Ihre Zähne schlugen aufeinander, krampfhaft verzerrten sich die Lippen und stießen heulend Verwünschungen aus. Ein Sturm durchsauste das Gotteshaus. die Heiligenbilder stürzten herunter, Fensterscheiben zerbrachen klirrend auf dem steinernen Boden. Die Tür wurde aus den Angeln geschleudert, und eine Unmenge gräßlicher Ungeheuer raste in die Kirche ...«

Eine andere Erzählung, nämlich der 1842 erschienene »Mantel« wurde Richtung weisend für manchen Nachfolger GOGOLS, vor allem für DOSTOJEWSKIJ, weil in ihr zum ersten Mal der harmlose kleine Beamte mit all den Nöten seines winzigen Daseins umweltgetreu und psychologisch genau dargestellt wird. Der Inhalt selbst ist unscheinbar, der Sinn bedeutsam. Der arme Akakiewitsch setzt alles daran, sich unter größten Opfern einen neuen Mantel anzuschaffen. Als er das Kleidungsstück anzieht, fühlt er sich als gehobener Mensch. Doch am ersten Abend wird ihm der Mantel gestohlen. Das vermag er nicht zu überwinden. Eine ins innerste Herz zielende Geschichte, doch gemildert wiederum durch GOGOLS Humor. Immer wieder diese Mischung von Grausamkeit und Humor, so auch in GOGOLS bester Novelle »Taras Bulba« (1834), vor einem scheinhistorischen Hintergrund aufgebaut. Kosaken im Kampf gegen Polen – aber sie würden auch gegen alles andere kämpfen unter ihrem Anführer Taras Bulba, würden kämpfen und morden, schwermütig singen und wild durch die Steppe reiten. Gewiß nicht um Rußlands willen, wie GOGOL uns glauben machen will, sondern einfach aus der überschäumenden Kraft ihres unverfälschten Daseins. Noch genauer: aus der unerschöpflichen Fabulierlust ihres Dichters GOGOL. Hier auch besonders viele der oft an Homer erinnernden Vergleiche. Etwa dort, wo der alte Taras Bulba seinen Sohn Andrij an der Spitze der feindlichen Husaren erkennt:

> »Der aber, umfangen vom Staub und der Hitze der Schlacht, ... flog daher wie ein junger Jagdhund, der schönste, rascheste und jüngste von allen in der Meute. Zu gerufen hatte ihm der erfahrene Jäger – und er jagt davon, waagrecht die Füße in der Luft, auf die Seite gebeugt den ganzen Körper, aufwirbelndden Schnee und zehnmal den Hasen selbst überholend in der Hitze des Laufs.«

GOGOL hatte beabsichtigt, in einer Folge von drei Romanen ein Bild des zeitgenössischen Rußland zu geben. Nur zwei dieser Romane hat er geschrieben und den zweiten sogar noch in einem seiner religiösen Wahnanfälle wieder vernichtet. Der erste Band erschien 1842: Es sind die weltberühmt gewordenen »Toten Seelen«. Mit Recht stellt man dieses Buch mit »Don Quichote«, »Gil Blas« und den »Pickwickiern« in die vorderste Reihe der humoristischen Weltromane. Und mit diesen

Büchern teilte es das Geschick, daß sie heute nicht mehr von allzu vielen gelesen werden können, seit der Sinn für spitze Witze des Kopfes zugenommen hat, während der für behaglich breiten Herzenshumor zurückgegangen ist. Im Rußland der Leibeigenschaft wurde der Reichtum eines Großgrundbesitzers nach der Zahl der Menschen (»Seelen«) bemessen, die er auf seinen Gütern beschäftigte; für jede Seele hatte er Steuer zu zahlen. Wieviel Seelen er besaß, ersah die Steuerbehörde aus den Ziffern der Volkszählung. Starben nun seit der letzten Zählung irgendwelche Leibeigene, so nützte das dem Gutsherrn gegenüber der Steuer nichts: Auch für die toten Seelen hatte er zu zahlen, bis die nächste Volkszählung kam. Darauf baut in GOGOLS Roman der ehrgeizige Tschitschikow seinen Plan: Er reist in ganz Rußland umher, von einem Gutsherrn zum andern, und erschachert sich für geringes Geld die toten Seelen als sein Eigentum. Mit den Kaufdokumenten (daß die Leute tot sind, ist amtlich ja noch nicht bekannt) will er als »reicher Gutsherr« zur Bank gehen, die Seelen beleihen und dann mit dem erhaltenen Geld wirklich ein Gut kaufen. Im entscheidenden Augenblick wird er verraten. Was sich bei den verschiedenen Kaufverhandlungen mit den verschiedengearteten Besitzern der toten Seelen abspielt, ist nicht nur zum Schreien komisch, sondern spiegelt vieles der damaligen russischen Welt mit unglaublicher Lebendigkeit. Erzählerisch berühmtestes Stück ist die Fahrt in dem Dreigespann (Troika). Einen anderen Spiegel hielt GOGOL den Russen vor in seinem »Revisor« (1836), einer Meisterkomödie der Weltliteratur. Der Inhalt ist im Grunde einfach: Ein junger Mann wird in einer Provinzstadt versehentlich für den erwarteten Revisor der Regierung gehalten, mit großartigen Ehren aufgenommen, gefüttert und unter Alkohol gesetzt, von Damen umworben, mit Schmiergeldern ausgestattet, bis ihm unheimlich wird und er schleunigst abreist. Im gleichen Augenblick wird der richtige Revisor gemeldet. Doch nicht das Thema entscheidet, sondern die dichterische Gestaltung. Was man sich nur denken kann an Möglichkeiten des Komödientheaters – alles hat GOGOL verwendet, nichts ausgelassen und zugleich durch Raffung ein unvergängliches Bühnenwerk geschaffen. Zu nennen schließlich noch zwei weitere Bühnenwerke: »Die Spieler« und »Heiraten« werden ebenfalls noch heute in aller Welt gespielt.

Hier sei wenigstens erwähnt, daß sich bereits während dieses Beginns einer wirklich großen russischen Kunstdichtung zwei Strömungen voneinander abhoben: Die »reinen Russen« mit dem ausgezeichneten Erzähler Aksakow (»Familienchronik«!) und den Dichtern Tjutschew und Chomjakow, auf der anderen Seite revolutionär gesinnte, nach Europa blickende »Westler« wie Alexander Herzen (Roman »Wer ist Schuld?«) und Visarion Bjelinskij; diese beiden bekannten sich eindeutig zum Sozialismus.

Dichterisch weitaus bedeutender ist dagegen Iwan Gontscharow (1812–1891), ein Sohn der Stadt Simbirsk, in der 1870 Lenin zur Welt kam. Sieht man genau zu, so gehört Gontscharow zu den Slawophilen, obwohl er in seinem bedeutendsten Roman unter dem Namen Stolz einen Mann auftreten läßt. der seine ganze Tüchtigkeit von Deutschland mitgebracht zu haben scheint. Der Roman heißt »Oblomow« (1859). Der Name der Titelfigur ist sprichwörtlich geworden für die »Überflüssigen« jener Jahrzehnte – Puschkins Onegin und Lermontows Petschorin werden in Oblomow zusammengefaßt und zu einem Riesenschatten, der über die russische Gesellschaft fällt. In diesem Roman geschieht eigentlich nichts, getreu dem Wesen des Herrn Oblomow, der sich auch stets untätig und unentschieden verhält, obwohl ihm allerlei Großartiges vorschwebt. Da liegt er ständig auf dem Sofa, träumt von dem, was zu geschehen hätte, bleibt aber träge – selbst dann, als er sich endlich wenigstens vom Sofa erhebt. Die großartigsten Stellen dieses Werkes sind das Donnerwort »Vorwärts!«, dem aber nichts folgt, und der Traum Oblomows im ersten Teil des Buches. Das gleiche Thema vom russischen Menschen, der Bedeutendes leisten könnte, es aber nur träumt, oder der sich verzettelt oder in pfuscherische Halbtaten umsetzt, bestimmt auch die beiden anderen, nicht so bedeutenden Romane Gontscharows, nämlich die »Alltägliche Geschichte« und »Die Schlucht«.

Die von Gontscharow zum ersten Male an großen Romanen erprobte realistisch-naturalistische Schreibweise findet sich dann auch in dem umfangreichen Prosawerk seines Zeitgenossen Iwan Turgenjew (1818–1883). Er neigt mehr zu den »Westlern«. Er sieht den russischen Menschen seiner Zeit nicht viel anders als Gontscharow, doch begnügt er sich nicht mit Feststellungen, sondern fragt, warum dieser Mensch so geworden sei, und in der Frage liegt dann meist schon die Antwort beschlossen, auch wenn sie nicht ausdrücklich ausgesprochen wird. Drei Romane kennzeichnen Turgenjews Art und Werden. Im »Adelsnest«

(1858) wirft er noch einmal den Blick zurück auf eine zum Untergang verurteilte Welt der Einzelpersönlichkeiten. Lawretzkij hat als älterer Student eine Frau geheiratet, deren Wesen er nicht kennt. Anfangs quält er sich, dann verläßt er sie, weil sie ihm untreu geworden ist. Er geht aufs Land, zieht sich in sich zurück, bis er Lisa Kalitine kennenlernt, eine ihm wahlverwandte Seele. Als er vom Tode seiner Frau liest, erklärt er Lisa seine Liebe. Doch die Todesnachricht war falsch: Die Frau erscheint und macht dem Glück ein Ende. Die Liebenden entsagen statt zu handeln: Lisa geht ins Kloster, Lawretzkij verwaltet menschenfreundlich sein Gut. In dem Roman »Am Vorabend« (1860) versuchen wenigstens die Liebenden – die Russin Elena und der Bulgare Insarow – ihre Liebe tätig zu verwirklichen. Aber trotz äußerer Flucht kommen sie zu keinem rechten Ergebnis: Insarow stirbt, und Elena verschwindet. Wie in diesen Romanen sind auch in dem weltberühmten »Väter und Söhne« (1861) Studenten wesentliche Träger der Gedanken und des Geschehens. Das ist kein Zufall; denn in den Kreisen der studentischen Jugend gärte es damals gewaltig. In dem Roman stehen sich, wie schon der Titel andeutet, zwei Generationen gegenüber, die ältere vertreten durch die romantisch-altmodischen Brüder Nikolai und Paul Petrowitsch, die jüngere versinnbildlicht in Nikolais Sohn und dessen Freund Basarow, einem Medizinstudenten, dem eigentlichen Helden. Man wird zugeben müssen, daß in diesem Roman mehr geredet wird als gestaltet. Dennoch bleibt er lesenswert, nicht zum wenigsten aus politischen Gründen. Die jungen Leute nennen sich nämlich mit einem älteren, aber schon halb vergessenen Ausdruck »Nihilisten«. Was sie darunter verstehen, sagt Nikolais Sohn Arkady an einer Stelle: »Ein Nihilist ist einer, der sich vor keiner Autorität beugt, der keine Grundsätze auf bloßen guten Glauben hin annimmt, und mögen sie noch so sehr als Heiligtümer verehrt werden.« Besonders erwähnt zu werden braucht wohl nicht, daß in der russischen Geschichte aus diesen Nihilisten später Kommunisten und Bolschewisten wurden. Man hat übrigens das Gefühl, als stehe TURGENJEW in seinem Roman mit dem Verstand auf seiten der Jungen, mit dem Herzen jedoch bei den Älteren. Die Romane TURGENJEWS mit ihrer politisch-sozialkritischen Bedeutung haben sich derartig in den Vordergrund gespielt, daß man darüber den eigentlichen Prosadichter zu vergessen scheint, wie er sich in den Novellen offenbart. Diese Novellen sind zum großen Teil Werke, die neben denen der großen europäischen Novellisten mit Ehren zu bestehen vermögen. Wir verweisen besonders auf den »König Lear der Steppe«, »Visionen«, »Das Lied der triumphierenden Liebe« und auf eine mit dem bezeichnenden Titel »Tagebuch eines Überflüssigen«. TURGENJEW, der die letzten Lebensjahre in Paris verbrachte, schrieb dann nach dem Beispiel BAUDELAIRES noch »Gedichte in Prosa«.

Realismus als Forderung

Waren GONTSCHAROW, GOGOL, TURGENJEW, ja auf besondere Weise bereits selbst PUSCHKIN in ihrer Art bereits Realisten, so wurde nach der Mitte des 19. Jahrhunderts das Wort Realismus zu einer scharf geprägten Forderung. Der verlorene Krimkrieg hatte allen gezeigt, daß die Wirtschaft und Verwaltung Rußlands nicht nur Mißstände und Schäden aufwiesen, wie viele glaubten, sondern daß sie von Grund auf verrottet waren. Das sollte nun anders werden. Die Regierung versuchte es mit der Aufhebung der Leibeigenschaft, die sogenannte Intelligenz verlangte, die Dichtung müsse unermüdlich darauf hinweisen, wie die Wirklichkeit aussehe, und dürfe sich nicht bei schönen Worten beruhigen. Man *verlangte* also etwas von den Dichtern. »Man« – das waren in erster Linie hervorragende Literaturkritiker, und was sie verlangten, war eine ungeschminkte Darstellung der russischen Wirklichkeit. Männer wie TSCHERNYSCHEWSKI und PISSAREW sprachen sogar unumwunden aus, dichterische Form- und Wortkunst seien unerheblich, entscheidend sei vielmehr einzig und allein, ob die schriftstellerische Tätigkeit dem Ganzen nütze oder nicht. Dieser – ja noch heute gültigen Forderung – versagte sich von den bedeutenderen Schriftstellern der zweiten Jahrhunderthälfte eigentlich nicht ein einziger. Zwar gab es verschiedene Richtungen, die einander teilweise bekämpften oder auch ruhig nebeneinander bestanden, es gab die »Nihilisten« neben den »Reaktionären«, die »Westler« neben den »Slawophilen«, die nur Darstellenden neben den Anklagenden, es gab sogar Vertreter der »reinen Kunst« – aber ihnen allen ist doch gemeinsam, daß sie mehr oder weniger der russischen Wirklichkeit sich verpflichtet fühlten, sei diese Wirklichkeit nun sicht- und greifbares äußeres Gefüge oder die Seele des russischen Menschen.

Aus der Überfülle von Dichtern und Schriftstellern dieser bis etwa in die achtziger Jahre reichenden Zeit können wir nur einige kurz erwähnen. Von den vorwiegend lyrischen Dichtern etwa APOLLON MAIKOW, JAKOB POLONSKIJ und vor allem ATHANASIUS SCHENSCHIN-FETH (1820–1892) mit seinen stimmungsreichen, seelisch vertieften, formal vielfältigen Gedichten. Als Balladendichter zeichnete sich aus ALEXEJ K. TOLSTOI (1817–1875); lesenswert sind noch immer seine Dramen um die Zaren Iwan, Fedor und Boris sowie sein geschichtlicher Roman »Fürst Serebrannij« (1863). Wichtiger freilich ist die »Anklage-Literatur« geworden. So NIKOLAI NEKRASSOW (1821–1877) mit Gedichten und dem Roman »Wer lebt glücklich in Rußland?« mit der Antwort: niemand. Dann der merkwürdigerweise bei uns kaum bekannte Roman »Die Herren Golowjew« von MICHAEL SALTYKOW-SCHTSCHEDRIN (1826–1889), eine trostlos-düstere Geschichte vom inneren und äußeren Verfall einer Gutsbesitzersfamilie. Weiter NIKOLAI LESKOW (1831–1895). Erst wenn man dieses scharfblickenden Sprachmeisters Prosawerke liest (seine Legenden sind für den Deutschen weniger bedeutungsvoll), schließt sich das Bild Rußlands in der zweiten Hälfte des 19. Jahrhunderts zum Ganzen. Nach Thema und Darstellung halten wir den Roman »Die Klerisei« (1872), in einer deutschen Übersetzung auch »Die Domherren« betitelt, für einen der stärksten Romane jener Zeit. Er spiegelt die Auseinandersetzungen zwischen fanatischer Kirchengläubigkeit und hereindringendem Sozialfortschritt in einer russischen Kleinstadt und ist –soweit wir sehen: zum ersten Male – erfüllt mit unbehaglichen, unheimlichen Ahnungen vor einem kommenden Umschwung aller Werte. Ein heiß erlebender, doch mit kalter Überlegenheit gestaltender Dichter ist ALEXEJ PISSEMSKIJ (1820–1881), reiner Naturalist in seinem Roman »Tausend Seelen« und dem Bauerndrama »Bitteres Los« (1871), einem der stärksten Bühnenwerke jener Jahrzehnte. Als Theatergestalter übertrifft ihn eigentlich nur ALEXANDER OSTROWSKI (1823–1886), der etwa drei Dutzend Dramen und Komödien geschrieben hat. Seine Werke leben vielfach aus einem echt russischen Spieltrieb, aus Freude an Situationskomik und Überraschungen. Zugleich ist er ein strenger Sozialkritiker. Als Beispiel für seine Anschauungen wählt er meist Kaufleute, bald patriachalische und bald Menschen seiner Zeit. Das sind durchaus gescheite, schlaue Burschen, die ihr Geschäft verstehen, wissen, wie sie Erfolg haben, mögen andere auch zugrunde gehen. Die Untergehenden sind im allgemeinen Leute mit Herz, gewöhnlich noch arm – denn wie sollten sich Arme und Gute auch behaupten gegenüber den Reichen und Bösartigen. Dabei ist OSTROWSKI keineswegs bitter und macht dem Zuschauer die Freude, daß ja »eigentlich« doch die Armen und Guten als moralische Sieger dastehen. Seine Stücke werden noch heute in vielen Ländern aufgeführt. Die wichtigsten: »Das Gewitter« (Drama einer herzensreinen Frau), »Armut schändet nicht«, »Wölfe und Schafe«, »Junger Mann macht Karriere«; sein Märchen »Schneeweißchen« wurde von RIMSKIJ-KORSSAKOW vertont. OSTROWSKIS erstes Stück wurde verboten – aber in seinen letzten Lebensjahren war er Repertoire-Gewaltiger am Kaiserlichen Theater in Moskau. – Die beiden Größten dieser Zeit aber waren DOSTOJEWSKIJ und LEO TOLSTOJ; sie haben in der ganzen Welt Spuren ihres Wirkens hinterlassen.

FEODOR DOSTOJEWSKIJ (1821–1881), Sohn eines Arztes, hatte eine wenig erfreuliche Jugend hinter sich, ehe er nach vorübergehender Tätigkeit als Ingenieur-Offizier mit dreiundzwanzig Jahren zur Schriftstellerei überging. Doch auch sein weiteres Leben stand unter manchem Unstern (er war Epileptiker). Wegen Zugehörigkeit zu einer sozialistischen Schwärmergruppe wurde er 1849 zum Tode verurteilt, jedoch auf der Hinrichtungsstätte zu vier Jahren Zwangsarbeit in Sibirien begnadigt. Anschließend war er Soldat. 1859 kehrte er zurück, wirkte als Schriftsteller und Zeitschriften-Herausgeber, konnte wirtschaftlich nicht zurechtkommen und entfloh 1867 seinen Gläubigern nach der Schweiz und Deutschland. Dort packte ihn zu allem noch die Spielleidenschaft. Sein letztes Lebensjahrzehnt brachte ihm endlich in der russischen Heimat ein würdiges Dasein. Der größte Teil seines schriftstellerischen Schaffens kreist um bedrängte und erniedrigte Menschen, um seelisch-geistige Zustände zwischen Gesundheit und Krankheit, um Verzweiflung und Verirrung, Anmaßung und Demut. So wurde DOSTOJEWSKIJ zum psychologischen Schriftsteller und zugleich, da er alles mit schonungsloser Wirklichkeitstreue darstellt, zum Realisten und Naturalisten. Doch mit Darstellung und Anklage gibt er sich nicht zufrieden. Er sucht das Warum zu ergründen, will wissen, woher dieses Leid der Menschenseele komme, ringt um Gott und Christentum, stößt in verschleierte mystische Bereiche vor, ohne je eine endgültige Antwort finden, geschweige denn geben zu können. Der

Psychologismus – anders läßt sich das wohl kaum bezeichnen – Dostojewskijs, sein Bohren in verbrecherischen und krankhaften Seelen, dieses vielfach quälende Darstellen zwischen seelischer Bereiche, dieses Wühlen in unteren Schichten, aus denen es keinen Ausweg zu geben scheint – alles dies haben spätere Schreibergenerationen immer mehr ausgebaut, sich dabei noch neuer (psychoanalytischer) Mittel bedient und dadurch ihren ersten Herrn und Meister gewissermaßen ausgestochen. Zum andern hat man eigentlich genug von diesem im Grunde unfruchtbaren Grübeln und Bohren und Suchen und Nichtfinden und erneut Hoffen und wieder Hinabstürzen. Dostojewskijs – seinerzeit unzweifelhaft gewaltige – Bedeutung beginnt zu schwinden, zumal man das Gehetzte und Unruhige seiner Schreibweise allmählich störend empfindet (Dostojewskij *mußte* aus wirtschaftlichen Gründen so schnell schreiben und *konnte* vieles nicht beenden). Niemand wird bestreiten, daß er als Erzähler die ungeheure Fülle seiner Gestalten meistert, daß er eindringlich, realistisch, naturalistisch zu schildern versteht, mit mancher Gestaltung unzweifelhaft in den Dichterhimmel ragt. Doch daneben stehen zuweilen allzu viele Diskussionen philosophischer Art, die mit Erzählkunst aber auch gar nichts zu tun haben. Aus Dostojewskijs umfangreichem Prosawerk seien daher hier nur die vier wichtigsten Romane genannt. »Schuld und Sühne« (1866) berichtet von einem armen, kranken Studenten Raskolnikoff, der in seiner Verzweiflung sich eine merkwürdige Lehre zurechtlegt, der zufolge ein Übermensch Dinge tun dürfe, die dem Gesetz nach verboten sind, zumal wenn sein Tun die Gesellschaft von Schädlingen befreit. So erschlägt er nach langen Vorbereitungen eine hexenhafte alte Pfandleiherin – freilich auch deren zufällig hinzukommende Schwester. Was nun folgt, ist eine ganze Kette von Überlegungen und Gewissensbissen und Schwächeanfallen:

> »... ein wahrer Herrscher, dem alles erlaubt ist, bombardiert Toulon, veranstaltet ein Gemetzel in Paris, vergißt eine Armee in Ägypten, verliert eine halbe Million Menschen in Moskau ... und doch errichtet man ihm nach seinem Tode Denkmäler –also ist alles erlaubt. Nein, solche Menschen sind offenbar nicht aus Fleisch, sondern aus Bronze gemacht ... Die Alte ist Unsinn. ... Die Alte ist vielleicht ein Irrtum, es handelt sich gar nicht um sie. Die Alte war nur eine Krankheit, ich wollte nur schnell hinüber-

schreiten. Ich habe nicht einen Menschen, ich habe ein Prinzip getötet. Das Prinzip habe ich wohl getötet, bin aber nicht hinübergeschritten, ich bin diesseits geblieben. Ich verstand nur zu töten. Und auch das habe ich nicht mal verstanden wie sich jetzt herausstellt ...«

Nach langem Katz- und Mausspiel mit seinen Gedanken und mit der Umwelt, mit dem scharfsinnigen Inspektor Petrowitsch und der unglücklichen, liebenswerten Sonja läßt er sich schließlich überreden, sich »freiwillig« anzuzeigen. Er wird zu sieben Jahren Zwangsarbeit verurteilt. Sonja bleibt bei ihm. Den beabsichtigten zweiten Teil »Sühne« hat DOSTOJEWSKIJ nicht mehr geschrieben. »Der Idiot« (1868) stellt in den Mittelpunkt einen Fürsten Myschkin, der durch ständige epileptische Anfälle in seiner körperlichen und geistigen Gesundheit erschüttert ist. Aus der Heilanstalt entlassen, kommt er mit seinem warmen, edlen Herzen wieder in die Gesellschaft, ist bestrebt, allen Gutes zu tun, doch unfähig, das Leben, wie es nun einmal ist, zu begreifen. Zwei Frauen lieben ihn. Obwohl er Aglaja liebt, will er sie nicht heiraten wegen seiner Krankheit. Dagegen will er der nicht geliebten leichtfertigen Nastaja die Hand reichen – als eine Art Selbstopferung. Im letzten Augenblick läßt sich das schwierige Persönchen jedoch von einem brutalen Liebhaber Rogoschin entführen. Dieser tötet sie dann aus Eifersucht. Unvergeßlich die Schlußszene: Der Mörder und Myschkin liegen nebeneinander auf dem Fußboden neben dem Bett mit der Ermordeten, werden zu Menschen neben einer Toten, reden still miteinander, bis Myschkin endgültig den Verstand verliert. Aus dem Roman »Die Dämonen« (1873) hatte DOSTOJEWSKIJ ursprünglich ein Kapitel weggelassen, das die Überschrift trägt »Stawrogins Beichte«. Wir empfehlen jedem, der das Gesamtwerk liest, zunächst dieses Kapitel vorzunehmen und sich dann die Frage vorzulegen, ob es lohnt, den Roman überhaupt durchzugehen. Er handelt von einem jungen Adeligen, einem durch und durch widerwärtigen, degenerierten Charakter ohne jeden Halt. Er ist der eigentliche böse Dämon eines Kreises von Nihilisten und Atheisten, die sich und ihrer Umgebung nur Unheil bringen. Anzuraten ist die Lektüre dieses außergewöhnlichen Buches nur Menschen, die sich von Berufs wegen mit gesunden Irren beschäftigen oder die DOSTOJEWSKIJS politische Vorahnungen für wichtig halten. »Die Brüder Karamasow« (1880) hat DOSTOJEWSKIJ nicht beenden können;

doch auch in seiner unvollendeten Gestalt ist es ein mächtiges Werk. Auf der einen Seite die Glaubenswelt des Klosterstaretzen Sossima, der schon fast heilig geworden ist, weil er auf die Mittel des Willens und des Verstandes verzichtet hat. Auf der anderen Seite die düstere Trieb-, Willens- und Verstandeswelt der Karamasows in verschiedenen Abstufungen: Der alte Karamasow, zerfressen von allen Lastern des Fleisches, dabei schlau und nicht frei von rührseligen Anwandlungen und Gewissensbissen. Sein ältester Sohn Dimitrij ist eine liebenswerte Mischung von Herzensgradheit und zupackendem Trieb; er ringt mit den finsteren Mächten in seinem Inneren und findet erst dann den rechten Weg, als er wegen Vatermordes verurteilt wird: Zwar ist er des ihm vorgeworfenen Verbrechens nicht schuldig, doch fühlt er sich überhaupt schuldig als Mensch und will durch Leiden rein werden. Der zweite Sohn Iwan ist ein eiskalter Verstandesmensch, ohne Gefühl oder Glauben, der intellektuelle Urheber des Vatermordes, Sinnbild einer materialistisch denkenden Welt (sein Gespräch mit dem Teufel ist neben den Gerichtsszenen und dem »Großinquisitor« einer der Höhepunkte des Romans). Der dritte Sohn Aljoscha mag auf dem rechten Wege sein, doch ist er noch zu schwach und unentschieden, bedarf der Führung. Der vierte – uneheliche – Sohn Smerdjakow endlich verkörpert alle schlechten Seiten der Karamasows; er ist es, der den Vater ermordet, weil Iwan ihm den Gedanken einimpft. Berühmt ist Iwans Erzählung vom Großinquisitor, der den wiedergekommenen Christus zurückweist, damit er das Erziehungswerk der Kirche nicht störe. Nicht minder berühmt Iwans Glaubensbekenntnis: »Nicht Gott ist es, den ich ablehne, Aljoscha; ich schicke ihm nur ergebenst die Eintrittskarte zurück.«

Eine völlig andere Erscheinung ist Dostojewskijs großer Zeitgenosse Leo N. Tolstoi (1828–1910). Er rang nicht um Gott, sondern suchte die göttlichen Gebote der Bibel in die Wirklichkeit umzusetzen; in späteren Jahren in »urchristlichem Sinne« und mit so antikirchlicher Schärfe, daß er aus der orthodoxen Kirche ausgeschlossen wurde. Als Denker beschäftigte er sich nicht auf psychologische Weise mit der (natürlich auch von Dostojewskij oft sinnbildhaft erforschten) Seele des Einzelmenschen, sondern mit dem Menschen als einer Gesamtheit, sodaß er sehr selten in die Dostojewskijschen Grenzgebiete zwischen seelisch-geistiger Krankheit und Gesundheit geriet. Er sah dafür umso schärfer den großen Gegensatz zwischen Sinnenfreude und Entsagung, einen Gegensatz, den er an sich selbst immer wieder erlebte, bis er sich schließlich durchrang zu der Auffassung, alle damals bestehende Kultur entstamme der Sinnenfreude einer gehobenen Schicht, werde durch Leiden der unteren Schichten erkauft und sei aus diesem Grunde verdammenswert (im hohen Alter lief er daher in grober bäuerlicher Kleidung und in Bastschuhen auf seinen Gütern umher und verließ sogar kurz vor seinem Tode seine Familie, um ganz als Urchrist leben zu können). Immer mehr kreiste sein Denken und Handeln um den einfachen Bauern ihn wollte er als Menschen heben. Unter diesen Umständen mußte in den Alterswerken sein sittliches Wollen immer stärker das künstlerische Gestalten überschatten, ja dieses erschien ihm schließlich überhaupt gering und verachtenswert neben der Hauptaufgabe, dem Menschen zu helfen. Auch als Dichter unterscheidet er sich grundsätzlich von DOSTOJEWSKIJ. Erscheinen dessen Hauptwerke als Graphiken, mit einem scharfen Stift gezeichnet und gestochen, als peinlichst genau gesetzte, verschlungen gekräuselte Linien von verwirrender Fülle, aus der plötzlich bleiche, leidverzehrte, gedankendurchfurchte Gesichter auftauchen, so wirken TOLSTOIS dichterische Hauptwerke wie mächtige Gemälde, großflächig angelegt, mit breiten Pinseln ausgeführt, leuchtend in den Farben, übersichtlich in der Komposition, meisterhaft mehr im Ganzen als in den zuweilen kühn vernachlässigten Einzelheiten. Wo DOSTOJEWSKIJ zerlegt, baut TOLSTOI zusammen. Dichterisches (!) Hauptwerk ist der umfangreiche geschichtliche Roman »Krieg und Frieden« (geschrieben 1864/69). Er beschäftigt sich mit der Rolle Rußlands in den großen napoleonischen Kriegen, spielt in den Jahren 1805 bis 1812 und verfolgt die politischen wie militärischen Ereignisse jener Zeit genau der Reihe nach, und zwar so, wie sie sich ihm als denkendem Dichter darbieten. Dem aber scheint nicht der große, überlegsam planende Einzelmensch Geschichte zu machen, sondern die allem zugrunde liegenden Verhältnisse bestimmen das geschichtliche Werden. Dargestellt wird diese Auffassung am Beispiel Napoleons, des »großen Mannes«, dessen Wollen scheitert, und des russischen Generals Kutusow, des »natürlichen Mannes«, der die Gegebenheiten und Verhältnisse nützt und daher siegt.

> Kutusow saß stumm auf seinem grauen Pferd und antwortete nur träge auf die Vorschläge zum Angreifen.

»Ja, ihr habt immer nur ›angreifen‹ auf der Zunge; aber ihr seht nicht, daß wir verwickelte Manöver nicht ausführen können«, sagte er zu Miloradowitsch, der ihn bat, vorrücken zu dürfen.
Als Kutusow gemeldet wurde, daß im Rücken der Franzosen, wo nach den Meldungen der Kosaken vorher niemand gewesen war, jetzt zwei Bataillone Polen ständen, schielte er nach hinten zu Jermolow hin:
»Sie verlangen den Angriff und legen allerhand Pläne vor; wenn es aber losgehen soll, dann ist nichts fertig, und der gewarnte Feind kann seine Maßregeln treffen.«
. . . .
Kutusow sagte nichts; aber als man ihm meldete, daß Murats Truppen zurückgingen, befahl er, vorzurücken. Aber nach je hundert Schritt macht er dreiviertel Stunden lang halt.

Bedeutende Zwischenfigur ist der Zar Alexander I. Vor dem Leser breitet sich das Geschehen aus wie ein ungeheurer Teppich, in den Muster aus vielen Landschaften und allen sozialen Schichten ebenso eingewebt sind wie ständig neue Geschehnisse, die vielfach geradezu als selbständige Novellen im Gesamtrahmen erscheinen. Das Thema des »großen weltklugen« und des »natürlichen« Menschen wird am Beispiel anderer Personen mehrfach wieder aufgegriffen. Dabei ist fast alles wirklich gestaltet: »Krieg und Frieden« ist eines der wenigen überragenden Prosa-Epen der Weltliteratur. Tolstois zweiter großer Roman »Anna Karenina« (1876 beendet) behandelt die Frage nach den Triebkräften und dem Sinn des Lebens nicht an großen historischen Beispielen, sondern an Charakteren aus dem privaten Leben. Zwei Handlungen laufen nebeneinander her und sind nur an entscheidenden Punkten miteinander verbunden. Anna Karenina bricht aus der Ehe mit dem hohen Beamten Karenin (glänzend gezeichneter, vielspältiger Charakter) aus, um mit dem Grafen Wronskij zu leben; nach allerlei Irrfahrten scheitert sie und begeht Selbstmord. Kity Oblonsky hat anfangs die Werbung des netten, doch mit seinen ewigen sozialen Theorien für sie etwas langweiligen Konstantin Lewin zurückgewiesen, weil sie in Wronskij verliebt war. Erst spät überwindet sie ihre Enttäuschung und reicht dem treuen Lewin (in dem sich Tolstoi selbst dargestellt hat) ihre Hand, der nun seinerseits nicht mehr nur theoretisieren, sondern tätig sein will.

> Auf dem Rücken liegend, blickte er in den hellen, hohen Himmel. »Weiß ich denn nicht, daß dies ein endloser Raum ist und kein rundes Gewölbe? Aber wie ich auch den Blick anstrengen mag, ich kann ihn nicht anders erblicken als rund und begrenzt; und trotz meines Wissens um seine unbegrenzte Weite habe ich zweifellos recht. Wenn ich das feste blaue Gewölbe ansehe handle ich richtiger, als wenn ich mich anstrenge, weiter zu blicken ... Sollte dies etwa der Glaube sein? ... Keine Lebensminute soll künftig gedankenlos bleiben, sondern die unbezweifelbare Idee des Guten in sich tragen, die ich ihr einzupflanzen vermag.«

Seit den achtziger Jahren legte Tolstoi mehr Wert auf Darlegung seiner sittlichen, sozialen und religiösen Auffassungen als auf künstlerische Durchgestaltung. Das spürt man auch an seinem 1899 erschienen en Roman »Auferstehung«. Gewiß enthält auch dieses Buch manche lebendige Darstellung sozialer und gesellschaftlicher Zustände, doch bleibt der moralische Aufruf die Hauptsache. Fürst Nechljudow wird Gerichtsbeisitzer in einem Verfahren gegen ein Mädchen aus einem Freudenhaus. In der Angeklagten Maslowa erkennt er eine Dienerin, die er einst verführt hatte. Sie hatte zwar versucht, sich und ihr Kind durch schwerste Arbeit weiterzubringen, war dann aber, ihr vergebliches Bemühen einsehend, andere Wege gegangen. Nechljudow fühlt sich schuldig an dem Geschick des Mädchens und erlebt an diesem Fall seine innere Auferstehung; künftig will er büßen und helfen. Besonders hervorzuheben sind noch das Frühwerk »Die Kosaken«, eine treffliche Zustandsschilderung eines hochzivilisierten Offiziers zwischen naturhaften Kosaken, wobei das Naturhafte Tolstoi offenbar mehr zusagt. Weiter »Der Tod des Iwan Iljitsch« (1886), die Geschichte eines von Frau und Freunden gemiedenen Krebskranken, der durch die Treue seines einfachen Dieners endlich zur Erkenntnis echten Lebens geführt wird. Schließlich die berühmte »Kreutzer-Sonate« (1889), die den Leser lehren soll, daß eine nur auf Geschlechtsverlangen auf gebaute Ehe zu entsetzlichen Folgen führe – wie überhaupt Leidenschaften jeder Art nur zerstören. In die Jahre nach Tolstois entschiedener Abkehr von allem »Nur-Gedichteten« fällt auch die Entstehung seiner bekannten Bühnenwerke »Die Macht der Finsternis, »Und das Licht scheint in der Finsternis« sowie »Der lebende Leichnam«, Erziehungsstücke von teilweise grausigem Naturalismus, aufrüttelnde Theaterpredigten – und doch oft ins Dichterische wieder hineinwachsend.

Die Pessimisten und ihre Gegner

Zu nennen wäre nunmehr die für Rußland wichtige, in Deutschland nur zum Teil noch gelesene Gruppe der »Pessimisten«, Dichter, die den Glauben an die Welt und sich selbst verloren haben. Es ist etwa die Zeit der Regierung Alexanders III. (1881/94), der nach der Ermordung seines Vorgängers scharfe reaktionäre Maßnahmen durchführte. Da ist etwa WSEVOLOD GARSCHIN (1855–1888) mit seinen vielfach realistisch geschriebenen Novellen des Zwiespalts; gute Beispiele seiner Art bieten »Das Tagebuch des Gemeinen Iwanow«, die Irrenhausnovelle »Rote Blumen«, die Sozialerzählung »Der Künstler«. GARSCHIN lebte, was er litt: Er wurde gemütskrank und ging freiwillig in den Tod. Auch SEMEN NADSON (1862–1887) gehört hierher mit seinen überaus empfindsamen, häufig so trüben Gedichten, in denen er zwar nicht an die Gegenwart, wohl aber an eine Zukunft der Menschlichkeit glaubt. Unter den Prosaschriftstellern, die der Verzweiflung nicht ganz anheimfielen, haben sich IGNAZ POTAPENKO (Roman »Kein Held«, Novelle »Im Pfarramt«) und WLADIMIR KOROLENKO (Novellen »Der blinde Musiker«, »Makars Traum«) auch bei uns einen Namen gemacht. Dagegen dürften in Deutschland die Gedichte des bedeutenden Philosophen WLADIMIR SOLOWJOW (1853–1900) weniger bekannt sein als seine gedanklichen Schriften.

Überstrahlt werden alle diese Dichter und Schriftsteller von ANTON TSCHECHOW (1860–1904). Wohl gehört auch er zu der »Gruppe der Pessimisten«, hatte wohl auch als Arzt viel besonderes Leid und Unglück gesehen, war auch selbst schwer krank (er starb an der Schwindsucht), doch bewahrte er sich jenen echten Humor, der weitab steht von bloßem Witz und der eigentlich auch nur auf dem Boden des Leids gedeihen kann. Immerzu begegnet man bei TSCHECHOW der Doppelgesichtigkeit von dunkler Trauer und hellem Humor. An einer Stelle sagt er:

> Unser Leben und die jenseitige Welt sind in gleicher Weise unverständlich und schrecklich.

Und dann heißt es an anderer Stelle:

> Die Hauptsache ist, meine Herren: möglichst wenig denken! Hol der Teufel all diese bohrenden Überlegungen. Hat jemand Lust, ein Gläschen zu trinken, na, dann soll er trinken und nicht erst lange darüber philosophieren, ob das nützlich oder

schädlich ist. Zum Teufel mit dieser ganzen Philosophie und Psychologie!

Besonders gut lernt man TSCHECHOW in seinen meisterhaften Kurzgeschichten und Novellen kennen. Sie stehen hinter denen der großen Westeuropäer wahrhaftig nicht zurück. Es ist nicht übermäßig viel Handlung in ihnen; dafür ist die ihnen innewohnende Stimmung mit impressionistischen Mitteln unübertrefflich wiedergegeben. Da ist die Geschichte »Liebling« von einer Frau, die einen Liebhaber nach dem anderen hat und bei jedem neuen ihren Lebensinhalt ändert. Zum Lachen, gewiß; aber TOLSTOI hatte recht, als er dazu sagte: »Tschechow wollte, als er diese Geschichte zu schreiben begann, diese Frau verfluchen, doch die Göttin der Poesie untersagte es ihm und befahl ihm, zu segnen.« In diesem Satz steckt die ganze Doppelbödigkeit TSCHECHOWS. Seine Figuren sind eben kaum jemals Helden, sondern meist kleine Leute aus allen Ständen, bei denen Leid und Freud ineinander übergehen, wenn auch das Leid überwiegen mag, weil sie zumeist auf unberechenbare Art in irgend etwas Rätselhaftes hineinschliddern, aus dem sie – wenn überhaupt – nur unter Schmerzen wieder herauskommen. Berühmt sind Novellen wie »Die Steppe«, »Der schwarze Mond«, »Der Kuß«. Wenig äußere Handlung haben auch die Bühnenwerke von TSCHECHOW, auch sie leben mehr von Stimmungen als von Vorgängen. Aus diesem Grunde wurden sie zumeist gar nicht verstanden, bis dann eines Tages der Moskauer Regisseur STANISLAWSKI diese Stimmungen in berühmt gewordenen Aufführungen geradezu sicht- und greifbar machte. »Die Möwe« (1896) lebt von einem einzigen Thema: dem Verfall einstiger Hoffnungen eines unausgefüllten Lebens. Der Titel ist etwas ungünstig übersetzt. Er bezieht sich auf einen Satz der theaterbesessenen Nina, die zu dem jungen Literaten Konstantin sagt: »Mich zieht es zu diesem See wie eine Möwe ... ich habe mein Herz an Dich verloren«. In dumpfe, nun aber wirklich ausweglose Verhältnisse führen »Die drei Schwestern« (1900). Die Schwestern sehnen sich zurück nach dem Moskauer Leben, müssen aber jetzt nach des Vaters Tode irgendwo in der Provinz dahindämmern als Lehrerin, Lehrersfrau und Postangestellte. Sie möchten aus dieser Welt ausbrechen bleiben ihr aber aus Schwäche und auf Grund widriger Umstände verhaftet. Ja, in einigen hundert Jahren werde alles besser werden ...

Aus dem vorherrschenden Pessimismus versuchten natürlich manche Schriftsteller und Dichter auszubrechen. Da waren zunächst die

Vertreter eines nackten *Naturalismus* (der dann im Grunde doch wieder pessimistisch wirkte). Allen voran ALEXANDER KUPRIN (1870–1938) mit Militär-Romanen wie dem »Zweikampf« und MICHAEL ARTZIBATSCHEW (1878–1927) mit dem vielgelesenen, hemmungslos lüsternen Roman »Ssanin«. Wesentlich gepflegter wirkt dagegen IWAN BUNIN (1870–1953), der in seiner an PUSCHKIN und TURGENJEW anschließenden, zuweilen kühlen Prosa das russische Leben vor dem ersten Weltkrieg in gemäßigtem naturalistischem Stil lebendig macht (Roman »Das Dorf«) oder an Beispielen aus der nichtrussischen Welt wie in dem »Herrn aus San Franzisko« zeigt, daß alles nur Zivilisatorische ein Nichts ist. Bezeichnend, daß man überhaupt nicht erfährt, wie dieser Herr oder seine Familie heißt. Von San Franzisko ist dieser reiche Mann gekommen, um in Italien allerlei äußere Genüsse auszukosten. Was er sich ausmalt, wird jedoch nicht Wirklichkeit: Er stirbt ganz einfach und gewöhnlich in einem Hotel. Und er hätte sich so gern gemischt unter »jene erlesene Gesellschaft, von der alle Segnungen der Zivilisation abhängen: der Schnitt eines Hausjacketts, die Festigkeit der Throne, die Kriegserklärungen, das Gedeihen von Hotels.«

Zuweilen gemahnt BUNIN an eine andere Richtung seiner zeitgenössischen Literatur: an den *Symbolismus*. Dieser, unbefriedigt vom pessimistischen Realismus, glaubte, die echte Wirklichkeit liege hinter der nur erfahrenen Wirklichkeit und lasse sich am besten darstellen durch künstlerische Sinnbilder (Symbole). Kunst wurde ihm schließlich zu einer Art Religion. Der deutsche Leser erkennt das Wollen dieser Richtung wohl am ehesten an den Romanen des (gewiß nicht bedeutendsten) Symbolisten DIMITRIJ MERESCHKOWSKIJ (1865–1941). In den innerlich zusammengehörigen Romanen »Julian Apostata«, »Leonardo da Vinci« und »Peter und Alexei« versuchte er eine künstlerische Weltschau, in der klassisch-griechische Schönheitsverehrung und christliche Liebe vereinigt und für unsere Zeit als erstrebenswert hingestellt werden sollen. Als Dichter bedeutender ist VALERIAN BRJUSSOW (1873–1924) mit seinen zahlreichen neuen Formversuchen in einer Leidenschaft geladenen, doch stets sprachlich beherrschten Lyrik. Ausgegangen ist BRJUSSOW von pessimistischen Stimmungen; dann wuchs er in einen Neo-Realismus hinein, verlor aber kaum je sein sinnbildhaftes Gestalten (etwa im Apokalyptischen Reiter). Sprachliche Meisterschaft auch in Prosawerken wie dem »Feurigen Engel« (1908), wo er sogar die Sprache des 16. Jahrhunderts nachzugestalten sucht – ein Verfahren, das von der späteren Literaturkritik in Rußland abgelehnt wurde. Um die vielgerühmte Sprachkunst von Alexander Block (1880–1921) würdigen zu können, müßte man wohl die russische Sprache beherrschen. Das Sinnbildhafte wandelt sich bei Block, aber es ist immer da. So waren seine »Verse von der schönen Dame« offenbar zunächst der Himmelskönigin zugedacht. Später wurde aus der Madonna das Vaterland Rußland. Sehr viel Staub hat seine Dichtung »Die Zwölf« aufgewirbelt. Darin zeichnet er verschiedene Erscheinungen der Revolution von 1917 und läßt gegen Schluß Christus nicht mit den zwölf Aposteln, sondern mit zwölf bewaffneten Revolutionären auftreten.

Aufbruch

Weder die reinen Naturalisten noch die Symbolisten haben es vermocht, auf die neuere Zeit, also auf das bolschewistisch-kommunistische Schrifttum nachhaltig einzuwirken. Zum Teil sind sie ausgewandert und haben eine Art »Emigranten-Literatur« geschaffen (etwa Bunin, Mereschkowskij), andere sind dann wieder zurückgekehrt und haben sich mit vielen der in Rußland Verbliebenen zu neuen Weltanschauungs-Dichtungen bekannt. Starken, ja stärksten Einfluß auf das Neue haben dagegen zahlreiche Einzelpersönlichkeiten gewonnen, von denen wenigstens drei hier kurz gekennzeichnet seien. Treffen sie sich auch im Ziel, so sind sie doch von ganz verschiedenen Punkten ausgegangen.

Alexei N. Tolstoi (1883–1945) begann mit Gedichten symbolistischer Art. Dann schrieb er Erzählungen, in denen er etwa wie Turgenjew vom Niedergang der adeligen Gutsbesitzerklasse berichtete, einem Niedergang, der gegenüber der von Turgenjew geschilderten Zeit geradezu einen Absturz bildete (»Das Hähnchen«). Kurz vor dem ersten Weltkrieg erschien dann »Der hinkende Herr«, thematisch wiederum eine kritische Abstiegsgeschichte, jetzt aber von der Moralphilosophie Leo Tolstois beeinflußt: Liebe und Demut sollten den Ausweg aufzeigen. Im Grunde waren das alles gute Arbeiten eines Schriftstellers, die sich ergeben hatten aus der sorgfältigen Beobachtung einzelner Gesellschaftsschichten. Krieg und Revolution brachten den großen Umschwung auch bei Alexei Tolstoi. Seine Zwischenwerke sind weniger bekannt. Aber die unter dem Gesamttitel »Der Leidensweg« zusammengefaßten Romane »Die Schwestern«, »Das Jahr Achtzehn« und »Trüber Morgen« lassen erkennen, wie TOLSTOI vom Darsteller einzelner Familien- und Klassenschicksale zum Epiker eines ganzen Volkes heranwachsen will und auch herangewachsen ist. Voll erreicht hat er das Ziel in dem (nicht beendeten) Roman »Peter I.«, in dem er Einzelpersönlichkeiten, Klassen, Gesamtheit, wirtschaftliche und soziale Bedingtheiten so wie politische und militärische Machtverhältnisse dicht ineinander verwebt.

Dagegen kommt WLADIMIR MAJAKOWSKI (1893–1930) von der Lyrik her, bleibt ihr treu, gestaltet deren Wesen und Aufgabe jedoch völlig um. Vor dem ersten Weltkrieg war er Futurist und als solcher ein Verneiner des Bestehenden: »Fort mit eurer Liebe, mit eurer Kunst, mit eurer Ordnung, mit eurer Religion«, schrieb er 1915. Aus dem Verneiner alles »Bürgerlichen« wurde dann der Bejaher alles Sozialrevolutionär- Wirklichen:

> »Dichter ist nicht, wer als gelocktes Lämmlein umherläuft und lyrische Liebesthemen blökt. Dichter ist, wer in unserem verschärften Klassenkampf seine Feder ins Waffenverzeichnis des Proletariats einträgt, wer keine grobe Arbeit scheut, kein revolutionäres Thema, kein Thema vom Aufbau der Volkswirtschaft.«

So schrieb MAJAKOWSKI 1930, kurz vor seinem Tode. Bei dieser Auffassung, die er in zahllosen leidenschaftlichen Gedichten niedergelegt hat, galt er zu Lebzeiten als bedeutendster Dichter-Propagandist der Sowjetunion. Besonders gerühmt werden die Gedichtzyklen »150 Millionen«, ein Epos auf das neue Rußland, und »Wladimir Iljitsch Lenin«.

Den entscheidendsten dichterischen Einfluß auf das Werden einer neuen russischen Literatur hatte aber MAXIM GORKI (1868–1936). Was dieser Mann in Kindheit und Jugend durchgemacht hat, muß man in seinen autobiographischen Werken nachlesen. Dann begreift man seinen Haß gegen die Gesellschaft des damaligen Rußland, dann versteht man vor allem, daß GORKI alle sonst in der russischen Dichtung gestalteten Lösungsmöglichkeiten nicht zusagen konnten. Der Einzelmensah vermag nach GORKIS Auffassung aus der Umklammerung der Außenmächte nicht herauszukommen. Er muß sich mit anderen zusammenschließen. Und da denkt GORKI zunächst an die inzwischen immer größer gewordene Schicht der Industriearbeiter, die selbst bei Leo Tolstoi noch nicht aufgetreten war. Die wirtschaftlichen Verhältnisse hatten sich geändert, und dementsprechend mußten sich nach Ansicht des sozialistischen Schriftstellers Gorki auch die Aufgaben der Dichtung ändern. Die Entwicklungslinie seiner Hauptwerke endet schließlich eindeutig im sogenannten sozialistischen Realismus. Marksteine seiner oft als Tendenz-Dichtung bezeichneten Werke sind: der Roman »Foma Gordejew« (1899) mit der realistischen Schilderung eines wohlhabend geborenen jungen Mannes, der den Reichtum als Last empfindet, auf einem Fest die Reichen als Diebe, Lügner und Heuchler bezeichnet, in ein Irrenhaus gesperrt wird und nach seiner Entlassung dem Trunk verfällt; scheinbare Ausweglosigkeit auch in dem Bühnenwerk »Nachtasyl« (1902); etwa gleichzeitig erschien freilich auch das umfangreiche Gedicht »Der Sturmvogel« mit den sinnbildhaft gemeinten fetten Pinguinen und Möwen neben dem kühnen, stolzen Sturmvogel der Revolution; der Roman »Die Mutter« (1907) verurteilt wilde Revolutionen, verlangt organisierte Revolution der Arbeiter, zugleich aber auch deren Verbindung mit organisierten Bauern; der alles zusammenfassende Großroman »Das Leben Klim Samgins« (1937) beginnt um 1880 und endet mit der russischen Revolution von 1917.

Einen umfassenden Überblick über die sowjetische Dichtung der letzten Jahrzehnte kann sich nur derjenige verschaffen, der die russische Sprache wirklich beherrscht, weil vieles noch nicht in Übersetzungen vorliegt. Neben der Unterdrückung wertvoller Literatur durch Partei und Schriftstellerverband sind andere Schriftsteller und Werke, die in ihrer Aussage der »Linie der Herrschenden« entsprachen zu vermeintlichen literarischen Großwerken »hochgelobt«. Auch eine in der Sowjetunion existierende »Untergrundliteratur«, die nur Abschreiben von Manuskripten ihre Verbreitung fand, ist in Westeuropa bislang nur in kleinen Ausschnitten bekannt – wenngleich sie erkennen läßt, daß in den Jahrzehnten der Abgeschlossenheit Rußlands von übrigen Welt manches entstanden ist, was einer Übersetzung und weiteren Verbreitung Wert wäre. Erst die Zeit nach der politischen Umwälzung Anfang der neuziger Jahre wird die Möglichkeit schaffen nach und nach die noch unbekannte Vielfalt der russischen Literatur – der offiziellen und mehr der inoffiziellen – kennzulernen. Selbst Andeutungen begnügen in dieser Hinsicht nicht.

Verzeichnis der Dichter
(und solcher Werke, deren Verfasser nicht bekannt ist)

A

Addison 182
Ahlquist 273
Aho 273
Äschylos 48
Alemán 108
Alfieri 94
Alfred der Große 173
Allen, Hervey 237
Almeida-Garret 121
Almogaver 105
Almquist 254
Amatis de Gaula 106
Amicis 98
Andersen H. Chr. 249
Andersen Maxwell 240
Andersen-Nexö 251
Anderson, Sherwood 228
Angiolieri 80
Anker-Larsen 252
d'Annunzio 98
Anouilh 171
Aretino 91
Argote 106
Ariosto 88
Aristophanes 57
Aristoteles 60
Arreboe 247
Artzibatschew 297
Aeschylos 48

B

Bacchelli 101
Balzac 152
Bandello 86
Barrès 162
Bartlett 238
Basile 86
Baudelaire 158
Beaumarchais 141
Beaumont 181
Bede 173
Beecher-Stowe 217
Bekker 243
Bellamy 222
Bellmann 252
Beowulf 173
Béranger 144
Bernanos 167
Bernard, Tristan 162
Berni 91
Berto 100
Bertrand de Born 124
Bibel 29
Bilderdijk 243
Björnson 260
Blackmore 196
Block 298
Boccaccio 85
Böhl von Faber 117
Boethius 77
Bojardo 88
Bojer 267
Born, Bertrand de 124
Bourget 162
Brahmanas 20
Brancati 100
Brandes 249
Breton de Los Herreros 117
Brjussow 297
Bromfield 235
Browning 198
Bruno, Giordano 92
Buck, Pearl S. 236
Bulwer 192
Bunin 297
Bunyan 182
Burns 186
Buysse 246
Bylinen 275
Byron 189

C

Caballero 117
Caesar 76
Calderon 113
Caldwell, Erskine 232
Camoes 119
Camus 171
Carducci 96
Cariteo 88
Castillejo 105
Cato 76
Cats 243
Catullus 67
Cavalcanti 79
Cazotte 142
Cecco 80
Cervantes 109
Chaijam 34
Chateaubriand 144
Chatterton 186
Chaucer 174
Chénier 142
Chesterton 201
Chikamatsu Monzaimon 18
Cicero 76
Cid 103
Claudel 163
Cocteau 167
Coleridge 191
Colette 165
Conrad 202
Conscience 246
Coolen 245
Cooper 213
Corneille 131
Coster, de 161
Couperus 244
Coward 210
Cowper 186
Crane 225
Crébillon 139
Cronin 207

D

Dante 80
Dario 122
Daudet 156
Defoe 183
Deken 243
Deledda 98
Dickens 194
Diderot 139
Dos Passos 231
Dostojewskij 288
Doyle 197
Drachmann 250
Dreiser 223
Drinkwater 210
Dryden 182
Duhamel 166
Dumas d. Ä. 147
Dumas d. J. 158
Duun 267

E

Echegaray 117
Eeden 244
Eliot 210
Elouard 168
Ennius 65
Euripides 54
Ewald, Joh. 248

F

Fabricius 245
Faulkner 230
Fénelon 137
Fielding 184
Firdausi 33
Flaubert 154
Fletcher 181
Fleuron 252
Fogazzaro 98
Folengo 91
Fontes 122
Fonwisin 276
France, A. 161
Franziscus v. Assisi 78
Fry 210

G

Galdos 118
Galsworthy 200
Garborg 267
Garschin 295
Gautier 146
Gay 182
Geijerstam 258
Gezelle 246
Gide 163
Gjellerup 250
Gilgamesch 28
Giono 168
Giraudoux 165
Gogol 281
Goldoni 93
Goldsmith 185
Goncourt 155
Gontscharow 284
Gorki 299
Gozzi 94
Green, Julien 169
Greene, Graham 208
Gribojedow 277
Guardati 86
Gulbrannsen 268
Gullvag 268
Gunnarson 252

H

Haarla 274
Hafis 34
Hallström 258
Hamsun, Knut 268
Hardy 196
Hariri 35
Harte, Bret 220
Hawthorne 216
Heiberg 249
Hemingway 233
Heraklit 45
Herodotos 27, 59
Herreros 117
Herrick 181
Herzen 284
Heyward 229
Hilton 207
Holberg 247
Homer 38
Hooft 242
Horatius 71
Howells 222
Hugo, Victor 148
Huxley 208
Huygens 243
Huysmans 157

I, J

Jacobsen, J. P. 250
Jacopone da Todi 78
James, Henry 224
Ibanez 118
Ibsen 262
Jensen, Joh. V. 251
Jerome 197
Igor-Lied 275
I-King 13
Ilias 38
Johnson, Samuel 185
Jonson, Ben 180
Joyce, James 205
Irving 213
Juvenalis 75
Izumo 18

K

Kalewala 271
Kalidasa 21
Kallimachos 62
Karamasin 277
Keats 191
Kielland 266
Kipling 196
Kivi 273
Korolenko 295
Koskenniemi 274
Krylow 277
Kung-Fu-Tse 14
Kuprin 297

L

Labiche 158
Lafontaine 137
Lagerkvist 259
Lagerlöf 258
Lamartine 144
Lao-tse 16
Lavery 240
Lawrence 202
Lay 238
Lazarillo de Tormes 107
Leino 274
Lennep 243
Leon 105
Leopardi 95
Lermontow 280
Lesage 141
Leskow 287
Lewis, Sinclair 228
Lie, Jonas 266
Li-Hing-Tao 17
Li-King 13
Linnankoski 273
Li-Tai-Po 15
Livius 76
Lobeira 106
Lomonossow 276
London, Jack 225
Longfellow 216
Longus 62
Lönnrot 271
Lope de Vega 111
Lorca 118
Lorenzo der Prächtige (Il Magnifico) 87
Loti 162
Lucilius 66
Lucretius 66
Lukianos 62
Lysias 60

M

Macchiavelli 91
MacPherson 185
Madame de Staël 143
Mahabharata 20
Maeterlinck 160
Majakowski 299
Maikow 287
Mailer 237
Malaparte 101
Mallarmé 159
Manzoni 94
Marc Twain 221
Marino 92
Marlowe 176
Martialis 75
Maugham 204
Maupassant 157
Mauriac 167
Melville 214
Menander 62
Mendoza 107
Meredith 195
Mereschkowskij 297
Mérimée 152
Michelangelo 87
Miller, A. 240
Milton 181
Mistral 122
Mitchell 236
Moallakat 35
Molière 134
Molina 112
Monmouth 174
Montalvo 106
Mont, P. de 246
Monzaimon 18
Moore 191
Moravia 100
Morgan 207
Multatuli 243
Musset 145

N

Nadson 295
Nala und Damayanti 21
Nekrassow 287
Nestor-Chronik 275
Netto 122
Noailles 165
Nuoliwaara 274

O

Obligado 122
O'Casey 209
Odyssee 38
Oehlenschläger 248
Omar Chajjam 34
O'Neill 239
Ordonez de Montalvo 106
Ortega y Gasset 119
Ostrowski, Al. 287
Ovidius 73

P

Parini 94
Parmenides 45
Peladan 158
Pellico 94
Petersen 252
Petrarca 83
Petronius 75
Pindaros 47
Pirandello 99
Pissemskij 287
Platon 60
Plautus 64
Plinius d. Ä. 77
Plinius d. J. 77
Plutarchos 62
Poe 215
Poliziano 87
Polocki 275
Polonskij 287
Pontano 88
Pontoppidan 251
Pope 182
Potapenko 295
Potgieter 243
Pratolini 101
Priestley 205
Prévost 139
Propertius 73
Proust 164
Puschkin 277

R

Rabelais 127
Racine 132
Ramayana 20
Reineke Fuchs 246
Rice 240
Richardson 184
Rigveda 19
Rimbaud 160
Ring, B. 267
Rivera 122
Rojas 110
Rolands-Lied 125
Rolland 162
Romains 166
Roothaert 245
Rossetti 198
Rostand 158
Rousseau 140
Ruiz 106

S

Sacchetti 86
Saint-Exupéry 169
Saint-Pierre 141
Sallustius 76
Saltykow-Schtschedrin 287
Sand 147
Sannazaro 88
Sappho 46
Sardou 158
Saroyan 241
Sartre 170
Savitri 21
Schenschin-Feth 287
Schi-King 14
Schu-King 13
Schukowskij 277
Scott 188
Scribe 158
Seneca 76
Sernini 86
Shakespeare 176
Shaw 199
Shelley 190
Sheridan 187
Sherriff 210
Sillanpää 274
Silone 100
Simms 214
Sinclair, U. 222
Smollet 185
Solowjow 295
Sophokles 51
Southey 191
Spenser 176
Staël, Madame de 143
Steele 182
Steinbeck 232
Stendhal 150
Sterne 185
Stevenson, R. L. 196
Streuvels 247
Strindberg 254
Suetonius 77
Sumarokow 276
Swift 18
Swinburne 198
Synge 209

T

Tacitus 77
Tagore 24
Takeda Izumo 18
Talvio 274
Tasso 89
Tassoni 91
Tausend und eine Nacht 36
Tegnér 253
Terentius 64
Thackeray 193
Thales 45
Theokritos 62
Thomson 186
Thukydides 59
Tibullus 73
Tillier 147
Timmermans 247
Todi 78
Tolstoi, A. K. 287
Tolstoi, A. N. 298
Tolstoi, Leo N. 291
Tredjakowskij 276
Tschechow 295
Turgeniew 284

U

Undset 270
Upanishaden 20

Valera 117
Valéry 164
Van Druten 210
Van den Vondel 242
Van Vechten 229
Vercors 169
Verga 98
Vergilius 68
Verhaeren 169
Verlaine 160
Vicente 119

Vigny 145
Villegas 108
Villon 129
Vittorini 100
Voltaire 138

W

Waugh 208
Whitman 217
Whittier 217
Wiclif 174
Wilde 197
Wilder 238
Williams, Tenessee 241
Wolfe 234
Woodsworth 191
Wouk, Herman 237
Wright 229

X, Y, Z

Xenophon 60
Yeats 209
Zola 155
Zorilla 117